평생학습을 위한
창업과 기업가정신

Business Start-up & Entrepreneurship

김규태 저

양성원

머리말

현대사회는 지식정보사회, 제4차 산업혁명, 데이터과학, 집단지성, 후기산업사회, 융합과학기술, 세계화, 고령화, 인문학융합, 지속가능성 등을 특징으로 빠르게 변화하고 있다. 이러한 사회의 변화 속에서 우리는 끊임없이 자신의 일과 학습에 필요한 교육을 받고 살고 있다. 우리는 출생에서 죽을 때까지 끊임없이 배웠고, 배우고 있고, 배워야 하는 존재로 살아야 하는데, 이렇게 평생에 걸쳐 이루어지는 교육을 평생교육이라고 한다.

지식정보사회가 우리 일상에 깊이 스며들면서 평생교육은 면대면 강의실 교육에서 벗어나 인터넷이나 스마트폰 등을 통해 언제, 어디서든 원하는 교육을 받을 수 있게 되었다. 평생교육은 평생교육법에 따라 국가 및 지방자치단체, 그리고 개인 및 법인이 설립된 평생교육기관에 의해 실시되고 있다. 평생교육기관은 현대사회의 맥락과 변화 양상에 따라 평생교육에 대한 요구에 따른 다양한 평생교육을 위한 기관이 설립되고 다양한 프로그램 개발과 운영이 필요하다. 평생교육기관은 공공분야와 민간분야에서 설립 운영이 가능하다. 민간분야에서 이루어지는 평생교육 프로그램은 주로 학원에서 제공되고 있다. 일반적으로 학원하면 입시학원을 떠오르지만, 우리 삶과 일과 관련된 커피, 도배, 제빵, 용접, 전산 등과 관련된 직업훈련 관련 학원도 있다.

국가에서는 청년들에게 창업을 통해 새로운 일자리를 창출하도록 지원하고 있다. 창업하면 벤처나 소호 등을 떠오르지만, 평생교육을 위한 여러 교육 프로그램을 구상하고 이를 위해 평생교육을 실시하는 학원이나 기관을 창업하는 것도 창업이라고 할 수 있다. 교육서비스 창업이라고 할 수 있는 이 분야는 아직 대학이나 창업 관련 부처에서 그리 관심을 두지 않은 분야이다. 따라서 본서에서는 평생교육을 위한 창업은 무엇이며, 평생교육 창업을 위해 필요한 기법들을 소개하며 교육서비스 창업 분야가 청년창업의 한 분야로 자리매김할 수 있는 자료를 제공해 보고자 한다.

급변하고 있는 사회 속에서 평생교육 분야의 창업을 하기 위해서는 창업 전략과 기법을 포함하여 평생교육과 평생교육경영 전반을 이해할 필요가 있다. 이러한 점에서 본서는 평생교육과 창업, 두 가지 이론이나 기법들을 함께 다루고자 한다. 제1장에서는 지식정보사회, 융합과학사회, 후기산업사회, 세계화 사회, 고령화 사회 등을 개관하며 평생교육 창업 환경인 현대사회의 동향에 대해 살펴본다. 제2장에서는 최근 대두되고 있지만 우리의 삶과 일에서 현실이 되고 있는 제4차 산업혁명의 특징과 기술들을 탐색한다. 제3장에서는 평생교육과 평생교육경영이 무엇인지에 대해서 다룬다. 제4장에서는 평생교육기관과 관련 법제도에 대해서 다룬다. 제5장과 제6장에서는 교육서비스를 제공하는 학원 창업 관련 법제도를 다룬다. 제7장부터 제9장까지는 평생교육을 위한 창업을 함에 있어서 필요한 조직구성과 조직구성원의 행동, 그리고 창업 수요자인 학습자 이해를 돕는 내용들을 소개한다. 제10장은 평생교육 창업에서의 핵심 아이템인 교육 프로그램을 개발하고 평가하는 것에 대해 다룬다. 제11장은 평생교육 창업을 위한 아이템 개발, 선택 및 평가를 위한 기법들, 외부 및 내부 환경 기법들, 그리고 비즈니스 모델 캔버스와 사업타당성 평가 등에 대해 다룬다.

그러나 막상 탈고하고 보니 처음 의도한 것에 비해 미진한 곳이 여러 군데 눈에 띄고, 또한 평생교육을 위한 창업에서 다룰 방대한 내용들을 모두 포괄할 수 없다는 한계를 느낀다. 소홀하게 다루어진 부분이나 오류가 있는 부분에 대해 독자들의 질책과 지도를 요청한다. 끝으로 본서를 발간하도록 아낌없는 지원과 격려를 해 주신 강철원 사장님과 편집진에게 깊은 감사를 드린다.

2020년 9월 대구 성서 영암관에서

저자 김 규 태

차 례

cchapter 04 평생교육제도와 평생교육기관 / 63

chapter 05 학원 창업 관련 법제도 / 75

chapter 06 교습소 및 개인과외교습 관련 법제도 / 105

chapter 07 평생학습조직 / 119

chapter 08 평생교육에서의 조직행동 / 129

chapter 09 평생학습자 이해 / 155

chapter 10 평생교육 프로그램 개발 및 평가 / 225

chapter 11 평생학습을 위한 창업과 기획 / 265

chapter 부록 평생학습 창업을 위한 법규 / 303

Chapter 01 현대사회의 이해

사전학습

1. 현대사회는 지식정보사회, 데이터 기반 사회, 융합과학기술, 후기산업사회, 세계화, 고령화 등을 특징으로 한다.
2. 지식정보사회는 지식과 정보가 새로운 생산수단이 되며, 부의 창출의 방식이 되는 사회이며, 정보와 상품, 자본과 사람과 지식이 컴퓨터 네트워크를 통해 서로 연결되고 이동하는 네트워크사회, 소셜네트워크를 중심으로 서로 연결, 소통, 협력하며 서로의 경험, 정보, 지식을 공유하면서 새로운 지식을 생산해내는 집단지성 사회이다.
3. 지식정보사회에서는 디니엘 핑크가 제시한 디자인, 스토리, 조화, 공감, 유희, 의미 등을 구현하는 하이컨셉과 하이터치의 특징을 조화롭게 갖춘 인재가 필요하다.
4. 데이터기반사회는 SNS, 인터넷, 공공기관 통계 등 빅데이터에 대한 지식과 분석 기법을 바탕으로 기업 및 국가의 과학적 의사결정과 생산성을 증진하는 사회이다.
5. 융합기술사회는 IT(정보기술, Information Technology), BT(생명공학기술, Bio Technology), NT(나노기술, Nano Technology), ET(환경공학기술, Environmental Technology), ST(우주항공기술, Space Technology), CT(문화콘텐츠기술, Cultural Technology) 등 분야의 지식과 이론들이 상호 융 복합적으로 결합되어 새로운 지식 및 기술이 창출되는 사회를 말한다. 또한, 에워러블 컴퓨터, 3D 프린팅, 상황인식 기술, 자동주행차, 초경량 소재, 유전자 치료제, 포스트 배터리 등 미래혁신기술이 미래산업을 주도하는 사회라고 할 수 있다.
6. 후기산업사회는 아이디어, 정보와 지식의 표현 양식이 혁신과 경제성장을 가져오는 사회로 24/7 생활라이프, 불확실성, 개인화, 지식/정보산업, 재택근무, 자동화, 다품종 소량생산, 주문생산, 고숙련화, 자기관리팀, 성과관리, 노동의 유연화, 다국적기업 등을 특징으로 하는 사회이다.
7. 세계화 사회는 글로벌 사회, 지구촌 사회 등으로 불리기도 한다. 세계화 사회는 국가간 교류와 협력을 통하여 정치, 경제, 문화 등에서 상호성이 증대되는 사회이다.
8. 일반적으로 전체 인구에서 65세 이상 인구가 차지하는 비중에 따라 고령화사회(7%), 고령사회(14%), 초고령사회(20%)로 구분되는데, 우리나라는 전체인구 대비 65세 이상 인구가 2015년 현재 13.1%에 달하고 있고, 2020년에는 15.7%, 2030년에는 24.3%로 추정되고 있는데, 현재 고령사회에 진입을 하고 있고, 15년 후에는 초고령사회가 될 전망이다.

1. 지식정보사회

1) 부의 창출 수단으로서 지식과 정보 활용

지식정보사회는 엘빈 토플러(Alvin Toffler)의 '제3의 물결(The Third Wave)'에서 주창되었다. 1차 물결은 농업혁명으로 인류가 농경을 시작해 먹을 것을 풍부하게 생산해 낸 사회이다. 2차 물결은 산업혁명으로 증기기관과 기계를 통한 대량 생산해 내는 사회이다. 3차 물결은 정보혁명으로 정보와 지식을 대량생산하고, 대량생산된 지식과 정보가 대량으로 유통, 전달, 소비되는 사회이다.

지식정보사회는 지식과 정보가 정치, 경제, 사회, 교육 등에 걸쳐 영향을 미치는 사회라 할 수 있다. 백욱인(2013)은 지식정보 사회의 부의 창출은 결과에 초점을 맞춘, 수행성, 실행성, 효율성을 갖춘 지식과 정보라는 생산수단들을 통해 이루어진다고 하였다.

2) 인터넷 및 SNS로 연결된 네트워크

지식정보사회는 정보네트워크 기술이 중심되는 사회를 말한다. 즉, 텍스트, 이미지, 멀티미디어 데이터 등의 정보를 종합적으로 제공하는 IT기기와 서비스를 중심으로 발달하는 사회를 말한다(김성국, 2004). 네트워크사회는 Castell(2000)에 의해 주창되었다. 즉, 그는 정보사회의 핵심이 네트워크의 확산으로 보았다. 네트워크는 상호 연관된 결절의 집합이다. 네트워크는 동일한 커뮤니케이션 프로토콜 혹은 코드를 공유하는 한, 새로운 결절을 통합하여 무한히 뻗어갈 수 있다. 이명진(2012)은 네트워크사회를 각종 디지털 기술에 기반을 둔 네트워크 등 다양한 형태의 정보통신기술에 의해 질적으로 변화된 사회로써, 개방성, 다양성, 독립성, 탈중심성, 실시간 조정과 통합 등을 특징으로 한다고 주장했다. 이러한 네트워크로 인해 물리적·자연적 시·공간은 사이버 가상 공간으로 확장되고 있다.

▌네트워크 사회

정보와 상품, 자본과 사람과 지식이 컴퓨터 네트워크를 통해 서로 연결되고 이동하는 사회이다. 정보와 지식이 인터넷망과 소셜네트워크서비스 등을 통해 전지구적으로 흘러 다이는 사회이며, 수평적인 연결과 소통을 통해 통제와 감시의 규율을 벗어나 다양화와 자율성을 지향하는 사회이다.

출처: 백욱인(2013). 정보자본주의. 서울: 커뮤니케이션북스.

네트워크사회는 소셜네트워크(Social Network Service)를 통해 실현되고 있다. 소셜네트워크는 온라인상에서 사람과 사람, 지식과 지식을 연결, 정보를 공유하는 온라인 그룹을 말한다. 다시 말해, 온라인에서의 사회적 관계망으로 사람간의 관계형성으로 만들어지는 것을 말한다. 또한, 소셜네트워크는 정보를 교환하고 자신을 표현하는 온라인 공간 또는 플랫폼을 말한다. 예를 들면, 카카오톡, 블로그, 트윗터, 페이스북 등과 같은 온라인 플랫폼이라 할 수 있다. 소셜네트워크는 사람과 사람간의 연결을 기초로 형성되며, 연결성은 하나의 집단으로 불 수 있다. 현재 네트워크에서 개인과 개인의 연결로 형성된 집단은 실제 자연적 공각에서와 같이 지식생산, 지식전달, 지식공유 같은 활동을 할 수 있다(윤호성, 이기동, 2011).

▌SNS의 열 가지 측면

구분	특징
1) 마케팅 도구	소셜미디어 마케팅. SNS를 통해 웹사이트 트래픽이나 소비자의 주의를 끌고자 하는 마케팅 방식, 과정, 전략
2) 컴퓨터 매개 커뮤니케이션	네크워크, 커뮤니케이션, 미디어 공유 등을 통한 소통 과정
3) 사회관계망	개인, 조직 등 행위자 간 응집성, 유대감, 상호작용
4) 권력 행사의 장	권력 있는, 영향력 있는 파워 트위터러 등 SNS 상 권력 작용

구분	특징
5) 연산 가능한 사회현상	대규모 데이터를 컴퓨터로 연산함으로 규칙성이나 패턴 탐색
6) 재매개	하나의 미디어가 다른 미디어의 인터페이스, 표현양식 등을 차용하고 모방하거나, 이를 다른 요소들로 개조하거나 개선하는 것(예: 구술 방식의 전달이 텍스트 형태로의 전달로 전환되면서, SNS가 게시판이나 블로그 같은 인터넷 기반 전자적 글쓰기를 개조하여 활용; SNS가 대인망을 형성하거나 보도기능을 하는 기능을 수행하는 것)
7) 텍스트 확장과 환유	하이퍼텍스트를 통해 하이퍼링크 가능. 자신의 감정을 제시하고, 하이퍼링크한 사진, 동영상, 블로그 등과 연계 확장하는 것
8) 에크프라시스	여러 이미지, 사진, 동영상 등 시각적 표상물에 대한 언어적 설명
9) 비장소	전통적인 장소의 요건인 관계성, 역사성, 정체성을 갖지 못하는 곳으로 임시 수용소, 인터체인지, 환승 등과 같음
10) 문화 소프트웨어	현대 문화에서 소프트웨어가 수행하는 역할을, 그리고 그것의 발전에 영향을 미치는 문화적, 사회적, 경제적 힘들을 규명

출처: 이재현(2013). SNS의 열 가지 얼굴. 서울: 커뮤니케이션북스.

3) 온라인 공동체

소셜 네트워크를 통해 사람들은 서로 연결, 소통, 협력을 할 수 있는 온라인공동체를 구축한다. 즉, 소셜 네트워크를 통해 관계, 지원, 정보, 소속감, 사회적 정체성을 제공하는 사회적 연결망을 형성한다. 사이버공동체의 특징을 오프라인 공동체와 비교하면 다음과 같다(이항우 외, 2011).

▌오프라인 공동체와 온라인 공동체

구분	오프라인 공동체	온라인 공동체
공통점	성원들 간의 경험과 감정, 가치를 공유하는 집단 성원의 지속성과 의례 행위가 있고, 일정한 통제가 존재 특정한 관계 속에서 도움을 주고받음	

구분	오프라인 공동체	온라인 공동체
속성	지역성을 띠는 경우가 많음 운명적, 귀속적, 자연적	시공간의 한계를 벗어남 자발적, 임의적 선택 가능
인간관계	직접적, 대면적, 전인격적	간접적, 비대면적, 익명성
규제	상대적으로 강한 규제	상대적으로 약한 규제
사회적 도움	이미 잘 알고 있는 지인들에게 특정 공동체의 성격과 관련이 있는 한정된 유형의 도움 제공	비교적 자유롭고 다양한 유형의 도움 제공 일반화(관례화)된 상호성에 따라 모르는 사람과 상호도움 제공
성원 간 유대	대체로 강한 유대 사회적으로 유사한 사람들일 가능성이 높음	대체로 약한 유대 서로 상이한 성원들이 다양한 사회집단에 연결된 약한 유대를 통해 새로운 정보를 습득하는데 용이

출처: 이항우 외(2011). 정보사회의 이해. 서울: 미래인.

4) 집단지성

지식정보사회는 인터넷과 SNS 등을 통해 온라인 공동체를 형성하며 집단지성을 실현하고 있다. 집단지성은 정보기술을 활용하여 다양한 주체들이 서로의 경험, 정보, 지식을 공유하면서 새로운 지식을 생산해내는 것을 그 특징으로 한다(최항섭, 2009). 돈 탭스코트, 앤서니 윌리엄스는 집단지성을 위키노믹스라고 부른다. 즉, 컴퓨터만 있으면 무엇이든 자유롭게 만들어내고 다양한 주체간의 협업과 참여가 일상화되는 세계이다. Levy(2002)는 위키피디아나 지식in 과 같은 가상공간 내 집단 지성활동을 통해 지속적으로 지식을 공유・생성하여 공동의 관심사나 문제를 해결하는 것을 집단지성이라고 보았다. Levy(2002)는 사이버 공간에서의 집단지성의 특징을 다음과 같이 제시했다. 첫째, 성별과 직업, 나이와 직업에 상관없이 누구나 갖고 있으며 시대를 초월하여 존재한다(편재성). 둘째, 그 유용성에 따라 소멸되는 것이 아니라 끊임없이 재활용되어 가치를 지속적으로 인정받는 것이다(재활용성). 셋째, 시공간에 제약을 받지 않고 원하는 시간과 장소에서 지성을 활용할 수 있다(비제약성). 넷째, 공동체 구성원들의 참여와 협업을 통해 완성된다(참여와 협업).

하지만 집단지성은 동조 현상(conformity)이라는 역기능을 초래할 수 있다. 동조 현상은 솔로몬에쉬의 실험에서 제시된 것으로, 대부분의 사람이 A라는 음식을 선택하면, B를 선택하려는 마음을 바꾸어 A를 선택하려는 경향을 보이는 현상을 말한다. 이것은 특정 조건 아래서 서로의 생각을 모아 발전시키고 구체화하기보다는, 다른 사람의 의견에 쉽게 동의하고 그 의견의 합리성을 더해 줌으로 집단에 의한 개인의 자율성 및 창의성을 감소시킬 수 있다.

▌집단지성의 유형과 예시

- 공유형(sharing): 특정 주제에 대한 자료나 정보를 공유하여 누구나 열람 활용할 수 있게 하는 게시판 같은 것임.
- 기여형(contributing): 상호 질문을 주고받는 형식을 통해서 특정 문제에 대한 해결책을 찾는 토론방이나 지식iN 같은 것임. 이것은 각자의 의견이 독립적으로 존재할 뿐, 이에 대한 평가나 추천은 가능하지만 의견의 차이나 모순을 조율하지 않음.
- 공동창조형(co-creating): 위키피디아나 오픈소스 등 같이 많은 사람이 참여하여 지속적으로 중립적이고 체계적인 지식을 축적해가는 과정을 말함. 이것은 내용을 보완하거나 수정하는 자율적인 상호 조율을 통해 새로운 지식을 창출이 가능함. 또한, S/W 개발자들이 자신이 보유한 소스 코드를 서로 공개하고 협업을 통해 S/W를 공동 개발하는 것은 집단지성의 예임. 운영 체제로는 Linux, 응용 프로그램으로는 웹 서버인 Apache, 오피스 도구인 Open office 등이 있음.

출처: 이항우 외(2011). 정보사회의 이해. 서울: 미래인.

5) 지식정보사회의 인재 특성

정보통신사회로의 전환은 우리 시대의 인재상에도 변화를 주고 있다. 다니엘 핑크(2011, pp. 93-97)는 우리 사회가 농부의 사회에서 공장근로자의 사회와 지식근로자의 사회를 거쳐 하이컨셉 · 하이터치 시대로 나아가고 있다고 하였다. 하이컨셉은 패턴과 기회를 감지하고, 예술적 미와 감정의 아름다움을 창조해내며, 훌륭한 이야기를 창출해내고, 언뜻 관계가 없어 보이는 아이디어를 결합해 뭔가 새로운 것을 창조해내는 능력을 말한다. 하이터치란 다른 사람과 공감하고, 미묘한 인간관계를 잘 다루며, 자신과 다른 사람의 즐거움을 잘 유도해내고, 목적과 의미를 발견해 이를 추구하는 능력을 말한다. 또한 다니엘 핑크는 이러한 하이컨셉과 하이터치가 조화롭게 갖춘 인재가 갖추는 미래 인재 조건을 디자인, 스토리, 조화, 공감, 유희, 의미 등 여섯 가지로 제시하였다.

① 디자인(design): 단순히 기능을 갖는 제품, 서비스, 경험, 라이프 스타일을 넘어서 시각적으로 아름답거나 좋은 감정을 선사할 수 있는 가치를 만들 수 있는 능력을 지녀야 한다.

② 스토리(story): 정보와 데이터로 넘쳐나고 있는 시대에서 훌륭한 스토리를 만들어 사람들을 설득, 의사소통, 이해를 이끌 수 있는 능력을 갖추어야 한다.

③ 조화(symphony): 현 시대가 요구하는 것은 전문적 지식에 터한 '분석'일 뿐만 아니라 큰 그름을 볼 수 있고 새로운 전체를 구성하기 위해 이질적인 조각들을 서로 연계, 통합, 융합할 수 있는 능력을 필요로 한다.

④ 공감(empathy): 복잡하고 가변적인 사회일수록 분석적, 논리적 사고로는 부족하며, 다른 사람의 마음을 이해하고, 유대를 강화하며, 배려하는 마음을 지니는 능력이 요청된다.

⑤ 유희(play): 웃음, 명량한 마음, 게임, 유머 등을 통해 개인적 여유와 재미를 향유할 수 있는 능력을 갖추어야 한다.

⑥ 의미(meaning): 풍요, 생존 경쟁을 강조하는 시대에는 물질적 풍요보다는 목적의식, 초월적인 가치, 그리고 정신적 만족감을 줄 수 있도록 의미를 부여하는 능력을 갖추어야 한다.

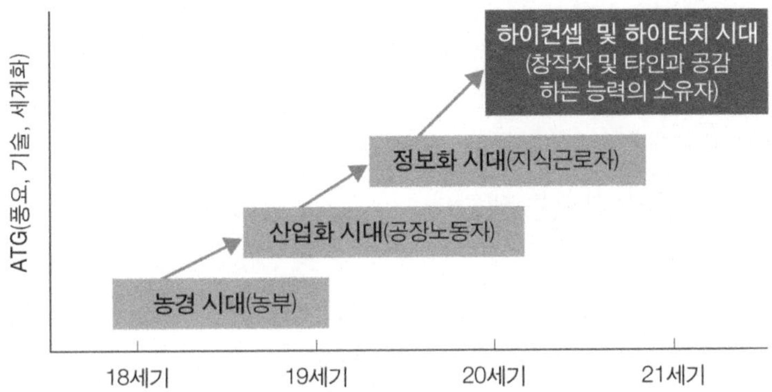

[그림 1-1] 하이컨셉, 하이터치 시대

출처: 다이엘 핑크(2011). 새로운 미래가 온다. 한국경제신문, p.76.

2. 융합과학사회

융합과학사회는 융합과학기술을 기반으로 하는 사회이다. 융합과학기술은 IT, BT, NT, ET, ST, CT 등 지식과 이론들이 상호 융·복합적으로 결합된 새로운 지식과 기술을 말한다(Roco & Bainbridge, 2003). 6T로 대표되는 융합과학기술은 다음과 같다[1]. 정보기술은 컴퓨터, 미디어, 영상 기기 등과 같은 정보 기기를 운영·관리하는데 필요한 소프트웨어 기술과, 이들 기술을 이용하여 정보를 수집·생산·가공·보존·전달·활용하는 모든 방법을 말한다. 생명공학기술은 생물이 가지고 있는 고유한 기능을 높이거나 개량하여 필요한 물질을 대량으로 생산해 내거나 유용한 물질을 만들어 내는 기술을 말한다. 나노기술은 나노미터(nm, 10^{-9}m, 1미터의 10억분의 1) 크기의 범주에서 조작·분석하고 이를 제어함으로써 새롭거나 개선된 물리적·화학적·생물학적 특성을 나타내는 소재·소자 또는 시스템을 만들어 내는 과학기술을 말한다. 환경공학기술은 환경에 영향을 미치는 인자를 환경학적으로 건전하고 지속 가능한 발

1) 네이버 지식백과 인용

전 수준으로 제어하는 기술을 말한다. 우주항공기술은 위성체 분야, 발사체 분야, 위성 이용 및 우주 과학 분야로 나뉘는 미래 산업을 이끌고 갈 첨단 기술의 집합체를 말한다. 문화콘텐츠기술은 디지털 문화콘텐츠를 창조・개발・제작・가공・유통하는 지적 노하우 및 물리적 기술을 말한다.

- IT(정보기술, Information・Technology) → 정보통신 분야
- BT(생명공학기술, Bio Technology) → 생명 공학 분야
- NT(나노기술, Nano Technology) → 초정밀 원자세계 분야
- ET(환경공학기술, Environmental Technology) → 환경공학 분야
- ST(우주항공기술, Space Technology) → 우주항공 분야
- CT(문화콘텐츠기술, Cultural Technology) → 문화관광 콘텐츠 분야

장성원 등(2013)은 미래 산업을 바꿀 세 가지 키워드와 7가지 혁신기술을 제시하였다[2]. 세 가지 키워드는 사용자의 명령을 수행하는 데서 나아가 개인별 요구사항과 의도를 먼저 분석하여 최적의 서비스를 제시하는 **능동형 맞춤**, 통념상 절감하기 어렵다고 생각했던 분야에서 시간, 에너지, 원재료 등을 절감하는 **스마트 세이빙**, 시간, 공간, 사용층 등의 **불균형 해소**이다. 이들은 이러한 키워드를 기반으로 7대 혁신기술이 등장하고 미래 산업에 커다란 변화를 가져올 것으로 예상하였다. 7대 혁신기술은 <표 1-1>과 같이 에워러블 컴퓨터, 3D 프린팅, 상황인식 기술, 자동주행차, 초경량 소재, 유전자 치료제, 포스트 배터리 등이다.

2) 장성원 등(2013)의 미래산업을 바꿀 7대 파괴적 혁신기술(SERI 보고서)에서 인용 발췌함.

〈표 1-1〉 7가지 혁신 기술의 특징과 활용

분야	혁신기술	특징	활용
전자통신	웨어러블 컴퓨터	신체나 의복에 착용하여 자유롭게 사용할 수 있게 한 컴퓨터 기기	• 섬유산업의 하이테크화 • 기기의존형 헬스케어 확대
	3D 프린팅	3차원 설계도에 따라 한 층씩 소재를 쌓아올려 입체 형태로 만드는 기술	• 개인 맞춤형 제조 확대 • 나노, 생명, 우주항공분야 활용
소프트웨어/서비스	상황인식기술	사용자 상황(행위/생체신호/이력/환경)에 맞게 적절한 기능을 자동 수행	• 타깃마케팅 정교화, 세분화 • 사전에 예측 대응하는 패러다임 변화 가속화
자동차	자동주행차	운전자 조작 없이 차 스스로 위치와 상황을 감지해 속도, 조향 제어	• 효율적 도로인프라 구축 • 사고 감소로 보험·병원 변화 • 렌털서비스 성행
소재	초경량소재	마이크로래티스 등 가벼우면서도 강한 소재	• 항공우주분야에서 운송수단으로 응용분야 확대 • 에너지절감
바이오/의료	유전자치료제	질병의 원인인 비정상 유전자를 정상 유전자로 대체하여 질병을 완치	• 의료비 지불기준의 변화 • 예방형 건강보험 출시 • 미용 항노화산업 부상
에너지	포스트배터리	구부림, 고밀도, 저가격 전지	• 웨어러블 디바이스 성장 • 전기차, 전력저장시스템 저변 확대

출처: 장성원 등(2013)

3. 데이터 기반 사회

데이터기반사회는 데이터에 대한 지식과 분석 기법을 바탕으로 기업 및 국가의 과학적 의사결정과 생산성을 증진하는 사회이다. 이것은 현대 사회의 복잡성, 네트워크, 가상현실 속에서 다양한 데이터를 활용하여 메타분석, 내용 및 언어분석, 정서분석, 추이 및 동향 분석, 예측 시나리오 작성 등을 통해 사람과 집단의 행동과 마음의 패턴 및 인과관계에 대한 통찰과 성찰을 하는 것을 강조한다.

데이터기반 사회는 SNS, 인터넷, 공공기관 통계 등을 활용한 데이터 마이닝과 분석 등을 강조한다. 즉, 자연현실과 가상현실 속에서 이루어지는 사람들의 사고와 마음 및 행동에 대한 패턴, 영향요인과 인과관계를 분석하여 그것을 경영, 교육, 금융, 공공관리 등에 활용하는 것을 강조한다.

예를 들면, SNS, 인터넷, 스마트폰 등 가상공간에서 발생되는 데이터의 분석과 활용은 청소년들이 일상 속에서 갖는 우울한 감정, 스트레스, 고민, 자살생각, 비행을 저지르는 시간과 이유, 성문제와 폭력 시간과 장소 등에 대한 총체적・과학적・역학적 분석이 가능하고, 그것을 활용하여 교육실제의 개선을 가질 수 있다(김규태, 2018).

▌디지털 아카이브와 빅데이터

- ○ 인터넷은 정보와 지식의 디지털 저장고이다. 디지털로 이루어진 거대한 문서 저장고이자 콘텐츠 아카이브다. 인터넷에서는 실시간으로 정보가 생산되는 동시에 저장된다(p. 27). 디지털 문서 저장고(아카이브, archive)는 하이퍼텍스트를 통한 연결과 얽힘을 만들어 놓으며, 하이퍼텍스트의 연결을 통해 시작도 끝도 없는 과정으로 얽히면서 수많은 정보와 지식의 저장고인 아카이브 집합체로 확대된다. 디지털 아카이브는 정보의 생산과 전달, 공유 속도를 극대화하고 지식에 대한 접근성을 향상시킨다. 그것은 지구화된 차원에서 실시간으로 내용물이 축적되는 동시에 사용되는 시공간 압축의 저장고다. 디지털로 전환된 사물의 반영물은 디지털 복제로 수많은 사람의 용도에 맞게 사용될 수 있다. 그러나 디지털 콘텐츠의 무한 복제 가능성은 희소성에 바탕을 둔 배타적 소유라는 지적재산권을 무너뜨림과 동시에 정보의 분배 방식의 커다란 변화를 가져왔다.
- ○ 빅데이터는 실시간으로 내용물이 축적되는 동시에 사용되는 시공간 압축의 저장고이다. 그것은 인터넷 이용자들이 여러 가지 형태로 올린 말과 생각, 의견과 감정이 쌓이는 실시간 저장고이다. 이용자가 올려 놓은 디지털 콘텐츠는 그것이 저장되는 물리적 장소에 상관없이 네트워크 안에서 사이버스페이스라는 동일한 가상공간 안에 축적된다. 빅데이터는 이용자 대중의 데이터 생산과 관련된 클라우드 소싱(crowd sourcing)이 데이터의 대량 보관을 담당하는 클라우드 컴퓨팅(cloud computing)과 결합되면서 만들어진다. 빅데이터는 크라우드 소싱이나 P2P 협력 생산을 통해 만들어진 이용자 생산 콘텐츠가 클라우드 컴퓨팅을 통해 실시간으로 서비스 제공업체의 데이터 센터에 집적된 결과물이다.

출처: 백욱인(2013). 디지털 데이터・정보・지식. 서울: 커뮤니케이션북스.

4. 후기산업사회

일반적으로 산업사회는 테일러리즘, 포디즘으로 불리워진다. 9-to-5 생활라이프, 예측가능성, 대중화, 분업, 표준화, 저숙련화, 조립라인, 기계화, 소품종 대량생산, 경영중심의 감독 및 통제, 노동집약산업, 노동의 안정성 등을 특징으로 하는 사회이다. 반면, 후기산업사회는 아이디어, 정보와 지식의 표현 양식이 혁신과 경제성장을 가져오는 사회라고 할 수 있다. 그래서 디지털경제, 지식경제, 정보사회, 포스트포디즘 등으로 불리운다. 그 특징은 24/7 생활라이프, 불확실성, 개인화, 지식/정보산업, 재택근무, 자동화, 다품종 소량생산, 주문생산, 고숙력화, 자기관리팀(self-managing team), 성과관리, 노동의 유연화, 다국적기업 등에 해당된다(Gidden & Sutton, 2013).

Daniel Bell은 후기산업사회의 특징을 다섯 가지로 제시했다(이영찬, 임영규, 정혜숙, 2010). 첫째, 상품생산에서 서비스 경제로 전환한다. 둘째, 직업분포에서 고급인력인 전문직 및 전문기술직 계층이 증가한다. 셋째, 각 사회의 주요 조직부문의 개발과 혁신과정에서 지식과 정보를 주로 의존한다. 넷째, 끊임없는 신기술 개발과 그에 대한 질관리 및 통제를 강조한다. 다섯째, 데이터 및 컴퓨터 기반 의사결정이 활성화된다.

Elvin Toffler도 '제3의 물결'에서 후기산업사회의 특징을 제시했다(이영찬, 임영규, 정혜숙, 2010). 첫째, 규격화에서 탈규격화로 이행되어 소품종 대량생산에서 다품종 소량생산으로 전환된다. 둘째, 전문화에서 탈전문화로 나아간다. 특정 직무의 전문성에서 다양한 직무에서의 직무수행 가능한 전문성을 요구한다. 셋째, 동시화에서 탈동시화로 진행된다. 동일한 정보와 보편화를 지향하는데서 특성화와 차별화로 나아간다. 넷째, 집중화에서 탈집중화로 진행된다. 대기업 및 대중매체 중심에서 중소기업이나 지역(개인) 매체 중심으로 나아간다. 다섯째, 중앙집권화에서 분권화, 지역화로 나아간다.

후기산업사회는 대량 노동 집약적 생산보다는 상품의 디자인, 개발, 기술, 마케팅, 판매 및 서비스을 강조한다. 또한 하이테크, 높은 교육 수준과 훈련, 연구와 개발, 소프트웨어 등을 강조한다. 또한 특정 과업의 분업을 넘어서 집단생산과 팀워크가 보다

넓은 책임을 수행하는 다기능(multi-skilled) 노동을 강조한다. 지식과 서비스 제공을 하는 일과 직무로 인하여 컴퓨터 및 인터넷 등으로 집단적으로 협업하거나 언제 어디서나 일과 직무를 수행할 수 있는 재택근무나 스마트워크가 증가하고 있다.

그래서 빠른 경영 및 기술 환경 변화에 적합한 인력을 상시적으로 채용하고 교체할 수 있도록 시간제, 계약직 등 고용 유연화를 강조한다. 또한 숙련 포트폴리오(다수의 서로 다른 직업 숙련과 자격)을 보유하고 있고, 어떤 직무나 일에서도 필요한 핵심역량을 강조하고 있다. 즉 이것은 변화와 불확실성 속에서 그 패턴과 규칙성을 읽고 그것에 대한 신속한 지식 및 기술 습득과 적용 및 창조력, 협업, 자기주도성, 도전, 창조력 등 핵심역량을 강조한다. 그러나 고용 유연화는 근로자의 경력개발과 자기실현을 보장하는 측면도 있지만 고용불안정성과 그로 인한 이직과 스트레스, 실업 및 빈곤 등을 초래할 수 있다.

5. 세계화 사회

세계화 사회는 글로벌 사회, 지구촌 사회 등으로 불리기도 한다. 세계화 사회는 국가 간 교류와 협력을 통하여 정치, 경제, 문화 등에서 상호성이 증대되는 사회를 말한다. 세계화 사회는 경제적으로 교역・투자・통신 등이 확대되어 국가 간 상호의존이 증대하고 다국적 기업의 활동이 활성화된다(이영찬, 임영규, 정혜숙, 2010). 또한 뉴스, 영화, 텔레비전 프로그램, 대중음악, 전신 및 통신 프로그램 등 현대적 문화와 생활양식을 전 세계로 확산・공유되는 경향이 높다(Giddens & Sutton, 2013). 이와 동시에 세계 속에서 지역의 특수성과 우수성을 추구하는 글로컬화(glocalization)도 이루어지고 있다.

세계화로 인하여 다원화 사회도 주목받고 있다. 그것은 다양한 인종, 언어, 역사, 문화적 배경을 가진 사람들이 각자의 고유한 생활세계, 문화, 언어 및 가치를 존중받으면서 세계 또는 지역의 사람들이 함께 공존하는 사회를 말한다. 다원화 사회는 모자이크 사회(Mosaic Society) 또는 샐러드 볼(Salad Bowl) 사회라고도 불린다. 그러나 다원화 사회는 하나의 문화로 동화・융합을 강조하는 멜팅팟 사회(melting pot)는 구분된다. 우리나라도 외국 근로자와 배우자 등의 영향으로 다문화사회로 접어들고 있고, 이에 따른 교육의 요구도 증가하고 있다(김규태, 2018).

6. 고령화 사회

우리나라는 고령화사회를 빠른 속도로 맞이하였다. 일반적으로 전체 인구에서 65세 이상 인구가 차지하는 비중에 따라 고령화사회(7%), 고령사회(14%), 초고령사회(20%)로 구분된다. 통계청 통계서비스(KOSIS)에 의하면 우리나라는 전체인구 대비 65세 이상 인구가 2015년 현재 13.1%에 달하고 있고, 2020년에는 15.7%, 2030년에는 24.3%로 추정하였다. 즉, 우리나라는 현재 고령사회에 진입을 하고 있고 10년 후에는 초고령사회가 된다는 것이다. 고령화 사회에 따라 노인을 대상으로 하는 실버산업도 계속 증가하고 있다. 노인복지를 제공하는 복지국가의 위기와 함께 민간 서비스산업으로서 실버산업은 필수불가결한 서비스를 제공한다. 각종 양로원 시설과 함께, 건강하고 물질적으로 여유가 있는 노인계층을 대상으로 관광, 교육, 소비, 스포츠산업이 등장하고 있다.

통계청에 따르면 우리나라의 생산가능인구(15~64세)는 2017년 3757만명으로 정점을 찍은 이후 2067년엔 1784만명으로 감소한다. 생산가능인구가 전체 인구에서 차지하는 비중도 같은 기간 73.2%에서 45.4%로 줄어들 전망이다. 2015년 기준 711만명에 달하는 국내 베이비붐 세대(1955~1963년생)는 9년 뒤인 2028년이면 모두 고령인구(65세 이상)가 된다.

▌노인을 위한 평생교육 프로그램 사례

아름다운중·노년문화연구소는 영남이공대 평생교육원과 함께 웰다잉교육 전문지도자과정을 운영하고 있다. 2007년부터 열고 있는 이 교육은 삶과 죽음을 새롭게 조명함으로써 삶의 의미와 보람을 찾아가는 교육과정이다. 웰빙·웰에이징·웰다잉, 중·노년교육에 대한 이론과 실제, 데스 클리닝(Death Cleaning), 사진으로 쓰는 자서전, 사전연명의료의향서, 죽음준비교육에 관한 실습 등을 실시한다.

▌엔딩노트 만들기

엔딩노트는 무엇과도 바꿀 수 없는 자신의 귀중한 체험을 담아내 자신의 삶의 모습을 다른 사람에게 전하는 것은 물론 자신을 보다 잘 이해하는 역할을 한다. 자신에게 가장 소중한 사람, 친근한 사람에게 자신이 걸어온 길을 전해 줄 수 있다. 특히 다른 사람에게 전하기 전에 우선 자신의 내면과 마주할 기회를 준다. 이를 통해 지금까지 지내왔던 인생에 대해 애정을 가지고 뒤돌아보게 되며 자기 자신과 주위 사람들에 대한 감사와 사랑을 발견할 수 있다.

엔딩 노트에 들어갈 내용들은 △나의 역사 △나의 인생그래프 △현재의 나 △연대표 △내 인생의 톱 뉴스들 △가계도 △건강에 관한 것 △가족 기념일 △재산에 관한 것 △나의 사망기 △유언장 △내 인생의 좌우명 및 가훈, 묘비명 △자녀에게 남길 내 인생의 잠언 △살아온 삶에 대한 감사, 새 삶에 대한 설계 △나의 버킷리스트 △사전연명의료의향서 △장기기증서약서 △사전치매요양의향서 △사전장례의향서 △장례식에 초대하고 싶은 사람들 등이다.

▌주위 정리하는 데스클리닝

죽음을 눈앞에 두고 있지 않더라도 한번쯤 죽음을 가정하고 주위를 정돈해보는 데스클리닝을 한다. 오래된 물건들을 꺼내보며 행복했던 추억을 회상하고 내게는 쓸모없어진 물건이지만 이 물건을 잘 사용해줄 사람을 생각해 보는 기회도 가진다. 이 같은 데스 클리닝을 하다보면 의미 없는 것에 가려져 있던 행복을 문득 마주하게 된다. 그리고 어떻게 해야 앞으로의 시간을 가치 있게 보낼지 어렴풋이나마 깨닫게 된다. 행복했던 순간을 떠올리며 본연의 자신을 되찾는 과정이라 할 수 있다.

▌웰다잉 십계명

① 살아있음에 감사하기- 숨 쉴 때마다 감사하기 ② 나 자신에게 감탄하기- 나도 100점, 너도 백점 ③ 데스 클리닝- 건강할 때 정리하자 ④ 용서와 화해하기 ⑤ 떠날 때 손을 잡아줄 수 있는 단 한 사람 만나기 ⑥ 엔딩노트 만들기 ⑦ 남은 사람 축복하기 ⑧ 제2의 이력 만들기 ⑨ 마지막 순간까지 나를 즐겁게 할 수 있는 취미 만들기-자원봉사, 춤, 음악, 독서, 텃밭 가꾸기 등 ⑩ 오늘 하자! 마지막인사를- 미안합니다, 용서하세요, 감사합니다, 사랑합니다, 행복합니다 등.

▌사전연명의료의향서

사전연명의료의향서는 임종과정에 있는 환자가 되어 자신의 의사결정능력이 상실되었을 경우를 대비해 건강할때 무의미한 연명의료 및 호스피스에 관한 의향을 서면으로 남겨놓는 것을 말한다. 이는 좋은 죽음, 존엄한 죽음을 맞이하기 위한 첫 준비이며 생의 마지막 단계에 자신의 의사에 따라 인간으로서의 존엄성을 유지하며 품위있는 죽음을 받아들이기 위한 준비다.

02

제4차 산업혁명의 이해

사전학습

1. 제4차 산업혁명은 클라우스 슈밥에 의해 주창되었고, 인공지능, 로봇, 클라우드 컴퓨팅, 사물인터넷, 빅데이터 등을 통한 초연결성(Hyher-connection)과 초지능성(Hyper-intelligence)을 특징으로 한다.
2. 빅데이터는 기존 데이터보다 너무 방대하여 기존의 방법이나 도구로 수집, 저장, 분석 등이 어려운 정형 및 비정형 데이터를 의미한다. 빅데이터는 크기(Volume), 속도(Velocity), 다양성(Variety)를 그 특징으로 한다. 빅데이터 분석에서 주로 텍스트 분석을 많이 활용하는데, 텍스트 분석은 그 목적에 따라 분류, 군집화, 감성 분석, 트렌드 분석, 연관어 분석 등이 있다.
3. 인공지능은 인간의 학습능력과 추론능력, 지각능력, 자연언어의 이해 능력 등을 컴퓨터 프로그램으로 실현한 기술로서, 자연언어처리, 전문가시스템, 영상 및 음성 인식, 신경망 등으로 활용되고 있다.
4. 블록체인은 누구나 열람할 수 있는 장부에 거래 내역을 투명하게 기록하고, 여러 대의 컴퓨터에 이를 복제해 저장하는 분산형 데이터 저장기술이다. 블록체인은 블록에 데이터를 담아 체인 형태로 연결, 수많은 컴퓨터에 동시에 이를 복제해 저장하는 분산형 데이터 저장 기술이다. 공공 거래 장부라고도 한다.
5. 사물인터넷(Internet of Things)은 사물에 센서를 부착해 실시간으로 데이터를 인터넷으로 주고받는 기술이나 환경을 일컫는다. 블루투스나 근거리무선통신(NFC), 센서데이터, 네트워크가 인터넷에 연결된 기기들의 자율적인 소통을 돕는 기술로 활용된다.
6. 가상현실은 어떤 특정한 환경이나 상황을 컴퓨터로 만들어서, 그것을 사용하는 사람이 마치 실제 주변 상황환경과 상호작용을 하고 있는 것처럼 만들어주는 인간, 컴퓨터 사이의 인터페이스이다. 증강현실은 사용자가 현실세계에 3차원 가상물체를 겹쳐 보여주는 기술이다.
7. 챗봇은 사용자를 대화상대로 텍스트나 음성기반의 대화를 수행하는 소프트웨어로, 고객서비스나 정보수집 용도로 활용되고 있다. 인공지능 비서로도 불리고 있다.
8. 클라우드서비스는 데이터를 인터넷과 연결된 중앙컴퓨터에 저장해서 인터넷에 접속하기만 하면 언제 어디서든 데이터를 이용할 수 있는 서비스를 말한다. 클라우드 서비스는 데이터를 보관하는 장소에 따라 퍼블릭(개방형) 클라우드와 프라이빗(폐쇄형) 클라우드가 있다
9. 구독모델은 신문이나 잡지를 구독하는 것처럼 일정 기간 구독료를 지불하고 사용자가 원하는 상품이나 서비스를 공급자가 주기적으로 제공하는 신개념 유통 서비스를 일컫는다. 일정금액을 지불하고 주기적으로 생필품이나 의류 등을 받아 사용하거나 여러 종류의 차량을 이용할 수 있는 서비스 등이 대표적이다. 구독모델은 넷플릭스 모델, 정기배송 모델, 정수기 모델로 구분된다.

1. 4차 산업혁명의 특징

클라우스 슈밥(2016)은 우리는 제4차 산업혁명 시대에 살고 있다고 하였다. 제4차 산업혁명은 1차 산업혁명(철도 및 증기기관 발명), 2차 산업혁명(전기와 생산 조립 라인 등으로 대량생산), 3차 산업혁명(컴퓨터, 디지털 활용)을 넘어서 유비쿼터스 모바일 인터넷, 더 저렴하면서 작고 강력해진 센서, 인공지능과 기계학습 등을 활용하는 산업을 말한다.

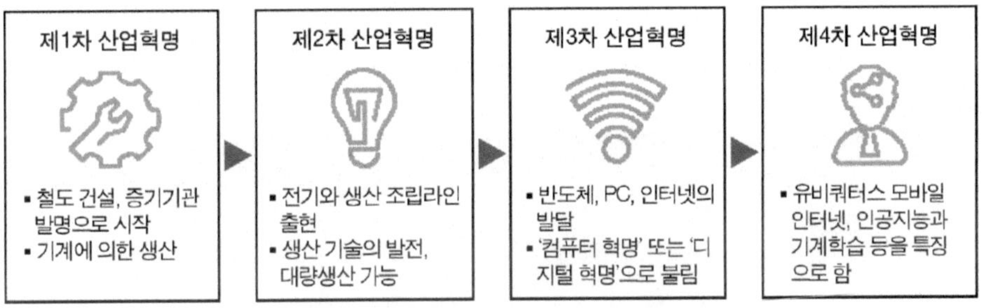

[그림 2-1] 4차 산업혁명으로의 전개 양상

클라우스 슈밥이 이끄는 세계경제포럼에서는 2025년에 발생할 가능성이 있는 디지털 초연결사회를 구축하는 21가지 티핑포인트를 제시하였다(슈밥, 2016). 이는 800명의 정보통신 전문가가 참여한 조사 결과이다. 주요 결과로는 1) 2025년에는 인구의 90% 이상은 광고료로 운영되는 무한 용량의 무료 저장소를 보유한다, 2) 1조 개의 센서가 인터넷에 연결된다, 3) 인구의 80%가 인터넷 상의 디지털 정체성을 갖게 된다, 4) 인구의 90%가 스마트폰을 사용한다, 5) 인구의 90%가 언제 어디서나 인터넷 접속이 가능하다 등을 들 수 있다.

4차 산업혁명은 인공지능, 로봇, 클라우드 컴퓨팅, 사물인터넷, 빅데이터 등을 통한 초연결성(Hyher-connection)과 초지능성(Hyper-intelligence)을 특징으로 한다(하원규, 최남희, 2015; Schwab, 2016, 2017). 또한, 에워러블 컴퓨터, 3D 프린팅, 상황인식 기술,

가상현실과 증강현실, 신경기술, 블록체인, 자동주행차, 초경량 소재, 유전자 치료제, 포스트 배터리 등을 기반으로 하는 산업이 대두되고 있다(류재한, 유연유, 2018; Schwab, 2017).

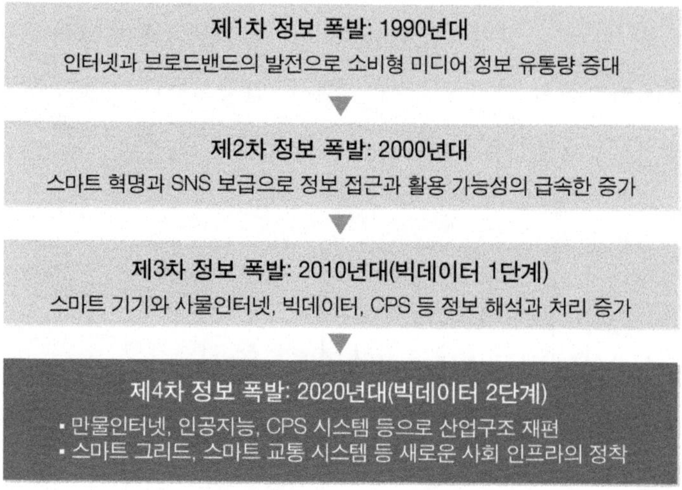

[그림 2-2] 정보 대폭발의 4단계

출처: 하원규, 최남희(2015). 제4차 산업혁명. 서울: 콘텐츠하다. p. 56.

2. 4차 산업혁명 기술과 사례[1]

최근 정부, 공공기관, 비즈니스, 교육기관 등에서도 이를 도입 및 활용하고 있다. 아래에서는 빅데이터, 사물인터넷 등 4차 산업혁명 기술을 활용한 사례를 살펴보고자 한다.

1) 4차 산업혁명 기술들에 대한 개념과 특징은 네이버 지식백과의 내용을 참고하여 작성하였으며, 4차 산업혁명 적용 사례는 삼성SDS 홈페이지(www.samsungsds.com) “인사이트 리포트”, IBM KOREA 블로그(https://blog.naver.com/ibm_korea), 인터넷기사 등을 참고하여 작성하였다.

1) 빅데이터(Bigdata)

빅데이터는 기존 데이터보다 너무 방대하여 기존의 방법이나 도구로 수집, 저장, 분석 등이 어려운 정형 및 비정형 데이터를 의미한다. 빅데이터는 크기(Volume), 속도(Velocity), 다양성(Variety)를 그 특징으로 한다. 크기는 수십 테라/페타 바이트 이상 규모의 데이터 속성을 말한다. 속도는 대용량의 데이트를 빠르게 처리하고 분석할 수 있는 속성을 말한다. 다양성은 다양한 종류의 데이터를 의미하며 정형화의 종류에 따라 정형, 반정형, 비정형 데이터로 분류된다. 정형데이터(Structured data)는 형식이 정해져 있는 데이터, 수치화된 데이터, 엑셀데이터 등을 말한다. 비정형데이터(Unstructured data)는 이미지, 오디오, 비디오, 동영상, 문자, 이메일, 문서 등으로 이루어지는 데이터를 말한다. 반정형데이터(Semi-structured data)는 html의 Url형태, XML의 오픈 APT 형태 등으로 일반적인 데이터베이스는 아니지만 스키마를 가지고 있는 데이터를 말한다.

1KB	= 1,024 byte
1MB	= 1,024 KB
1GB	= 1,024 MB
1TB(테라바이트)	= 1,024 GB
1PB(페타바이트)	= 1,024 TB
1EB(엑사바이트)	= 1,024 PB
1ZB(제타바이트)	= 1,024 EB
1YB(요타바이트)	= 1,024 ZB

[그림 2-3] 빅데이터 크기

최근 공공 및 민간 기관에서는 공공 및 수요자들의 서비스에 대한 요구나 경향을 소셜네트워크서비스나 소셜미디어 등에서 게시된 텍스트를 분석하는 경향이 많은데, 이를 텍스트 분석이라고 한다. Text Analytics(텍스트 분석)은 그 목적에 따라 분류(classification),

군집화(clustering), 감성 분석(sentiment analysis), 트렌드 분석(trend analysis), 연관어 분석(association rule mining) 등이 있다.

- **분류**는 주어진 여러 문서에 대해 미리 정해진 카테고리 값으로 분류하는 것이다. 예를 들어, 뉴스 문서가 주어졌을 경우 각 문서의 내용을 기반으로 특정 카테고리(스포츠, 경제, 정치 등)로 분류한다.
- **군집화**는 여러 문서가 주어졌을 때 비슷한 주제의 문서끼리 그룹핑을 하는 것이다. 분류가 학습 과정을 통해 문서를 분류하는 supervised learning(지도 학습)에 해당된다면, 군집화는 학습 과정 없이 바로 유사 문서끼리 그룹핑을 하는 unsupervised learning(비지도 학습/자율 학습)에 해당된다.
- **감성 분석**은 문서 또는 텍스트로부터 기본적으로 '긍정', '부정', '중립'의 감성을 추출하는 방법이다. 감성 분석의 방법은 문서 단위로 할 것이냐, 문서에 포함된 개체 단위로 할 것이냐에 따라 달라진다. 문서 단위는 문서 그 자체에서 감성을 추출하는 방법이고, 개체 단위의 분석 방법은 문서에 포함된 개체를 찾아, 개체 단위로 감성을 추출하는 방법이다. 예를 들어 "제품은 좋은데, 포장 상태가 불량이네요!" 라는 문장에서는 '제품'과 '포장 상태'가 개체명이다. 각 개체 별로 감성을 분석하면 '제품'은 긍정이고 '포장 상태'는 부정이 된다.
- **트렌드 분석**은 어떤 주제(제품, 이슈, 인물 등)에 대해 단어 또는 구문 단위로 어떤 변화가 있는지 분석하는 방법이다. 실시간으로 데이터가 게재되는 소셜네트워크서비스(SNS)로부터 데이터를 수집하여 분석한다.
- **연관어 분석**은 같이 출현하는 단어 간의 관계를 분석한다. 예를 들어, 'A단어가 출현하면 B단어도 같이 출현하더라' 라는 분석을 통해 단어 간의 연관성을 찾아내는 방법이다.

▌사례1 비자(VISA)

해외 카드사 중 비자(VISA)의 경우 구입품목, 시점, 결제 위치 등을 실시간으로 파악하고 고객의 구매이력 및 성향을 감안하여 인근 가맹점의 할인쿠폰을 발송해 주는 RTM(Real Time Messaging) 서비스를 제공하고 있다. 이 결과 카드이용건수 및 가맹점 신규고객이 증가하는 결과를 얻었다. 또한, 고객의 카드이용 패턴을 실시간 분석하여 카드 부정사용을 사전에 차단하는 시스템을 빅데이터 기술을 활용하여 개발/운영하고 있다.

▌사례2 독일의 Kreditech사

독일의 Kreditech사는 기존 은행거래정보 외에 페이스북, 이베이, 아마존에서의 행동 패턴을 반영하여 대출여부를 판단한다. 맞춤법을 틀리지 않는 대출자는 틀리는 대출자에 비해 덜 연체하는 특성을 가지고 있다. 따라서 맞춤법의 틀리는 정도를 신용평가 모델의 변수로 사용하고 있다. 또한, 대출정보 약관을 얼마나 꼼꼼히 읽었는지 여부도 변수로 넣었다. 이는 대출신청 서류를 상세히 보는 사람일수록 대출을 갚는 경향이 높기 때문이다. 흥미로운 결과로는 주기적으로 택배 기사가 방문하는 여부를 신용평가에 반영했다는 것이다. 이유는 주기적으로 온라인 쇼핑을 했다는 것은 일정한 소득이 있다고 추정할 수 있기 때문이다.

▌사례3 프로그래시브(Progressive)사

미국의 보험회사인 프로그래시브(Progressive)사는 자동차에 부착된 기기가 전송하는 데이터를 바탕으로 고객의 운전 패턴을 분석하고 미래 사고 가능성을 예측하는데 빅데이터 기술을 활용하고 있다. 이를 통해 자동차 보험료를 산정하는 Pay as You Drive 시스템을 운영하고 있다. 즉, 상대적으로 덜 위험한 방법(속도, 운전습관)으로, 덜 위험한 시간대 및 지역에서 운전하는 고객일수록 적은 보험료를 낸다. 이는 고객들의 안전 운전을 유도하는데 도움을 준다.

▌사례4 국민건강지수 모니터링 시스템

미국스포츠의학학회(ACSM, American College of Sports Medicine)에서 도시별 미국 건강지수를 매해 분석하고 리포트하고 있다. 국민의 체력뿐만 아니라 영양정보를 고려하여 건강수준을 도시 별로 비교할 수 있도록 미국건강지수(American Fitness Index)를 빅데이터를 활용하여 개발하였고 이를 헬스케어 분야에서 활용할 수 있도록 공개하고 있다.

국민건강보험공단에서는 국민건강 주의 알람 시스템을 운영하고 있다. 주 질병인 감기, 눈병, 식중독, 천식, 피부염을 선정하여 알람 서비스를 제공하고 있다. 질병 별로 지역과 연령을 구분해 관심, 주의, 경계, 위험 4단계로 위험도를 표시하여 사전에 주의사항을 안내하고 사전 예방 캠페인을 진행하고 있다. 이는 기간별 진료데이터 및 SNS상의 키워드 빈도수를 근거로 질병을 예측하는 시스템이다.

▌사례5 경찰청 범죄 예측 시스템

경찰청에서 '범죄 예측 시스템'을 운영 중에 있다. 이 시스템은 빅데이터를 기반으로 개발되었으며, 전과자 정보, 범죄 발생시간, 범죄가 주로 일어난 지역의 특징 등 범죄 관련 정보들을 수집하고 저장하고 있다. 범죄 정보뿐만 아니라 유동 인구, 유흥업소, 경찰서와의 거리 등 40여개의 범죄에 영향이 큰 요소를 분석하였고 그 결과를 통해 특정 지역에서 범죄가 일어날 확률을 계산할 수 있다. 이 범죄 예측 시스템을 활용하여 2014년 광주에서 발생한 여성 피습사건의 범인을 바로 잡을 수 있었고 큰 피해가 발생하지 않도록 사전에 예방한 케이스이다. 예측 시스템은 여러 정보를 분석한 결과 이 지역에서 범죄가 일어날 확률이 높다고 판단하였고 경찰은 이 지역 순찰을 강화하였다. 그 결과 사건발생 즉시 경찰이 출동하여 피해를 방지할 수 있었다.

2) 인공지능(Artificial Intelligence)

[그림 2-4] 인공지능

인공지능은 인간의 학습능력과 추론능력, 지각능력, 자연언어의 이해 능력 등을 컴퓨터 프로그램으로 실현한 기술이다. 인공지능은 자동번역과 같은 시스템을 실용화하는 것과 관련된 자연언어처리(natural language processing), 컴퓨터가 현재 인간이 하고 있는 여러 가지 전문적인 작업들(의사의 진단, 손해 배상 보험료의 판정 등)을 대신할 수 있도록 하는 전문가시스템(expert system), 컴퓨터가 TV 카메라를 통해 잡은 영상을 분석하여 그것이 무엇인지를 알아내거나, 사람의 목소리를 듣고 그것을 문장으로 변환하는 것(구글의 번역이나 삼성의 빅스비, 챗봇 등)과 관련된 영상 및 음성 인식, 인간의 두뇌를 모방하여 수많은 간단한 처리기들의 네트워크로 구성된 신경망(neural net) 등 분야에서 활발하게 활용되고 있다.

▌사례1 서울특별시

서울특별시는 인공지능 채봇을 통해 시민 질문에 자동으로 문자 답변을 하는 시스템을 도입하거나, 5만개 사물인터넷 센서를 설치해 미세먼지, 소음, 유동인구, 차량이동 등 도시 빅데이터를 구축하는 스마트시티를 구축할 예정이다(한겨례, 2019).

▌사례2 신세계

신세계는 로봇시스템을 도입하여 정산업무, 메일발송, 회계, 자금, 경리 업무, 고객 상담 등 단순업무를 담당하여 주 35시간이나 업무시간의 70% 단축을 현실화하고 있다(연합뉴스, 2019).

▌사례3 롯데백화점

롯데백화점은 인공지능 쇼핑 어드바이저 '샬롯'을 온라인 소핑몰 등에서 활용하고 있다. '샬롯(Charlotte)'은 롯데그룹의 AI 통합 브랜드다. 롯데는 2016년 한국 IBM과 업무협약을 맺고 이 회사의 인공지능 '왓슨'을 도입했다. 왓슨을 기반으로 만든 '샬롯'으로 온.오프라인 고객의 구매 성향을 분석해 내는 기술을 풍부한 상품 데이터와 접목했다. 샬롯은 이제 사람과의 텍스트 음성 대화를 이해하고 답변하며, 이미지로 유사 상품을 찾고, 고객의 온 오프린 구매 데이터를 분석해 상품을 추천하며, 소셜미디어 검색과 분석을 통해 쇼핑 트렌드를 파악한다(https://blog.naver.com/ibm_korea).

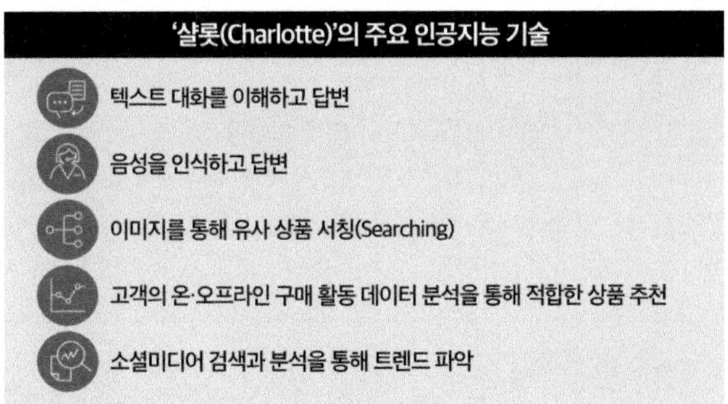

▌사례 4 검문용 AI[2)]

EU(유럽연합)는 소속 국가의 국경 출입국 관리소에 국경 검문용 AI(인공지능)를 설치하겠다고 발표했다. EU는 "매년 7억명이 넘는 사람이 EU에 들어오는 상황에서 사람만으로는 국경 보안과 관련된 일을 모두 처리할 수 없다"며 "지능형 검문 시스템인 아이보더컨트롤(iBorderCtrl)을 우선 비(非)EU 국가들과 국경을 맞댄 헝가리·라트비아·그리스 등 3국에 설치해 운영하겠다"고 밝혔다. EU는 이 AI 개발을 위해 지난 2년간 약 450만유로(약 58억원)를 투자했다. 3국에 6개월 내 설치를 완료할 것으로 전해졌다.

▌사례5 뷰노메드 본 에이지 시스템과 루닛 인사이트[3)]

의료기기 업체 뷰노는 '뷰노메드 본에이지' 시스템을 개발했다. 국내 1호 인공지능(AI) 의료기기인 이 제품은 어린이의 뼈 상태를 분석해 성장·발육에 대한 진단을 할 수 있다. AI 기술이 의료 현장에 빠르게 확산되고 있다. 현재까지 AI 의료 기기로 식품의약품안전처 판매 승인을 받은 제품은 총 4개다. 대부분 사람이 하던 의료 영상 분석을 AI가 대신하는 영상의학 분야 기기다. 이 기기는 현재 주요 병원에서 활용되고 있다. 엑스레이로 촬영된 어린이의 손목뼈를 분석해 어린이의 성장·발육에 대한 진단을 하는 AI 기기다. 이 제품은 우선 표준화된 어린이 손목뼈 사진을 AI가 머신러닝(기계학습) 방식으로 학습한다. 이를 토대로 실제 진료를 받는 아이의 엑스레이 영상과 대조하게 된다. 이 제품은 뼈마디의 간격, 뼈의 모양과 크기 등을 고려해 향후 아이의 성장·발육 상태가 어떨지 예측한다. 기존에는 의사가 약 300장에 달하는 표본 사진과 비교를 하며 뼈 상태를 분석했다. 10~20분 이상이 소요되다 보니 의사가 당일 판정을 내리지 못하는 경우도 허다했다. 본에이지 제조 업체 뷰노에 따르면 AI 기기를 활용한 분석에 걸리는 시간은 20초 내외다. 정확도 역시 100%에 근접하는 수준이다. 이런 방식은 다른 의료 기기 분야에서도 폭넓게 쓰이고 있다.

최근 서울대병원이 도입한 '루닛 인사이트'라는 AI 의료 기기는 머신러닝한 데이터로 환자의 폐결정 여부를 판독한다. 그동안 '판독' 역할을 중심으로 진화해온 AI 의료 기기는 최근에는 환자가 병이 있는지 파악을 하는 '확진' 분야로도 영역이 확대되고 있다. 현행 의료법상 확진은 오직 의사만 할 수 있다. 다만 의사가 환자의 병을 판단할 때 AI가 정확성과 신속성을 끌어올릴 수 있도록 돕는 것이다.

의료 기기 업계에 따르면 현재 안저 질환이나 뇌 질환 여부를 진단할 수 있는 AI 기기, 심장 상태를 파악해 심정지를 예측하는 시스템 등이 개발되고 있다. AI가 축적된 빅데이터를 토대로 질환의 유무를 판단하는 것이다. 의료 기기 업체 루닛은 폐암·유방암 환자의 조직을 분석해 치료 예측성까지 제시하는 시스템을 개발하고 있다.

---

4) http://biz.chosun.com/site/data/html_dir/2018/11/07/2018110704716.html

3) http://biz.chosun.com/site/data/html_dir/2019/04/24/2019042403993.html

3) 블록체인

블록체인(Blockchain)은 누구나 열람할 수 있는 장부에 거래 내역을 투명하게 기록하고, 여러 대의 컴퓨터에 이를 복제해 저장하는 분산형 데이터 저장기술이다. 여러 대의 컴퓨터가 기록을 검증하여 해킹을 막는다. 블록에 데이터를 담아 체인 형태로 연결, 수많은 컴퓨터에 동시에 이를 복제해 저장하는 분산형 데이터 저장 기술이다. 공공 거래 장부라고도 불리운다. 중앙 집중형 서버에 거래 기록을 보관하지 않고 거래에 참여하는 모든 사용자에게 거래 내역을 보여주며, 거래 때마다 모든 거래 참여자들이 정보를 공유하고 이를 대조해 데이터 위조나 변조를 할 수 없도록 돼 있다. 그 예를 들면, 조달청의 나라장터은 빅데이터 및 인공지능 플랫폼을 구축하여 검색엔진과 색인DB 구축하고 블록체인을 적용하여 전자문서 유통 및 변조 등을 방지할 예정이다(전자신문, 2019).

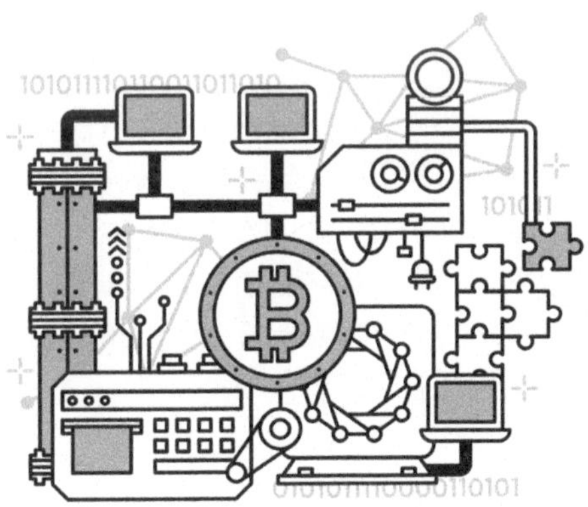

[그림 2-5] 블록 체인

▌사례1 비트코인

블록체인은 비트코인 때문에 탄생하였다. 2009년 Satoshi Nakamoto는 전자화폐인 비트코인을 제안하면서, 전자화폐의 고질적인 문제인 이중지불(Double Spending) 을 해결하기 위해 블록체인을 제안하였다. 블록체인은 일정시간 동안 발생한 모든 거래를 하나의 블록에 저장한다. 그리고 블록을 만들어진

시간순서로 연결한다. 모든 블록은 중앙서버에 저장되는 것이 아니라, 각 참여자들의 PC에 동일한 내용의 블록으로 저장된다. 따라서 특정 거래를 위조하려면, 해커는 서버를 공격하는 것이 아니라 참여자 모두의 PC를 동시에 공격해야 한다. 따라서 블록체인 네트워크가 커지면 커질수록 해킹은 더욱 어렵게 되어, 거래를 위/변조하는 것이 거의 불가능해진다.

즉, 블록체인 기술은 인터넷상에서 일어나는 거래를 안전하게 기록하기 위해 제안되었다고 할 수 있으며, 이런 이유 때문에 보안의 중요성이 가장 큰 금융권에 먼저 적용되고 있다. 나날이 증가하는 인터넷 금융거래에 대한 보안 대책으로 이 블록체인 기술을 적용하여, 인증기관을 통해 거래의 안전성을 보장하는 기존 방식에서 탈피해 탈중앙적인(Decentralized) 거래 관리 모형을 제시하고 있다. 블록체인 이전에는 모든 거래를 하나의 원장에 기록하였지만, 블록체인은 각 참여자 모두가 원장을 보유한다. 그래서 블록체인을 분산원장(Distributed Ledger)이라고도 한다.

▌사례2 액센츄어

미국의 컨설팅 기업 '액센츄어(Accenture)'는 전 세계 최대 투자 은행들이 블록체인 기술로 어음교환과 정산의 효율성을 향상시킨다면 연간 약 100억 달러의 비용을 절감할 수 있을 것이라고 추정했다. 블록체인 기술을 도입한 대표적 사례로는 호주증권거래소가 있는데, 대부분의 주식거래 정산과 결제를 관리하는 데에 블록체인 기술을 활용하고 있다.

▌사례3 신원확인

신원확인은 공공분야를 포함한 다양한 영역에서 중요하다. 은행권에서는 고객의 신원을 기록하고 업데이트할 수 있는 공통 디지털 유틸리티를 실현시키기 위해 수년간 노력해왔고 항공사, 콜센터와 전자상거래에서도 고객의 신원 확인의 중요성이 대두되고 있다. 'UN'과 '마이크로소프트(MS)'는 신원 증명 서류가 없는 사람을 위한 블록체인 신원 시스템을 개발했으며, '쇼카드(ShoCard)'도 여행, 콜센터 인증 및 나이 인증을 위한 신원 확인 플랫폼을 출시했다.

▌사례4 '팜 투 포크(Farm-to-fork)' 운동

'팜 투 포크(Farm-to-fork)' 운동도 의외의 블록체인 성공사례입니다. '월마트(Wal-mart)'를 포함한 대형 식품 리테일러들이 식품 공급망의 추적 가능성을 강화하고 안전을 보장하기 위해서 블록체인 활용 방안을 모색하고 있다. 농산물 공급망은 농부, 중개인, 유통업자, 가공 처리자, 소매업자, 규제 담당자와 소비자 등으로 복잡하게 얽힌 네트워크로 구성돼 있는데요. 블록체인 기술을 도입하면 식품의 온도 및 품질, 배송 일정, 시설의 안전 증명서 등을 포함한 주요 정보를 자동 추적하여 공급망 관리 절차를 간소화할 수 있게 된다. 또한 오염된 먹거리의 원인을 보다 쉽게 파악하여 처리할 수 있게 된다. 소비자의 입장에서도 식품 운송 전 과정에서 식품 안전이 유지됐는지 직접 확인할 수 있다.

4) 사물인터넷(Internet of Things)

사물인터넷은 사물에 센서를 부착해 실시간으로 데이터를 인터넷으로 주고받는 기술이나 환경을 일컫는다. 블루투스나 근거리무선통신(NFC), 센서데이터, 네트워크가 인터넷에 연결된 기기들의 자율적인 소통을 돕는 기술로 활용된다. 예를 들면, 냉장고의 온도를 실시간으로 점검하고 제품 진단과 절전 관리를 할 수 있거나 침대에서 사람이 자고 있는지를 스스로 인지한 후 자동으로 실내등이 켜지거나 기지도록 할 수 있다.

[그림 2-6] 사물인터넷

▌사례 스마트홈에 변화를 일으킬 핵심 디바이스 '도어록'

도어록 시장은 그 사업성을 캐치하고 샤오미와 화웨이, 필립스 등 글로벌 대기업들이 진출을 시작한 분야이다. IoT 스마트 도어록은 저전력 Wi-Fi 칩셋의 내장을 통해 집안의 무선 공유기와 항상 연결되어 집 밖에서도 스마트폰으로 문열림 상태나 침입 시도 등의 비상 상황을 실시간 푸시 알림으로 받거나 수시로 확인 가능하다. 또한, 제품 인바디에 내장된 적외선과 온도 감지 센서등을 통해 별도의 힘을 가하지 않고 핸들을 잡기만 해도 잠금이 해제되는 전자동 문열림이 가능하다. 게다가 대부분의 IoT 디바이스의 문제라고 볼 수 있는 주요 정보 유출 방지와 해킹 방지 등을 위해 화이트 박스 암호(White-Box Cryptography), 데이터 전송 구간 암호화 등 최신 보안 기술을 적용하여 보안성을 더욱 강화하였다. 기온 변화나 지문을 접촉하는 각도차가 있어도 빠르고 정확하게 지문을 인식하고, 매뉴얼을 보지 않고도 쉽게 사용할 수 있도록 주요 사용법을 음성으로 안내한다.

5) 가상현실(Virtual Reality)과 증강현실(Augmented Reality)

가상현실은 어떤 특정한 환경이나 상황을 컴퓨터로 만들어서, 그것을 사용하는 사람이 마치 실제 주변 상황・환경과 상호작용을 하고 있는 것처럼 만들어주는 인간-컴퓨터 사이의 인터페이스를 말한다. 가상현실은 사람들이 일상적으로 경험하기 어려운 환경을 직접 체험하지 않고서도 그 환경에 들어와 있는 것처럼 보여주고 조작할 수 있게 해주는 것이다. 응용분야는 교육, 고급 프로그래밍, 원격조작, 탐사자료, 탱크 및 항공기 조정법 훈련, 가구의 배치 설계, 수술 실습, 게임 등 다양하다.

한편, 증강현실은 사용자가 현실 세계에 3차원 가상물체를 겹쳐 보여주는 기술이다. 증강현실은 실제환경에 가상정보를 합성하여 현실세계의 뷰(View)를 변화시키는 한 분야이다. 실세계의 물체와 디지털세계의 물체가 공존하여 실시간 상호작용이 가능한 기술이다. 예를 들면 길을 가다 스마트폰 카메라로 주변을 비추면 근처에 있는 상점의 위치 및 전화번호, 지도 등의 정보가 입체영상으로 표시되고, 하늘을 비추면 날씨정보가 나타나는 등 다양한 분야에서 적용되고 있다.

[그림 2-7] 가상현실

▌사례1 해외시설 검사

창고 중 하나를 검사해야 하는데, 문제는 본사가 보스턴(Boston)에 있고 검사해야 할 창고가 리우데자네이루(Rio de Janeiro)에 있는 경우이다. 검사를 위해 수천 달러의 비용을 들여 시설을 방문해야 하기 때문이다. 가상현실은 제조업체에게 이동성을 제공한다. 창고환경을 가상으로 복제하여 본사에서 원격으로 창고시설을 검사하면 출장 비용을 절감할 수 있다. 가상현실은 작업 현장에서도 많은 이점을 제공한다. 관리자는 가상현실을 이용해 신입사원을 생산라인에 배치하기 전에 교육할 수 있고, 실습생은 공장에서 일어나는 각종 상황들을 시뮬레이션으로 체험할 수 있다. 때문에 현장에 배치되었을 때 업무환경에 보다 빠르게 익숙해질 수 있다. 더불어 가상현실을 통한 교육덕분에 부상 위험과 실수는 줄어들고 안전성과 생산성은 향상된다. 또, 새로운 기계를 시설에 설치할 때 증강현실을 활용하여 장비의 크기를 업로드하고 시설 내부에 설치된 모습을 이미지로 만들 수 있다. 이 이미지를 통해 장비가 공장 내부에 적합한지를 확인하거나 설치를 위해 수정해야 할 사항을 확인할 수 있다.

▌사례2 주택 시공 전 맞춤화

여러분이 부동산 중개인이라면, 아직 건축되지 않은 모델하우스를 어떻게 고객에게 선보일 수 있을까? 미국의 개발자들은 가상현실과 증강현실을 이용해 존재하지 않는 모델하우스를 미리 보여주고 있다. 이러한 경험은 소비자에게 힘을 실어준다. 가상현실과 증강현실을 기반으로 한 애플리케이션을 사용하여 특정 스마트폰, 태블릿을 들고 가상현실의 집을 구경할 수 있다. 가상 공간 내에서 상호작용을 하며 다양한 바닥재, 가구, 벽면 색상 등을 미리 보고 집을 건축하기 전에 기호에 따라 미리 구상하고 맞춤화할 수 있다.

▌사례3 대안 치료

오피오이드(Opioid) 약물 남용은 미국 의료 업계가 직면한 커다란 문제이다. 일각에서는 이 약이 과도하게 처방되고 있다며 비판한다. 통증 관리를 위해 오피오이드와 같은 약물이 아니라 가상현실과 증강현실을 대안으로 제공한다면 어떨까? 대학 및 개인 병원에서 실시한 연구에 따르면 가상현실 치료법이 통증 자각 점수를 낮추는 것으로 나타났다.

▌사례 4 소매업 분야의 증강/가상현실을 통한 고객 경험 향상

제품 테스트와 체험: 가상/증강현실은 고객이 구매하려는 소파가 거실에 잘 어울릴지 미리 보여 주는 등 상황에 맞춰 제품을 볼 수 있도록 도와준다. 팀버랜드(Timberland)의 경우, 고객이 덥고 어두운 피팅룸을 사용하는 불편 상황을 없애기 위해 가상 피팅룸을 선보였습니다. 키넥트(Kinect)와 디지털 사이니지 기술을 이용하면 고객은 손 제스처를 사용해 매장의 모든 옷을 가상으로 입어볼 수도 있다. 집에서도 PC 내장 카메라와 증강현실 기술을 적용한 웹 및 페이스북 앱으로 비슷한 체험을 할 수 있다.

가상현실 브라우징: 온라인 스토어는 체계적이긴 하지만 실제 매장에서의 쇼핑에 비해 재미나 몰입도가 떨어진다. 반면, 가상현실 매장이라면 소비자는 어디서든 가상으로 매장을 구경하고 제품을 구매할 수 있다. Karen Miller 가상 플래그십 스토어가 대표적인 예이다. 매장을 짓는 데 비용을 투자하는 대신에 디지털 사이니지, 스마트폰 등 대부분의 플랫폼에서 사용할 수 있는 360도 파노라마를 디자인하기만 된다.

맞춤형 상품 디자인: 주문 제작 상품은 시간이 많이 소요되고 고객의 상상력에 의존하게 된다. 가상/증강현실은 원하는 제품의 가상 제작이 가능해 주문 제작 상품의 단점을 극복할 수 있다. 나이키의 Maker's Experience는 증강현실, 객체 추적 및 프로젝션 기술(AI 및 IoT 사용)과 디지털 사이니지 또는 비디오월(videowall)의 결합을 통해 맞춤형 디자인을 운동화에 적용, 고객이 1시간 후에 완제품을 받을 수 있도록 한다.

상황에 맞는 제품 정보 제공: 제품의 사양과 기능 설명은 딱딱하고 지루하지만, 이러한 정보가 상황에 맞게 전달되면 소비자에게 큰 인상을 남길 수 있다. 이때, 소비자가 제품의 이점을 상세히 확인할 수 있다면 훨씬 더 유익하다. 예를 들어, 상하이의 스타벅스 리저브 로스터리(Starbucks Reserve Roastery)는 증강현실을 이용하여 오프라인과 온라인의 쇼핑 경험을 융합했다. 이로써 고객은 스마트폰을 원하는 커피 머신으로 향하게 하여 커피가 만들어지는 과정을 바로 확인할 수 있다.

6) 챗봇(Chatbots)

챗봇은 사용자를 대화상대로 텍스트나 음성기반의 대화를 수행하는 소프트웨어로, 고객서비스나 정보수집 용도로 활용되고 있다. 인공지능 비서로도 불리고 있다. 대표적으로 구글 어시스턴트, 애플 시리, 삼성 빅스비 등이 있다. 또한, 홈쇼핑, 인터넷 쇼핑몰, 보험사, 은행, 음식배달, 숙박예약 등에서 소비자의 질문에 대답해 주거나 기존 소비자의 성향을 바탕으로 적합한 상품을 추천해 주는 역할로 활용된다. 챗봇을 도입하면 인력을 줄여 비용을 절감할 수 있고 소비자가 상담원을 기다리지 않고 장소와 시간에 관계없이 정보를 알 수 있다는 장점이 있다. 또 앱과 달리 설치 과정이 필요하지 않고 스마트폰 저장 용량을 차지하지도 않아 향후 앱들이 챗봇으로 교체될 것이라는 전망이 있다. 반면 챗봇의 등장으로 인간의 일자리가 줄어들 것이라는 우려도 있다.

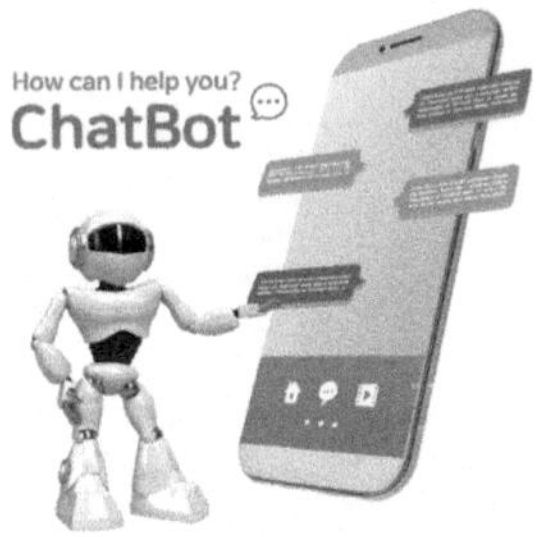

[그림 2-8] 챗봇

▌챗봇

챗봇은 사람과 대화하며 사용자가 원하는 업무를 수행하도록 돕는 대화형 AI(Artificial Intelligence) 서비스이다. 자연어 처리(NLU), 기계 학습, 텍스트 마이닝 등의 AI 기술 적용으로 사람의 언어를 이해하고 학습하며, 이를 사람의 언어로 전달한다. 여러 AI 기술들 중에서도 특히 챗봇은 적용 영역을 빠르게 넓혀가고 있다. 콜센터와 같은 고객 서비스부터 기업 메신저를 통한 업무 지원 서비스, 채팅 앱을 통한 광고 등 이미 다양한 분야에서 적용 사례를 쉽게 찾아볼 수 있다. 그중 고객 서비스는 챗봇의 효용이 가장 빠르게 나타나는 분야이다. 24시간 365일 연결 가능하다는 점과 더불어 소비자들에게 더욱 익숙하고 간편한 인터페이스를 제공하는 방향으로 발전하고 있어, 앞으로도 효용성은 더욱 증가할 것으로 보인다.

7) 클라우드(Cloud)서비스

클라우드서비스는 데이터를 인터넷과 연결된 중앙컴퓨터에 저장해서 인터넷에 접속하기만 하면 언제 어디서든 데이터를 이용할 수 있는 서비스를 말한다. 빅데이터를 클라우드로 관리하면 분석과 활용이 용이하다. 예상치 못한 트래픽 폭주를 염려해 과도한 설비투자를 할 필요가 없다. 클라우드 서비스는 데이터를 보관하는 장소에 따라 퍼블릭(개방형) 클라우드와 프라이빗(폐쇄형) 클라우드로 나뉜다. 클라우드 업체의 데이터센터에 보관하면 퍼블릭 클라우드, 기업 안이나 데이터센터의 독립된 서버에 보관하면 프라이빗 클라우드로 볼 수 있다.

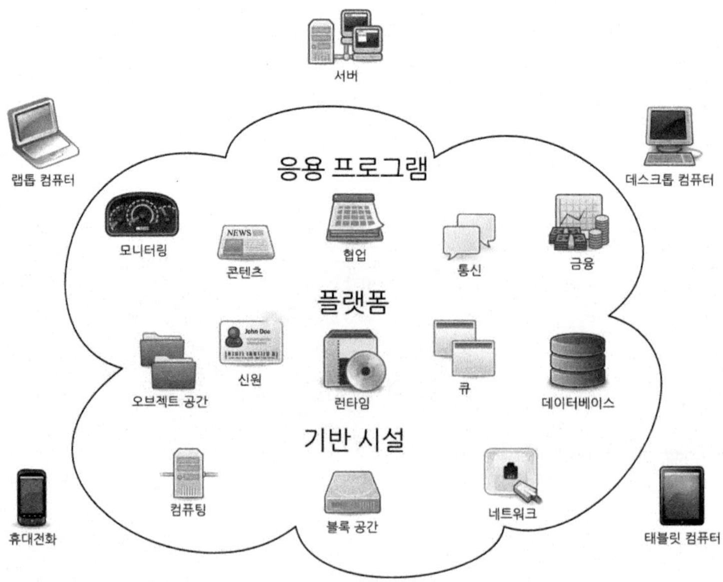

[그림 2-9] 클라우드 컴퓨팅

출처: 위디피디아

8) 구독모델(Subscription model)

구독모델은 신문이나 잡지를 구독하는 것처럼 일정 기간 구독료를 지불하고 사용자가 원하는 상품이나 서비스를 공급자가 주기적으로 제공하는 신개념 유통 서비스를 일컫는다. 일정금액을 지불하고 주기적으로 생필품이나 의류 등을 받아 사용하거나 여러 종류의 차량을 이용할 수 있는 서비스 등이 대표적이다. 구독경제는 무제한 스트리밍 영상을 제공하는 넷플릭스의 성공 이후 다른 분야로 확산되고 있다. 예를 들면, 월 9.99달러에 뉴욕 맨해튼의 수백 개 술집에서 매일 칵테일 한 잔씩 마실 수 있도록 한 스타트업 후치, 매달 일정 금액을 지불하면 정해진 몇몇 차량 중 원하는 차량을 골라 바꿔가면서 이용할 수 있는 서비스 등을 들 수 있다. 이 같은 '넷플릭스 모델'은 헬스클럽과 병원 등 건강 의료 영역까지 퍼지고 있다. 구독모델을 이용하면 소비자의 입장에서는 전문 지식을 갖춘 구매 담당자가 소비자 대신 우수한 제품을 선정하여 전해 주기 때문에, 상품을 고르기 위해 쓰는 시간을 절약할 수 있다. 공급자 입장에서도 자사의 상품 홍보 효과를 볼 수 있고, 사용자의 요구를 보다 쉽게 파악할 수 있다.

〈표 2-1〉 구독경제(subscription economy)의 세 가지 모델

구분	넷플릭스 모델	정기배송 모델	정수기 모델
주요 적용상품	술, 커피, 병원, 헬스클럽, 영화관 관람, 동영상 및 음원 디지털콘텐트 등	면도날, 란제리, 생리대, 칫솔, 영양제 등 소모품	자동차, 명품 옷, 가구, 매장 등 고가제품
이용방식	월 구독료 납부한 후 매월 무제한 이용	월 구독료 납부한 후 매달 집으로 수차례 배송	월 구독료만 납부하면 품목 바꿔가며 이용가능
대표업체	무비패스 (월 9.95달러 내면 매일 영화관 관람 가능)	무비패스 (월 9달러 내면 매달 면도날 4~6개씩 배송)	캐딜락 (월 1,800달러 내면 모든 차종 바꿔가며 이용 가능)

3. 4차 산업혁명에서의 직업 변화

세계경제포럼(World Economic Forum, 2018a, b)은 20개 경제권과 12개 산업영역을 고찰하여 2018~2022년 사이에 미래의 직업에서 초래될 네 가지 점을 지적하고 있다.

첫째, 4차 산업 혁명이 일자리에 미칠 영향에 대한 미래고용 보고서에 의하면, 향후 5년 동안 "4차산업혁명"으로 선진국 및 신흥시장 15개국에서 710만개의 일자리가 사라지게 될 것이며, 반복적 업무를 수행하는 사무직 475만개가 없어질 것이며, 산업혁명에 의해 만들어지는 일자리는 210만개에 불과한 것으로 전망했다. 사무직 및 관리직종에 집중되어 있을 것이라 전망했다.

둘째, 자동화, 로봇화, 디지털화의 구현 정도는 나라마다 다르게 나타날 것이다. 초고속 인터넷, 인공지능, 빅데이터 분석, 클라우드 기술 등은 비교적 널리 확산될 것이며 기계학습과 증강현실, 가상현실 등에도 많은 투자가 이루어질 것이다. 그러나 로봇 기술에 대한 투자는 영화나 소설에서처럼 급속하게 이루어지지는 않고 비교적 완만하게 유지될 것이며 비유동 로봇이 가장 널리 활용될 것이다.

셋째, 상당한 정도의 직업 파괴에도 불구하고 긍정적 직업 전망이 가능하다. 기술진부화로 현재 직업의 22~31% 정도가 감소할 것으로 전망되기도 하지만 반면, 세계적으로 16~27%의 새롭게 부상하는 일자리가 출현할 것으로 보인다. 단순히 양적으로만 보면 기계, 로봇 등에 의해 7천5백만 개의 일자리가 대체될 것으로 전망되지만 반면 1.33억 개의 새로운 일자리가 나타날 것으로 보인다. 새롭게 나타날 일자리들로는 데이터 분석가, 소프트웨어 어플리케이션 개발자, 이커머스 및 사회미디어 전문가 등 기술의 발전에 바탕을 둔 직무 그리고 고객서비스전문가, 세일즈 및 마케팅 전문가, 훈련개발 인간문화 조직개발 전문가 혁신관리자와 같이 독특한 인간 자질에 바탕을 둔 직무들이다.

넷째, 인간, 기계, 알고리즘간의 노동 분할이 빠르게 전개될 것이다. 여러 산업에서 인간의 활동은 총 과업시간의 71%를 담당하고 기계나 알고리즘이 29%를 담당하고 있다. 하지만 2022년에는 인간은 58%의 과업시간을 담당하고 42%는 기계나 알고리즘이 담당할 것이다. 2022년에는 데이터 처리, 정보검색 및 정보이전 과업의 62%가 기계에 의해 처리될 것이다. 특히 추리, 의사결정, 관리 및 정보검색 등의 과업에서 기계의 참여도가 크게 확대될 것이다.

다섯째, 작업에서의 새로운 과업은 새로운 스킬에 대한 요구를 키울 것이다. 2022년에는 대부분의 직무를 이행하는데 요구되는 스킬이 크게 변화될 것이다. 세계의 평균적 스킬 안정성은 불과 58% 정도에 그칠 것이다. 따라서 작업자들은 대략 42% 정도의 직무 스킬 변화를 경험하게 될 것이다. 특히 현저하게 증가할 스킬 요구는 기술 디자인, 다양한 기술 역량 유형에 대한 요구 증가뿐만 아니라 분석적 사고, 능동적 학습 등이다. 또한 창의성, 독창성, 진취성, 비판적 사고, 설득 및 협상 등의 인간적 자질에 대한 요구와 유연성 및 복잡한 문제해결 등의 스킬의 가치도 증가할 것이다. 나아가 서비스 지향성뿐만 아니라 감정적 지능, 리더십 등도 현재보다 더욱 크게 요구될 것이다.

03

평생교육과 평생교육경영

사전학습

1. 평생교육은 수직적이고 수평적 차원의 교육이다.
2. 평생교육은 학교교육(pedagogy)과 안드라고지(andragogy)를 포함한다.
3. 평생교육은 형식교육(formal education), 비형식교육(non-formal education), 무형식교육(informal education)으로 구분된다.
4. 평생교육은 학습자의 요구 충족, 저렴한 비용, 사회요구 반영, 일터와 직무 연결, 기관의 자율성을 특징으로 한다.
5. 평생교육경영은 평생교육목표를 효과적으로 달성하기 위해 인적, 물적 및 재정적 조건과 그 운영 방법을 계획·집행·평가하고, 평생교육기관의 구성원의 협동적 행위를 촉진하는 활동이다.
6. 평생교육경영의 요소는 리더십, 기획, 인사, 조직, 자원, 재무, 서비스 등이다.
7. 평생교육경영의 원리는 법치행정, 기회균등, 자주성, 타당성, 민주성, 능률성, 적응성, 안정성 등이 있다.
8. 평생교육경영의 과정은 계획, 조직, 명령, 조정, 통제 등이다.
9. 평생교육경영자는 사무적 기술, 인간적 기술, 통합적 기술을 수행한다.
10. 평생교육경영자는 전략적 기획자, 대표자, 리더, 연결자, 대변자, 정보수집 및 보급자, 의사결정자 등과 같은 역할을 수행한다.
11. 평생교육경영자는 분석적 사고, 비판적 사고, 창의적 사고를 필요로 한다.

1. 평생교육

평생교육은 삶(Life), 평생(Lifelong)과 교육(Education) 등 세 가지 개념이 내포되어 있는 용어로, 개인이 한 평생 사는 동안 갖는 모든 교육을 말한다. 평생교육은 수직적이고 수평적 차원이 통합된 특성을 지닌 교육이다. 평생교육이 수직적이라는 함은 평생교육의 대상이 요람에서 무덤까지, 즉 유아, 아동, 청소년, 성인, 노인을 포함한다는 의미이다. 그리고 수평적이라는 것은 인간의 생활공간인 가정, 학교, 사회, 직장, 가상공간 등을 포함한다는 것을 말한다.

평생교육이 적령기 학생과 성인을 대상으로 한다고 하지만, 현실적으로는 적령기 학생보다는 성인을 대상으로 실시되고 있는 활동이어서 학교교육과는 다른 특징을 지닌다. 즉, 적령기 학생을 대상으로 하는 학교교육(pedagogy)과 성인을 대상으로 안드라고지(성인학, Andragogy)는 구별된다. 학교교육은 교수자 중심, 비현실적 학습내용, 미래생활 대비를 강조하지만, 안드라고지는 학습자 중심, 일과 생활 중심, 현재 필요 등을 강조한다.

〈표 3-1〉 성인학(안드라고지)와 학교교육(페다고지)의 비교

구분	안드라고지	페다고지
학습욕구	학습 시작 전 학습 필요성 점검 학습결과에 대한 이해관계 분석	학습내용의 현실과의 비연관성 교사 지도 사항 중시
자기개념	자기주도성	의존성
경험 역할	직접 경험을 통해 얻는 지식과 기술 중시 (실험, 토의, 문제해결, 현장학습 등)	외부에서 주어진 경험 습득 (강의, 전달식 수업 등)
학습내용	실제 생활의 문제, 상황 해결을 위한 학습 이질성, 다양성	사회에서 규정된 학습 강요 동질성, 통일성
학습지향성	미래생활, 실용, 문제해결	미래생활 대비(지식습득, 교과중심)
학습동기	외재적 동기(직업, 승진, 봉급 등) 내재적 동기(직업만족감, 자존감, 생활의 질)	외재적 동기(학점, 교사인정 등)

평생교육은 형식교육(formal education), 비형식교육(non-formal education), 무형식교육(informal education)으로 구분된다. 형식교육은 초・중・고・대학 등에서 졸업장이나 학위취득을 목적으로 하는 정규과정을 말한다. 비형식교육은 학교 밖에서 이루어지는 모든 구조화된 학습과정으로, 자격증 취득이나 취업 등을 목적으로 하는 교육프로그램을 운영하는 기관인 학원, 도서관, 평생교육기관, 온라인 학습기관 등에서 이루어지는 교육을 말한다. 무형식교육은 학습자가 독서, 여행 등에서 새로운 무언가를 배운다거나 가족, 친구, 직장 동료나 상사의 조언에 의한 학습, 컴퓨터나 인터넷을 활용하여 새로운 정보나 지식을 배우는 것을 말한다.

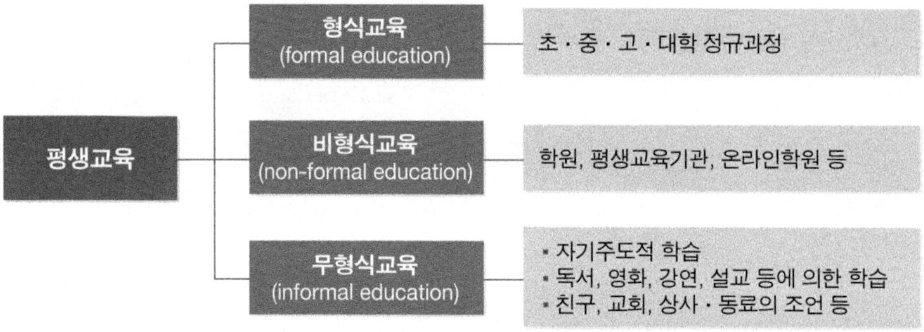

[그림 3-1] 형식교육, 비형식교육, 무형식교육 비교

평생교육은 다음과 같은 학습자 중심, 저렴한 비용, 요구반영, 취업연계, 분권화 등의 특징을 지닌다.

① **학습자 중심(Learner Centered)**: 평생교육은 학습자 중심의 시스템 및 프로그램을 개발해야 하며, 또한 모든 학습자들이 평생교육에 접근할 수 있어야 한다.

② **저렴한 비용(Low Cost)**: 많은 학습자들이 평생교육을 받을 수 있도록 교육 및 훈련 비용이 저렴할 필요가 있다.

③ **요구에 기초(Basic in Needs)**: 평생교육 프로그램은 학습자들의 필요와 요구 및 관심을 고려할 뿐만 아니라 사회, 경제, 문화 등 환경 변화에 부응할 필요가 있다.

④ **취업과 연결(Linkage to Employment)**: 발전하는 과학 · 기술 문명과 정보에 대한 학습과 변화하는 일터 및 직무기술에 적응할 수 있도록 유연한 교육훈련 및 자격 취득에 초점을 두어야 한다.

⑤ **분권화된 기획과 변경(Decentralized Planning & Alteration)**: 평생교육의 설계와 기획에 있어서 최대한으로 평생교육기관의 입장을 고려하도록 보장해 주어야 한다.

2. 평생교육경영

1) 평생교육경영의 개념과 특성

교육경영은 교육기관에서 이루어지는 교육과정, 교수학습 및 생활지도 등 교육활동을 효과적이고 효율적으로 지원하기 위한 활동이라고 할 수 있다(김규태, 강유정, 권민석, 최경민, 2016). 이를 적용하면 평생교육경영은 평생교육기관에서 이루어지는 교육활동을 위한 효과적 · 효율적 지원 활동이라고 할 수 있는데, 이 개념 속에는 다음과 같은 내재된 의미를 내포하고 있다.

우선, 평생교육경영은 평생교육 프로그램이 효과적 · 효율적으로 이루어질 수 있는 인적, 물적, 재정적 조건 마련과 그 운영 방법을 강구하는 활동이다.

둘째, 평생교육경영은 한정된 자원을 효율적으로 사용하여 평생교육의 목표를 효과적으로 달성할 수 있도록 계획, 집행 및 평가하는 활동이다.

셋째, 평생교육경영은 평생교육목표가 달성할 수 있도록 교육구성원 간에 이루어지는 협동적 활동이다.

따라서 평생교육경영은 평생교육목표를 효과적으로 달성하기 위해 인적, 물적 및 재정적 조건과 그 운영 방법을 계획 · 집행 · 평가하고, 평생교육기관의 구성원의 협동적 행위를 촉진하는 활동이라 할 수 있다.

▌평생교육경영의 특성

- 평생교육 기관의 핵심활동인 교수-학습 활동 지원
- 교수-학습 활동이 효과적이고 효율적으로 이루어질 수 있도록 계획, 의사결정, 리더십, 관리 및 실행, 평가하는 활동
- 여러 사람들의 노력과 자원이 함께 결합되는 집단적 과정
- 평생교육 특수성을 고려

2) 평생교육경영과 평생교육 행정의 차이

평생교육경영은 평생교육행정, 평생교육관리나 운영과는 차이가 있다. 평생교육행정은 평생교육을 통한 공공성 및 형평성 등 공적 가치 추구, 국가 및 지방자치단체이 실시하는 평생교육, 공적 의사결정과 집행, 점진적 개선과 안정을 추구하는 활동이다. 반면, 평생교육경영은 수익성 및 효율성을 위한 사적 가치 추구, 개인 및 법인이 실시하는 평생교육, 비즈니스 수준의 의사결정, 혁신, 변화와 유연한 적응성을 강조하는 활동이다.

또한 평생교육행정은 공공기관에서 공익을 추구하는 활동으로 이루어지며, 프로그램 성격도 기관마다 비슷한 경향을 보이며, 변화하는 사회 및 경제 환경과 요구에 따라 프로그램 개발 및 운영하는 속도가 비교적 느리며, 지역 주민이나 저소득층 등 수요자를 고려한 프로그램을 운영하고, 비교적 큰 조직을 지니면서 관료적으로 운영되는 측면이 강한 특성을 보인다. 반면, 평생교육경영은 다양한 개인 또는 법인 등 민간기관이 사익을 추구하는 활동으로 이루어지며, 수요자도 개인 지불 능력이 있는 자에게 국한되며, 변화하는 환경과 요구에 유연하고 신속하게 반응하며 그에 맞는 프로그램 개발·제공할 수 있는 조직 운영을 지향한다.

〈표 3-2〉 평생교육행정과 평생교육경영의 특성 비교

	평생교육행정	평생교육경영
특성	공공성 및 형평성 등 공적 가치 추구 국가 및 지방자치단체 정부/공공기관 수준의 정책결정 점진적 개선과 안정	수익성 및 효율성을 위한 사적 가치 추구 개인 및 법인 비즈니스 수준의 의사결정 혁신과 변화, 유연한 적응성
공급자	공공기관, 대규모	민간기관, 소규모
수요자	주민, 공공, 무료	일반 개인, 유료
프로그램	동형화(공공기관마다 비슷한 프로그램)	차별화(기관마다 다양한 프로그램)
환경/요구부응	느리거나 낮음	비교적 빠르고 높음
조직운영	관료적	팀제

3) 평생교육경영과 평생교육관리의 차이

평생교육경영은 평생교육관리 또는 운영과도 차이가 있다. 평생교육경영이 평생교육에 대한 방향설정, 비전제시, 조직개발, 리더십 전략, 동기부여, 자원의 집중화 및 분산 등을 결정하는 활동이라면, 평생교육관리는 경영진에 의해 결정된 전략이나 방법 등을 실행하는데 투입되는 자원을 최소화하거나 주어진 자원을 이용하여 추구하는 목표를 달성하기 위해 실무 부서에서 기획 및 예산, 조직 및 충원, 통제 활동을 하는 것을 말한다. 또한 평생교육운영은 평생교육관리를 위해 사전에 정해진 방법과 규칙에 따라 수행하는 활동을 말한다.

- 경영: 조직체의 사회적 역할에 따라 목적을 설정하고 그 목적을 달성하기 위하여 외부환경으로부터 주어지는 기회를 포착하는 의사결정 활동
- 관리: 결정된 전략을 실행하는데 투입되는 자원을 최소화하거나 주어진 자원을 이용하여 추구하는 목표의 도달하도록 최대화하는 활동
- 운영: 관리활동을 사전에 정해진 방식과 체계에 따라 수행하는 활동

4) 평생교육 경영의 요소

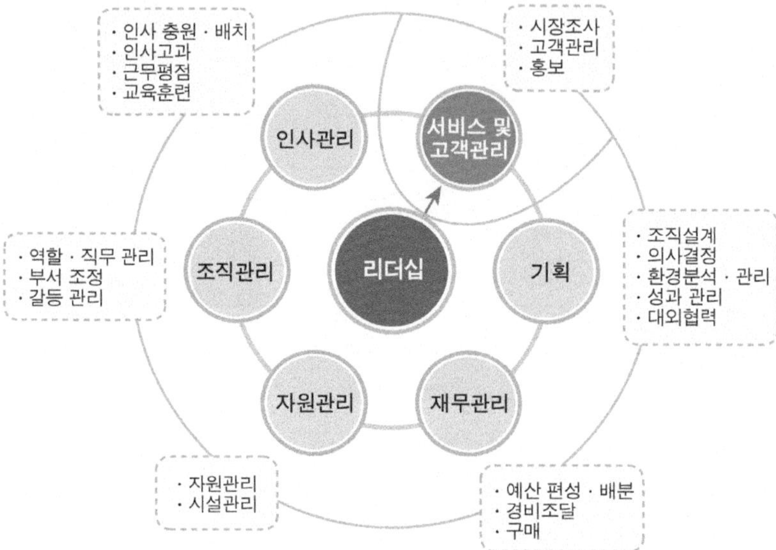

[그림 3-2] 평생교육경영의 요소

평생교육경영은 [그림 3-2]과 같이 리더십, 기획, 인사관리, 조직관리, 자원관리, 재무관리, 서비스 및 고객관리 등 요소가 체계적으로 연계된 활동이라고 할 수 있다. 리더십은 평생교육 경영자가 평생교육기관, 프로그램, 구성원, 조직 운영을 효과적으로 이끄는 활동이라고 할 수 있다. 기획은 평생교육기관의 운영 방향과 목표를 설정하거나, 조직 운영 과정에서 야기되는 문제나 이슈를 해결하고 결정하는 활동, 조직 운영 환경과 요구를 분석하고 성과를 관리하는 활동을 말한다. 인사관리는 인사 충원 및 배치, 구성원의 직무수행 능력 향상을 위한 교육훈련 등을 말한다. 조직관리는 조직 내 구성원의 역할과 기능을 배분하거나, 조직 목표 달성을 위한 조정 및 갈등 관리 등에 대한 활동을 말한다. 자원관리는 평생교육기관에서 수행하는 프로그램 운영, 구성원의 직무 수행이나 조직 관리 등에 필요한 시설, 물품, 환경 등의 관리 활동을 말한다. 재무관리는 평생교육기관이 실시하는 프로그램 개발 및 운영, 조직 구성원의 직무활동 및 지원, 고객 서비스 등에 필요한 경비를 조달하고 집행하는 활동을 말한다. 서비스 및 고객관리는 평생교육기관에서 제공하는 프로그램이나 지원 활동의 질 관리를 하거나, 고객의 요구를 조사하거나, 프로그램 이수자의 만족도를 확인하는 등의 활동을 말한다.

4) 평생교육 원리

평생교육은 국가 및 지방자치단체 또는 개인 및 법인이 설립한 평생교육기관을 통해 이루어지고 있으며, 그 운영 원리는 다음과 같다.

① **법치행정의 원리**: 평생교육은 법에 의하여 법이 정하는 범위 안에서 이루어져야 한다는 원리

② **기회균등의 원리**: 평생교육은 모든 사람에게 균등한 기회를 제공하여 개인의 능력을 최대한 발휘할 수 있도록 해야 한다는 원리

③ **자주성 존중의 원리**: 평생교육기관의 관리・운영에 관하여 필요한 기준을 자주적으로 설정・집행하며, 조직 발전에 필요한 제반 정책을 독자적으로 결정할 수 있다는 원리

④ **타당성 원리**: 평생교육의 목표 달성을 위해 부합되는 교육 및 운영 계획을 수립 실시해야 한다는 원리

⑤ **민주성 원리**: 평생교육에 관한 중요한 정책을 수립하고 집행하는 데 있어서 다양한 교육 관련 집단들의 참여와 의사결정을 보장하는 원리

⑥ **능률성의 원리**: 경제성 또는 효율성의 원리로서 평생교육활동에 있어서 최소한의 노력과 경비를 투입하고 최대한의 효과를 얻고자 하는 원리

⑦ **적응성의 원리**: 평생교육 활동이 사회 변화를 고려하여 교육 환경과 전략 및 수단을 유연하게 조정해 나가야 한다는 원리

⑧ **안정성의 원리**: 일단 결정된 평생교육정책을 일정 기간 시행함으로써 행정 시책의 일관성을 유지할 필요가 있다는 원리

5) 평생교육경영 과정

평생교육경영의 과정은 평생교육기관의 목표 달성을 위해 수행하는 경영 또는 부서 업무 수행 경로라고 할 수 있다. 평생교육 경영자는 효과적인 업무 수행을 위하여 경영과정에 대한 이해와 적절한 적용이 필요하다. 평생교육경영의 과정은 주로 계획, 조직, 명령, 조정, 통제 과정을 통해 이루어진다.

① **계획(planning)**: 미래를 예측하고 미래에 대비한 행동 계획을 수립하는 것
② **조직(organizing)**: 인적・물적 조건을 정비하고 체계화하는 것
③ **명령(commanding)**: 조직에서 종업원이 최선을 다하도록 자극하는 것
④ **조정(coordinating)**: 조직 목표를 달성하기 위해 노력이나 부서 내 갈등을 조정・통합하는 것
⑤ **통제(controlling)**: 규칙과 명령에 따라 모든 일이 제대로 수행되고 있는가를 감독하는 것

3. 평생교육 경영자

1) 평생교육 경영자 유형

평생교육 경영자는 전략적 기획(비전, 목표, 전략 수립자), 대인관계(대표자, 리더, 연결자, 대변자), 정보관리(정보수집자, 보급자), 의사결정(문제처리자, 자원배분자, 중재자) 등 역할수행을 기대 받는다. 이들 경영자의 역할에 따른 경영자 유형은 다음과 같다.

① **최고경영자**(CEO: chief executive officer): 기관의 중장기 목표와 전략 결정, 기관 방침 및 비전 설정, 기관의 사회적 책임 수행 및 지역사회의 네트워크 형성

② **중간경영자**(middle management: **부서장, 국장**): 최고 경영층이 설정한 목표, 전략, 정책 집행을 위한 활동 수행, 일선 경영자(감독층)에 대한 지휘 및 감독, 최고 경영자와 일선 경영자층 간의 상호관계 조정 역할 수행

③ **일선경영자**(supervisory management: **팀장, 과장**): 전문적인 실무능력을 갖추고 있으면서 직원들의 고충, 일정계획 및 직원들의 직무 및 관리 책임

2) 평생교육 경영자의 스킬

평생교육경영자가 수행할 수 있는 기술은 그 담당하는 역할과 기능에 따라 달라지며, 실무적 스킬, 대인관계 스킬, 통합적 스킬로 구분할 수 있다.

우선, 실무적 스킬(technical skill)은 조직목표를 달성하는데 필요한 핵심 기술 또는 전문적 실무 기술이다. 평생교육기관에 적용해 보면 강사 또는 교수자가 강의, 상담, 평가, 고객관리 등을 수행하는데 필요한 전문적 스킬을 말한다.

둘째, 대인관계 스킬(human relationship skill)은 조직 내부와 외부의 사람들과 원만한 관계를 맺고 의견을 조율하며 협력할 수 있는 스킬이다. 이는 평생교육 담당자와 상사 · 동료 · 고객 · 강사와의 관계와 소통 및 서비스 제공에 필요한 스킬이라 할 수 있다.

셋째, 통합적 스킬(conceptual skill)은 전체 파악적 스킬, 전략적 기획 전략이라고도 하며, 조직의 비전과 전략을 제시하거나 운영 전반을 전체적으로 파악할 수 있는 스킬이다. 평생교육기관에 적용해 보면, 평생교육기관장이 평생교육 비전과 목표를 수립하고, 그에 맞는 교육계획을 수립하여 추진하고, 교육 및 운영 전반을 지속적으로 모니터링하며 운영 성과 및 개선 활동을 하는데 필요한 스킬로 볼 수 있다.

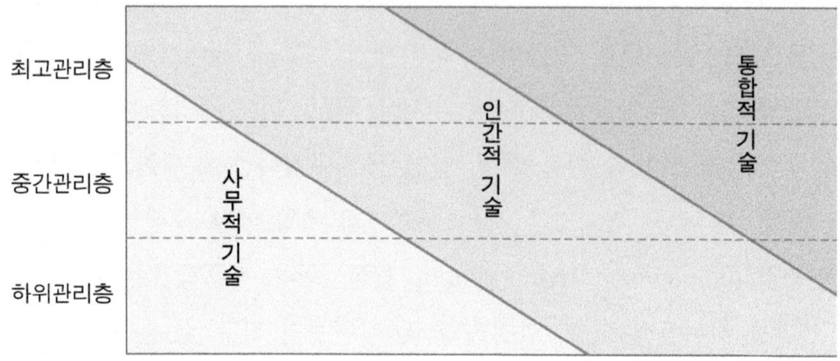

[그림 3-3] 평생교육 경영자 스킬

3) 평생교육 경영자의 체계적 사고

평생교육경영을 위해서는 평생교육 운영 전반에 대한 체제적, 종합적 분석이 필요하다. 이러한 접근은 평생교육조직 내・외부 구성요소와 환경 간의 상호 연계된 것들을 탐색하여 조직의 목표 달성에 영향을 미치는 요인들을 탐색할 수 있다는 점에서 유용하다. 또한 분석된 조직의 하위 요소들에 의해 발생하는 문제 및 대안에 대한 합리적, 총체적 분석을 통해 조직 내부의 프로세스, 구조 및 문화 등을 개선하는데 유용하다. 또한 조직과 관련된 외부 환경과 관계자들의 요구를 파악하거나 조직에 대한 환경적 변화와 적응 방안을 탐색하는데 유용하다.

평생교육경영자는 이러한 체제적 접근을 통해 평생교육 및 그 경영 현상을 분석, 비판하면서 새로운 대안을 탐색하여 체제의 유지와 변화를 도모해야 할 것이다. 이를 위해서는 무엇보다도 체제적 사고가 요청된다. 체제적 사고는 교육조직의 내부 요인들의 상호 연계성과 그것들에 대한 환경적 변화와 영향력 등을 종합적으로 사고하는 것을 말한다. 체제적 사고를 위해서는 [그림 3-4]와 같은 분석적 사고, 비판적 사고, 창의적 사고를 필요로 한다. 분석적 사고(analytic thinking)는 조직 내외부 요인, 요인 간, 환경 및 그 영향에 대해 논리적이고 합리적으로 사고하며 분석하는 것을 말한다.

비판적 사고(critical thinking)는 조직 내외부 요인, 요인간 상호관계, 환경 및 그 영향에 대한 가치와 효과(순기능과 역기능)를 객관적이고 균형 있게 판단하는 것을 말한다. 창의적 사고(creative thinking)는 조직 내 외부 요인, 요인 간, 환경과 그 영향에 대한 가치와 효과를 종합적으로 분석한 결과를 바탕으로 기존의 조직 정책, 절차나 방법을 수정보완하거나 새로운 것으로 대체하는 것을 말한다.

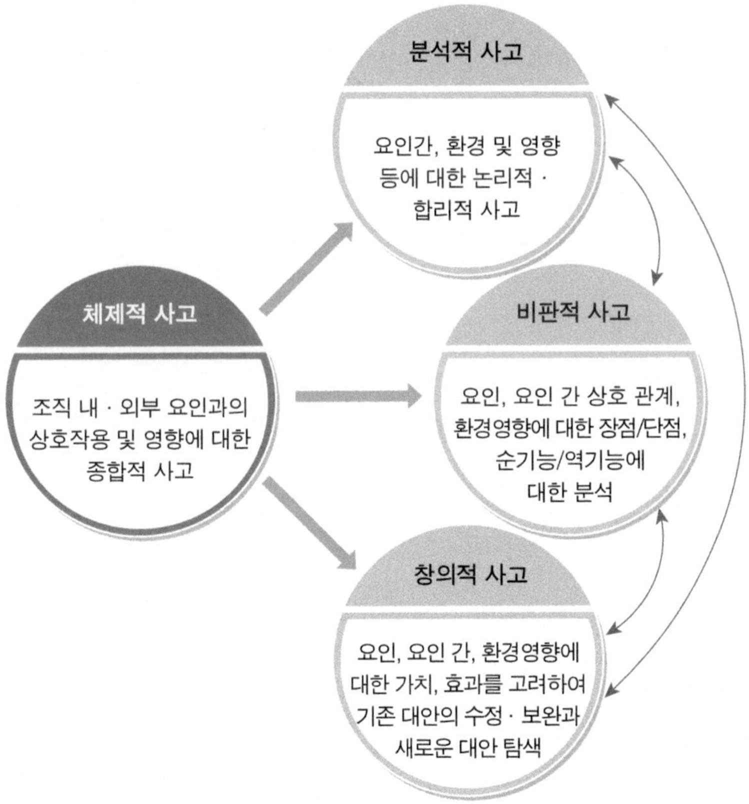

[그림 3-4] 체제적 사고유형과 관계

Chapter 04

평생교육제도와 평생교육기관

사전학습

1. 평생교육 관련 법령은 헌법, 교육기본법, 평생교육법 및 하위 법규 등이 있다.
2. 헌법 제31조 5항에는 국가는 평생교육을 진흥해야 한다고 규정하고 있다. 또한 제6항에 따라 평생교육 관련 제도에 대한 법정주의 원칙을 규정하고 있다.
3. 교육기본법에는 학습권, 교육의 기회균등, 사회교육 등을 규정하는 조항으로 평생교육의 원칙을 규정하고 있다.
4. 평생교육법은 평생교육진흥기본계획, 국가평생교육진흥원, 평생교육기관, 문해교육, 평생학습 결과의 관리 및 인정 등을 규정하고 있다.
5. 평생교육사는 평생교육법에 따라 자격을 부여받는 평생교육 전문가로 평생교육의 기획, 진행, 분석 및 평가 등을 담당하고 있다. 평생교육사 자격을 취득하려면 총 30학점을 이수해야 하며, 이중 필수는 5개 15학점, 선택과목 5개 15학점, 4주 교육실습을 마쳐야 한다.
6. 평생교육기관은 평생교육을 목적으로 인가, 등록, 신고된 법인 또는 단체를 말한다. 평생교육기관은 평생교육법에 규정한 기관들과 학원법에 규정한 평생교육직업학원을 포함한다.
7. 평생교육기관은 평생교육법 제29조부터 38조에 까지 규정되어 있으며, 학교의 평생교육, 학교부설 평생교육시설, 학교형태의 평생교육시설, 사내대학 형태의 평생교육시설, 원격대학 형태의 평생교육시설, 사업장 부설 평생교육시설, 시민사회단체 부설 평생교육시설, 언론기관 부설 평생교육시설, 지식인력개발 평생교육시설 등이 있다.
8. 학원은 10명 이상의 학습자 또는 불특정 다수에게 30일 이상 교습 과정을 제공하는 시설이며, 학원은 학교교과교습학원과 평생교육직업학원으로 구분된다. 교습소는 9인 이하의 학습자에게 교습 과정을 제공하는 시설이다.

1. 평생교육제도

평생교육기관을 이해하고 이를 효율적으로 운영하기 위해서는 평생교육과 관련된 법령의 위계에 따른 구조를 이해할 필요가 있다. 평생교육과 관련된 법령으로는 대표적으로 모든 법의 기본을 이루는 「헌법」과 교육과 관련하여 모법의 기능을 가진 「교육기본법」, 평생교육에 관하여 규정하고 있는 「평생교육법」, 「평생교육법 시행령」, 「평생교육법 시행규칙」 등이 있다. 이외에도 평생교육과 관련된 교육관련 조항을 담고 있는 관련 법들이 주무 부처인 교육부 외에도 노동고용부, 산업통상자원부, 보건복지부 등 여러 부처에 분산되어 시행되고 있다.

1) 헌법

「헌법」은 국가의 근본적인 조직과 작용을 규정하는 기본법으로서 국민이 되는 요건과 기본적인 권리, 국가의 통치조직 및 작용 등 국가의 기본적인 것들을 규정하고 있는 위계상 우리나라의 최상위 법으로 법의 법이라고 불리고 있다. 현행 「헌법」 제31조에서는 국민의 권리이자 국가의 의무로서 교육에 관해 직접적으로 명시하고 있는데, 현행 「헌법」 제31조에서는 교육에 대해 국민이 마땅히 받을 의무로서 그리고 부모와 국가가 일정한 수준의 교육에 대해 마땅히 교육할 책무로 규정하고 있다. 또한 평생교육진흥을 국가의 의무로 규정하여 국민의 학습권을 평생동안 보장해야 함을 명시함으로써 평생교육에 대한 국가의 책임규정을 두고 있다. 따라서 국가는 헌법정신에 맞는 평생교육 관련 법적 제도를 체계적으로 마련하고 종합적인 지원체제를 조직하여 국민 평생교육을 진흥시켜야 할 당면과제를 지니고 있는 것이다.

헌법 제31조

① 모든 국민은 능력에 따라 균등하게 교육을 받을 권리를 가진다.
② 모든 국민은 그 보호하는 자녀에게 적어도 초등교육과 법률이 정하는 교육을 받게 할 의무를 진다.
③ 의무교육은 무상으로 한다.
④ 교육의 자주성·전문성·정치적 중립성 및 대학의 자율성은 법률이 정하는 바에 의하여 보장된다.
⑤ 국가는 평생교육을 진흥하여야 한다.
⑥ 학교교육 및 평생교육을 포함한 교육제도와 그 운영, 교육재정 및 교원의 지위에 관한 기본적인 사항은 법률로 정한다.

2) 교육기본법

「교육기본법」은 「헌법」에서 규정하고 있는 모든 국민의 교육받을 권리를 보장하고 이를 수행하기 위해서 학교교육 및 평생교육을 포함한 교육제도와 그 운영에 관한 기본적인 방향을 설정하고 국가를 포함한 모든 교육 당사자의 권리와 의무를 규정하고 있는 교육에 관한 기본법이다. 「교육기본법」은 「헌법」에서 명시하고 있는 기본정신과 이념을 바탕으로 법률주의의 원칙에 근거하여 국민교육의 기본사항과 국가가 실시하는 모든 교육에 관한 법령의 근본을 밝히는 법률로서 우리나라 교육의 기본적인 틀을 규정하고 있다.

현행 「교육기본법」은 기존의 교육법이 학교교육 위주로 규정되어 있었던 것에 반해 사회교육에 관한 규정을 보완하여 그동안의 사회교육이 학교교육의 하위 개념에서 벗어나 평생교육의 정신아래 학교교육과 사회교육이 상호 보완적 관계를 가지게 함으로써 교육에 관한 실체적인 기본법이 되도록 하였다.

특히, 「교육기본법」 제3조(학습권)에서 명시한 모든 국민의 평생학습과 교육받을 권리에 대한 규정과 제9조(학교교육), 제10조(사회교육) 등은 「헌법」 제31조의 국민의 교육에 대한 권리와 평생교육진흥의 의무에 대해 보다 구체화한 것이다.

▌교육기본법 제3조, 제4조, 제9조, 제10조

제3조 (학습권)

모든 국민은 평생에 걸쳐 학습하고, 능력과 적성에 따라 교육 받을 권리를 가진다.

제4조 (교육의 기회균등)

① 모든 국민은 성별, 종교, 신념, 인종, 사회적 신분, 경제적 지위 또는 신체적 조건 등을 이유로 교육에서 차별을 받지 아니한다.

② 국가와 지방자치단체는 학습자가 평등하게 교육을 받을 수 있도록 지역 간의 교원 수급 등 교육 여건 격차를 최소화하는 시책을 마련하여 시행하여야 한다.

제9조 (학교교육)

② 학교는 공공성을 가지며, 학생의 교육 외에 학술 및 문화적 전통의 유지·발전과 주민의 평생교육을 위하여 노력하여야 한다.

제10조 (사회교육)

① 국민의 평생교육을 위한 모든 형태의 사회교육은 장려되어야 한다.

② 사회교육의 이수(履修)는 법령으로 정하는 바에 따라 그에 상응하는 학교교육의 이수로 인정될 수 있다.

③ 사회교육시설의 종류와 설립·경영 등 사회교육에 관한 기본적인 사항은 따로 법률로 정한다.

3) 평생교육법

「평생교육법」은 평생교육의 진흥을 위하여 지방자치단체가 학교형태의 평생교육시설에 「초·중등교육법」상 학교에 준하여 지원하도록 함과 동시에 이에 따른 소외계층 교육의 공공성과 투명성을 제고하기 위하여 지도·감독 등을 강화할 수 있는 규정을 마련하려는 것을 목적으로 제정·시행중에 있다. 평생교육법은 전체 8장 46개조와 부칙으로 구성되어 있다. 그 구체적인 구성 체계 및 주요 내용은 <표 4-1>과 같다.

〈표 4-1〉「평생교육법」의 구성 체계 및 주요 내용

구성	주요 내용
제1장 총칙	• 「평생교육법」의 목적, 평생교육 관련 개념의 정의 • 다른 법률과의 관계 • 평생교육의 이념 • 국가 및 지방자치단체의 임무, 교육과정 등 • 공공시설의 이용규정, 학습휴가 및 학습비 지원
제2장 평생교육진흥기본계획 등	• 평생교육진흥기본계획의 수립, 평생교육진흥위원회 설치(장관, 5년마다) • 연도별 평생교육진흥시행계획의 수립 · 시행(시 · 도지사) • 시 · 도 평생교육협의회 • 시 · 군 · 자치기구 평생교육협의회, 평생학습도시 • 경비보조 및 지원, 지도 및 지원, 평생교육 통계조사
제3장 국가평생교육진흥원 등	• 국가평생교육진흥원, 시 · 도 평생교육진흥원의 운영 • 시 · 군 · 구 평생학습관 등의 설치 · 운영 등 • 읍 · 면 · 동 평생학습센터의 운영 • 정보화 관련 평생교육의 진흥, 학습계좌
제4장 평생교육사	• 평생교육사 자격 및 업무, 양성기관, 배치 및 채용, 경비보조
제5장 평생교육기관	• 설치자, 학교의 평생교육 • 학교부설, 학교형태, 사내대학 형태, 원격대학 형태, 사업장 부설, 시민사회단체 부설, 언론기관 부설, 지식 · 인력개발 관련 평생교육시설 • 평생교육시설의 변경인가 · 변경등록 등
제6장 문해교육	• 문해교육의 실시 등, 문해교육 프로그램의 교육과정 등
제7장 평생학습 결과의 관리 · 인정	• 학점 · 학력 등의 인정
제8장 보칙	• 행정처분, 지도 · 감독, 청문, 권한의 위임, 유사 명칭의 사용 금지, 과태료

4) 평생교육사

평생교육사는 「평생교육법」에 따라 자격을 부여받은 평생교육전문인력으로 평생교육의 기획, 진행, 분석, 평가 및 교수 등의 직무를 수행하는 자이다. 평생교육사는 「평생교육법」 제24조에 따라 ① 대학에서 평생교육 관련 교과목을 일정 학점 이상 이수하고 학위를 취득한 자, ② 학점은행 등에 관한 법률에 따라 평가인정을 받은 학습과정을 운영하는 기관에서 평생교육 관련 교과목과 학점이수하고 학위 취득한 자가 될 수 있다. 평생교육사가 되려면 총 30학점을 이수해야 하는데, 그 이수 과목은 필수과목 5개(15학점), 선택과목 5개(15학점)를 이수해야 하며, 평생교육 교과목의 평점이 80점 이상이고 4주 현장실습을 마쳐야 한다.

[그림 4-1] 평생교육사의 수행 업무

▌평생교육사 이수 과목

- 필수과목: 평생교육론, 평생교육방법론, 평생교육경영론, 평생교육프로그램 개발론, 평생교육실습
- 선택과목
  - 실천영역(1과목 이상 선택): 아동교육론, 청소년교육론, 여성교육론, 노인교육론, 시민교육론, 특수교육론, 성인학습 및 상담
  - 방법영역(1과목 이상 선택): 교육사회학, 교육공학, 교육복지론, 지역사회교육론, 인적자원개발론, 원격교육론, 기업교육론, 교수설계, 교육조사방법론, 상담심리학 등

실습: 문자해득 프로그램 지정기관, 국가 지방자치단체에서 운영하는 평생교육시설, 평생교육진흥원, 평생학습관, 학원 중 평생교육을 실시하는 학원, 평생교육법에 따라 인가 등록 신고된 평생교육시설 등

2. 평생교육기관

1) 평생교육법에 따른 기관

평생교육기관은 평생교육을 목적으로 설립된 법인 또는 단체로서 평생교육의 프로그램이나 사업을 수행하는 법인이나 단체를 말한다. 평생교육법 제2조 제2항에는 평생교육기관의 정의를 다음과 같이 제시하고 있다. 평생교육기관은 평생교육법에 따라 인가・등록・신고된 시설・법인 또는 단체나 학교교과교습학원을 제외한 평생직업교육을 실시하는 학원을 제외한 평생직업교육을 실시하는 학원이 포함된다.

"평생교육기관"이란 다음에 해당하는 시설・법인 또는 단체를 말한다.

가. 이 법에 따라 인가・등록・신고된 시설・법인 또는 단체

나. 「학원의 설립・운영 및 과외교습에 관한 법률」에 따른 학원 중 학교교과교습학원을 제외한 평생직업교육을 실시하는 학원

다. 그 밖에 다른 법령에 따라 평생교육을 주된 목적으로 하는 시설・법인 또는 단체

평생교육기관은 학생들을 대상으로 하는 학교교육기관과는 그 성격에서 차이를 갖으며, 그 특징은 평생교육의 특징과도 유사하다(최은수, 배석영, 2008)

첫째, 학교교육기관은 적령기 학생들에 국한되지만, 평생교육은 모든 연령층에 개방되어 있다.

둘째, 학교교육기관은 법이 정한 교육과정과 교과서에 따라 그 편성 운영의 제약이 많지만, 평생교육기관의 교육과정과 내용, 방법, 시간 등은 비교적 자유롭게 편성 운영된다.

셋째, 학교교육기관은 배우는 내용이 실생활과 밀접하게 연관되어 있지 않은 이론과 원리를 강조하지만, 평생교육은 학습자의 일과 생활과 밀접하게 관련이 있는 내용

을 중심으로 다룬다.

넷째, 학교교육기관은 이수기간이 고정되고, 비교적 장기간을 학습해야 하지만, 평생교육은 적시성과 유연성이 강해 학습자의 필요에 따라 그 기간을 유연하게 조정할 수 있다.

다섯째, 학교교육기관은 학사관리나 학습과정 및 수업료 등이 법과 행정지침에 따라 결정되지만, 평생교육기관은 학습자의 프로그램의 등록이나 탈퇴 등이 학습자가 결정할 수 있고, 학사관리의 탄력적 운영이 가능하며, 학습내용과 방법의 선정 및 수강료 책정 등도 비교적 자유롭다.

여섯째, 학교교육기관은 공공성과 공익성을 실현하는 경향이 높지만, 평생교육기관은 사익과 영리성을 추구하는 경향이 높다. 물론 국가 및 지방자치단체에 의해 운영되는 평생교육은 공공성과 공익성을 추구하지만, 많은 평생교육기관이 법인과 단체에 의해 운영되고 있다는 점에서는 사익과 수익을 강조한다고 볼 수 있다.

평생교육기관은 평생교육을 목적으로 설립된 법인 또는 기타 단체라고 할 수 있다. 여기서 법인과 단체에 의해 설립 운영되고 있다. 여기서 법인에는 공익법인, 비영리법인, 특수법인 등이, 단체에는 정부단체와 각종 시민·민간단체(NGO: Non-Government Organization) 등이 포함된다(권인탁, 임영희, 2011). 또한 다른 법령에 의한 평생교육기관은 학원의 설립 운영 및 과외교습에 과한 법률에 의한 학원, 도서관 및 도서진흥법에 의한 도서관, 박물관 및 미술관 진흥법에 의한 박물관, 미술관, 근로자 직업 훈련 촉진법에 의한 직업훈련원 등이 있다.

평생교육기관은 평생교육법에 따라 인가·등록·신고를 한 법인이나 단체를 말한다. 인가(認可)는 허가라고도 하는데, 평생교육의 목적을 수행할 수 있는 법인이나 단체를 국가가 일정한 요건을 갖춘 자에게만 그 활동과 운영을 하도록 허용하는 것을 말한다. 등록(登錄)은 법인이나 단체가 일정한 조건을 갖추어서 법으로 정한 활동을 하는 존재를 법정의 공적 장부에 기재하는 공증행위를 말한다. 즉, 평생교육기관이 되려면 관련 행정기관에 비치된 평생교육기관 목록이나 문서에 기재되어 있어야 한다는 것을 말한다. 신고(申告)는 국민이 법령에 따라 행정청에 일정한 사실을 진술·보고하는 행위를 뜻한다.

평생교육법에 따라 평생교육기관은 다음과 같이 구분된다.

① **학교의 평생교육(제29조)**: 각급학교

② **학교부설 평생교육시설(제30조)**: 대학부설 평생교육원

③ **학교형태의 평생교육시설(제31조)**: 학력인정 중고등학교, 방송통신대학교

④ **사내대학 형태의 평생교육시설(제32조)**: 삼성전자 공과대학

⑤ **원격대학 형태의 평생교육시설(제33조)**: 원격대학

⑥ **사업장 부설 평생교육시설(제35조)**: 산업체 연수원, 백화점 문화센터

⑦ **시민사회단체 부설 평생교육시설(제36조)**: YMCA, 흥사단, 참여연대, 소비자연맹

⑧ **언론기관 부설 평생교육시설(제37조)**: MBC 문화센터

⑨ **지식/인력개발 관련 평생교육시설(제38조)**: 한국능률협회, 한국생산성본부

3. 학원과 교습소

학원과 교습소는 학교 외의 장소에서 지식·기술 또는 예능 등을 배운다는 점에서는 비슷하지만, 그 규모 및 시설 등에 있어서는 차이가 있다. 즉, 학원은 10명 이상의 학습자 또는 불특정다수의 학습자에게 30일 이상의 교습과정에 따라 지식·기술(기능 포함)·예능을 교습하거나 30일 이상 학습장소로 제공되는 시설을 말한다. 학원은 학교교과교습학원과 평생직업교육학원으로 구분된다(「학원의 설립·운영 및 과외교습에 관한 법률」 제2조의2 제1항). 반면, 교습소는 9명 이하의 학습자에게 과외교습을 하는 시설로서 학원 및 법령에서 정한 특정 시설이 아닌 시설을 말한다.

〈표 4-2〉 학원 및 교습소의 주요 특징

<table>
<tr><th colspan="2">구분</th><th>특 징</th></tr>
<tr><td rowspan="2">학원</td><td>학교교과
교습학원</td><td>「초 · 중등교육법」 제23조에 따른 학교교육과정을 교습하거나 다음 어느 하나의 사람을 대상으로 교습하는 학원
▪「유아교육법」 제2조제1호에 따른 유아
▪「장애인 등에 대한 특수교육법」 제15조제1항 각 호의 어느 하나에 해당하는 장애가 있는 사람
▪「초 · 중등교육법」 제2조에 따른 학교의 학생. 다만, 직업교육을 목적으로 하는 직업기술분야의 학원에서 취업을 위하여 학습하는 경우는 제외</td></tr>
<tr><td>평생직업
교육학원</td><td>학교교과교습학원 외에 평생교육이나 직업교육을 목적으로 하는 학원</td></tr>
<tr><td colspan="2">교습소</td><td>교습소란 과외교습을 하는 시설로서 학원 및 다음의 시설이 아닌 시설을 말한다.
1. 「유아교육법」, 「초 · 중등교육법」, 「고등교육법」이나 그 밖의 법령에 따른 학교
2. 도서관 · 박물관 및 과학관
3. 사업장 등의 시설로서 소속 직원의 연수를 위한 시설
4. 「평생교육법」에 따라 인가 · 등록 · 신고 또는 보고된 평생교육시설
5. 「근로자직업능력 개발법」에 따른 직업능력개발훈련시설이나 그 밖에 평생교육에 관한 다른 법률에 따라 설치된 시설
6. 「도로교통법」에 따른 자동차운전학원
7. 「주택법」 제2조제2호에 따른 공동주택에 거주하는 자가 공동으로 관리하는 시설로서 같은 법 제43조에 따른 입주자대표회의의 의결을 통해서 영리를 목적으로 하지 않고 입주민을 위한 교육을 하기 위해서 설치하거나 사용하는 시설</td></tr>
</table>

학원, 교습소 및 개인과외는 시설규모, 교습장소 등 아래의 기준에 따라 구분되며, 이와 관련된 법령들은 다음과 같다.

〈표 4-3〉 학원, 교습소, 개인과외에 대한 법령 요약

구분	학원	교습소	개인과외
시설규모	조례의 규정에 의한 시설규모	교습에 필요한 최소한의 규모	해당 없음
교습장소	제2종 근린생활시설 (용도 변경이 가능할 경우 1종 근린 생활시설도 가능) 교육연구시설 판매시설	제2종 근린생활시설(학원) (용도 변경이 가능할 경우 1종 근린 생활시설도 가능) 판매시설	학습자의 주거지 및 교습자의 주거지로서 단독주택 또는 공동주택
설립·운영자 결격사유	학원의 설립·운영 및 과외교습에 관한 법률 제9조	학원의 설립·운영 및 과외교습에 관한 법률 제14조제8항	학원의 설립·운영 및 과외교습에 관한 법률 제14조의2제8항
성범죄/ 아동학대전력 조회여부	설립운영자: 교육지원청 강사, 직원 등: 설립·운영자	교습소 신고자: 교육지원청 보조요원(교습불가): 교습자	교육지원청 (아동학대범죄전력조회 대상은 아님)
강사채용 가능여부	채용 가능	채용 불가	채용 불가
일시수용 능력인원	강의실 1㎡당 1인 이하 열람실 0.8인 이하 실습실 1.5㎡당 1인 이하 (피아노 4.5㎡당 1명 이하, 중장비운전학원 실습장 30㎡당 1인 이하)	1㎡ 0.3인 이하 (9인 이하/피아노교습의 경우 5인 이하)	9인 이하
학습자 수	동시 10인 이상 (피아노 6명 이상)	동시 9인이하(피아노 5명)	동시 9인 이하
교습과목 및 대상	학원의 설립·운영 및 과외교습에 관한 법률 시행령 [별표2]	1인 1개소 1과목만 가능	여러 과목 교습 가능
교습비 등 조정 명령	적용받음 (학교교과교습학원 한함)	적용 받음	적용 받음
명칭사용	고유명칭+학원(독서실)	고유명칭+교습과목+교습소	해당 없음
교육환경 정화 등	적용받음 (학교교과교습학원 한함)	적용 받음	해당 없음
교습시간 제한	적용받음 (학교교과교습학원 한함)	적용 받음	적용 받음

Chapter

05

학원 창업 관련 법제도[1]

1) 본 장은 법제처의 '찾기 쉬운 생활법령정보(http://www.easylaw.go.kr)'에서 제공하는 학원의 설립 · 운영 및 과외교습 자료와 각 시도 교육지원청 홈페이지에서 안내하는 학원 및 교습소 설립 안내 관련 자료 등을 토대로 정리된 것임을 밝힌다.

사전학습

학원의 설립·운영 및 과외교습 관련 법령

법 규 명	관련 사항
「학원의 설립·운영 및 과외교습에 관한 법률」, 시행령, 시행규칙	학원 기본 관련 법령
「학원의 설립·운영 및 과외교습에 관한 조례」, 시행규칙	
「민원처리에 관한 법률」, 시행령, 시행규칙	민원 처리 절차
「전자정부법」, 시행령	행정정보공동이용
「아동·청소년의 성보호에 관한 법률」, 시행령, 시행규칙	성범죄경력 조회
「아동복지법」, 시행령, 시행규칙	아동학대범죄전력 조회
「아동학대범죄의 처벌 등에 관한 특례법」,시행령, 시행규칙	아동학대범죄 신고 의무
「행정심판법」	이의제기
「행정소송법」	
「질서위반행위규제법」, 시행령, 「비송사건절차법」	과태료 이의제기
「행정절차법」, 시행령, 시행규칙	처분사전통지, 의견청취 청문 등 행정절차
「건축법」, 시행령 제3조의4(용도별 건축물의 종류)	건축물 용도 확인
「주택법」	
「주택건설기준 등에 관한 규정」	
「민법」	임대차계약, 성년후견인 제도
「교육환경 보호에 관한 법률」, 시행령	교육환경 유해업소
「식품위생법」, 시행령, 시행규칙	집단급식시설
「먹는물 관리법」	급수시설
「소음·진동관리법」, 시행규칙	방음시설
「화재예방, 소방시설 설치·유지 및 안전관리에 관한 법률」, 시행령, 시행규칙	소방시설
「다중이용업소의 안전관리에 관한 특별법」, 시행령	소방시설
「옥외광고물 등의 관리와 옥외광고산업 진흥에 관한 법률」, 시행령	학원·교습소·개인과외광고물
「화재로 인한 재해보상과 보험가입에 관한 법률」, 시행령	화재보험가입
「출입국관리법」, 시행령	외국인 강사 자격
「외국인투자 촉진법」, 시행령	외국인 학원 설립 자격
「도로교통법」, 시행규칙	어린이 통학버스
「여객자동차 운수사업법」	학원차량
「지방세법」, 시행령, 시행규칙	등록(신고),변경시 면허세 납부
「지방세 기본법」, 시행령, 시행규칙	과태료 부과, 체납, 징수
「부가가치세법」, 시행령	사업자등록
「소득세법」, 시행령	현금영수증 발급 의무화
「국토의 계획 및 이용에 관한 법률」	용도지역의 지정 확인
「개인정보 보호법」	개인정보수집·이용

1. 학원의 입지

학원은 전용주거지역, 보전녹지지역, 자연환경보전지역에 설치가 허용되지 않는다. 그 밖의 용도지역에서는 해당 학원의 연면적과 용도지역에 따라 설치 가능 여부가 결정된다(「국토의 계획 및 이용에 관한 법률」 제76조제1항 및 「국토의 계획 및 이용에 관한 법률 시행령」 제71조제1항). 용도지역별 학원의 설치 허용 여부에 관한 사항은 「국토의 계획 및 이용에 관한 법률 시행령」 별표 2부터 별표 22까지를 참고할 필요가 있다. 학원은 건축법령에 따른 건축물 용도에 적합한 곳에 설치해야 한다. 학원으로 사용할 수 있는 건축물은 동일한 건축물에서 해당 용도에 쓰이는 바닥면적의 합계가 500㎡ 미만인 경우는 제2종 근린생활시설, 500㎡ 이상인 경우는 교육연구시설이어야 한다(「건축법 시행령」 제3조의5 및 별표 1 참조). 용도별 건축물의 종류가 학원을 설치・운영하기에 부적합한 경우에는 특별자치시장・특별자치도지사 또는 시장・군수・구청장(자치구의 구청장을 말함)으로부터 건축물 용도 변경의 허가를 받거나 용도 변경 신고를 하여 학원을 설치・운영할 수 있다.

2. 학원의 교육환경

학원 설립・운영자는 학원의 교육환경과 위생시설을 깨끗하게 유지・관리해야 한다(「학원의 설립・운영 및 과외교습에 관한 법률」 제5조제1항). 또한, 학교교과교습학원을 설립・운영하는 자는 교육환경을 해칠 우려가 있는 영업소(이하 "유해업소"라 한다)와 동일한 건축물 안에서 학교교과교습학원을 설립・운영해서는 안된다(「학원의 설립・운영 및 과외교습에 관한 법률」 제5조제2항).

▌교육환경을 해할 우려가 있는 영업소 (학교보건법 제6조 규정된 업소)

① 「대기환경보전법」, 「악취방지법」 및 「수질 및 수생태계 보전에 관한 법률」에 따른 배출허용기준

또는 「소음 · 진동관리법」에 따른 규제기준을 초과하여 학습과 학교보건위생에 지장을 주는 행위 및 시설

② 총포화약류(銃砲火藥類)의 제조장 및 저장소, 고압가스 · 천연가스 · 액화석유가스 제조소 및 저장소

③ 「영화 및 비디오물의 진흥에 관한 법률」 제2조제11호의 제한상영관

④ 도축장, 화장장 또는 납골시설

⑤ 폐기물수집장소

⑥ 폐기물처리시설, 폐수종말처리시설, 축산폐수배출시설, 축산폐수처리시설 및 분뇨처리시설

⑦ 가축의 사체처리장 및 동물의 가죽을 가공 · 처리하는 시설

⑧ 감염병원, 감염병격리병사, 격리소

⑨ 감염병요양소, 진료소

⑩ 가축시장

⑪ 주로 주류를 판매하면서 손님이 노래를 부르는 행위가 허용되는 영업과 위와 같은 행위 외에 유흥종사자를 두거나 유흥시설을 설치할 수 있고 손님이 춤을 추는 행위가 허용되는 영업 (ex.단란주점, 유흥주점)

⑫ 호텔, 여관, 여인숙

⑬ 사행행위장 · 경마장 · 경륜장 및 경정장(각 시설의 장외발매소를 포함한다)

⑭ 「게임산업진흥에 관한 법률」 제2조제6호에 따른 게임제공업 (오락실)

⑮ 「게임산업진흥에 관한 법률」 제2조제6호다목에 따라 제공되는 게임물 시설

⑯ 「게임산업진흥에 관한 법률」 제2조제8호에 따른 복합유통게임제공업

⑰ 「청소년보호법」 제2조제5호가목(5)에 해당하는 업소와 같은 호 가목(6) 및 같은 호 나목(7)에 따라 여성부장관이 고시한 영업에 해당하는 업소(ex 전화방, 화상대화, 성기구취급업소)

⑱ 기타 제1호부터 제17호와 유사한 행위 및 시설과 미풍양속을 해치는 행위 및 시설로서 대통령령으로 정하는 행위 및 시설 대기환경보전법 · 악취방지법 및 수질환경보전법에 의한 배출허용기준 또는 소음 · 진동규제법에 의한 규제기준을 초과하여 학습과 학교보건위생에 지장을 주는 행위 및 시설

- 특수목욕장중 증기탕
- 체육시설의설치 · 이용에 관한 법률 시행령 별표 1의 규정에 의한 무도학원, 무도장
- 음악산업진흥에 관한 법률 제2조제13호에 따른 노래연습장업 시설
- 담배자동자판기
- 영화 및 비디오물의 진흥에 관한 법률 제2조 제16호 가목 및 나목에 따른 비디오물감상실업 및 비디오물소극장업의 시설 (ex. 비디오방, DVD방)

※ 일반 호프집이나 술집 중 사업자등록이 일반음식점으로 등록된 경우에는 여성접대부 고용여부 확인.

학원 설립 운영을 위한 건축물 충족 조건은 학원 설립 운영이 가능한 건축물인지의 여부, 교육환경 조건 충족 여부 및 직통 계단 설치 여부 등이 있다. 우선, 학원을 위한 건축물로서 적합한 용도는 아래와 같으며, 독서실에도 동일하게 적용된다.

① **같은 건물에서 구분소유자별 학원이 차지하는 면적(전용+공용)이 500㎡미만인 경우:** 제1,2종 근린생활시설, 판매시설, 교육연구시설

② **같은 건물에서 구분소유자별 학원이 차지하는 면적(전용+공용)이 500㎡이상인 경우:** 교육연구시설

학원 설립 운영을 위한 두 번째 조건은 교육환경의 적합성 충족 여부이다. 미성년자를 주된 학습자로 하는 학원(입시 · 보습 · 컴퓨터 · 부기 · 속독 · 속셈 · 주산 · 타자 · 음악 · 미술 · 무용 · 웅변 · 독서실)은 교육환경을 해할 우려가 있는 영업소와 동일한 건축물에 위치한 경우 학원을 설립할 수 없다. 다만, 연면적이 1,650㎡ 이상인 건축물의 경우 학원이 유해업소로부터 ① 수평거리(유해업소를 학원이 위치한 층으로 수직 이동시킨 후의 거리) 20m이내의 같은 층 이거나 ② 수평거리 6m 이내의 바로 위층 또는 바로 아래층인 장소를 제외하고는 당해 건축물안에 학원과 유해업소가 같이 있을 수 있다.

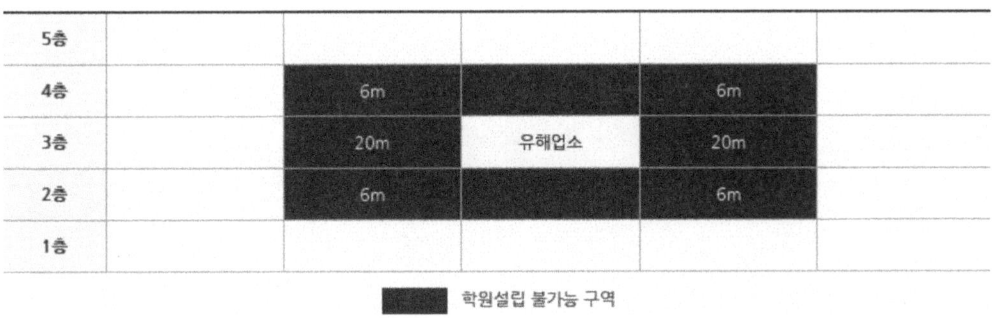

[그림 5-1] 학원설립 불가능 구역

학원 설립 운영을 위한 세 번째 충족 조건은 건축물에의 안전 및 피난을 위한 직통계단의 설치 여부이다. 3층 이상의 층에서 학원·독서실의 용도로 쓰이는 당해 층 거실(전용면적)의 바닥면적의 합계가 200㎡ 이상인 경우에는 피난층 또는 지상으로 통하는 직통계단(경사로 포함)을 2개소 이상 설치되어 있어야 한다. 아래의 그림과 같이 A학원은 설립당시 전용면적이 200㎡미만이기 때문에 직통계단이 1개소이여도 설립이 가능하나, 그 후 B학원이 들어올 경우 당해 층(4층)에서 사용하는 학원면적이 200㎡이상이기 때문에 계단이 2개소 이상 되어야 설립이 가능하다. 단, 학원등록당시 건축물대장상 기재사항에 "학원"으로 명시된 경우(2003.2.24이전 건축허가에 한함)에는 위의 규정과 관련 없이 계단이 1개도 설립이 가능하다. 또한, 지하실에 위치한 학원의 경우는 각 시도에서 규정한 『학원의설립·운영 및 과외교습에 관한 조례』에서 규정한 기준에 적합하고 건물의 한 면 이상이 지상에 드러나 있는 경우에는 학원과 교습소의 시설로 사용할 수 있다.

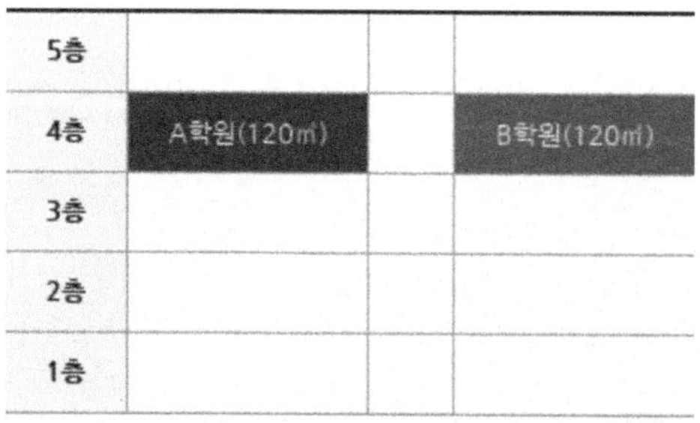

[그림 5-2] 학원건물에서의 계단 설치 기준

3. 학원의 설립 기준

1) 시설규모 및 교구 기준

학원은 교습과정별로 시・도의 조례로 정하는 단위시설별 기준에 따라 교습과 학습에 필요한 시설과 설비를 갖추고 유지해야 한다. 각 시・도의 조례로 정하는 학원의 시설기준에 대한 자세한 내용은 <국가법령정보센터-자치법규>에서 확인할 수 있다(부록 338p, 서울시 조례 참조). 만일 학원의 시설기준(「학원의 설립・운영 및 과외교습에 관한 법률」 제8조)에 미달하게 된 경우 그 등록이 말소되거나 1년 이내의 교습과정의 전부 또는 일부에 대한 교습정지명령을 받을 수 있다(「학원의 설립・운영 및 과외교습에 관한 법률」 제17조제1항제3호).

2) 기타 시설 기준

화장실, 채광, 환기, 조명, 온도, 방음 및 소방 시설 등 기타 시설에 대한 기준은 다음과 같다.

(1) 화장실

화장실은 남자용과 여자용으로 구분하여 설치하되, 수강생들이 쉽고 편리하게 이용할 수 있는 곳에 위치해야 한다. 대변기 및 소변기는 수세식으로 해야 한다. 대변기의 칸막이 안에는 소지품을 두거나 옷을 걸 수 있는 설비를 해야 한다. 화장실 안에는 손 씻는 시설과 소독시설 등을 갖추어야 한다. 화장실은 항상 청결히 유지되도록 청소하고 위생적으로 관리해야 한다.

(2) 환기

학원 내 환기를 위해서 환기용 창 등을 수시로 개방하거나 기계식 환기설비를 수시로 가동하여 충분한 환기량이 유입・배출되도록 해야 한다. 학원 안으로 들어오는 공기의 분포를 균등하게 하여 실내공기의 순환이 골고루 이루어지도록 해야 한다. 중앙관리방식의 환기설비를 설치할 경우 환기닥트는 공기를 오염시키지 아니하는 재료로 만들어야 한다.

(3) 채광(자연조명)

학원의 채광은 직사광선을 포함하지 아니하는 천공광에 의한 옥외 수평조도와 실내조도와의 비가 평균 5퍼센트 이상으로 하되, 최소 2퍼센트 미만이 되지 않도록 한다. 최대 조도와 최소 조도의 비율이 10대 1을 넘지 않도록 한다. 강의실 바깥의 반사체로부터 눈부심이 발생되지 않도록 한다.

(4) 조명(인공조명)

학원 강의실의 조명도는 책상면을 기준으로 300룩스 이상이 되도록 한다. 최대 조도와 최소 조도의 비율이 3대 1을 넘지 않도록 한다. 인공조명에 의한 눈부심이 발생되지 않도록 한다.

(5) 온・습도

학원의 실내온도는 섭씨 18도 이상 28도 이하로 하되, 난방온도는 섭씨 18도 이상 20도 이하, 냉방온도는 섭씨 26도 이상 28도 이하로 한다. 비교습도는 30퍼센트 이상 80퍼센트 이하로 한다.

(6) 방음시설

학원은 소음・진동규제법의 규정에 의한 생활 소음규제기준에 적합하도록 한다.

특히, 음악학원은 소음진동법에 의한 규제기준에 적합하게 구성하여야 한다.

(7) 소방시설

학원은 소방관계법령에서 정하는 다음의 소방시설을 갖추어야 한다.

- **570㎡(독서실은 900㎡)이상인 학원(독서실)**: 인테리어공사 전에 해당 소방서를 방문하여 상담을 받은 후 소방서에서 발행한 "소방시설완비증명서"를 첨부하여 교육청에 학원설립운영등록신청서와 같이 제출하여야 함.
- **570㎡(독서실은 900㎡)미만인 학원(독서실)**: 소방시설을 기준에 맞게(반드시 소방서에 문의) 설치한 후 교육청에 학원설립운영등록신청서를 제출하면 추후 소방서에서 방문하여 소방적합여부를 판단함.

(8) 전기시설

학원의 전기설비는 전기사업법 시행령 제42조의3에 따른 여러 사람이 이용하는 시설을 인허가 또는 신고(변경할 때 다음 시설에 해당하는 학원은 전기설비안전점검을 받아야 함)를 해야 한다.

- 숙박시설을 갖춘 학원
- 「소방시설 설치유지 및 안전관리에 관한 법률 시행령」 별표 3에 따라 산정된 수용인원 (이하 이 조에서 "수용인원"이라 한다)이 300명 이상인 학원
- 하나의 건축물에 학원(수용인원이 300명 미만인 학원을 말한다)이 둘 이상 있는 경우로서 전체 수용인원이 300명 이상인 학원

▌수용인원산정방법

- 강의실·교무실·상담실·실습실·휴게실 용도로 쓰이는 특정소방대상물: 해당 용도로 사용 하는 바닥면적의 합계를 1.9㎡로 나누어 얻은 수 (독서실의 경우 3㎡로 나누어 얻은 수)

3) 학원 인테리어 공사 시 주의사항

(1) 구조

강의실(실습실, 열람실 등) 각 실에는 출입문이 별도로 있어야 하며, 강의실이나 실습실이 타 실을 가기 위한 복도(통로)로 이용하지 말아야 한다(인테리어 공사 전에 학원담당자에게 사전검토)

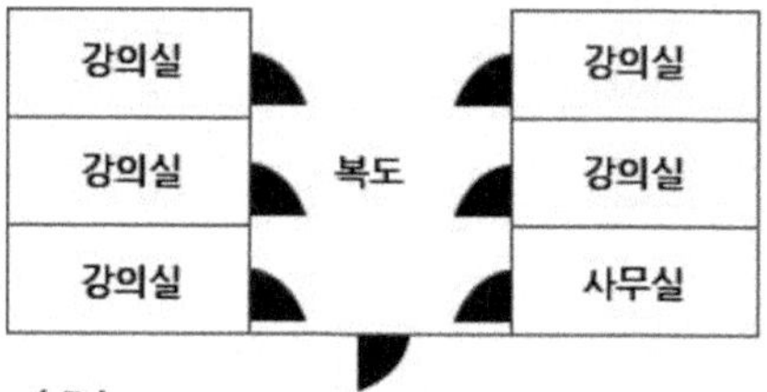

(O)

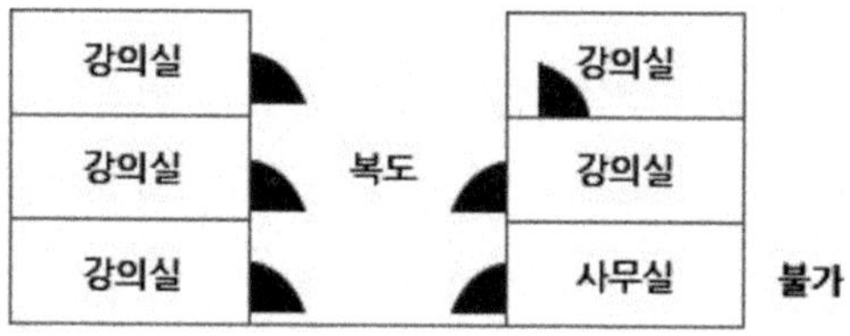

(X) 강의실을 통해 타 강의실 가는 경우

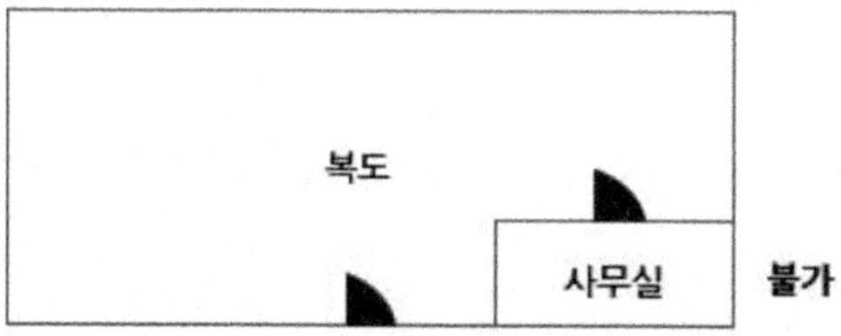

(X) 실습실의 일부를 통해 사무실 가는 경우

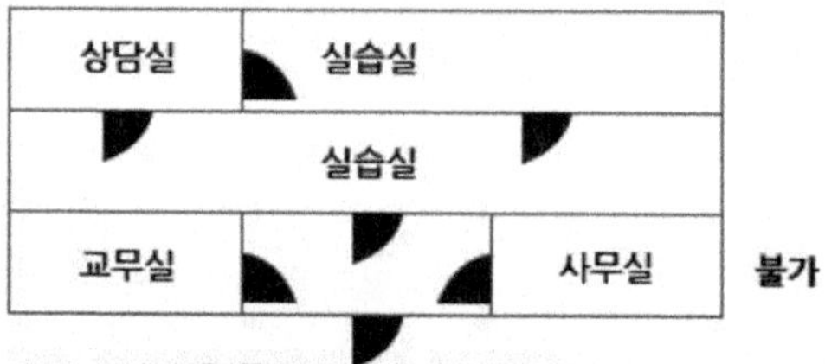

(X) 실습실을 통해 상담실 가는 경우

- **공사가능**: 강의실(실습실, 열람실 등) 각 실에는 출입문이 별도로 있어야 하며, 강의실이나 실습실이 타 실을 가기 위한 복도(통로)로 이용하지 말 것
- **공사불가**: 강의실을 통해 타 강의실 가는 경우
- **공사불가**: 실습실의 일부를 통해 사무실 가는 경우
- **공사불가**: 실습실을 통해 상담실 가는 경우

(2) 자재

불연재 사용(건물의 전체 층수가 11층 이상의 건물은 방염처리 필수)

(3) 칸막이

- 바닥부터 천장까지 막을 것
- (강의)실과 (사무)실 사이에 출입문 내지 말 것
- 출입문은 교실 안에서 밖으로 열 수 있도록 (화재시 대피용이)
- 강의실 내에 교습행위와 관련 없는 시설・설비를 하지 말 것 (볼풀,미끄럼틀,복사기,주방시설 등)
- 공용복도나 베란다를 칸막이하여 학원시설로 이용할 수 없음 (건축물대장의 현황도로 확인-시・군・구청발급)

4. 학원(독서실)의 명칭

학원의 명칭은 고유명칭 다음에 “학원”을 붙여 표시한다(「학원의 설립・운영 및 과외교습에 관한 법률」 제15조의2제1항). 학원 명칭 뒤에 학습과정 명기를 생략할 수 있다. 예를 들면, 동부보습학원 또는 동부학원, 샛별음악학원 또는 샛별학원 등으로 붙일 수 있다. 외부간판 외의 외부창 및 차량 등에도 등록된 명칭을 사용해야 한다. 대외적으로 광고(팜플렛 및 광고지)하는 경우에도 등록된 명칭을 사용해야 한다. 이미 상표로 등록된 학원의 명칭은 사용할 수 없다. 예를 들면, 대성학원, 한샘학원, 고려학원 등은 사용할 수 없다. 이를 위반하여 명칭표시를 한 학원은 그 등록을 말소하거나 1년 이내의 기간을 정해 교습과정의 전부 또는 일부에 대한 교습이 정지되는 명령을 받을 수 있다(「학원의 설립・운영 및 과외교습에 관한 법률」 제17조제1항제8호의2). 초중등교육법에 따른 학교설립인가를 받지 아니하고 학교(SCHOOL)명칭을 사용할 경우 3년 이하의 징역 또는 2천만원이하의 벌금에 처한다(초・중등교육법 제67조).

평생교육법에 따른 시설 인가,등록을 받지 아니하고 진흥위원회, 평생교육협의회, 평생학습관, 평생교육센터 등 유사명칭을 사용할 경우 500만원 이하의 과태료를 부과한다함(평생교육법 제46조)

※ **등록된 상표권 명칭 조회 방법**: 특허정보검색서비스(http://www.kipris.or.kr)의 "상표"검색란

학원 광고물은 원칙적으로 한글맞춤법, 국어의 로마자표기법 및 외래어표기법 등에 맞추어 한글로 표시하여야 하며, 외국문자로 표시할 경우에는 특별한 사유가 없으면 한글과 병행하여 표기하여야 한다(「옥외광고물 등의 관리와 옥외광고산업 진흥에 관한 법률 시행령」 제12조제2항).

- 영어 대문자 이니셜(initial)을 학원명칭에 사용(한글과 동일하게 취급)
  (예시) 이앤비학원(E&B학원), 에스디에이외국어학원(SDA외국어학원) 등
- 한글로 풀어서 사용
  (예시) 에이플러스보습학원, 헤럴드어학원 등
- 한글과 함께 뒤에 괄호 속에 넣어서 사용
  (예시) 리더스(leaders)보습학원 등
- 한글 명칭 중간에 영문자를 넣어서 사용
  (예시) 고려이스쿨보습학원(고려e스쿨보습학원), 21세기학원 · 21씨학원(21C학원)

▌학원(독서실)의 명칭

- 형식: 고유명칭+(교습과정)+학원(독서실) 예)☺☺+(음악)+학원 , ☺☺+학원(독서실)
- 사용불가명칭: 00학교, 00스쿨, 00아카데미, 00캠퍼스, 00칼리지, 00분원, 00교실, 00학습관, 00도서관, 00예술원, 00분원, 00전문 등 혼동을 일으킬 수 있는 명칭
- 당해 교육장 관할지역내 동일 교습과정에서는 동일 명칭을 사용할 수 없음
- 학원설립신청서상의 명칭과 동일하게 간판 제작

5. 학원설립 · 운영자의 자격요건

학원을 설립 · 운영하려는 사람 또는 법인은 다음의 결격사유가 없어야 한다(「학원의 설립 · 운영 및 과외교습에 관한 법률」 제9조).

1. 피성년후견인 또는 피한정후견인
2. 파산선고를 받은 후 복권되지 않은 사람
3. 금고 이상의 형을 선고받고 그 집행이 끝나거나 그 집행을 받지 않기로 확정된 후 3년이 지나지 않은 사람 또는 그 집행유예 기간 중에 있는 사람
4. 「학원의 설립 · 운영 및 과외교습에 관한 법률」을 위반하여 벌금형을 선고받은 후 1년이 지나지 않은 사람
5. 법원의 판결에 따라 자격이 정지되거나 상실된 자
6. 학원등록이 말소된 날부터 1년이 지나지 않은 자(법인의 경우 대표자 포함)
7. 교습정지처분을 받은 후 그 정지기간이 지나지 않은 자(법인의 경우 대표자 포함)
8. 법인의 임원 중 위의 사항에 해당하는 사람

학원의 설립 · 운영 중에 있는 사람 또는 법인도 위와 같은 결격사유가 발생하면 학원의 등록은 효력을 잃는다. 다만, 「학원의 설립 · 운영 및 과외교습에 관한 법률」 제9조제2항에 따라 「학원의 설립 · 운영 및 과외교습에 관한 법률」을 위반하여 벌금형을 선고받은 후 1년이 지나지 않은 사람이나 법인의 임원으로 있는 사람에게 위와 같은 결격사유가 발생하여 그 사유가 발생한 날부터 3개월 이내에 해당 임원을 바꾸어 선임하는 경우는 제외된다. 또한, 아동 · 청소년 대상 성범죄로 형 또는 치료감호를 선고받아 확정된 사람은 그 형 또는 치료감호의 전부 또는 일부의 집행을 종료하거나 집행이 유예 · 면제된 날부터 일정기간 동안 학원의 설립 · 운영이 제한될 수 있다(「아동 · 청소년의 성보호에 관한 법률」 제56조제1항 본문 및 제3호).

6. 학원 설립 · 운영의 등록

1) 일반 학원 등록

학원을 설립 · 운영하려는 자는 교습과정별로 시 · 도의 조례로 정하는 단위시설별 기준에 따라 시설과 설비를 갖추어 교육감에게 등록해야 한다(「학원의 설립 · 운영 및 과외교습에 관한 법률」 제6조제1항 및 제8조). 교습과정이 이론 교습과목과 실험 · 실습 또는 실기 교습과목으로 구성되는 경우 이를 분리하여 학원을 설립할 수 없다(「학원의 설립 · 운영 및 과외교습에 관한 법률 시행령」 제5조제4항). 학원의 등록 절차는 등록에 필요한 서류를 구비하여 당해 지역 교육지원청 제출 → 학원 설립 · 운영 등록 신청의 내용이 시설기준과 교육환경에 적합한 경우 등록 수리 → 학원의 설립에 대한 면허 취득을 위한 등록면허세 납부 → 등록증 교부 등으로 이루어진다.

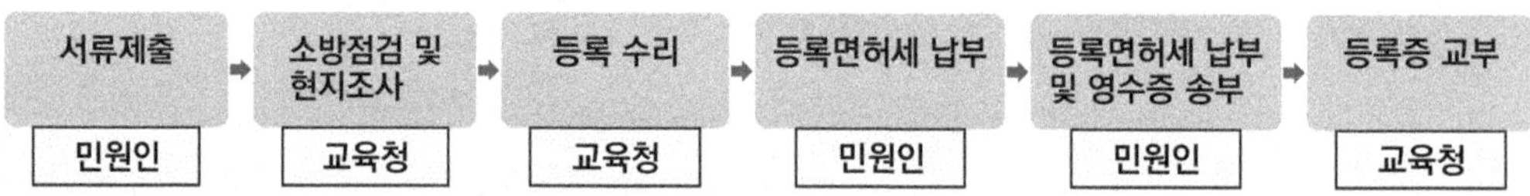

[그림 5-3] 학원 설립 운영을 위한 등록 절차

〈표 5-1〉 학원등록 및 변경 시 구비서류

구분	구비서류	비고 (처리기한)
학원설립 · 운영등록	• 학원설립 · 운영등록 신청서(교육지원청 비치) • 학원 원칙(교육지원청 비치) • 학원의 시설평면도(수기작성가능) • 신분증 • 학원의 재산이 다른 사람의 소유인 경우에는 그 재산의 사용에 관한 임대차계약서 사본 1부(본인 소유인 경우 건물등기사항증명서 1부) • 아동학대관련범죄 전력 조회 동의서 • 전기안전점검 확인서 1부 (숙박시설을 갖춘 학원 또는 수용인원 300명 이상인 학원)	8일

구분	구비서류	비고 (처리기한)
	• 소방시설완비증명(해당학원) • 설립자가 법인인 경우 • 정관(공증 필요, 원본 지참, 사본 제출) ※ 자본금 총액이 10억 이상인 경우 공증필요 • 학원 설립에 관한 이사회 회의록 사본 1부 ※ 원본 지참, 학원 위치 및 학원명 명시	
학원설립 · 운영자 변경등록	• 학원설립 · 운영자 변경등록 신청서(교육지원청 비치) • 학원의 재산이 다른 사람의 소유인 경우에는 그 재산의 사용에 관한 임대차계약서 사본 1부(본인 소유인 경우 건물등기사항증명서 1부) • 학원 인계 · 인수서 • 아동학대관련범죄 전력 조회 동의서 • (구)학원설립 · 운영등록증명서 • 신분증	7일
학원변경 등록(위치)	• 학원변경등록 신청서(교육지원청 비치) • 학원의 시설평면도(수기작성가능) • 학원의 재산이 다른 사람의 소유인 경우에는 그 재산의 사용에 관한 임대차계약서 사본 1부(본인 소유인 경우 건물등기사항증명서 1부) • 전기안전점검 확인서 1부(해당학원) • 소방시설완비증명 1부(해당학원) • (구)학원설립 · 운영등록증명서 • 신분증	7일
학원변경 등록 (교습과정)	• 학원변경등록 신청서(교육지원청 비치) • (구)학원설립 · 운영등록증명서 ※ 시설기준과 설비기준의 보완이 필요한 경우 먼저 시설변경 등록을 완료 후 교습과정을 변경등록 하여야 함 ※ 교습과정을 2개 등록 하고자 하는 경우도 추가 시설 및 설비부분에 대한 변경이 먼저 이루어져야 함 • 신분증	7일
학원변경 등록 (시설 · 설비, 교습비, 강사 채용 및 해임)	• 학원변경등록 신청서(교육지원청 비치) [시설 · 설비 변경] • 시설평면도 1부 [교습비 변경] • 교습비등 내역서 1부 [강사 채용] • 강사채용명단 1부 • 성범죄경력조회 회신서 1부	7일

구분	구비서류	비고 (처리기한)
	• 아동학대관련범죄 전력 조회 회신서 1부 • 최종학력증명서 [강사 해임] • 강사해임명단 1부	
학원변경 통보 (학원명칭, 정원)	• 학원 변경 통보서(교육지원청 비치) • (구)학원설립 · 운영등록증명서 • 신분증	7일
학원폐원 신고	• 학원폐원신고서(교육지원청 비치) • 학원설립 · 운영등록증명서 • 신분증 ※ 관할세무서에 폐업신고 시 폐원신고서를 제출 할 경우 교육지원청에 폐원신고 불필요	1일
학원휴원 신고	• 학원휴원신고서(교육지원청 비치) • 신분증 ※ 관할세무서에 휴업신고 시 휴원신고서를 제출 할 경우 교육지원청에 휴원신고 불필요	1일

▌진학상담, 원격학원 등록

구 분	학원 종류	
등록대상	**진학상담 · 지도학원**	**원격교습학원**
목 적	상급학교 진학에 필요한 컨설팅등 지도	정보통신기술 등을 활용하여 원격으로 교습
설립요건 및 등록절차	학원설립 요건과 동일 (강서교육지원청홈페이지/학원/설립안내)	학원설립 요건과 동일 (강서교육지원청홈페이지/학원/설립안내)
시설기준	강의실 70㎡ 이상(강의실 1칸: 10㎡ 이상)	사무실 면적 기준 없음
건축물용도	• 학원 전체면적 500㎡ 이상: **교육연구시설(학원)**만 가능 • 학원 전체면적 500㎡ 미만: **제2종 근린생활시설(학원)**만 가능	• 학원 전체면적 500㎡ 이상: **교육연구시설(학원)**만 가능 • 학원 전체면적 500㎡ 미만: **제2종 근린생활시설(학원), (사무소) 업무시설**

구 분	학원 종류	
제출서류	1. 원칙 1부 2. 학원의 위치도(약도) 3. 학원의 시설평면도 1부 4. 시설 임대차 계약서 1부(원본지참) 5. 건축물관리대장 6. 신분증 7. 설립자가 법인인 경우(원본지참) - 정관 1부, 이사회회의록 1부 법인등기부등본 1부	1. 원칙 1부 2. 학원의 위치도(약도) 3. 학원의 시설평면도 1부 4. 시설 임대차 계약서 1부(원본지참) 5. 건축물관리대장 6. 신분증 7. 서버임대계약서 1부(원본지참) 8. 컨텐츠임대계약서 1부(원본지참) 9. 설립자가 법인인 경우(원본지참) - 정관 1부, 이사회회의록 1부, 법인등기부등본 1부

2) 조건부등록

학원의 시설과 설비 기준에 미달하는 경우 1년 이내에 시설과 설비를 갖출 것을 조건으로 조건부등록을 할 수 있으며, 그 절차와 서류는 학원의 설립 운영 등록 절차에 준한다(「학원의 설립・운영 및 과외교습에 관한 법률」 제7조제1항 및 「학원의 설립・운영 및 과외교습에 관한 법률 시행령」 제6조제2항 전단). 조건부 등록한 경우, 교육감은 학원 설립・운영의 조건부 등록 신청의 내용이 교육환경에 적합하고 시설 기준을 갖출 수 있다고 인정하는 경우에는 1년 이내에 시설과 설비를 갖출 것을 조건으로 하여 등록을 수리할 수 있다(「학원의 설립・운영 및 과외교습에 관한 법률 시행령」 제6조제2항 전단). 이 경우 교육감은 조건부 기간 내에 시설과 설비를 갖출 수 없는 부득이한 사유가 있다고 인정하는 경우에는 6개월의 범위에서 그 기간을 연장할 수 있다(「학원의 설립・운영 및 과외교습에 관한 법률 시행령」 제6조제2항 후단). 학원 설립・운영의 조건부 등록을 받은 자는 1년의 기간 내에 시설과 설비를 갖추어 개강 예정일 10일 전까지 교육감에게 보고해야 한다(「학원의 설립・운영 및 과외교습에 관한 법률 시행령」 제6조제3항).보고를 받은 교육감은 시설과 설비의 확보 여부를 조사·확인하고 등록의 조건에 적합한 경우 학원 설립·운영등록증명서(「학원의 설립·운영 및 과외교습에 관한 법률 시행규칙」 별지 제3호서식)을 발급한다(「학원의 설립·운영 및 과외교습에 관한 법률 시행령」 제6조제4항 및 「학원의 설립·운영 및 과외교습에 관한 법률 시행규칙」 제5조제6항). 조건부 등록을 한 자가 정당한 사유 없이 그 기간에 시설과 설비를 갖추지 않으면 그 등록이 말소된다(「학원의 설립·운영 및 과외교습에 관한 법률」 제7조제2항).

3) 변경등록

학원 설립 운영을 위해 등록한 사항 중 교습과정, 강사명단, 교습비, 학원설립·운영자, 학원의 위치, 시설과 설비를 변경하는 경우 등록절차에 따라 변경등록을 해야 한다(「학원의 설립·운영 및 과외교습에 관한 법률」 제6조제1항 및 「학원의 설립·운영 및 과외교습에 관한 법률 시행령」 제7조제1항). 학원 설립·운영자가 변경등록해야 할 사항 외의 사항을 변경한 경우에는 그 변경한 사항을 지체 없이 교육감에게 통보해야 한다(「학원의 설립·운영 및 과외교습에 관한 법률 시행령」 제7조제2항). 학원 설립·운영자가 등록한 사항에 관하여 변경등록을 하지 않고 변경하는 등 부정한 방법으로 학원을 운영한 경우 그 등록이 말소되거나 1년 이내의 교습과정의 전부 또는 일부에 대한 교습정지명령을 받을 수 있다(「학원의 설립·운영 및 과외교습에 관한 법률」 제17조제1항제6호).

▌교습비 등이란?

교습비등이란 학습자가 학원을 설립·운영하는 사람 또는 법인에게 교습이나 학습장소 이용의 대가로 납부하는 수강료·이용료 또는 교습료 등과 그 외에 추가로 납부하는 일체의 경비를 말한다(「학원의 설립·운영 및 과외교습에 관한 법률」 제2조제6호).

4) 학원 개원

학원 설립・운영 등록이 완료된 자는 정당한 사유 없는 한 개원 예정일부터 2개월 이내에 개원해야 한다(「학원의 설립・운영 및 과외교습에 관한 법률」 제17조제1항제4호). 학원 설립・운영 등록을 마치고 정당한 사유 없이 개원(開院) 예정일부터 2개월이 지날 때까지 개원하지 않은 경우 그 등록이 말소되거나 1년 이내의 교습과정의 전부 또는 일부에 대한 교습정지명령을 받을 수 있다(「학원의 설립・운영 및 과외교습에 관한 법률」 제17조제1항제4호).

5) 사업자등록

학원의 설립・운영자는 사업자로서 사업 개시일부터 20일 이내에 사업장 관할 세무서장에게 사업자등록을 신청해야 한다(「소득세법」 제168조제1항 본문 및 「부가가치세법」 제8조제1항). 개인인 경우 「소득세법」, 법인인 경우 「법인세법」에 따른 사업자등록을 하여야 하나, 「부가가치세법」에 따라 사업자등록을 하는 경우 「소득세법」 또는 「법인세법」에 따른 사업자등록을 한 것으로 보게 되므로, 별도로 「소득세법」또는 「법인세법」에 따른 사업자등록은 하지 않아도 된다(「소득세법」 제168조제2항 및 「법인세법」 제111조제2항).

사업자등록을 신청하려는 사람은 사업자등록 신청서(「부가가치세법 시행규칙」 별지 제4호서식)에 ① 사업자의 인적사항, ② 사업자등록 신청 사유, ③ 사업 개시 연월일 또는 사업장 설치 착수 연월일 및 ④ 그 밖의 참고사항 등을 기재하여 세무서장(관할 또는 그 밖의 모든 세무서장을 말함)에게 제출(국세정보통신망에 따른 제출을 포함)해야 한다(「부가가치세법 시행령」 제11조제1항 및 「부가가치세법 시행규칙」 제9조제1항제1호). 사업자등록 신청서에는 다음의 서류를 첨부해야 한다(「부가가치세법 시행령」 제11조제3항, 제4항, 「부가가치세법 시행규칙」 제9조제2항 및 제3항).

〈표 5-2〉 사업자 등록 서류

	구분	첨부서류
1	법령에 따라 허가를 받거나 등록 또는 신고를 하여야 하는 사업의 경우	사업허가증 사본, 사업자등록증 사본 또는 신고 확인증 사본
2	사업장을 임차한 경우	임대차계약서 사본
3	상가건물의 일부분만 임차한 경우	해당 부분의 도면
4	사업자 단위로 등록하려는 사업자	사업자 단위 과세 적용 사업장 외의 사업장에 대한 위 1.부터 5.까지에 따른 서류 및 사업자 단위 과세 사업자의 종된 사업자 명세서(「부가가치세법 시행규칙」 별지 제4호서식 부표 2, 개인사업자용) 또는 사업자 단위 과세 사업자의 종된 사업자 명세서(「부가가치세법 시행규칙」 별지 제4호서식 부표 3, 법인사업자용)

사업자등록 신청 시에 확정일자를 받으려는 경우에는 관할 세무서장에게 확정일자 신청서(「상가건물 임대차계약서상의 확정일자 부여 및 임대차 정보제공에 관한 규칙」 별지 제1호서식)를 작성하여 제출해야 하며, 임대차의 목적이 상가건물의 일부분인 경우 확정일자 신청서와 함께 그 부분의 도면을 제출해야 한다(「상가건물 임대차계약서상의 확정일자 부여 및 임대차 정보제공에 관한 규칙」 제2조제1항).

사업자등록의 신청을 받은 사업장 관할 세무서장은 사업자의 인적사항과 그 밖에 필요한 사항을 적은 사업자등록증을 신청일부터 3일 이내(토요일, 공휴일 또는 근로자의 날은 산정에서 제외. 이하 같음)에 신청자에게 발급해야 한다. 다만, 사업장시설이나 사업현황을 확인하기 위해 국세청장이 필요하다고 인정하는 경우에는 발급기한을 5일 이내에서 연장하고 조사한 사실에 따라 사업자등록증을 발급할 수 있다(「부가가치세법」 제8조제6항 및 「부가가치세법 시행령」 제11조제5항).

7. 강사의 자격기준

학원설립·운영자는 교습을 담당하는 강사와 학습자의 생활지도에 필요한 인원을 학습자의 학습능률을 극대화 할 수 있도록 적정하게 배치해야 한다(「학원의 설립·

운영 및 과외교습에 관한 법률 시행령」 제12조제1항). 학원강사의 자격기준은 다음과 같다(「학원의 설립・운영 및 과외교습에 관한 법률」 제13조제1항, 「학원의 설립・운영 및 과외교습에 관한 법률 시행령」 제12조제2항 및 별표 3).

〈표 5-3〉 강사 자격기준

구분	자격기준
학교교과 교습학원	① 교원의 자격이 있는 사람 ② 전문대학졸업자 또는 이와 동등 이상의 학력이 있는 사람 ③ 교습과목과 동일한 종목의 기술사・기능장・기사 및 산업기사의 자격을 취득한 사람 ④ 교습과목과 같은 종목의 기능사 자격을 취득한 후 3년 이상의 실무경력이 있는 사람 ⑤ 법령에 따라 면허증 또는 자격증 등을 취득한 사람으로서 위 ③ 또는 ④에 상응한다고 교육감이 인정하는 사람 ⑥ 고등학교졸업자 또는 이와 같은 수준 이상의 학력이 있는 사람으로서 교습하려는 부문에 2년 이상 전임으로 교습한 경력이 있는 사람 ⑦ 국가 또는 지방자치단체 등 공공기관이 주관하거나 후원하는 전국 규모의 각종 기능경기대회에서 교습하려는 부문에 입상한 실적이 있는 사람 ⑧ 국가무형문화재 보유자(시・도무형문화재 보유자 포함) 등 기능 또는 예능 보유자로서 교육감이 인정하는 사람 ⑨ 대학졸업 이상의 학력이 있는 외국인으로서 「출입국관리법」에 따른 해당 체류자격이 있거나 해당 교습활동에 관한 체류자격 외의 활동허가를 받은 사람
평생직업 교육학원	① 고등학교 졸업자 또는 이와 같은 수준 이상의 학력이 있는 사람 ② 학교교과교습학원 강사의 자격기준 중 ③부터 ⑤까지 또는 ⑦부터 ⑨까지의 어느 하나에 해당하는 사람

아동・청소년대상 성범죄 또는 성인대상 성범죄(이하 "성범죄"라 함)로 형 또는 치료감호를 선고받아 확정된 사람은 그 형 또는 치료감호의 전부 또는 일부의 집행을 종료하거나 집행이 유예・면제된 날부터 일정기간 동안 아동・청소년을 대상으로 하는 학원에의 취업 또는 사실상의 노무제공을 제한받을 수 있다(「아동・청소년의 성보호에 관한 법률」 제56조제1항제3호). 아동・청소년을 대상으로 하는 학원에서 강사 채용 시 채용대상자의 성범죄 경력을 조회하여 해당 사항이 없을 때에만 채용이 가능하다(「아동・청소년의 성보호에 관한 법률」 제56조제3항).

학원설립・운영자는 강사의 연령・학력・전공과목 및 경력 등 강사의 인적사항을 적은 학원강사 게시표(「학원의 설립・운영 및 과외교습에 관한 법률 시행규칙」 별지 제15호서식)를 학습자가 보기 쉬운 장소에 게시해야 한다(「학원의 설립・운영 및 과외교습에 관한 법률」 제13조제2항 및 「학원의 설립・운영 및 과외교습에 관한 법률 시행규칙」 제10조). 강사의 연령・학력・전공과목 및 경력 등에 관한 인적사항을 게시하지 않으면 300만원 이하의 과태료를 부과받는다(「학원의 설립・운영 및 과외교습에 관한 법률」 제23조제1항제3호).

학원설립・운영자는 외국어교습을 담당하게 하기 위해 외국인강사를 채용하는 경우에는 강사가 되고자 하는 사람으로부터 다음의 서류를 제출받아 그에 대한 검증 후 채용해야 한다(「학원의 설립・운영 및 과외교습에 관한 법률」 제13조의2 본문, 「학원의 설립・운영 및 과외교습에 관한 법률 시행령」 제12조의2 및 「학원의 설립・운영 및 과외교습에 관한 법률 시행규칙」 제10조의2). 학원설립・운영자는 취업활동을 할 수 있는 체류자격을 받은 외국인 중 회화지도 체류자격을 받은 사람에 대해서는 위 범죄경력조회서를 받지 않을 수 있다(「학원의 설립・운영 및 과외교습에 관한 법률」 제13조의2 단서).

〈표 5-4〉 외국인 강사 자격기준

제출서류	서류의 요건 및 검증기준
범죄경력조회서	1. 외국인강사의 자국 정부가 해당 외국인강사의 자국 전(全) 지역에서의 범죄경력을 조회하여 발급한 것 2. 자국 정부 또는 자국 소재 대한민국공관의 공적 확인을 받은 것 3. 강사의 자질과 관련된 범죄경력이 없어야 함
건강진단서	1. 교육부장관이 법무부장관과 협의하여 지정한 의료기관에서 대마 및 약물 검사 결과를 포함하여 발급한 채용신체검사서로서 채용일 기준 1개월 이내에 발급한 것 2. 마약 및 약물 검사 결과 양성반응을 보이거나 공중보건에 해를 끼칠 우려가 있어 채용신체검사 불합격 판정을 받은 사실이 없어야 함 3. 다만, 채용하려는 외국인강사가 외국에 체류 중이고 외국어교습에 필요한 사증(査證)을 신청 중인 경우에는 입국한 후 강의활동을 시작하기 전에 제출받아 검증해야 함

<table>
<tr><th>제출서류</th><th>서류의 요건 및 검증기준</th></tr>
<tr><td>학력증명서</td><td>출신대학교에서 발급한 학위증 사본, 학위취득증명서, 학위 취득 사실이 기재된 졸업증명서 중 한 가지 서류에 자국 정부 또는 자국 소재 대한민국공관의 공적확인을 받아야 함</td></tr>
<tr><td>여권 및 사증(査證) 사본</td><td rowspan="2">1. 여권은 유효해야 함
2. 사증과 외국인등록증(외국인등록사실증명으로 외국인등록증을 갈음할 수 있음)의 체류자격은 외국어 회화지도활동이 허용되는 것
3. 다만, 채용하려는 외국인강사가 외국에 체류 중이고 외국어교습에 필요한 사증을 신청 중인 경우에는 입국한 후 강의활동을 시작하기 전에 제출받아 검증해야 함</td></tr>
<tr><td>외국인등록증 사본 또는 외국인등록사실증명</td></tr>
</table>

▌대학교 4학년에 재학 중인 학생입니다. 학교에 재학하는 상태에서 학원 강사로 일하려고 하는데, 자격이 되나요?

학원에서 강사로 근무할 수 있다. 법령에서는 학원에서 교습을 담당하는 강사의 자격기준의 하나로 전문대학졸업자 또는 이와 동등 이상의 학력이 있는 자를 규정하고 있다. 그리고 「고등교육법 시행령」 제70조제1항제1호에 따르면, 대학(산업대학 · 교육대학, 방송 · 통신대학 및 이에 준하는 학력인정 각종 학교를 포함)에서 2학년 또는 3학년 이상의 교육과정을 전부 이수한 자는 "전문대학을 졸업한 자와 동등한 학력"이 있는 것으로 본다고 규정하고 있다. 따라서 대학에서 2학년 또는 3학년 이상의 교육과정을 전부 이수한 자이기만 하면 대학에 재학 중인 자라고 하더라도 강사의 자격기준을 충족한 것으로 본다.

8. 교습비 징수

교습비 등이란 학습자가 학원을 설립 · 운영하는 자에게 교습이나 학습장소 이용의 대가로 납부하는 수강료 · 이용료 또는 교습료 등과 그 외에 추가로 납부하는 일체의 경비를 말한다(「학원의 설립 · 운영 및 과외교습에 관한 법률」 제2조제6호). 학원설립 · 운영자는 교습비 등을 받은 경우 영수증을 발급해야 한다. 학원설립 · 운영자는 교습내용과 교습시간 등을 고려해서 교습비를 정하고, 그 밖의 경비는 실비로 정해야 한다(「학원의 설립 · 운영 및 과외교습에 관한 법률」 제15조제2항). 학원 설립 · 운영자는 시 · 도의 교육규칙으로 정하는 바에 따라 교습비 등과 그 반환에 관한 사항을 학습자가 보기 쉬운 장소에 게시해야 하며, 학습자를 모집할 목적으로 인쇄물 · 인터넷 등을 통해서 광고를 하는 경우에는 교습비, 등록증명서의 등록번호, 학원의 명칭, 교습과정 또는 교습과목 사항을 표시해야 한다(「학원의 설립・운영 및 과외교습에 관한 법률」 제15조제3항 전단 및 「학원의 설립・운영 및 과외교습에 관한 법률 시행령」 제16조의3). 학습자 또는 학부모의 요구가 있을 때에는 게시 또는 표시된 교습비 등의 내역을 서면으로 고지해야 한다(「학원의 설립・운영 및 과외교습에 관한 법률」 제15조제3항 후단, 「학원의 설립・운영 및 과외교습에 관한 법률 시행규칙」 제15조제3항 및 별지 제24호의2서식). 학원 설립・운영자는 교습비 등을 거짓으로 표시・게시・고지하거나 표시・게시・고지한 교습비 등 또는 교육감에게 등록・신고한 교습비 등을 초과한 금액을 징수해서는 안된다(「학원의 설립・운영 및 과외교습에 관한 법률」 제15조제4항).

교육감은 학교교과교습학원의 교습비 등이 과다하다고 인정되면 교습비 등의 조정을 명할 수 있다(「학원의 설립・운영 및 과외교습에 관한 법률」 제15조제6항). 교육감의 교습비 등 조정명령을 위반한 경우 그 등록이 말소되거나 1년 이내의 교습과정의 전부 또는 일부에 대한 교습정지명령을 받을 수 있다(「학원의 설립・운영 및 과외교습에 관한 법률」 제17조제1항제8호).

학원설립・운영자는 학습자가 수강을 계속할 수 없는 경우 또는 학원의 등록말소 등으로 교습을 계속할 수 없는 경우 학습자로부터 받은 교습비 등을 반환 사유 발생일부터 5일 이내에 반환해야 한다(「학원의 설립・운영 및 과외교습에 관한 법률」 제18조제1항 및 「학원의 설립・운영 및 과외교습에 관한 법률 시행령」 제18조제3항). 교습비 등 반환사유 및 반환기준은 다음과 같다(「학원의 설립・운영 및 과외교습에 관한 법률 시행령」제18조제2항・제3항 및 별표 4).

〈표 5-5〉 교습비 반환 사유 및 기준

<table>
<tr><th colspan="2">구분</th><th>반환사유 발생일</th><th>반환금액</th></tr>
<tr><td colspan="2">학원의 등록이 말소된 경우 또는 교습의 정지명령을 받은 경우</td><td rowspan="2">교습을 할 수 없거나 교습 장소를 제공할 수 없게 된 날</td><td rowspan="2">이미 납부한 교습비 등을 일할(日割) 계산한 금액</td></tr>
<tr><td colspan="2">학원설립·운영자가 교습을 할 수 없거나 교습장소를 제공할 수 없게 된 경우</td></tr>
<tr><td rowspan="6">학습자가 본인의 의사로 수강 또는 학습장소 사용을 포기한 경우</td><td rowspan="4">교습기간이 1개월 이내인 경우</td><td>교습 시작 전</td><td>이미 납부한 교습비 등의 전액</td></tr>
<tr><td>총 교습시간의 1/3 경과 전</td><td>이미 납부한 교습비 등의 2/3에 해당하는 금액</td></tr>
<tr><td>총 교습시간의 1/2 경과 전</td><td>이미 납부한 교습비 등의 1/2에 해당하는 금액</td></tr>
<tr><td>총 교습시간의 1/2 경과 후</td><td>반환하지 않음</td></tr>
<tr><td rowspan="2">교습기간이 1개월을 초과하는 경우</td><td>교습 시작 전</td><td>이미 납부한 교습비 등의 전액</td></tr>
<tr><td>교습 시작 후</td><td>반환사유가 발생한 해당 월의 반환 대상 교습비 등(교습기간이 1개월 이내인 경우의 기준에 따라 산출한 금액을 말한다)과 나머지 월의 교습비 등의 전액을 합산한 금액</td></tr>
</table>

※ 총 교습시간은 교습기간 중의 총 교습시간을 말하며, 반환금액의 산정은 반환사유가 발생한 날까지 경과된 교습시간을 기준으로 합니다.

학원 설립·운영자가 교습비 등을 거짓으로 표시·게시·고지하거나, 표시·게시·고지한 교습비 등 또는 교육감에게 등록한 교습비 등을 초과한 금액을 징수하는 경우에는 그 등록이 말소되거나 1년 이내의 교습과정의 전부 또는 일부에 대한 교습 정지명령을 받을 수 있다(「학원의 설립·운영 및 과외교습에 관한 법률」 제17조제1항제7호). 교습비 등과 그 반환에 관한 사항을 표시·게시·고지하지 않거나 교습비 등을 거짓으로 표시·게시·고지하면 300만원 이하의 과태료가 부과된다(「학원의 설립·운영 및 과외교습에 관한 법률」 제23조제1항제7호). 교습비 등을 반환해야 함에도 불구하고 반환하지 않으면 300만원 이하의 과태료가 부과된다(「학원의 설립·운영 및 과외교습에 관한 법률」 제23조제1항제10호).

9. 휴원 및 폐원

학원 설립・운영자가 학원을 1개월 이상 휴원하거나 폐원하려면 학원 휴원・폐원 신고서를 작성하여 교육장에게 제출해야 한다(「학원의 설립・운영 및 과외교습에 관한 법률」 제10조 및 「학원의 설립・운영 및 과외교습에 관한 법률 시행규칙」 제8조제1항 및 별지 제11호서식). 학원을 휴원 또는 폐원신고하면서 사업자등록에 대해서도 휴업 또는 폐업신고를 같이 하려는 경우에는 휴원・폐원 신고서에 휴업(폐업)신고서도 함께 제출해야 한다(「학원의 설립・운영 및 과외교습에 관한 법률 시행규칙」 제8조제2항 전단 및「부가가치세법 시행규칙」 별지 제9호서식). 관할 세무서장에게 휴업(폐업)신고서와 함께 휴원・폐원 신고서를 제출한 경우에는 관할 세무서장이 이를 관할 교육장에게 송부하고, 이 경우에도 휴원・폐원 신고서가 제출된 것으로 본다(「학원의 설립・운영 및 과외교습에 관한 법률 시행규칙」 제8조제3항). 학원이 정당한 사유 없이 2개월 이상 휴원한 경우 그 등록이 말소되거나 1년 이내의 교습과정의 전부 또는 일부에 대한 교습정지명령을 받을 수 있다(「학원의 설립・운영 및 과외교습에 관한 법률」 제17조제1항제5호). 학원의 휴원 및 폐원 신고를 하지 않으면 300만원 이하의 과태료가 부과된다(「학원의 설립・운영 및 과외교습에 관한 법률」 제23조제1항제2호).

10. 학원 설립 운영자의 책임과 의무

1) 일시수용능력초과 교습의 금지

학원설립・운영자는 같은 시간에 해당 시설의 일시 수용능력을 초과하여 교습을 하거나 학습장소로 제공해서는 안 된다(「학원의 설립・운영 및 과외교습에 관한 법률 시행령」 제10조제1항). 위 규정에도 불구하고 실험・실습 또는 실기 교습이 필요한 학원에서 같은 교습과목을 같은 시간에 같은 장소에서 교습받을 수 있는 학습자의 수는 시・도의 조례로 정한다(「학원의 설립・운영 및 과외교습에 관한 법률 시행령」 제10조제3항).

> **▌수용인원산정방법**
> • 강의실・교무실・상담실・실습실・휴게실 용도로 쓰이는 특정소방대상물: 해당 용도로 사용 하는 바닥면적의 합계를 1.9㎡로 나누어 얻은 수 (독서실의 경우 3㎡로 나누어 얻은 수)

2) 보험・공제사업 가입

학원 설립・운영자는 시・도의 조례로 정하는 바에 따라 학원의 운영과 관련하여 학원의 수강생에게 발생한 생명・신체상의 손해를 배상할 것을 내용으로 하는 보험가입 및 공제사업에 가입하는 등 필요한 안전조치를 취해야 한다(「학원의 설립・운영 및 과외교습에 관한 법률」 제4조제3항). 학원 설립・운영자가 보험가입 및 공제사업에 가입하는 등 필요한 안전조치를 취하지 않으면 300만원 이하의 과태료가 부과된다(「학원의 설립・운영 및 과외교습에 관한 법률」 제23조제1항제1호).

〈표 5-6〉 화재보험의무가입 조건

구분	내용
학원 건물의 소유주가 직접 학원을 설립・운영하는 경우	학원으로 사용하는 부분의 바닥면적의 합이 2,000㎡ 이상인 건물은 특수건물에 해당하여 신체손해배상특약부화재보험 가입 의무대상이다. 따라서 학원 건물 소유주는 신체손해배상특약부화재보험에 가입해야 한다. 이를 위반하면 500만원 이하의 벌금에 처해진다(「화재로 인한 재해보상과 보험가입에 관한 법률」 제23조).

구분	내용
학원 건물의 소유주와 학원의 설립·운영자가 다른 경우	신체손해배상특약부화재보험의 가입의무자는 학원의 설립·운영자가 아니라 건물의 소유자이므로, 원칙적으로 학원의 설립·운영자는 보험가입의무가 없다(화재로 인한 재해보상과 보험가입에 관한 법률」 제5조제1항). 그러나 차후 발생할 수 있는 화재에 따른 문제 등을 원만히 해결하기 위해 건물 소유주와 임대차계약 체결 시 이 부분에 대한 협의를 해 놓는 것이 좋다.

3) 학원 설립·운영자 및 강사의 연수 의무

교육감은 학원설립·운영자 및 강사가 갖추어야 할 사회교육 담당자로서의 자질을 향상시키기 위하여 필요하면 이들의 연수에 관한 계획을 수립·시행할 수 있으며, 이 경우 외국인강사에 대해서는 한국 문화 적응을 지원하고 사회교육 담당자로서의 자질을 향상시키기 위하여 입국 후 한 번 이상 연수를 실시해야 한다(「학원의 설립·운영 및 과외교습에 관한 법률」 제15조의4).

4) 수강생 보호·감독

학원의 운영자·강사·직원은 그 직무상 아동학대범죄를 알게 된 때에는 즉시 아동보호전문기관 또는 수사기관에 신고해야 한다(「아동학대범죄의 처벌 등에 관한 특례법」 제10조제2항제22호). 학원의 설립·운영자 및 그 종사자는 그 직무상 아동·청소년대상 성범죄의 발생 사실을 알게 된 때에는 즉시 수사기관에 신고해야 한다(「아동·청소년의 성보호에 관한 법률」 제34조제2항제7호). 아동·청소년대상 성범죄 또는 성인대상 성범죄(이하 '성범죄'라 함)로 형 또는 치료감호를 선고받아 확정된 사람은 그 형 또는 치료감호의 전부 또는 일부의 집행을 종료하거나 집행이 유예·면제된 날부터 일정기간동안 아동·청소년을 대상으로 하는 학원의 설립·운영, 해당 시설에의 취업 또는 사실상 노무제공을 제한받을 수 있다(「아동·청소년의 성보호에 관한 법률」 제56조제1항제3호). 아동·청소년 관련 교육기관 등의 장은 그 기관에 취업

중이거나 사실상 노무를 제공 중인 자 또는 취업하려 하거나 사실상 노무를 제공하려는 자에 대하여 성범죄의 경력을 확인해야 하며, 이 경우 본인의 동의를 받아 관계기관의 장(소재지 관할 경찰서)에게 성범죄의 경력 조회를 요청해야 한다(「아동・청소년의 성보호에 관한 법률」 제56조제4항 본문). 다만, 취업자 등이 성범죄 경력 조회 회신서를 아동・청소년 관련기관 등의 장에게 직접 제출한 경우에는 성범죄 경력 조회를 한 것으로 본다(「아동・청소년의 성보호에 관한 법률」 제56조제4항 단서).

5) 감염병에 관한 조치

학원설립・운영자는 의사의 진단 결과 감염병에 감염 또는 감염된 것으로 의심되거나 감염될 우려가 있는 학습자 및 강사를 학원으로부터 격리시키는 등 필요한 조치를 할 수 있다(「학원의 설립・운영 및 과외교습에 관한 법률」 제5조의2).

6) 장부 및 서류비치

학원설립・운영자는 「학원의 설립・운영 및 과외교습에 관한 법률 시행규칙」별표 2에 따른 장부 및 서류를 갖추어 두고 기록・유지하여야 한다(「학원의 설립・운영 및 과외교습에 관한 법률」제15조의3 및 「학원의 설립・운영 및 과외교습에 관한 법률 시행규칙」 제16조). 이를 위반하여 장부 또는 서류를 비치・관리하지 않으면 300만원 이하의 과태료가 부과된다(「학원의 설립・운영 및 과외교습에 관한 법률」 제23조제1항제7호의4).

7) 과대 광고 금지

학원은 학습자를 모집할 때 과대 또는 거짓 광고를 해서는 안 된다(「학원의 설립・

운영 및 과외교습에 관한 법률」 제17조제1항제9호). 학습자를 모집할 때 과대 또는 거짓 광고를 한 경우 그 등록이 말소되거나 1년 이내의 교습과정의 전부 또는 일부에 대한 교습정지명령을 받을 수 있다(「학원의 설립·운영 및 과외교습에 관한 법률」 제17조제1항제9호).

06 교습소 및 개인과외교습 관련 법제도

사전학습

구분	학원	교습소	개인과외
시설규모	조례의 규정에 의한 시설규모	교습에 필요한 최소한의 규모	해당 없음
교습장소	제2종 근린생활시설 (용도 변경이 가능할 경우 1종 근린 생활시설도 가능) 교육연구시설 판매시설	제2종 근린생활시설(학원) (용도 변경이 가능할 경우 1종 근린 생활시설도 가능) 판매시설	학습자의 주거지 및 교습자의 주거지로서 단독주택 또는 공동주택
설립·운영자 결격사유	학원의 설립·운영 및 과외교습에 관한 법률 제9조	학원의 설립·운영 및 과외교습에 관한 법률 제14조제8항	학원의 설립·운영 및 과외교습에 관한 법률 제14조의2제8항
성범죄/ 아동학대전력 조회여부	설립운영자: 교육지원청 강사, 직원 등: 설립·운영자	교습소 신고자: 교육지원청 보조요원(교습불가): 교습자	교육지원청 (아동학대범죄전력조회 대상은 아님)
강사채용 가능여부	채용 가능	채용 불가	채용 불가
일시수용 능력인원	강의실 1㎡당 1인 이하 열람실 0.8인 이하 실습실 1.5㎡당 1인 이하 (피아노 4.5㎡당 1명 이하, 중장비운전학원 실습장 30㎡당 1인 이하)	1㎡ 0.3인 이하 (9인 이하/피아노교습의 경우 5인 이하)	9인 이하
학습자 수	동시 10인 이상 (피아노 6명 이상)	동시 9인이하(피아노 5명)	동시 9인 이하
교습과목 및 대상	학원의 설립·운영 및 과외교습에 관한 법률 시행령 [별표2]	1인 1개소 1과목만 가능	여러 과목 교습 가능
교습비 등 조정 명령	적용받음 (학교교과교습학원 한함)	적용 받음	적용 받음
명칭사용	고유명칭+학원(독서실)	고유명칭+교습과목+교습소	해당 없음
교육환경 정화 등	적용받음 (학교교과교습학원 한함)	적용 받음	해당 없음
교습시간 제한	적용받음 (학교교과교습학원 한함)	적용 받음	적용 받음

1. 교습소 관련 법제도

1) 입지 및 시설기준

교습소는 전용주거지역, 보전녹지지역, 자연환경보전지역에 설치가 허용되지 않으며, 그 밖의 용도지역에서는 해당 교습소의 연면적과 용도지역에 따라 설치 가능 여부가 결정된다(「국토의 계획 및 이용에 관한 법률」 제76조제1항 및 「국토의 계획 및 이용에 관한 법률 시행령」 제71조제1항). 교습소는 건축법령에 따른 건축물 용도에 적합한 곳에 설치해야 한다. 교습소로 사용할 수 있는 건축물은 동일한 건축물에서 해당 용도에 쓰이는 바닥면적의 합계가 500㎡ 미만인 제2종 근린생활시설이어야 한다(「건축법 시행령」 제3조의5 및 별표 1 참조).

교습소의 장소・시설・설비 및 학습자의 수는 다음과 같다(「학원의 설립・운영 및 과외교습에 관한 법률 시행령」 제16조). 교습소에서 같은 시간에 교습 받는 인원은 9명(피아노 교습의 경우에는 5명) 이하이어야 한다. 교습소 강의실의 1제곱미터당 수용인원은 0.3명 이하이어야 한다. 교습소는 교습자 1명이 한 장소에서 1과목만을 교습하여야 한다(「학원의 설립・운영 및 과외교습에 관한 법률」 제14조제7항).

• 교습소 입지 및 시설기준: ① 500㎡ 미만 제2종 근린생활시설 ② 교습 인원 9명 이하 (피아노교습은 5명 이하) ③ 1제곱미터당 3명 이하 수용인원 ④ 교습자 1명이 한 장소에서 1과목 교습

2) 교습소 교육환경

교습자는 교습소의 교육환경과 위생시설을 깨끗하게 유지・관리해야 한다(「학원의 설립・운영 및 과외교습에 관한 법률」 제5조제1항). 교습자는 교육환경을 해칠 우려가 있는 영업소(이하 "유해업소"라 한다)와 동일한 건축물 안에서 교습소를 설립・

운영해서는 안 된다(「학원의 설립 · 운영 및 과외교습에 관한 법률」 제5조제2항). 유해업소 등에 대해서는 학원 창업에서 제시된 내용을 참고하면 된다.

3) 교습소 명칭

교습소의 명칭은 고유명칭 다음에 교습과목과 "교습소"를 붙여 표시한다(「학원의 설립 · 운영 및 과외교습에 관한 법률」 제15조의2제2항). 예를 들면, 고려피아노교습소, 니하오중국어교습소, 김승미수학교습소 등으로 표시한다. 표시방법을 위반하여 명칭 표시를 한 교습소는 교습소 폐지명령을 받거나 6개월 이내의 기간을 정해 교습이 정지되는 명령을 받을 수 있다(「학원의 설립 · 운영 및 과외교습에 관한 법률」 제17조제2항제4호의2).

4) 교습소의 설립 · 운영 신고

교습소를 설립 · 운영하려는 사람은 교육장에게 신고해야 한다(「학원의 설립 · 운영 및 과외교습에 관한 법률」 제14조제1항). 교습소의 폐지처분을 받은 사람은 그 처분을 받은 날부터 1년 이내, 교습소의 교습정지처분을 받은 사람은 그 정지 기간이 지나지 않은 경우에 그 폐지처분을 받을 당시 교습하던 교습과목을 교습하는 교습소를 신고할 수 없다(「학원의 설립 · 운영 및 과외교습에 관한 법률」 제14조제10항 및 「학원의 설립 · 운영 및 과외교습에 관한 법률 시행규칙」 제11조제4항).

교습소의 설립 · 운영 신고를 하려는 사람은 다음의 서류를 교육장에게 제출해야 한다(「학원의 설립 · 운영 및 과외교습에 관한 법률」 제14조제1항, 「학원의 설립 · 운영 및 과외교습에 관한 법률 시행령」 제13조제1항, 「학원의 설립 · 운영 및 과외교습에 관한 법률 시행규칙」 제11조제1항 및 제2항).

▌교습소 설립 운영 신고 서류

- 교습소 설립 · 운영 신고서(「학원의 설립 · 운영 및 과외교습에 관한 법률 시행규칙」 별지 제16호서식)
- 교습자의 자격을 증명하는 서류
- 교습자의 주민등록증 등 공공기관이 발행한 신분증으로서 본인 확인이 가능한 신분증 사본
- 교습소의 시설평면도
- 교습장소로 사용할 시설의 사용권을 증명할 수 있는 서류

교습소 설립 · 운영에 대한 면허를 받는 자는 그 면허증서(교습소 신고필증)을 받기 전에 등록면허세를 납부해야 한다(「지방세법」 제24조제2호, 제35조제1항 본문, 「지방세법 시행령」 제39조 및 별표 제5종 제12호). 등록면허세를 납부하지 않으면 그 면허가 취소 또는 정지될 수 있다(「지방세법」 제39조제1항). 거짓이나 그 밖의 부정한 방법으로 교습소의 설립 · 운영 신고를 한 경우 그 교습소의 폐지명령을 받는다(「학원의 설립 · 운영 및 과외교습에 관한 법률」 제17조제2항제1호). 교습소의 설립 · 운영 신고를 하지 않고 교습소를 설립 · 운영하거나, 거짓이나 그 밖의 부정한 방법으로 신고하고 교습소를 설립 · 운영하면 1년 이하의 징역 또는 1천만원 이하의 벌금에 처해진다(「학원의 설립 · 운영 및 과외교습에 관한 법률」 제22조제1항제3호).

교습소의 변경 신고에 있어서 신고한 사항 중 교습자의 인적사항, 교습소의 명칭 및 위치, 교습과목, 교습비 등을 변경하려는 경우에는 변경 신고를 해야 한다(「학원의 설립 · 운영 및 과외교습에 관한 법률」 제14조제1항 후단 및 「학원의 설립 · 운영 및 과외교습에 관한 법률 시행령」 제14조). 변경 신고하려는 사람은 다음의 서류를 교육장에게 제출해야 한다(「학원의 설립 · 운영 및 과외교습에 관한 법률 시행령」 제14조 및 「학원의 설립 · 운영 및 과외교습에 관한 법률 시행규칙」 제13조제1항).

교습소 변경신고서(「학원의 설립 · 운영 및 과외교습에 관한 법률 시행규칙」 별지 제19호서식), 교습소 시설평면도, 교습장소로 사용할 시설의 사용권을 증명할 수 있는 서류

교습소 설립 · 운영 신고사항에 관하여 변경신고를 하지 않고 변경하는 등 부정한 방법으로 교습소를 운영한 경우 그 교습소의 폐지명령을 받거나 6개월 이내의 교습 정지명령을 받을 수 있다(「학원의 설립 · 운영 및 과외교습에 관한 법률」 제17조제2항제2호). 신고를 하지 않고 교습소를 설립 · 운영하거나 교습소 폐지처분을 받은 경우, 또는 교습의 정지처분을 받은 교습자가 계속하여 교습하거나 학습장소를 제공하는 경우에는 그 교습소를 폐쇄하거나 교습 등을 중지시키기 위한 다음의 조치를 받을 수 있다(규제 「학원의 설립 · 운영 및 과외교습에 관한 법률」 제19조제1항 및 제2항).

- 해당 교습소의 간판 또는 그 밖의 표지물을 제거하거나 학습자의 출입을 제한하기 위한 시설물의 설치
- 해당 교습소가 등록 또는 신고를 하지 않은 시설이거나 행정처분을 받은 시설임을 알리는 게시문의 부착

간판이나 그 밖의 표지물의 제거 또는 시설물의 설치를 거부 · 방해 또는 기피하거나 게시문을 허락받지 않고 제거하거나 못쓰게 하면 200만원 이하의 벌금에 처해진다(「학원의 설립 · 운영 및 과외교습에 관한 법률」 제22조제3항).

교습소 설립 · 운영자는 사업자로서 사업개시일부터 20일 이내에 사업장 관할 세무서장에게 사업자등록을 신청해야 한다(「소득세법」 제168조제1항 본문 및 「부가가치세법」 제8조제1항).개인인 경우 「소득세법」, 법인인 경우 「법인세법」에 따른 사업자등록을 하여야 하나, 「부가가치세법」에 따라 사업자등록을 하는 경우 「소득세법」 또는 「법인세법」에 따른 사업자등록을 한 것으로 보게 되므로, 별도로 「소득세법」또는 「법인세법」에 따른 사업자등록은 하지 않아도 된다(「소득세법」 제168조제2항 및 「법인세법」 제111조제2항).

〈표 6-1〉 교습소 설립 · 운영을 위한 사업등록증 구비 서류

	구분	첨부서류
1	법령에 따라 허가를 받거나 등록 또는 신고를 하여야 하는 사업의 경우	사업허가증 사본, 사업자등록증 사본 또는 신고 확인증 사본
2	사업장을 임차한 경우	임대차계약서 사본
3	상가건물의 일부분만 임차한 경우	해당 부분의 도면
4	사업자 단위로 등록하려는 사업자	사업자 단위 과세 적용 사업장 외의 사업장에 대한 위 1.부터 5.까지에 따른 서류 및 사업자 단위 과세 사업자의 종된 사업자 명세서(「부가가치세법 시행규칙」 별지 제4호서식 부표 2, 개인사업자용) 또는 사업자 단위 과세 사업자의 종된 사업자 명세서(「부가가치세법 시행규칙」 별지 제4호서식 부표 3, 법인사업자용)

사업자등록의 신청을 받은 사업장 관할 세무서장은 사업자의 인적사항과 그 밖에 필요한 사항을 적은 사업자등록증을 신청일부터 3일 이내(토요일, 공휴일 또는 근로자의 날은 산정에서 제외. 이하 같음)에 신청자에게 발급해야 한다. 다만, 사업장시설이나 사업현황을 확인하기 위해 국세청장이 필요하다고 인정하는 경우에는 발급기한을 5일 이내에서 연장하고 조사한 사실에 따라 사업자등록증을 발급할 수 있다(「부가가치세법」 제8조제6항 및 「부가가치세법 시행령」 제11조제5항).

〈표 6-2〉 교습소 신고 및 변경 시 구비서류

구분	구비서류	비고 (처리기한)
교습소설립 · 운영신고	• 교습소설립 · 운영 신고서(교육지원청 비치) • 교습자의 자격을 증명하는 서류(최종 학력증명서 등) • 신분증 • 교습소의 시설평면도(수기작성가능) • 전세 또는 임대차 계약서 사본 1부(원본제시) • 사진(3×4) 2매 • 아동학대관련범죄 전력 조회 동의서	5일

구분	구비서류	비고 (처리기한)
교습소교습자 변경신고	• 교습자 변경 신고서(교육지원청 비치) • 교습자의 자격을 증명하는 서류(최종 학력증명서 등) • 신분증 • 전세 또는 임대차 계약서사본 1부(원본제시) • (구)신고증명서 • 사진(3×4) 2매 (인수자) • 아동학대관련범죄 전력 조회 동의서	3일
교습소변경신고 (교습비, 위치변경 포함)	• 교습소 변경신고서(교육지원청 비치) • 신분증 **[교습비 변경]** • 교습비등 내역서 1부 **[위치 변경]** • 전세 또는 임대차 계약서사본 1부(원본제시) • 교습소의 시설평면도(수기작성가능) • (구) 신고증명서	3일
교습소설립운영 신고증명서 재발급 신청서	• 교습소설립 · 운영신고증명서 재발급신청서 (교육지원청 비치) • 신분증	1일
교습소 휴(폐)소 신고	• 교습소 휴(폐)소 신고서(교육지원청비치) • (구)신고증명서(폐소인 경우) • 신분증	1일
임시교습자 채용 승인 신청서	• 임시교습자 채용 승인 신청서(교육지원청비치) • 임시교습자 채용사유 증명서류 (질병 진단서 등) • 교습자격을 증명하는 서류 (임시교습자: 최종 학력증명서 등 원본) • 신분증 (교습자, 임시교습자) • 성범죄 경력 조회 회신서 1부 • 아동학대관련범죄 전력 조회 회신서 1부	1일

5) 교습자의 자격기준

교습자의 자격기준은 「학원의 설립 · 운영 및 과외교습에 관한 법률 시행령」 제12조제2항, 제15조제1항 및 별표 3에 따른다. 교습소에는 강사를 둘 수 없다. 다만, 교습자가 출산 또는 질병 등의 사유로 직접 교습할 수 없는 경우에는 교육감이 정하는 바에 따라 임시교습자를 둘 수 있다(「학원의 설립 · 운영 및 과외교습에 관한 법률 시행령」 제15조제2항). 교습소에는 학습자에 대한 편의제공을 위하여 보조요원 1명을 둘 수 있다(「학원의 설립 · 운영 및 과외교습에 관한 법률 시행령」 제15조제3항). 아동 · 청소년대상 성범죄 또는 성인대상 성범죄(이하 "성범죄"라 함)로 형 또는 치료감호를 선고받아 확정된 사람은 그 형 또는 치료감호의 전부 또는 일부의 집행을 종료하거나 집행이 유예 · 면제된 날부터 일정기간 동안 아동 · 청소년을 대상으로 하는 교습소의 운영, 해당 교습소에의 취업 또는 사실상의 노무제공을 제한받을 수 있다(「아동 · 청소년의 성보호에 관한 법률」 제56조제1항제3호).

자격기준
① 교원의 자격이 있는 사람
② 전문대학졸업자 또는 이와 동등 이상의 학력이 있는 사람
③ 교습과목과 동일한 종목의 기술사 · 기능장 · 기사 및 산업기사의 자격을 취득한 사람
④ 교습과목과 같은 종목의 기능사 자격을 취득한 후 3년 이상의 실무경력이 있는 사람
⑤ 법령에 따라 면허증 또는 자격증 등을 취득한 사람으로서 위 ③ 또는 ④에 상응한다고 교육감이 인정하는 사람
⑥ 고등학교졸업자 또는 이와 같은 수준 이상의 학력이 있는 사람으로서 교습하려는 부문에 2년 이상 전임으로 교습한 경력이 있는 사람
⑦ 국가 또는 지방자치단체 등 공공기관이 주관하거나 후원하는 전국 규모의 각종 기능경기대회에서 교습하려는 부문에 입상한 실적이 있는 사람
⑧ 국가무형문화재 보유자(시 · 도무형문화재 보유자 포함) 등 기능 또는 예능 보유자로서 교육감이 인정하는 사람
⑨ 대학졸업 이상의 학력이 있는 외국인으로서 「출입국관리법」에 따른 해당 체류자격이 있거나 해당 교습활동에 관한 체류자격 외의 활동허가를 받은 사람
⑩ 고등학교 졸업자 또는 이와 같은 수준 이상의 학력이 있는 사람
⑪ 학교교과교습학원 강사의 자격기준 중 ③부터 ⑤까지 또는 ⑦부터 ⑨까지의 어느 하나에 해당하는 사람

6) 교습비 징수, 교습자의 의무와 책임, 교습소 휴소 및 폐소

교습비 징수, 교습자의 의무와 책임, 교습소 휴소 및 폐소에 대해서는 학원 창업에서 제시한 사항들을 참고하면 된다.

2. 개인과외교습 관련 법제도

1) 개인과외교습

개인과외 교습이란 초등학교 · 중학교 · 고등학교 또는 이에 준하는 학교의 학생이나 학교 입학 또는 학력 인정에 관한 검정을 위한 시험 준비생에게 지식 · 기술 · 예능을 교습하는 행위를 말한다(「학원의 설립 · 운영 및 과외교습에 관한 법률」 제2조제4호 본문). 다만, 다음 어느 하나에 해당하는 행위는 개인과외 교습에서 제외된다(「학원의 설립 · 운영 및 과외교습에 관한 법률」 제2조제4호 단서, 「학원의 설립 · 운영 및 과외교습에 관한 법률 시행령」 제3조제1항 및 「학원의 설립 · 운영 및 과외교습에 관한 법률 시행규칙」 제2조의2).

〈표 6-3〉 개인과외 교습행위 예외 사항

	내 용	
1	학원 또는 교습소의 시설에서 그 설치목적에 따라 행하는 교습행위	
2	같은 등록기준지(「가족관계의 등록 등에 관한 법률」 제10조 참고) 내의 친족이 하는 교습행위	
3	다음과 같이 봉사활동에 속하는 교습행위	근로청소년에 대한 교습행위
		장애인의 재활을 위한 교습행위
		「도서 · 벽지 교육진흥법 시행규칙」 별표의 읍 · 면 · 길, 로 지역에서의 무상 교습행위
		기초생활 수급권자에 대한 무상 교습행위
		그 밖에 지역적 · 경제적으로 열악한 상황에 있는 사람에 대한 교습 등 교육감이 봉사활동으로 인정하는 교습행위

2) 개인과외교습 설립 운영

개인과외교습을 하려는 사람은 개인과외교습자신고서에 개인과외교습자의 인적사항, 교습과목, 교습비 등, 교습장소 등을 적어서 다음의 서류(행정정보의 공동이용을 통해 확인할 수 있는 경우 생략 가능)를 첨부하여 교육장에게 제출해야 한다(「학원의 설립 · 운영 및 과외교습에 관한 법률 시행령」 제16조의2제1항, 「학원의 설립 · 운영 및 과외교습에 관한 법률 시행규칙」 제14조의2 및 별지 제22호서식).

- 개인과외교습자의 주민등록증 등 공공기관이 발행한 신분증으로서 본인 확인이 가능한 신분증 사본
- 최종학력증명서
- 자격증 사본(해당자만 제출)

개인과외교습자의 교습장소가 그 주거지인 경우 개인과외교습자를 1명만 신고할 수 있으나, 같은 등록기준지 내의 친족인 경우에는 추가로 신고할 수 있다(「학원의 설립 · 운영 및 과외교습에 관한 법률」 제14조의2제11항). 거짓이나 그 밖의 부정한 방법으로 개인과외교습자 신고를 한 경우 1년 이내의 범위에서 과외교습 중지명령을 받는다(「학원의 설립 · 운영 및 과외교습에 관한 법률」 제17조제3항제1호).개인과외교습을 위한 신고는 다음과 같다.

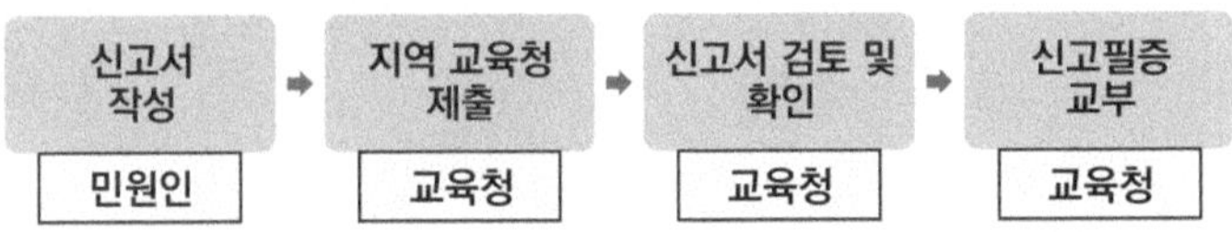

[그림 6-1] 개인과외 교습과 실고절차

▌대학생의 개인과외교습 신고 예외

대학생은 신고예외 대상에 해당합니다. 즉, 「고등교육법」 제2조 및 개별 법률에 따라 설립된 대학(대학원 포함) 및 이에 준하는 학교에 재학 중인 학생(휴학생 제외)이 교습하는 경우에는 개인과외교습 신고를 하지 않고 개인과외교습을 할 수 있다(「학원의 설립 · 운영 및 과외교습에 관한 법률」 제14조의2 제1항 단서).

▌교원의 개인과외교습 금지

- 「초·중등교육법」 제2조, 「고등교육법」 제2조, 그 밖의 법률에 따라 설립된 학교에 소속된 교원은 과외교습을 하여서는 안된다(「학원의 설립·운영 및 과외교습에 관한 법률」 제3조).
- 이를 위반하면 1년 이하의 금고 또는 1천만원 이하의 벌금에 처해진다(「학원의 설립·운영 및 과외교습에 관한 법률」 제22조제2항).

개인과외교습 신고를 한 후 인적사항, 교습과목, 교습비 등, 교습장소 등의 변경 사유가 발생한 경우 사유가 발생한 날부터 15일 이내에 개인과외교습자 변경신고서와 변경사항을 증명할 수 있는 서류를 첨부하여 교육장에게 제출해야 한다(「학원의 설립·운영 및 과외교습에 관한 법률 시행령」 제16조의2제2항, 「학원의 설립·운영 및 과외교습에 관한 법률 시행규칙」 제14조의4제1항 및 별지 제22호의5서식). 개인과외교습자 신고를 한 사람이 신고한 사항에 관하여 변경신고를 하지 않고 이를 변경하는 등 부정한 방법으로 과외교습을 한 경우 1년 이내의 범위에서 과외교습 중지명령을 받을 수 있다(「학원의 설립·운영 및 과외교습에 관한 법률」 제17조제3항제2호).

개인과외교습자는 사업자로서 사업개시일부터 20일 이내에 사업장 관할 세무서장에게 사업자등록을 신청해야 한다(「소득세법」 제168조제1항 본문 및 「부가가치세법」 제8조제1항). 사업자등록을 신청하려는 사람은 사업자등록 신청서(「부가가치세법 시행규칙」 별지 제4호서식)에 ① 사업자의 인적사항, ② 사업자등록 신청 사유, ③ 사업 개시 연월일 또는 사업장 설치 착수 연월일 및 ④ 그 밖의 참고사항 등을 기재하여 세무서장(관할 또는 그 밖의 모든 세무서장을 말함)에게 제출(국세정보통신망에 따른 제출을 포함)해야 한다(「부가가치세법 시행령」 제11조제1항 및 「부가가치세법 시행규칙」 제9조제1항제1호).

	구분	첨부서류
1	법령에 따라 허가를 받거나 등록 또는 신고를 하여야 하는 사업의 경우	사업허가증 사본, 사업자등록증 사본 또는 신고 확인증 사본
2	사업장을 임차한 경우	임대차계약서 사본
3	상가건물의 일부분만 임차한 경우	해당 부분의 도면
4	사업자 단위로 등록하려는 사업자	사업자 단위 과세 적용 사업장 외의 사업장에 대한 위 1.부터 5.까지에 따른 서류 및 사업자 단위 과세 사업자의 종된 사업자 명세서(「부가가치세법 시행규칙」 별지 제4호서식 부표 2, 개인사업자용) 또는 사업자 단위 과세 사업자의 종된 사업자 명세서(「부가가치세법 시행규칙」 별지 제4호서식 부표 3, 법인사업자용)

사업자등록의 신청을 받은 사업장 관할 세무서장은 사업자의 인적사항과 그 밖에 필요한 사항을 적은 사업자등록증을 신청일부터 3일 이내(토요일, 공휴일 또는 근로자의 날은 산정에서 제외. 이하 같음)에 신청자에게 발급해야 합니다. 다만, 사업장시설이나 사업현황을 확인하기 위해 국세청장이 필요하다고 인정하는 경우에는 발급기한을 5일 이내에서 연장하고 조사한 사실에 따라 사업자등록증을 발급할 수 있다(「부가가치세법」 제8조제6항 및 「부가가치세법 시행령」 제11조제5항).

〈표 6-4〉 개인과외교습자 신고 및 변경 시 구비서류

구분	구비서류	비고 (처리기한)
개인과외교습자 신고	• 개인과외교습자신고서(교육지원청 비치) • 최종학력증명서(원본) • 자격증사본(해당자에 한함) • 사진(3×4) 2매 • 신분증	3일
개인과외교습자 변경 신고	• 개인과외교습자 변경 신고서(교육지원청 비치) • (구)신고증명서 • 변경사항을 증명할 수 있는 서류[예, 학력증명서, 주민등록등(초)본 등] • 사진(3×4) 1매 • 신분증	1일

구분	구비서류	비고 (처리기한)
개인과외교습자 폐지신고	• 개인과외교습자 비교습 통보서(교육지원청 비치) • (구)신고증명서 • 신분증	1일
개인과외교습자 신고증명서 재발급 신청	• 개인과외교습자 신고증명서 재발급 신청서(교육지원청 비치) • 개인과외교습자 신고증명서(못 쓰게 된 경우에만 제출) • 사진(3×4) 1매 • 신분증	1일

3) 교습비

교습비와 관련된 사항은 학원 창업에서 제시한 관련 내용을 참고하기 바란다.

4) 개인과외교습자의 의무

개인과외교습자는 교습장소가 개인과외교습자의 주거지인 경우 신고증명서를 교습장소에 게시해야 하고, 교습장소가 학습자의 주거지인 경우 학습자 또는 그 학부모가 요청하면 신고증명서를 제시해야 한다(「학원의 설립 · 운영 및 과외교습에 관한 법률」 제14조의2제5항). 개인과외교습신고증명서를 게시 또는 제시하지 않으면 300만원 이하의 과태료가 부과됩니다(「학원의 설립 · 운영 및 과외교습에 관한 법률」 제23조제1항제4호). 개인과외교습자가 그 주거지에서 과외교습하는 경우 교습장소 외부에 개인과외교습을 하는 장소임을 알 수 있는 표지를 부착해야 합니다(「학원의 설립 · 운영 및 과외교습에 관한 법률」 제14조의2제10항). 교습장소 외부에 개인과외교습을 하는 장소임을 알 수 있는 표지를 부착하지 않으면 300만원 이하의 과태료가 부과됩니다(「학원의 설립 · 운영 및 과외교습에 관한 법률」 제23조제1항6호의3). 개인과외교습자가 과외교습을 하지 않으면 그 사실을 교육장에게 통보해야 한다(「학원의 설립 · 운영 및 과외교습에 관한 법률」 제14조의2제7항). 기타 개인과외 교습자의 의무는 학원 창업에서 제시한 관련 내용을 참고 바란다.

07 평생학습조직

사전학습

1. 평생교육조직은 변화하는 평생교육의 요구와 환경 속에서 평생교육목표 달성을 위하여 평생교육과 관련된 분업과 권한 위계를 토대로 평생교육 담당자 간의 협력 관계가 있는 사회적 집단이다.
2. 평생교육조직의 형태는 공식조직과 비공식조직, 계선조직과 참모조직 등으로 살펴볼 수 있다. 우선, 공식조직(formal organization)은 공식적인 조직표상에 나타난 조직으로서 공식화된 분업의 계통과 인원 배치, 공식적인 의사소통의 경로와 권한의 배분 등을 강조하는 조직이다. 반면 비공식 조직(informal organization)은 공식 조직 내에 존재하면서 공식 조직에 의해 충족되지 못하는 여러 가지 사회적·심리적 기능을 수행하며, 공식 조직 내부에서 자연 발생적으로 생기는 조직이다. 또한 평생교육조직은 수직적인 지휘명령 계통을 바탕으로 평생교육 업무를 직접 수행하는 계선조직(line organization)과 계선조직의 원활한 운영지원을 위한 기획·자문·협의·경고·정보 수집·연구 등을 담당하는 참모조직(staff organization)이다.
3. 평생교육조직은 관료제적 성격과 전문가 조직의 성격을 동시에 지닌 이중구조를 지닌다. 관료제적 측면을 지닌 평생교육조직은 ① 권위의 위계 구조, ② 규칙과 규정, ③ 사적인 감정 배제, ④ 분업화 및 전문화, ⑤ 경력 지향성을 지향한다. 전문가 조직 측면을 지닌 평생교육조직은 우선, 평생교육에 대한 교수 실천에 대한 지식, 내용지식, 교육과정 실행지식 등에 정통(精通)한 담당자들이 업무를 수행한다. 둘째, 평생교육 프로그램을 운영함에 있어서 전문적 지식과 지식에 따라 교육내용과 방법 및 평가 방법을 결정할 수 있는 자유재량권을 행사할 수 있다.
5. 평생교육조직의 특성은 Daft가 제시한 조직 설계 원리인 공식화, 전문화, 권한계층, 집권화, 전문직화, 인력의 비율 등에 따라, Perrow가 테크놀로지의 다양성과 분석가능성에 따라 일상적(routine) 기술, 장인(craft) 기술, 엔지니어링 기술, 비일상적(nonroutine) 기술로 분류한 것에 따라 관료적이냐, 전문적이냐 그 성격을 결정할 수 있다. 평생교육조직의 특성은 공식화, 전문화, 권한계층, 집권화 수준이 높고, 행정직 비율이 높고, 일상적 및 엔지니어링 기술을 활용하면 관료적 조직으로 분류되는 반면, 공식화, 전문화, 전문계층, 집권화 수준이 낮고 장인 기술이나 비일상적 기술을 활용하면 전문가 조직으로 분류될 수 있다.
6. 팀은 집단 내 구성원들이 공동의 목표를 달성하기 위해 높은 수준의 상호작용을 하고 긴밀하게 협동하는 조직을 말한다. 효과적인 팀장으로서 평생교육담당자는 팀원인 평생교육담당자들의 강점을 잘 인식하고 이들 강점을 잘 활용하여 팀 목표를 달성하는 효능감이 높고, 업무 지원과 피드백, 그리고 동기부여를 잘 하는 사람으로 ① 명확하게 기술된 사명과 목표, ② 창조적인 운영(행동), ③ 결과에 초점을 맞추기, ④ 역할과 책임의 명료화, ⑤ 조직화, ⑥ 개인의 강점 활용, ⑦ 리더십 역량 공유, ⑧ 팀풍토 발전, ⑨ 의견의 불일치를 건설적으로 해결, ⑩ 개방적인 의사소통, ⑪ 객관적인 의사결정, ⑫ 팀 자체의 효과성 평가 등의 특성을 지닌다.

1. 조직형태

평생교육조직은 공식조직과 비공식조직, 계선조직과 참모조직 등으로 살펴볼 수 있다. 우선, 공식조직(formal organization)은 공식적인 조직표상에 나타난 조직으로서 공식화된 분업의 계통과 인원 배치, 공식적인 의사소통의 경로와 권한의 배분 등을 강조하는 조직이다. 반면 비공식 조직(informal organization)은 공식 조직 내에 존재하면서 공식 조직에 의해 충족되지 못하는 여러 가지 사회적 · 심리적 기능을 수행하며, 공식 조직 내부에서 자연 발생적으로 생기는 조직이다(김규태, 강유정, 권민석, 최경민, 2017). 그 특징을 비교하면 아래와 같다.

〈표 7-1〉 공식 조직과 비공식 조직의 비교

공식 조직	비공식 조직
• 공적인 목표 달성을 위한 인위적 조직	• 자연 발생적 조직
• 제도화된 공식 규범을 바탕으로 성립	• 상호간의 상호작용을 바탕으로 성립
• 권한의 계층, 명료한 책임 분담, 표준화된 업무 수행, 비정의 인간관계	• 혈연, 지연, 학연, 취미, 종교 및 이해관계
• 외면적이고 가시적	• 내면적이고 비가시적
• 능률 · 비용의 논리에 의해 구성 · 운영	• 감정의 논리에 의해 구성 · 운영
• 계속 확대되는 경향	• 항상 소집단의 상태 유지

또한 평생교육조직은 수직적인 지휘명령 계통을 바탕으로 평생교육 업무를 직접 수행하는 제1차적인 조직인 계선조직(line organization)과 계선조직의 기능을 원활하게 추진하도록 기획 · 자문 · 협의 · 정보 수집 · 연구 등의 기능을 수행하는 참모조직(staff organization)으로 구분될 수 있다(김규태, 강유정, 권민석, 최경민, 2017).

〈표 7-2〉 계선조직과 참모조직의 비교

구분	장점	단점
계선 조직	① 권한과 책임의 한계가 명확하여 업무 수행이 능률적이다. ② 단일 기관으로 구성되어 정책 결정이 신속하다. ③ 업무 처리가 간편하여 조직 운영비가 적게 든다. ④ 강력한 통솔력을 발휘할 수 있다.	① 업무가 복잡하고 업무량이 과다할 경우 문제가 발생한다. ② 조직의 장이 주관적이고 독단적인 조치를 취할 우려가 있다. ③ 특수 분야에 전문가의 지식과 경험을 활용할 수 없다. ④ 조직의 경직성이 초래될 수 있다
참모 조직	① 기관장의 통솔 범위 확대 ② 전문적인 지식과 경험 활용을 통한 합리적인 의사결정 가능	① 조직의 복잡성으로 조직 구성원이나 부서 간 갈등·불화 ② 계선과 참모 간에 책임 전가 사태 우려

2. 평생교육조직의 특성

평생교육조직은 관료제적 성격과 전문가 조직의 성격을 동시에 지닌 이중구조를 지닌 조직이라고 할 수 있다. 우선, 평생교육조직은 관료제적 성격을 지닌다.

Weber는 관료제가 효율성과 능률, 합리화를 극대화하기 위한 것으로 보고, 대규모 조직을 능률적으로 움직일 수 있는 조직 모형으로 보았다. 그는 관료제의 특성을 ① 권위의 위계 구조, ② 규칙과 규정, ③ 사적인 감정 배제, ④ 분업화 및 전문화, ⑤ 경력 지향성으로 제시하였다. 관료제의 순기능과 역기능은 <표 7-3>과 같다. 이와 같이 평생교육조직은 평생교육과 관련된 교육과 훈련을 통해 평생교육사 자격증을 소지한 담당자가 평생교육 업무를 담당하고 있고, 권위의 위계(책임자와 담당자 등)가 설정되어 있고, 관련 직무가 분담되어 있으며, 정해진 규정과 규칙에 따라 운영된다는 점에서 관료제적 성격을 띠고 있다고 할 수 있다.

〈표 7-3〉 관료제의 순기능과 역기능

관료제의 특징	순기능	역기능
권위의 위계 구조	일사불란한 조직 운영	의사소통의 저해
규칙과 규정	지속성과 통일성, 질서와 안정	경직성 및 주객 전도
사적 감정 배제	합리성	사기 저하
분업화 및 전문화	전문성과 효율성	권태감과 고립감
경력 지향성	유인 체계의 확립	조직 내 경쟁, 연공서열과 업적주의 간의 갈등

출처: Hoy & Miskel(2013).

또한, 평생교육조직은 관료제적 측면과 함께, 전문가 조직으로서의 특성도 지니고 있다. 왜냐하면 평생교육조직은 평생교육을 운영하는 조직이며, 평생교육이라는 전문적 활동을 수행하기 위해 양성된 평생교육사가 프로그램을 운영하는 조직이기 때문이다. 다시 말해, 평생교육조직은 평생교육사의 전문성을 바탕으로 평생교육 참여자에 대한 교육활동이 이루어지는 조직이기 때문에 전문가조직이라고 할 수 있다(김규태, 2012). 전문가 조직 측면을 지닌 평생교육조직의 특징은, 우선, 평생교육 담당자는 평생교육에 대한 교수 실천에 대한 지식, 내용지식, 교육과정 실행지식 등에 정통(精通)한다. 둘째, 평생교육 프로그램을 운영함에 있어서 전문적 지식과 지식에 따라 교육내용과 방법 및 평가 방법을 결정할 수 있는 자유재량권을 행사할 수 있다. 셋째, 평생교육조직은 평생교육 관련 협의회에 소속되어 있으며, 이들 조직의 통제와 조언을 받는다.

3. 평생교육조직의 특성 분류

앞에서 살펴보았듯이 평생교육조직은 관료적 측면과 전문적 측면이 공존하는 이중적 구조를 지니고 있다. 다시 말해, 관료적 측면은 공식화된 규범과 규칙, 중앙집권화된 방식, 절차와 규정 등 형식화 강조 등을 강조하고, 전문적 측면은 평생교육 목표, 내용, 방법, 평가 등에 대한 전문적 결정 존중의 특성을 지니고 있다. 그렇다면 평생교육조직이 관료적인지, 전문가 지향적인지를 판단할 수 있는 기준은 무엇일까? 여기서는 Daft(2013)의 조직 특성에 따른 분류 기준과 Perrow의 테크놀로지 유형을 살펴볼 것이다.[1]

1) Daft의 조직 설계 원리에 따른 분류 기준

Daft는 조직 설계 원리로 공식화, 전문화, 권한계층, 집권화, 전문직화, 인력의 비율 등을 다음과 같이 제시했다.

① **공식화(formalization)**: 조직의 절차와 직무 내용이 문서로 표현되어 있는 정도로, 공식화 정도가 높으면 관료적 관점이, 낮으면 전문적 관점이 강하다.
② **전문화(specialization)**: 조직의 직무가 개별 업무로 세분화되어 있는 정도로, 전문화 수준이 강하면 관료적 관점이, 낮으면 전문가적 관점이 강하다.
③ **권한계층(hierarchy of authority)**: 조직에서의 보고체계와 관리의 단계를 의미하는 것으로, 보고 체계와 관리 단계가 많아 수직적 관계이면 관료적 관점이, 단계가 비교적 적고 수평적 관계이면 전문가적 관점이 강하다.
④ **집권화(centralization)**: 의사결정의 권한이 어느 계층에 있는가를 말하는 것으로 의사결정 권한이 최고경영층에 집중되어 있으면 관료적 관점이, 분권적일수록

1) 학교조직 특성 분류는 김규태 외(2016, 2017)의 내용을 발췌한 것임.

전문가적 관점이 강하다.

⑤ **전문직화**(professionalism): 종업원들이 공식적인 교육과 훈련을 필요로 하는 정도로, 관료적 관점이나 전문가적 관점 전문직화가 강하다.

⑥ **인원 구성비**(personnel ratio): 다양한 기능과 부서의 배치된 인력의 비율(예: 전문직 대 행정직 비율)인 인원구성비에서 전문직의 비중이 클수록 전문가적 관점이 강하다.

2) Perrow의 테크놀로지 유형에 따른 분류 기준

조직이 주로 사용하는 테크놀로지가 무엇인가에 따라서도 조직의 성격을 분류할 수 있다. 테크놀로지는 조직의 투입을 산출로 변환시키는 프로세스를 말한다. 이것은 조직의 투입물(원료, 정보, 아이디어)을 산출물(제품과 서비스)로 변화시키는데 사용되는 작업절차, 기법, 기계, 행동 등을 총괄한 개념이다. 테크놀로지는 핵심기술과 비핵심기술로 구분된다. 핵심기술(core technology)은 평생교육을 위한 프로그램 개발 및 운영과 직접적으로 연결된 작업 프로세스이다. 반면, 비핵심기술(non-core technology)은 조직 내부에서는 중요한 기능을 담당하는 작업 프로세스이지만 평생교육 프로그램 운영을 지원하는 시설・재정・홍보 등과 관련된 작업 프로세스를 말한다.

Perrow는 테크놀로지를 변환과정에서 나타나는 예상하지 못한 새로운 일들이 나타나는 경향(즉, 작업절차가 매번 같은지 아니면 다른지)을 말하는 다양성과 작업절차가 구분되어 있고 매뉴얼화되어 있어 문제해결 절차가 객관적이고 예상이 가능한 경향을 말하는 분석가능성에 의해 테크놀로지를 분류하였다(Daft, 2013). 그는 일상적(routine) 기술, 장인(craft) 기술, 엔지니어링(engineering) 기술, 비일상적(nonroutine) 기술 등 네 가지로 구분하였다.

첫째, 일상적 기술은 공식화가 잘되어 있고 표준화가 가능한 일상화된 업무를 말한다. 이것이 강한 경우 관료적 성격이 높다고 할 수 있다.

둘째, 장인 기술은 평생교육 강사(담당자)들의 폭넓은 훈련과 경험을 요구하는 전문성, 지혜, 직관, 경험과 같은 것에 의존하는 것으로 안정적이지만 분석 가능성은 낮은 특성을 지닌다. 이것이 강한 경우 전문적 성격이 높다고 할 수 있다.

셋째, 엔지니어링 기술은 정해진 공식, 절차, 기법대로 업무를 수행하는 경우이다. 평생교육 강사(담당자)들은 법령이나 매뉴얼 등에 규정된 기준이나, 표준화된 방법과 절차를 익혀서 일을 해결한다. 이것이 강한 경우 관료적 성격이 높다고 할 수 있다.

넷째, 비일상적 기술은 매우 높은 과업의 다양성을 갖고 있으며, 그 변환 절차는 분석가능하지도 않고 잘 이해되지 않는 경우이다. 즉 전문적 경험과 지식이 활용되어 실천적 과제와 문제를 해결하고 성과를 낼 수 있는 기초연구, 전략계획, 새로운 프로젝트와 예상치 않은 문제를 해결해야 하는 작업들이 여기에 포함된다. 이것이 강하면 전문적 성격이 높다고 할 수 있다.

이상에서 제시한 조직의 특성과 테크놀로지 유형에 따른 관료적 관점과 전문가적 관점의 경향성을 제시하면 [그림 7-1]과 같다.

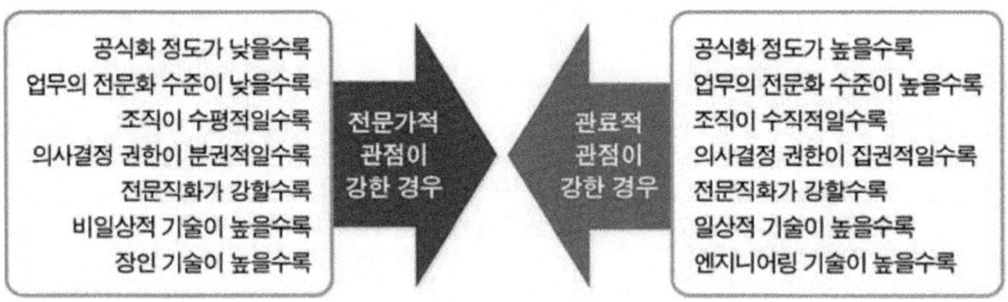

[그림 7-1] 조직의 특성과 테크놀로지 유형에 따른 관료적 관점과 전문가적 관점의 경향성

4. 팀으로서의 평생교육조직

팀은 집단 내 구성원들이 공동의 목표를 달성하기 위해 높은 수준의 상호작용을 하고 긴밀하게 협동하는 조직을 말한다. 팀은 개인이 독립적으로 일하거나 다른 작업

집단이 해결할 수 없는 직무를 수행할 수 있다. 그러나 팀은 단순히 여러 사람들이 함께 집단으로 일하는 것이라고 할 수는 없다. 왜냐하면 팀이란 구성원들의 긴밀한 상호작용과 공동의 목표에 대한 강력한 팀웍과 몰입 및 헌신을 요구하기 때문이다(George & Jones, 2015).

팀장으로서의 평생교육 담당자는 효과적인 팀웍, 응집성 높은 팀웍을 갖게 하는 사람이라고 할 수 있다. George & Jones(2015)은 효과적이며 응집성 높은 팀웍의 특징으로 다음과 같이 제시하였다. 첫째, 팀원들은 조직의 목표에 필요한 행동을 하며, 팀원들 간 정보가 빠르게 공유되며, 직무 및 의사결정 과정에 적극 참여한다. 둘째, 팀원 간 목표달성을 위한 행동 규제에 순응하며, 팀원 간 상호 통제와 조정을 한다. 셋째, 상호 의존과 협력 및 도움을 빈번하게 이루어짐으로 팀 목표 수행의 효율성 및 효과성을 높인다. 이러한 점에서 팀장으로서의 평생교육담당자는 평생교육기관에서 구성된 팀(부서)의 목표를 팀원들과 협업하여 공동의 목표를 달성하는 역할을 담당하며, 또한 팀원들로 하여금 집단에 머물도록 느끼게끔 만들고, 그 집단의 멤버로서 계속 남아 있기를 원하게 만드는 힘을 보여주는 사람이라 할 수 있다.

▌효과적인 팀장으로서의 평생교육 담당자

효과적인 팀장으로서 평생교육 담당자는 팀원인 동료들의 강점을 잘 인식하고 이들 강점을 잘 활용하여 팀 목표를 달성하는 효능감이 높고, 업무 지원과 피드백, 그리고 동기부여를 잘 하는 사람으로 다음과 같은 특성을 보인다.

① 명확하게 기술된 사명과 목표	② 창조적인 운영(행동)
③ 결과에 초점을 맞추기	④ 역할과 책임의 명료화
⑤ 조직화	⑥ 개인의 강점 활용
⑦ 리더십 역량 공유	⑧ 팀풍토 발전
⑨ 의견의 불일치를 건설적으로 해결	⑩ 개방적인 의사소통
⑪ 객관적인 의사결정	⑫ 팀 자체의 효과성 평가

Chapter

08

평생교육에서의 조직행동

사전학습

1. 조직행동은 조직 내에서 사람들이 무엇을 하는지 그리고 그러한 행위가 조직의 성과에 어떠한 영향을 주는 행동을 말한다. 조직행동이론은 조직의 효과성에 영향을 미치는 개인들, 집단들과 구조들을 이해하고 설명하고 예측하는 지식 체계이다. 조직행동론은 동기부여, 리더의 행동과 권력, 대인의사소통, 집단의 구조와 과정, 성격·감정·가치관, 태도의 발달과 지각, 변화 프로세스 관리, 의사결정, 의사소통, 조직문화, 조직구조, 갈등관리, 조직변화, 스트레스관리 등을 다룬다.
2. 태도는 사물이나 사람 또는 사건에 대한 호의적이거나 비호의적인 평가적 표현 또는 판단을 의미한다. 태도와 관련된 조직행동 변수로는 다음과 같다.
   1) 직무동기는 Maslow의 8단계 욕구설(생리적 욕구, 안전의 욕구, 소속 및 사랑의 욕구, 존경의 욕구, 인지적 욕구, 심미적 욕구, 자아실현의 욕구, 초월적 욕구), Herzberg의 동기위생이론(직무불만족 요인을 위생요인, 만족요인을 동기요인으로 보았다), McGregor의 X-Y이론(X형 인간은 경제적 보상과 통제 등 관료적 관리로, Y형 인간은 책임, 권한, 신뢰 등 분권화 관리) 등이 있다.
   2) 조직공정성은 조직 내 업무환경 하에서 구성원들이 경험하게 되는 다양한 공정성 지각으로 분배공정성, 절차공정성, 상호공정성 등이 있다.
   3) 조직시민행동은 조직이 종업원들에게 요구하지는 않지만 조직의 생존과 유효성을 높이기 위해 동료를 돕고, 새로운 정보기술을 학습해야 하는 동료들에게 하는 방법을 알려주는 등 자발적 행동을 말한다.
   4) 신뢰는 다른 사람이 인자하고 믿음직하며, 유능하고 정직하며, 개방적인 것을 근거로 다른 사람과의 관계를 맺으려는 의지이다.
   5) 직무만족은 사람들이 자신들의 직무 전반과 직무의 다양한 단면들에 대해 어떻게 느끼는지를 나타내는 태도이며, 급여, 승진기회, 부가급부, 관리 감독, 동료, 직무조건, 작업의 본질, 의사소통, 안전 등에 의해 영향을 받는다.
   6) 심리적 임파워먼트는 조직구성원 자신이 직무환경, 역량, 직무에 대해 스스로 의미를 부여하고 자율적 권한위임의 정도에 대한 신념이다.
   7) 조직몰입은 조직구성원들이 특정 조직이나 조직의 목적을 자신과 동일시하여 조직의 구성원으로 남아 있으려는 의사를 말한다.
   8) 조직후원인식은 종업원들이 조직에서 그들의 공헌에 대한 가치를 부여하고 종업원 복지에 대한 관심을 갖고 있다고 믿는 정도이다.
3. 성격은 한 개인이 타인에 대해 반응하고, 타인과의 상호작용에서 지속적으로 보는 패턴을 말한다. 성격과 관련된 조직행동은 다음과 같다.
   1) MBTI(Myers-Briggs Type Indicator)는 특정 상황에서 일반적으로 사람들이 느끼고 행동하는가에

관해 질문하는 100가지 성격 테스트로 이루어져 있고, 외향적-내향적, 감각적-직관적, 사고적-감정적, 판단적-지각적 등 네 가지 특징을 조합하여 사람의 성격을 16가지로 구분한다.

2) 빅 파이브 모델은 외향성, 친화성, 성실성, 감정 안정성, 개방성 등 다섯 가지 차원으로 성격을 측정하는 모델이다.

3) 개인-직무 적합성은 Holland의 성격-직무 적합성으로, 여섯 가지 유형의 성격을 통해 직무만족과 이직률을 결정할 수 있다는 이론이다. 개인-조직 적합성은 사람들이 자신의 가치와 어울리는 조직에 이끌리고 선발되는 데 비해 자신의 성격과 맞지 않는 조직을 떠난다고 보는 이론이다.

4) 핵심자아평가는 개인이 한 인간으로서 갖추고 있는 능력과 역량 및 가치의 종합적 평가이다. 자신의 내재적 가치와 기본 역량을 확신하는 사람은 부정적으로 핵심 자아평가를 하는 사람보다 직무만족도가 더 높다.

5) 마키아벨리즘은 "도움이 된다면 이용하라", "나는 승진을 위해서라면 어떤 일이라도 할 준비가 되어 있다"라는 말처럼 개인의 실용주의적 성향을 말한다.

6) 나르시시즘은 엄청난 자존심을 갖고 지나친 칭찬을 요구하며 자신이 특권적 자격을 지닌 것으로 여기는 성향이다.

7) 자기관찰은 자신의 행동을 외부 상황적 요인에 적응시키는 개인의 능력이다.

8) 위험감수성향은 위험이 닥쳐올 때 이를 받아들이려는 경향이다.

9) 자아존중감은 사람들이 얼마나 자신과 자신의 역량에 대해 자랑스러워하는지를 말한다.

10) 유형 A는 성취하고자 하는 것에 강한 집착을 지니는 사람으로 매우 경쟁적이며 성격이 급하고 참을성이 없으며 공격적일 수도 있다. 반면, 유형 B를 지닌 사람은 보다 여유 있고 온순하다.

4. 지각은 개인이 감감기관(시각, 청각, 촉각, 후각, 미각)을 통해 얻은 정보를 선택, 조직, 이해하는 과정이다. 조직에서 이루어지는 지각은 객관적이고 정확하게 이루어져야 한다. 하지만 지각자는 상황에 대해 자신의 주관과 편견과 해석 기준에 따라 지각할 수 있다. 지각에 영향을 미치는 요인은 지각자가 갖고 있는 스키마, 지각자의 동기상태, 지각자의 기분, 지각대상과 상황적 요소 등이 있다. 또한, 지각과 관련한 조직행동에서 중요한 것은 사람들이 갖는 편향이다. 편향이란 지각대상에 관한 오류적인 지각을 형성하는 쪽으로 정보를 이용, 이해하는 체계적인 성향이며, 초기효과, 비교효과, 후광효과 등이 있다.

5. 감정 차원의 조직행동을 이해하려면 정서, 감정, 기분의 차이를 이해할 필요가 있다. 감정에 영향을 미치는 변수는 성격, 주간별 요인과 하루의 시간대, 날씨, 스트레스, 사회적 활동, 수면, 나이, 성별 등이다. 감정 관련 조직행동은 감성지능, 감정노동, 직무스트레스, 소진 등이 있다.

1) 감성지능은 인간이 가지고 있는 심리적인 성향 중 긍정적 감정 성향으로 자신과 타인의 감정을 평가하고 효과적으로 조절할 줄 아는 능력 및 자신의 삶을 계획하고 성취하기 위해서 그러한 정서를 활용할 줄 아는 능력이다.

2) 감정노동은 직무상 대인간의 상호작용이 이루어지는 동안 종업원이 조직 차원에서 바라는 감정을 표현하는 상황이다. 감정노동에 있어 감정부조화는 중요한 개념이다. 감정부조화(emotional dissonance)는 사람들이 느끼고 있는 감정과 보여 주어야 할 감정 간의 불일치이다. 실제 다른 느낌이어도 주어진/요구된 감정을 보이는 것이다. 이때 실제 느끼는 감정을 감지된 감정(felt emotion)이라 하며, 조직이 구성원에게 담당 직무에 맞게 보이도록 요구하는 감정을 연출된 감정(displayed emotion)이라고 한다. 즉, 장례식장에서는 고인에 대한 상실감 여부에 관계없이 애도를 표해야 하는 것으로 예를 들 수 있다.

3) 직무스트레스는 직무와 관련된 스트레스원에 의해 경험하는 스트레스이다. 개인은 직무와 관련하여 조직 내에서 상호작용하는 과정에서 조직의 목표와 개인의 욕구 사이에 일어난 불균형에 의해 일어난다. 그 원인은 물리적 환경, 조직관련 스트레스원, 직무관련 스트레스원, 개인관련 스트레스원, 그리고 조직 외 관련 스트레스원 등이 있다.

4) 직무소진은 종업원들이 일정 기간 동안 직무를 수행한 후 경험하는 지친 심리적 상태를 의미한다. 소진으로 고통받는 사람은 정서적으로 지쳐 있으며 낮은 직무 동기를 보이다. 소진은 정서적 고갈, 비인격화, 개인적 성취감 감소 등의 요인으로 측정된다.

6. 집단 및 조직수준의 조직행동은 리더십, 조직문화, 조직풍토 등이 있고, 이는 조직 내 개인 행동과 조직구조 설계 등에 영향을 미친다.

1) 리더십은 조직 구성원을 조직목표 달성을 향하여 이끄는 힘으로 변혁적 리더십, 감성적 리더십, 서번트 리더십 등이 있다.

2) 조직문화는 조직의 내재적인 가치와 신념을 그 구성원들에게 전달하는 상징, 의식 및 신화를 말한다. 또한, 한 조직을 다른 조직과 구별하여 주고, 조직 구조의 골격에 어떤 생명을 불어넣는 구성원들이 공유하고 있는 하나의 의미 체계이다. 조직문화는 행동적 일상 규칙, 규범, 지배적 가치, 철학, 규칙, 감정 등을 포함한다.

3) 조직풍토는 조직 구성원들이 그 조직의 업무와 관련된 환경에 대하여 공통적으로 갖고 있는 인식을 말하며, 그 유형으로는 개방적 풍토, 자율적 풍토, 통제적 풍토, 친교적 풍토, 간섭적 풍토, 폐쇄적 풍토 등으로 구분된다.

---

1) 이 장은 김규태(2018)의 7장과 8장 평생교육에서의 조직 행동을 참고로 재구성한 것이다.

1. 조직행동의 이해

조직행동은 조직의 종합적 성과인 조직유효성 향상을 위해 개인, 집단, 그리고 조직구조가 조직 내부의 행동에 미치는 영향을 살펴보는 분야이다(Robbins & Judge, 2011). 조직행동은 조직 내에서 사람들이 무엇을 하는지 그리고 그러한 행위가 조직의 성과에 어떠한 영향을 주는지를 연구한다(Robbins & Judge, 2014). 조직행동에서 다루는 주요 내용은 학자들 간의 논쟁이 있지만 [그림 8-1]에서와 같이 동기부여, 리더의 행동과 권력, 대인의사소통, 집단의 구조와 과정, 성격 · 감정 · 가치관, 태도의 발달과 지각, 변화 프로세스 관리, 의사결정, 의사소통, 조직문화, 조직구조, 갈등관리, 조직변화, 스트레스관리 등을 다룬다.

조직행동은 조직의 성과를 높이기 위해 사회적 · 문화적 환경에서의 인간행동에 대한 지식을 활용하고자 하는 사회적-과학적 접근이며 조직 실제에 대한 적용을 강조한다. 따라서 조직행동론은 조직 상황에서 일어나는 행동을 이해하고 영향을 미치는 요소들을 탐색하여 예측하는 데 기여할 수 있다. 그래서 조직행동론은 여러 행동과학 분야들을 기반으로 연구되고 있다. Robbins와 Judge(2011)에 따르면 [그림 8-1]과 같이 조직행동론은 심리학, 사회심리학, 사회학, 인류학 등을 기초로 한다고 하였다. 심리학은 동기부여, 성격, 감정, 직무만족, 태도, 직무 스트레스 등에서, 사회심리학은 행동 및 태도변화, 의사소통, 집단과정, 집단의사결정, 권력과 갈등 등에서, 사회학은 조직문화, 공식조직의 이론과 구조, 조직기술, 의사소통, 권력, 갈등 등에서, 인류학은 가치, 태도비교, 다문화 분석, 조직문화와 환경 등에서 조직행동이론에 영향을 주었다.

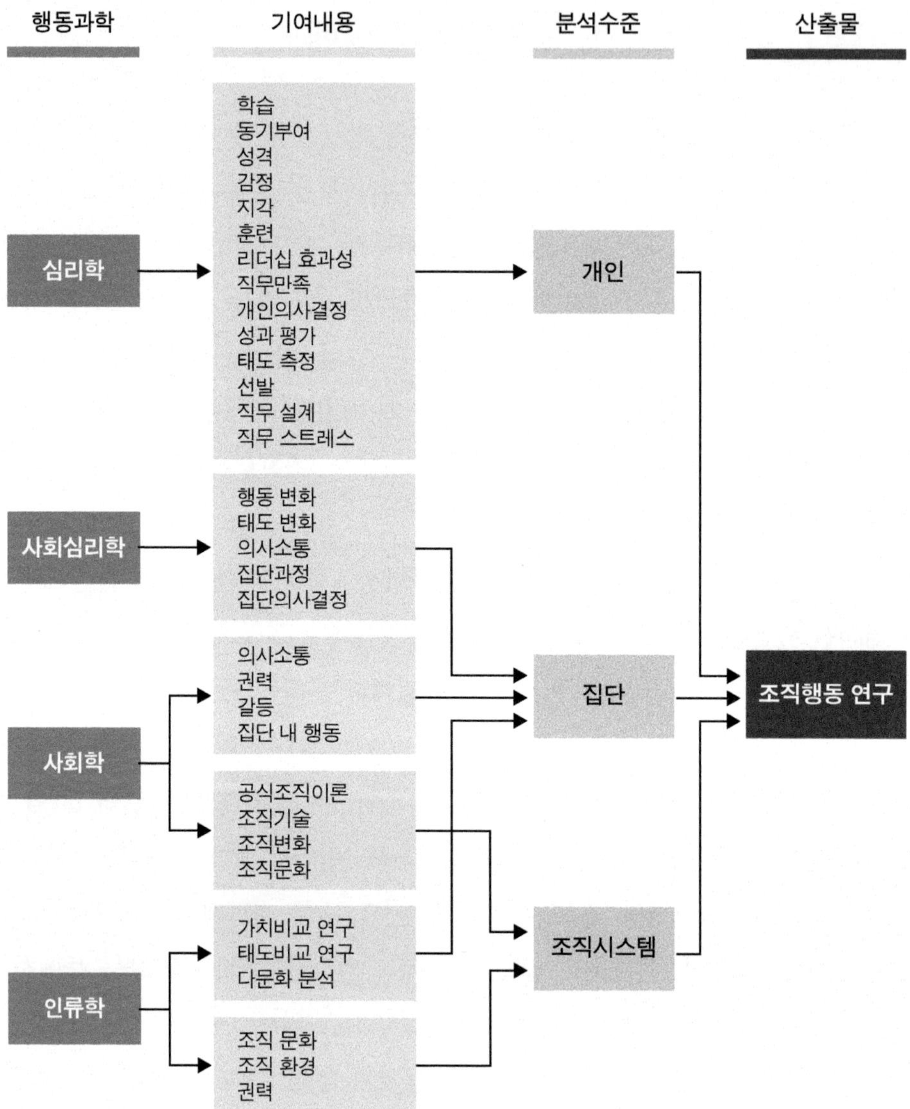

[그림 8-1] 조직행동론에 기여한 학문

자료: Robbins & Judge (2011), p. 28 재인용.

조직은 다양한 가치, 성격, 태도, 감정을 지닌 사람이 존재한다. 이들은 개인적으로, 또는 집단적으로 심리적 행동, 개인과 개인의 사회적 행동, 개인과 집단 간 정치적 행동 등을 보인다. 이러한 행동들을 경영학에서는 조직행동이라 부른다. 조직행동이론은 조직의 효과성에 영향을 미치는 개인들, 집단들과 구조들을 이해하고 설명하고 예측하는 지식 체계이다(Robbins & Judge, 2011). 여기서는 평생교육조직에서 개인이 보일 수 있는 행동들을 태도, 성격, 지각과 감정 차원에서 구분하여 간략하게 제시해 보고자 한다.

2. 개인 차원의 조직행동

1) 태도 차원의 조직행동

태도는 사물이나 사람 또는 사건에 대한 호의적이거나 비호의적인 평가적 표현 또는 판단을 의미한다. 태도와 관련된 조직행동 변수로는 조직시민행동, 신뢰, 직무만족, 직무몰입, 심리적 임파워먼트, 조직몰입, 조직후원인식 등으로 살펴볼 수 있다.

(1) 조직시민행동

조직시민행동(organizational citizenship behavior)은 조직이 종업원들에게 요구하지는 않지만 조직의 생존과 유효성을 높이기 위해 자발적으로 수행하는 행동이다. 조직시민행동의 예로 동료를 돕고, 새로운 정보기술을 학습해야 하는 동료들에게 하는 방법을 알려주거나, 조직시설물자를 절약하고, 방화/절도/재난을 강조하고, 건설적인 제안을 하는 등을 들 수 있다.

(2) 신뢰

신뢰(trust)는 상대방(개인이나 집단)에 의해 위험에 빠지거나 해를 입지 않을 것이라는 믿음이다. 신뢰는 종업원 간의 협력을 도모하고 창의적인 정보공유를 증진시키는데 기여할 수 있다.

(3) 직무만족

직무만족(job satisfaction)은 개인의 직무특성에 대한 평가 결과로 나타나는 긍정적 감정이다. 직무만족 수준이 높은 사람은 자신의 직무에 대해서 긍정적인 태도를 가지며, 반대로 직무만족 수준이 낮은 사람은 직무에 대한 부정적 태도를 갖는다.

(4) 직무몰입

직무몰입(job involvement)은 개인이 자신과 직무를 동일시하여 적극적으로 직무를 수행하며, 직무성과가 자신의 가치매김에 있어서 중요하다고 여기는 수준이다. 직무몰입이 높은 사람은 자신의 직무를 자신과 상당히 동일시하며 담당 업무에 관해 높은 관심을 보인다.

(5) 심리적 임파워먼트

심리적 임파워먼트(psychological empowerment)은 조직구성원 자신이 직무환경, 역량, 직무에 대해 스스로 의미를 부여하고 자율적 권한위임의 정도에 대한 신념의 수준이다. 즉, 구성원이 의사결정에 참여하여 자신의 일이 중요하다고 느끼며, 또한 자신의 고유한 일을 스스로 수행할 수 있거나 위임받았다고 느끼는 정도를 말한다.

(6) 조직몰입

조직몰입(organizational commitment)은 조직구성원들이 특정 조직이나 조직의 목적을 자신과 동일시하여 조직의 구성원으로 남아 있으려는 의사를 말한다. 조직몰입은 조직에 대한 감성적 애착 및 조직의 가치에 대한 신념인 정서적 몰입, 조직을 떠나는 것에 비해 남아 있을 경우에 갖게 되는 경제적 가치 인식인 지속적 몰입, 도덕적 또는 윤리적 이유로 조직에 남게 되는 의무감인 규범적 몰입으로 구분된다. 조직몰입은 조직성과와 정적 관계를, 조직이탈행동에는 부적 관계를 일반적으로 보인다. 참고로 직장(직무)이탈행동은 종업원 스스로 조직과 입장을 달리하는 제반 행위을 말한다. 이러한 행동은 회의에 늦게 나타나거나 아예 참석하지 않는 경우에서부터 결근과 이직 등 다양한 형태로 표출되며, 주로 직무태도, 감정과 기분, 상하관계, 동료관계가 부정적이거나 원만하지 못할 경우에 발생한다.

(7) 조직후원인식

조직후원인식(perceived organizational support)은 종업원들이 조직에서 그들의 공헌에 대한 가치를 부여하고 종업원 복지에 대한 관심을 갖고 있다고 믿는 정도이다. 육아문제가 있을 경우 회사에서 탁아시설을 제공하거나 업무 상 실수에 대해서 신뢰하고 그것을 감싸준다고 믿는 것을 예로 들 수 있다. 일반적으로 조직후원인식이 높을수록 조직시민행동은 높게, 근무태만은 낮게, 고객 서비스는 더 양호하게 나타난다.

2) 성격 차원의 조직행동

성격(personality)은 한 개인이 타인에 대해 반응하고 타인과의 관계에서 상호작용하는 모든 방식의 총체를 의미한다. 여기서는 조직행동론에서 주로 제시하는 성격 관련 변수들을 제시할 것이다.

(1) MBTI

MBTI(Myers-Briggs Type Indicator)는 특정 상황에서 일반적으로 사람들이 느끼고 행동하는가에 관해 질문하는 100가지 성격 테스트로 이루어져 있고, 외향적－내향적, 감각적－직관적, 사고적－감정적, 판단적－지각적 등 네 가지 특징을 조합하여 사람의 성격을 16가지로 구분한다.

① **외향적(extraverted)와 내향적(introverted)**: 외향적인 사람은 사교적이고 사회성이 있으며 적극적이다. 내향적인 사람은 조용하고 수줍음을 잘 탄다.
② **감적적(sensing) 및 직관적(intuitive)**: 감각적인 사람은 현실적이며 일상적이고 규칙적인 것을 선호한다. 따라서 그들은 세밀한 것에 초점을 둔다. 직관적인 사람은 무의식적 프로세스에 의존하면서 상대적으로 "큰 그림"을 본다.
③ **사고적(thinking) 및 감정적(feeling)**: 사고적인 사람은 문제를 해결하기 위해 이유와 논리를 사용한다. 감정적인 사람은 자신의 개인적 가치와 감정에 의존한다.
④ **판단적(judging) 및 지각적(perceiving)**: 판단적인 사람은 통제를 중시하고 주변이 정돈되어 체계화된 것을 선호한다. 지각적인 사람은 사고가 유연하며 자발적이다.

16가지 성격 유형의 예시를 제시하면 다음과 같다.

① **내향적-직관적-사고적-판단적 유형**: 비전을 지향하는 사람으로, 자신의 생각이나 목적을 이루기 위한 강한 동기를 가조고 있고, 회의적, 비판적, 독립적이고 단호하고 완고하다.
② **외향적-감각적-사고적-판단적 유형**: 조직화를 지향하는 사람으로, 현실적, 논리적, 분석적이고 단호한 사업가나 기술자의 자질을 가지고 있으며 계획을 미리 수립한 후 일을 추진하는 스타일이다.
③ **외향적-직관적-사고적-지각적 유형**: 개념화를 지향하는 사람으로, 혁신적, 개인적이며 다재다능하고 도전적인 사고를 하며, 어려운 문제를 해결하는데 유능하지만 일상 업무의 수행에 있어서는 다소 뒤떨어지는 편이다.

(2) Big-Five Model

빅 파이브 모델은 다섯 가지 차원으로 성격을 측정하는 모델이다.

① **외향성(extroversion)**: 외향적 성격 차원은 사람들이 많은 관계 안에서 느끼는 편안함의 정도를 다룬다. 외향적 성향의 사람은 사교적이고 단정적이며 친화적이 뛰어난 데 비해 내향적인 성향의 사람은 수줍어하고 소심하며 조용하다.

② **친화성(agreeableness)**: 친화적 성격 차원은 다른 사람들에게 양보하고 순응하는 성향을 의미한다. 친화성이 높은 사람은 협력적이고 따뜻하며 남을 잘 믿는 데 비해 친화성이 낮은 사람은 차갑고 까다로우며 적대적이다.

③ **성실성(conscientiousness)**: 성실한 성격 차원은 신뢰성에 대한 것이다. 성실성이 높은 사람은 책임감이 있고 규칙적이며 믿음직스럽고 우직한 데 비해 성실성이 낮은 사람은 쉽게 이성을 잃는 편이고 산만하며 믿음직스럽지 못하다.

④ **감정 안정성(emotional stability)**: 감정적 안정과 관련된 성격 차원은 스트레스에 견디는 개인의 능력과 관계된다. 감정이 안정된 사람은 온화하고 자신감이 있으며 안전한 데 비해 감정 안정성이 낮은 사람은 신경질적이고 우울하며 불안전하다.

⑤ **개방성(openness to experience)**: 개방적 성격 차원은 새로운 것에 대한 관심과 흥미를 나타낸다. 개방성이 높은 사람들은 창의적이고 호기심이 많으며 예술적 감수성이 있다. 반면 반대 성향의 사람들은 보수적이고 익숙한 환경에서 편안함을 느낀다.

대부분의 연구는 믿음직하며 신뢰할 수 있고 주의 깊고 철저하고 계획적이며 규칙적이고 근면하고 인내심 있고 성취 지향적인 사람은 전반적으로 높은 성과를 내는 경향이 있다고 본다. 또한 성실성이 높은 사람은 담당 직무에 더욱 많은 노력을 기울이므로 높은 수준의 직무 지식을 익히게 되며 그 결과 직무성과도 향상된다고 본다. 빅파이브 성격 모델의 조직에서의 활용은 다방면으로 접근될 수 있다. 예를 들면, 조직 성공에 필요한 사람을 선발하고 배치하는 경우를 들 수 있다. 한 조사 결과, 증권사의 사업 성공에 적합한 특성으로 끈기, 섬세함, 효율성, 분석력, 도전성이고, 중요치 않은 특성으로 강한 언변, 팀워크, 유연성, 열정, 청취력 등을 강조한 것이 그 예이다.

(3) 직무 적합성 및 개인－조직 적합성

① **개인-직무 적합성(personality-job fit theory)**: Holland의 성격－직무 적합성으로, 여섯 가지 유형의 성격을 통해 직무만족과 이직률을 결정할 수 있다는 이론이다. 이 이론은 개인 간의 성격에는 본질적인 차이가 있고, 직무에는 다양한 유형이 있고, 자신의 성격 유형과 부합하는 직무 환경에 있는 사람은 그렇지 않은 사람보다 더 만족하며 자발적인 이직률이 상대적으로 낮다는 기본 가정을 견지한다. Holland는 현실형, 탐구형, 친화형, 보수형, 사업형, 예술형으로 구분하여 성격 특성과 그에 적합한 직업을 제시하였다.

〈표 8-1〉 홀랜드 성격 유형에 따른 직업 분류

유형	성격 특성	적합한 직업
현실형: 기술, 체력, 조정을 바탕으로 육체적 활동을 선호	소심, 성실, 고집, 안정, 순응, 실용적	정비공, 선반공, 조립공, 농부
탐구형: 사고력, 조직력, 이해력이 요구되는 활동을 선호	분석, 호기심, 독립, 독창적	생물학자, 경제학자, 수학자, 보도기자
친화형: 다른 사람을 도와주고 육성시키는 활동에 주력	사교, 친절, 이해, 협력적	사회 봉사, 교사, 상담가, 임상 심리학자
보수형: 제도적 규제와 질서, 명명백백한 활동을 선호	확인, 능률, 실용, 상상력 부재, 비탄력적	회계사, 기업 관리자, 은행 출납원, 사무서기
사업형: 상대방에 대한 영향이나 언변활동을 선호	자신감, 야망, 오만, 정력적, 권력 지향적	변호사, 부동산중개업자, 대외 홍보 전문가, 중소 기업 관리자
예술형: 창조적이고 비체계적인 활동을 선호	상상력, 무질서, 실용, 이상, 감성적	화가, 음악가, 작가, 실내 장식가

② **개인-조직 적합성**: 사람들이 자신의 가치와 어울리는 조직에 이끌리고 선발되는데 비해 자신의 성격과 맞지 않는 조직을 떠난다고 보는 입장이다. 이는 조직의

문화와 종업원의 성격 간 적합성 여부에 관심을 갖는다. 예를 들어, 빅 파이브 모델 관점에서 보면, 외향적인 사람은 공격적이고 팀 지향적 조직문화가 더 적합하고, 새로운 것이나 체험에 개방적인 사람은 표준화보다 혁신을 강조하는 조직에 더 적합할 수 있다는 것이다.

(4) 핵심자아평가

핵심자아평가(core self-evaluation)은 개인이 한 인간으로서 갖추고 있는 능력과 역량 및 가치의 종합적 평가이다. 자신의 내재적 가치와 기본 역량을 확신하는 사람은 부정적으로 핵심 자아평가를 하는 사람보다 직무만족도가 더 높다. 그들은 자신의 일을 보다 성취적이고 도전적인 것으로 볼 뿐만 아니라 도전해 볼 만한 직무를 우선시하는 경향이 있다. 또한 의욕적인 목표를 설정하고 목표에 몰입하며 지속적으로 목표를 추구하므로 높은 성과를 거둔다. 아울러 맡은 바 일에 대한 가치를 인정하며 타인에 대한 지원도 잘 해 준다고 한다. 한편 부정적인 핵심 자아평가를 하는 사람은 야심한 목표가 거의 없으며 난관에 부닥치면 쉽게 포기해 버린다. 그만큼 그들은 긍정적으로 핵심 자아평가를 하는 사람들에 비해 지루하고 반복적인 업무에 메달리는 경향이 있다. 또한 핵심자아평가가 지나치게 높은 경우는 자신에 대한 과신으로 잘못된 의사결정을 할 수 있는 경우가 많다.

(5) 마키아벨리즘

마키아벨리즘(Machiavellism)은 "도움이 된다면 이용하라", "나는 승진을 위해서라면 어떤 일이라도 할 준비가 되어 있다"라는 말처럼 개인의 실용주의적 성향을 말한다. 감성 억제력 및 목적 달성을 위해 수단이 정당화될 수 있다고 믿는 수준을 말한다. 마키아벨리즘 성향이 강한 개인은 독단적이면서 감성적 거리를 잘 유지하며 목적이 수단을 정당화할 수 있다고 믿는다. 또한 남을 잘 구슬리고 쟁취를 잘하며 남을 잘 설득한다. 또한 자기의 직무를 별로 좋아하지 않으며 오히려 일 때문에 스트레스를 많이 받고 일탈적 직장행동을 저지를 때가 많다.

(6) 나르시시즘

나르시시즘(narcissism)은 엄청난 자존심을 갖고 지나친 칭찬을 요구하며 자신이 특권적 자격을 지닌 것으로 여기는 성향이다. 자기애가 강한 사람일수록 카리스마가 강하므로 리더로 부각되기 쉬우며 나아가서는 스스로가 인정하듯이 강심장을 가진 사람으로 보일 수 있다. 또한 남들로부터 존경을 받으려하고 자신의 우월성을 확인하려하기 때문에 자신에게 위협을 가하는 사람을 경멸하고 다른 사람들도 마치 하인처럼 대하는 성향이 있다. 자기본위 의식이 강하고 자신의 이익만 추구하며 남들은 오로지 자기를 위하여 존재하는 것처럼 생각한다.

(7) 자기관찰

자기관찰(self-monitoring)은 자신의 행동을 외부 상황적 요인에 적응시키는 개인의 능력이다. 자기관찰을 잘하는 사람은 자신의 행동을 외적인 상황 요인에 적응시키는 능력이 뛰어나다. 그들은 외부 정보에 무척 민감하고 상황마다 다르게 행동할 수 있다. 또한 그들은 타인의 행동에 더 신경을 쓰고 자신을 맞추려는 경향이 있다.

(8) 위험감수성향

위험감수성향(taking-risk)은 위험이 닥쳐올 때 이를 받아들이려는 경향이다. 높은 위험부담의 성향은 신속하게 의사결정하고 사용한 정보량은 적은 경향을 보인다.

(9) 자아존중감

자아존중감(self-esteem)은 사람들이 얼마나 자신과 자신의 역량에 대해 자랑스러워하는지를 말한다. 자아존중감이 높은 사람은 대부분의 상황에 능숙하게 대처할 수 있는 유능한 사람들이다. 낮은 자아존중감을 가지고 있는 사람들은 자신의 가치와 역량에 대해 의심하며, 노력을 통해 성공할 수 있는 자신의 능력에 대해서도 자신감이 부족하다. 높은 자아존중감을 지닌 사람은 조직에서 높은 목표를 세우고 어려운 일에 더 많이 도전한다. 또한 동기부여와 직무만족에도 긍정적 영향을 미친다.

(10) 유형 A와 유형 B

유형 A는 성취하고자 하는 것에 강한 집착을 지니는 사람으로 매우 경쟁적이며 성격이 급하고 참을성이 없으며 공격적일 수도 있다. 이러한 사람은 단기간에 많은 일을 하고자 하며 매우 의욕적이다. 또한 자주 다른 사람들을 방해하며 참을성이 없어서 다른 사람들의 말을 끊기도 한다. 반면, 유형 B를 지닌 사람은 보다 여유 있고 온순하다. 유형 A 관리자들은 유형 B인 관리자보다 부하와 동료 사이에 더 많은 갈등을 겪고 팀 업무보다 혼자 일하기 좋아하고, 결과를 빨리 확인하고자 하기 때문에 장기적인 상황이나 프로젝트에서 잘 적응하지 못할 수 있다.

3) 지각 차원의 조직행동

(1) 지각의 중요성

지각(perception)은 개인이 감감기관(시각, 청각, 촉각, 후각, 미각)을 통해 얻은 정보를 선택, 조직, 이해하는 과정이다. 사람들은 이를 통해 주변 환경과 사건들, 인물들에 대한 생각을 구성 조합하여 해석한다. 조직에서 이루어지는 지각은 객관적이고 정확하게 이루어져야 한다. 하지만 지각자는 상황에 대해 자신의 주관과 편견과 해석 기준에 따라 지각할 수 있다. 즉, 지각은 상대적이고 주관적으로 이루어진다. 이러한 예는 조직 내에서의 동기, 보상, 공정성 지각에서 찾아볼 수 있다. 만일 관리자들은 직원들의 정확한 성과를 이해하여 보상한다면 직원의 사기진작과 협업 및 만족을 높일 수 있다. 한편, 만일 직원의 성과를 정확히 지각하지 못하고 실적이 뛰어난 직원에게 보상이 적절하게 이루어지지 않는다면 종업원들은 불공평한 대우를 받았다고 생각할 수 있다.

(2) 영향을 미치는 요인

① 지각자는 도식(schema)을 통해 지각한다. 도식은 과거의 경험이나 다양한 출처로부터 얻어낸 추상적인 지식 구조로서 이를 통해 사람들은 주어진 지각대상의 정보를 체계화하고 이해할 수 있다. 즉, 사람들은 대개 과거의 경험이나 다양한 출처로부터 얻어낸 지식에 근거하여 새로운 인물이나 상황을 이해하고 해석한다. 사람들은 도식 때문에 정확한 지각을 할 수도 있지만 틀린 판단도 할 수 있다. 그래서 도식의 역기능들을 고려할 필요가 있다. 이들 역기능의 예로서 고정관념(stereotype)을 들 수 있다. 고정관념은 특정 집단의 전형적 특징에 대해 가지는, 일련의 단순화되고 부정확한 신념이다. 즉, 인종, 성, 나이에 대한 고정관념에 의해 부정확한 판단으로 불공정한 보상과 대우를 할 수 있다.

② 지각자의 동기상태, 즉 지각하는 당시 지각자의 수요, 가치, 욕구를 일컫는다. 즉, 사람들은 자신이 원하는 동기에 해당되는 것에 주의를 기울이고 지각한다. 이런 이유로 동기상태 역시 부정확한 지각과 의사결정을 유발할 수 있다. 만일 관리자가 한 직원을 호의적으로 생각이 들면 성과평가에서 후한 점수를 주기 쉽다. 만일 사이가 나쁘면 어떤 수단과 방법을 강구하더라도 그 직원에게 불리한 평가를 할 수도 있다.

③ 지각자가 느끼는 기분은 대상에 대한 지각에 영향을 미친다. 즉, 사람들은 기분이 좋을수록 동료, 관리자, 직원 심지어 직무에 대해 더 긍정적으로 생각하는 경향이 있다.

④ 지각대상과 상황적 요소는 지각에 영향을 미친다. 지각대상의 모호성, 사회적 지위, 대상의 인상관리, 상황으로부터 얻은 정보, 상황적 가시성 등에 의해 영향을 받는다.

- 지각대상이 모호할수록 정확하게 지각하는 일이 어려워지고 착오가 생길 확률이 높다. 지각대상이 모호할 경우 구성원들은 본인들의 의사결정에 대해 서로의 의

견과 정보를 공유하고 이해할 필요가 있다.

- 사람들은 높은 사회적 지위에 오른 사람일수록 더욱 똑똑하고, 믿음직스럽고, 아는 것도 많고, 책임감이 강하다고 생각하여 책임을 맡기려는 경향이 높다.
- 다른 사람의 지각이나 인상에 영향을 주기 위해 시도하는 인상관리는 지각에 영향을 미친다. 예를 들면, 구성원들은 규범이나 비공식적인 규칙을 준수함으로 인상관리할 수 있다. 회사 규정 퇴근시간인 6시 이후에도 남아서 일하는 것, 의상을 잘 갖추어 입는 것 등을 들 수 있다.
- 지각자와 대상이 처한 상황도 지각하는데 많은 정보들을 제공한다. 예를 들면, 고객관리에 있어서 한가한 시간과 분주한 시간에 있어서 직원들의 행동을 관찰하면 그 상황으로 인해 고객관리 성과에 대한 지각이 달라질 수 있다.
- 대상이 사람들 혹은 사물들 사이에서 얼마나 뚜렷하게 드러나는가를 말하는 가시성도 지각에 영향을 미친다. 예를 들면 청일점(여자들 사이에 남자 하나), 홍일점(남자들 사이에 여자 하나)이 그 예이다.

(3) 편향

편향이란 지각대상에 관한 오류적인 지각을 형성하는 쪽으로 정보를 이용, 이해하는 체계적인 성향이며, 초기효과, 비교효과, 후광효과 등 편향들이 있다. 대인지각에서 편향이 존재하는 이상 지각자는 대상에 대해 잘못된 지각을 형성하게 된다. 지각이 부정확하다면, 의사결정 역시 부적합할 가능성이 커진다. 예를 들면, 능력이 부족한 직원이 승진하고, 유능한 입사지원자가 면접관으로부터 낮은 점수를 받을 수 있다. 편향의 존재를 의식하고 있는 구성원일수록 부정적 행동과 잘못된 의사결정을 예방할 수 있다.

편향	설명	사례
초기효과	대상을 지각, 평가함에 있어서 처음에 들어온 정보가 가장 중요한 역할을 하는 것	면접관들은 면접 시작 후 단 몇 분 내에 입사지원자가 적합한지를 결정한다.
대조효과	여타 대상에 대한 지각자의 지각이 현 대상에 대한 지각에 영향을 미치는 것	평균적 성과를 기록한 직원이 최하위권의 성과를 기록한 팀에 속해 있을 때와 최상위권의 팀에 속해 있을 때 서로 다른 평가를 받는다.
후광효과	대상에 대한 전반적인 인상이 그 외 모든 특징에 대한 지각에 영향을 주는 것	어느 한 직원을 전반적으로 좋게 생각하는 관리자는 그 직원이 사실은 착오와 지각을 자주 하는데도 일을 꼼꼼히 하고 시간을 잘 지킨다고 생각한다.
엄격화, 관대화, 중심화 경향	어떤 지각자는 지나치게 엄격하고 어떤 지각자는 지나치게 관대하다. 대다수 지각자는 평균에 치우치는 성향을 보이는 것	직원의 성과를 평가함에 있어서, 어떤 관리자는 지나치게 엄격한 평점을 주는가 하면 지나치게 관대하게 평가하는 관리자도 있다. 또 어떤 관리자들은 모든 직원에게 평균점수를 주기도 한다.

4) 감정 차원의 조직행동

(1) 감정의 이해

감정 차원의 조직행동을 이해하려면 정서, 감정, 기분의 차이를 이해할 필요가 있다. 정서(affect)는 사람들이 체험하는 넓은 범위의 느낌(feeling)을 말한다. 감정(emotion)은 사람(예, 직장에서 친구를 만나면 즐거움을 느끼는 것)이나 사건(예, 무례한 고객을 접하면 화가 치밀어 오르는 것)을 대상으로 한 강렬한 느낌이다. 소위 말하는 분노, 공포, 슬픔, 행복감, 혐오, 놀람 등을 일컫으며 식별되는 얼굴 표정을 동반한다. 기분(mood)은 감정보다는 약한 상태의 느낌으로 자극의 원인이 불분명하다. 또한 일반적으로 뚜렷하게 표현되는 모습을 동반하지 않고 인지적 속성이 강하다.

감정은 순간적, 잠시 동안 유지되는 경향이 있지만 기분은 비교적 오래 지속된다. 반면, 기분은 특정 감정보다는 전반적인 감정을 다루며 긍정적 정서와 부정적 정서로 분류한다. 긍정적 정서(positive affect)는 흥분, 자신감, 흥겨움 같은 긍정적 감정과 권태감, 지루함, 피로감 같은 낮은 긍정적 감정으로 구성된 기분 상태이다. 부정적 정서

(negative affect)는 신경질, 스트레스, 근심 같은 높은 부정적 감정과 느슨함, 평온함, 균형감 같은 낮은 부정적 감정으로 구성된 기분 상태이다. 강한 부정적 감정을 유발하는 사건은 강한 긍정적 감정을 유발하는 사건보다 약 5배나 더 지속된다. 그리고 부정적 체험을 긍정적 체험보다 더 쉽게 상기한다.

(2) 감정과 기분에 영향을 미치는 변수

① **성격**: 사람들은 대부분 특정한 기분이나 감정을 표현하는 타고난 성향을 갖는다. 또한 사람들은 동일한 감정이라도 정서 강도(affect intensity)가 다르다. 정서적으로 강한 사람은 그렇지 않은 사람보다 긍정적이든 부정적이든 감정을 보다 심도 있게 표현한다.

② **주간별 요일과 하루의 시간대**: 부정적 기분은 일요일과 월요일에 최고조로 올라갔다가 화요일부터 계속 내려가고, 긍정적 기분은 주말에 최고조에 달한다. 부정적 기분은 하루 종일 별다른 변화를 보이지 않지만 긍정적 기분은 하루의 중간 지점(정오쯤)부터 최고조에 달한다. 이런 경향이라면 월요일 아침에 상대방에게 부탁을 하거나 좋지 않은 소식을 전하는 것은 적합하지 않으며, 직장 내 상호작용(회의 등)은 시간이 좀 정오 근처부터, 그리고 주중보다는 주말 가까이(목, 금)에서 실시하는 것이 효과를 증대할 수 있다.

③ 날씨는 일반적으로 기분에 거의 영향을 미치지 않는다고 많은 연구에서 검증되고 있다. 이것은 착각상관(illusory correlation)과 관련이 있는데, 이것은 실제로 아무런 관련이 없는 두 가지 사건을 연계할 때 발생한다. 좋은 날씨가 기분을 좋게 한다는 것을 들 수 있다.

④ **스트레스**: 기분이 블쾌한 이메일, 임박한 마감 일정, 큰 거래를 놓쳤거나 상사에게 호통을 들을 때 같은 스트레스는 기분에 부정적인 영향을 미친다. 즉, 스트레스가 고조되면 기분은 저하되며 부정적인 감정을 갖는다.

⑤ **사회적 활동**: 사회적 활동은 긍정적 기분을 갖게 한다. 육체적 활동(예, 함께 등

산하는 것), 비공식적 활동(예, 파티에 참석하기), 식도락 활동(예, 함께 식사하기) 등은 공식적 활동(예, 회의 참석), 앉아 있는 활동보다는 더 강한 긍정적 분위기를 느끼게 한다.

⑥ **수면**: 숙면은 기분에 영향을 미친다. 잠을 설치거나 부족하면 의사결정이 흐려지고 감정 통제가 어렵고, 피로감이나 성가심과 함께 민첩성이 부족해지면서 직무 만족 수준이 저하된다.

⑦ **나이**: 부정적 감정은 나이가 들면서 줄어든다. 또한 나이가 들수록 긍정적 기분이 지속되는 시간이 더 길며 반면에 부정적 기분은 바로 사라진다.

⑧ **성별**: 여성이 남성보다 더 많은 감정적 표현을 한다. 여성이 분노를 제외하고는 대부분의 감정을 보다 강하게 경험하고 더 오래 간직한다. 또한 남성은 분노와 같은 감정을, 여성은 슬픔과 공포와 같은 감정을 강하게 보이는 경향이 있다.

(3) 감정노동

감정노동(emotional labor)은 직무상 대인간의 상호작용이 이루어지는 동안 종업원이 조직 차원에서 바라는 감정을 표현하는 상황이다. 예를 들면, 호텔리어나 스튜어디스는 밝고 명랑해야 하며, 장례사는 애도와 슬픔을 표현해야 하며, 의사는 중립적이어야 한다.

감정부조화(emotional dissonance)는 사람들이 느끼고 있는 감정과 보여 주어야 할 감정 간의 불일치이다. 실제 다른 느낌이어도 주어진/요구된 감정을 보이는 것이다. 이때 실제 느끼는 감정을 감지된 감정(felt emotion)이라 하며, 조직이 구성원에게 담당 직무에 맞게 보이도록 요구하는 감정을 연출된 감정(displayed emotion)이라고 한다. 즉, 장례식장에서는 고인에 대한 상실감 여부에 관계없이 애도를 표해야 하는 것으로 예를 들 수 있다.

가짜 감정을 연출해 보이기 위해서는 진짜 감정을 억누르는 것이 필요하다. 이를 위해서 피상적 연기(surface acting)과 내면적 연기(deep acting)이 요청된다. 피상적 연기는 내면의 느낌을 감추고 연출 법칙에 따라 감정 표출을 삼가는 것이다. 자신이 전혀 그렇게 하고 싶은 느낌이 없더라도 고객에게 웃을 보여 주는 직원은 피상적 연기를 하는 것이다. 내면적 연기는 연출 법칙에 따라 자신의 진정한 내면적 느낌을 개조하려는 노력을 말한다. 웃음치료사가 진심으로 사람들을 웃기려고 노력하는 것에 해당된다. 피상적 연기는 연출된 감정과, 내면적 연기는 감지된 감정과 연결된다. 감정노동이 강하게 요구되는 부서의 직원은 그렇지 않은 부서의 직원보다 스트레스와 탈진을 더 경험하는 것으로 나타났다.

(4) 감성지능

감성지능(emotional intelligence, EI)은 인간이 가지고 있는 심리적인 성향 중 긍정적 감정 성향으로 자신과 타인의 감정을 평가하고 효과적으로 조절할 줄 아는 능력 및 자신의 삶을 계획하고 성취하기 위해서 그러한 정서를 활용할 줄 아는 능력이다. 감성지능이 높은 사람은 스트레스 상황이 주어지더라도 긍정적으로 평가하고 적극적으로 문제를 해결하기 위해 노력하는 등 효과적인 대처방식을 보인다. 감성지능에 있어서 감성지능의 정의에 대한 합의가 어렵고, 측정내용이나 방법에 있어서 타당성과 신뢰성을 확보하기가 어렵다는 문제로 회의를 품는 견해도 있다.

5) 직무스트레스

직무스트레스는 직무와 관련된 스트레스원에 의해 경험하는 스트레스이다. 개인은 직무와 관련하여 조직 내에서 상호작용하는 과정에서 조직의 목표와 개인의 욕구 사이에 일어난 불균형에 의해 일어난다. 그 원인은 물리적 환경, 조직관련 스트레스원, 직무관련 스트레스원, 개인관련 스트레스원, 그리고 조직 외 관련 스트레스원 등으로 볼 수 있다.

6) 소진

소진(burnout)은 종업원들이 일정 기간 동안 직무를 수행한 후 경험하는 지친 심리적 상태를 의미한다. 소진으로 고통받는 사람은 정서적으로 지쳐 있으며 낮은 직무 동기를 보이다. 소진은 정서적 고갈, 비인격화, 개인적 성취감 감소 등의 요인으로 측정된다.

- 정서적 고갈(emotional exhaustion): 일터에서 느끼는 피로감과 권태감을 의미하며 결근, 피로 등으로 나타남
- 비인격화(depersonalization): 타인에 대해 냉소적이고 냉담하게 행동하는 것을 의미하며 고객과 타인에 대해 무관심하고 배려하지 않는 태도와 타인에 대한 적대감 등으로 나타남
- 개인적 성취감 감소(reduced personal accomplishment): 종업원이 업무를 통해 가치 있는 것을 성취하지 못하고 있다는 느낌을 말하며 낮은 동기나 낮은 수행으로 나타남

3. 집단 및 조직 차원의 조직행동

1) 리더십

리더십은 리더가 조직구성원을 조직목표 달성을 위해 이끄는 힘이다. 다시 말해서 조직 내, 집단 내에서 리더가 구성원에게 발휘하는 영향력이며, 그 목표는 조직목표 달성에 있다는 것이다. 리더십은 여러 가지가 있으나 여기서는 변혁적 리더십, 감성적 리더십, 서번트 리더십을 소개하고자 한다.

(1) 변혁적 리더십

변혁적 리더십은 거래적 리더십의 비판을 통해 나타난 것이다. 거래적 리더십은 리더가 팔로워들이 원하는 경제적 보상이나 사회적 지위 등을 제공하는 대가로 자신이 원하는 방향으로 조직을 이끈다는 것이다. 반면, Bass(1981)가 제시한 변혁적 지도성은 지도자가 조직 변화를 위하여 설정한 비전과 목표를 공유하여 영감을 갖게 하여 조직의 목표 달성에 헌신과 몰입을 하도록 동기유발을 하고, 팔로워들이 공유된 목표를 수행하는데 필요한 권한을 위임하며, 직무 수행에 필요한 능력 계발 및 지원을 하여, 팔로워가 주도적으로 조직목표를 달성하도록 이끄는 것이다.

(2) 감성적 리더십

감성적 리더십은 리더가 가지고 있는 감성적이고 사회적인 스킬을 개발하고 응용하여 다른 사람에게 건설적인 노력을 발휘하도록 영향력을 행사하는 것이다. 감성적 리더는 스스로 자신의 내면을 이해하고, 구성원의 감성 및 필요를 배려하고 동료와의 관계를 자연스럽게 형성하여 소속한 조직의 감성적 역량을 높이는 사람이라고 할 수 있다.

감성적 리더는 Goleman(2002)가 제시한 감성적 리더가 지니는 네 가지 특성을 지닌다고 할 수 있다(김규태, 강유정, 강성복, 2014). 즉, 자기의식 능력, 사회적 인식 능력, 자아관리 능력, 관계관리 능력을 지닌 사람이라 할 수 있다. 첫째, 자기인식 능력은 자신의 감성을 명확하게 이해하는 능력으로서 감성이해력, 정확한 자기평가, 자신감을 특징으로 한다. 둘째, 사회적 인식 능력은 다른 사람의 감성을 명확하게 이해하는 능력이며 감정이입, 조직 파악력, 고객 서비스 정신을 특징으로 한다. 셋째, 자기관리 능력은 자기 자신의 감성을 효과적으로 관리하는 능력으로 자기 통제력, 신뢰성, 자기관리, 책임 의식, 적응력, 성과달성지향, 주도성 등을 특징으로 한다. 넷째, 관계관리 능력은 다른 사람의 감성을 효과적으로 관리하는 능력으로 영감을 불러일으키는 능력, 영향력, 타인 지원성, 연대감 형성, 커뮤니케이션, 변화 촉진력, 갈등관리 능력 등을 특징으로 한다.

(3) 서번트 리더십

서번트 리더십(servant leaderthip)은 동료교사와의 수평적, 민주적 동료의식을 지니고 상호 성장과 발전을 위해 헌신하는 것을 강조하는 리더십이다. 서번트 리더는 동료들이 자율적으로 업무를 수행하도록 권한과 책임을 위임하고, 그들을 지원하며, 그들과 함께 문제와 대안을 토론하여 결정된 사안을 책임감 동료들이 참여적 의사결정에 적극 참여하여 주인의식과 책임감을 가지고 직무를 수행하도록 유도하고, 경청, 공감, 치유, 설득 등을 통해 공동체 문화를 만들어가는 역할을 담당한다. 이를 통해 서번트 리더로는 인간존중을 바탕으로 구성원들에게 모범을 모이고 따뜻한 배려와 지원을 통해 그들의 역량과 잠재력을 극대화하도록 유도하여 조직 효과성을 높이는 리더십이라고 할 수 있다.

2) 조직문화

조직문화는 조직의 내재적인 가치와 신념을 그 구성원들에게 전달하는 상징, 의식 및 신화를 말한다. 또한, 한 조직을 다른 조직과 구별하여 주고, 조직구조의 골격에 어떤 생명을 불어넣는 구성원들이 공유하고 있는 하나의 의미 체계이다. 조직문화는 행동적 일상 규칙, 규범, 지배적 가치, 철학, 규칙, 감정 등을 포함한다(Lunenburg & Ornstein, 2012).

① **관찰된 일상 규칙**: 조직 구성원들이 상호 작용할 때 언어, 용어, 의식과 행사 등을 사용한다는 것

② **규범**: 사람들이 전형적으로 생각하는 행동 강령, 도덕이나 법규

③ **지배적 가치**: 조직 내 사람들이 공유하고 있는 가치

④ **철학**: 조직의 핵심 사명, 경영 철학 등과 같은 조직의 신념

⑤ **규칙**: 조직의 규정이나 신입 직원이 학습해야 하는 조직의 불문율 같은 것

⑥ **감정**: 조직을 지배하고 있는 분위기나 심리적 적응 방식

3) 조직풍토

조직풍토는 조직 구성원들이 그 조직의 업무와 관련된 환경에 대하여 공통적으로 갖고 있는 인식을 말하며, 그 유형으로는 개방적 풍토, 자율적 풍토, 통제적 풍토, 친교적 풍토, 간섭적 풍토, 폐쇄적 풍토 등으로 구분된다(Hoy & Miskel, 2013).

① **개방적 풍토**: 조직 목표를 향하여 움직이고 집단 구성원의 사회적 욕구를 충족시켜 주는 활기차고 생기 있는 조직으로 구성원의 행동에 대해 신뢰성을 갖는다.

② **자율적 풍토**: 리더가 구성원들 스스로 상호 활동 구조를 마련하도록 분위기를 조성하고, 구성원들이 사회적 욕구를 충족할 수 있는 방법을 모색하도록 하는 자율성을 보장한다.

③ **통제적 풍토**: 과업 수행을 강조하고 구성원들의 사회적 욕구 충족을 소홀히 하는 풍토를 가지며 리더의 행동이 위압적・지배적이며, 융통성이 거의 없다.

④ **친교적 풍토**: 리더와 구성원들 사이에 우정적인 태도가 형성되고, 사회적 욕구는 잘 충족되나 조직 목적 달성을 위한 집단 활동이 부족하다.

⑤ **간섭적 풍토**: 과업 성취나 욕구 충족 면에서 부적당한 풍토로서 리더의 행정행위는 공정성이 결여되어 있고 구성원들에게 과업만 강조한다.

⑥ **폐쇄적 풍토**: 이탈 요인이 가장 높고 추진성과 사기가 낮은 풍토로서 리더는 일상적인 사소한 일과 불필요한 일을 강조하고, 구성원들은 최소한으로 반응하며 거의 만족을 나타내지 않고 일하는 척한다.

09

평생학습자 이해

사전학습

1. 다중리터러시는 미디어, ICT, 디지털, 문화적, 비판적 리터러시를 포함한 개념이다.[1)]
2. 디지털 역량은 ICT와 디지털 미디어를 활용하여 일과 학습을 수행할 때 요구되는 일련의 지식, 기술 및 태도이다.
3. 핵심역량은 개인의 학습이나 일에서 성공과 경쟁우위를 확보하기 위해 요구되는 인지적, 비인지적 능력이다.
4. 직업기초능력은 직종이나 직위에 관계없이 직무를 성공적으로 수행하기 위해 공통적으로 필요한 지식, 기술, 태도이다.
5. 고용가능성은 노동 시장 및 직업 세계의 변화에 유연하게 대응하면서 고용을 획득하고 지속적으로 유지하며, 이를 통해 자신의 직업적 성공이 가능할 수 있도록 개인에게 요구되는 역량을 말한다.
6. 문제해결능력은 문제해결자의 현재 상태와 도달해야 하는 목표 상태의 차이를 인식하고 그 차이를 유발시키는 장애물을 해소시키는 활동으로 이러한 차이를 신속하고 효과적으로 해소시킬 수 있는 지적·창의적 능력을 말한다.
7. 의사소통능력은 사람들 간에 생각이나 감정 및 정보 등을 언어, 표정, 메시지, 신호 등 언어적, 비언어적 기호를 통해 전달하는 것을 말한다.
8. 창의성은 상상력을 동원하여 다양하면서도 많은 해결책을 만들어내는 확산적 사고이며, 많은 답을 산출하도록 하는 유창성, 다양한 범주의 답을 산출하도록 하는 융통성, 남과 다른 독특한 해결책을 제시하는 독창성이다.
9. 긍정심리자본은 자기효능감, 희망, 낙관주의, 복원력을 통합해서 만든 개념이며, 개개인의 발전을 추구하는 긍정적 심리상태를 말한다.
10. 학습동기는 학습자가 스스로 학습을 선택하고 노력을 기울이며 어려움이 있어도 끈기를 보이게 하는 기제이다.
11. 자기주도학습은 학습자 스스로가 책임감을 가지고 자신의 학습 전 과정을 주도하는 것이다
12. 성취목표지향성은 개인이 학업성취를 추구하고, 경험하고, 해석하는 틀을 창조하는 것과 관련이 있다.
13. 학습전략은 학습 목표 달성을 위해 필요한 지식과 기능을 긍정적이고 지속적으로 변화되도록 정신적 조작과 정서적 관리 및 자원과 자신을 관리하는 체계적 활동이다.
14. 학습양식은 학습자 개인이 학습환경이나 정보를 지각하고 처리하는 학습 방법 또는 경향이다.
15. 학업적 자기효능감은 학습자가 학업적 과제의 수행을 위해 필요한 행위를 조직하고 실행해 나가는 자신의 능력에 대한 기대와 자신감이다.
16. 학습몰입은 학습과제 해결이나 어떤 학습활동에 완전히 빠져들어 오로지 과제해결을 위하여 모든 정신과정과 활동을 하나로 모으는 집중경험이다.

---

1) 이장은 김규태(2018)의 9장과 10장을 재구성한 것이다.

1. 디지털 역량

디지털 역량은 일, 여가, 참여, 학습, 사회활동, 소비활동 등에서 과업을 수행하고, 문제를 해결하고, 의사소통하고, 정보를 관리하고, 협업하고, 콘텐츠를 창조하고 공유하며, 지식을 효과적으로, 효율적으로, 적절하게, 비판적으로, 창조적으로, 자율적으로, 신축적으로, 윤리적으로, 반성적으로 구축하기 위해 ICT와 디지털 미디어를 활용할 때 요구되는 일련의 지식, 기술 및 태도를 말한다(Ferrari, 2012).

① **지식(knowledge)**: 주요 컴퓨터 어플리케이션의 기능에 대한 이해, 인터넷 및 온라인 커뮤니케이션의 위험에 대한 이해, 창조성과 혁신을 지원함에 있어서의 테크놀로지 역할에 대한 이해, 온라인 정보의 타당성과 신뢰성에 대한 이해, 협업적 도구의 활용에 따른 법적·윤리적 원리에 대한 이해

② **기술(skill)**: 정보관리능력, 현실세계와 가상세계를 분간하고 그 영역 간의 관계를 파악할 수 있는 능력, 인터넷 기반 서비스를 사용하는 능력, 비판적 사고, 창조성 및 혁신을 위해 테크놀로지를 활용하는 능력

③ **태도(attitude)**: 정보에 대한 비판적이고 성찰적인 시민윤리, 온라인 코뮤니티와 네트워크에 대한 관심과 책임 있는 사용

디지털 역량은 정보, 커뮤티케이션, 콘텐츠 창조, 안전과 보안, 문제해결 등의 요인으로 구성되며, 그 특징은 다음과 같다(European Commission, 2014).

① **정보**: 적절성과 목적을 고려하면서 디지털 정보의 확인, 탐색, 저장, 조직 및 분석

② **커뮤니케이션**: 디지털 환경에서의 소통, 온라인 도구를 통한 자원 공유, 다른 사람과의 연락, 디지털 도구한 협력, 공동체와 네트워크와의 상호작용 및 참여

③ **콘텐츠 창조**: 새로운 콘텐츠의 창조와 편집, 선행 지식과 콘텐츠의 재구성, 창조적 표현 창출, 미디어 산출과 프로그래밍

④ **안전**: 개인정보보호, 데이터 보안, 사생활 보호

⑤ **문제해결**: 디지털 필요와 자원 확인, 필요나 목적에 부합되는 디지털 도구 선택, 디지털 도구를 통한 문제해결, 기술적 문제 해결

디지털 역량은 다차원성, 장기적 성과, 역량연계성, 맥락성 등의 특징을 지니고 있다(Cartelli, Dagiene, & Futschek, 2010). 우선, 디지털역량은 인지적, 관계적, 사회적 능력과 기술의 통합을 의미하는 점에서 다차원적(multidimensional)이다. 둘째, 디지털역량은 다양한 요인들이 복합적으로 구성되어 있어서 장기적이고 다면적인 측정을 필요로 한다. 셋째, 디지털역량은 읽기, 셈하기, 문제해결, 추리 능력 등과 같은 다른 핵심역량과 별개가 아니라는 점에서 역량과 밀접한 연계되어 있다. 넷째, 디지털 역량은 시간과 맥락에 따라 변화한다는 점에서 사회문화적 맥락적이다.

〈표 9-1〉 디지털역량의 변천

단계	1단계 텍스트 기반	2단계 시각 기반	3단계 컴퓨터 기반	4단계 인터넷 기반			5단계 모바일 기반
	과거 이래	1950년	1970년	1990년대			2000년대
유형	3R's	시각	컴퓨터	정보	미디어	ICT	디지털
개념	읽고 쓰고 셈하는 능력	이미지로부터 의미를 구성하는 능력	컴퓨터의 하드 및 소프트웨어 등 이해와 활용하여 문제해결할 수 있는 능력	정보가 필요할 때를 알고, 주어진 문제나 이슈를 다루기 위해 필요한 정보를 확인, 접근, 평가, 관리, 활용하는 능력	미디어에 접근하여 미디어의 성격과 그 내용을 이해하고 비판적으로 평가하여 다양한 맥락에서 의사소통하는 능력	정보 접근, 관리, 통합, 평가, 창조를 위하여 디지털 테크놀로지, 커뮤니케이션 툴, 그리고 네트워크를 사용하는 능력	디지털 자료를 확인, 접근, 관리, 통합, 평가, 분석과 종합하여 새로운 지식을 구성하고 미디어 표현을 창조하고 다른 사람과 소통하기 위한 디지털 도구를 적절히 활용하는 능력
특징	-기본기능 -연속성	• 이미지 구성을 위한 탐구, 비평, 성찰 • 사고와 학습을 위한 표현 • 이미지 생성과 소통	• 컴퓨터 이해 지식 • 컴퓨터 활용 능력 • 컴퓨터에 대한 태도 • 컴퓨터가 미치는 영향	• 정보 정의와 결정 • 정보 검색과 탐색 • 정보 평가 • 정보 조직과 관리 • 정보 생성과 활용 • 정보에 대한 법적, 윤리적 쟁점 인식	• 인쇄매체와 비인쇄매체(시각, 이미지, 동영상, 등 콘텐츠) • 미디어에 내재된 메시지에 해석과 창조 • 미디어 경제와 다원화 이해 • 저작권 이해	• 정보 확인 및 정의 • 정보 수집 및 검색 • 정보 조직 및 관리 • 정보 해석 및 통합 • 정보 비판 및 평가 • 정보 생성 및 창조 • 정보 전달과 소통	• 디지털 기본역량, 활용, 창조 강조 • 문제/과제 진술, 디지털 자료 확인, 접근, 평가, 해석, 조직, 통합, 분석, 종합, 창조, 소통, 확산, 성찰
역량	기본역량	학문적 탐구력, 비판적 사고력 의사소통능력, 프리젠테이션 문제해결력		비판적 사고력, 학문적 탐구력, 의사소통능력, 표현력, 문제해결력, 체제적 분석력, 종합적 사고력, 창조능력, 프리젠테이션, 문화적 수용력, 시민적 윤리의식			
출처	한정선 외(2006)			ALA(2000) Bundy(2004)	EC(2007) Koltay(2011)	ETS(2007)	Koltay(2011) Lankshear & Knobel(2006) Martin & Grudziecki (2006)

<디지털역량 설문지>

- 이애화(2016)가 개발한 척도임
  - 디지털 도구활용(1-19), 디지털 정보관리 (20-26), 디지털 보안과 윤리(27-37)

내용	전혀 그렇지 않다	그렇지 않다	보통 이다	그렇다	매우 그렇다
1. 나는 컴퓨터 운영에 필요한 기본 프로그램이나 소프트웨어를 설치 또는 제거할 수 있다.	①	②	③	④	⑤
2. 나는 컴퓨터에서 파일 및 폴더를 생성, 복사, 이동, 삭제할 수 있다.	①	②	③	④	⑤
3. 나는 컴퓨터 사용시 문제가 발생했을 때 컴퓨터 성능관리 및 제어판 등을 통해 복원 및 해결을 시도할 수 있다.	①	②	③	④	⑤
4. 나는 스마트폰으로 교재나 자료 등에서 제시된 QR코드를 스캔하여 각종 정보를 제공받을 수 있다.	①	②	③	④	⑤
5. 나는 스마트 기기에서 필요한 앱을 설치, 업데이트, 삭제할 수 있다.	①	②	③	④	⑤
6. 나는 스마트 기기에서 3G, 유무선 Wifi 등 네트워크 환경을 설정할 수 있다.	①	②	③	④	⑤
7. 나는 웹브라우저의 다양한 보안 설정기능을 활용하여 유해사이트, 스팸메일, 팝업 및 툴바 등의 관리를 할 수 있다.	①	②	③	④	⑤
8. 나는 학습과제나 문제에 필요한 자료를 인터넷에서 손쉽게 찾을 수 있다.	①	②	③	④	⑤
9. 나는 프로젝트에 필요한 자료를 학술전문정보 사이트를 이용하여 수집할 수 있다.	①	②	③	④	⑤
10. 나는 스마트기기를 이용해 저장한 사진, 동영상, 오디오 등의 자료를 컴퓨터로 이동할 수 있다.	①	②	③	④	⑤
11. 나는 네이버밴드나 카카오스토리에서 특정핵심어 검색방법인 해시태그를 사용하여 학습관련 자료를 검색할 수 있다.	①	②	③	④	⑤
12. 나는 검색한 자료의 날짜, 출처, 내용에 대한 의견들을 종합하여 자료의 신뢰성을 판단할 수 있다.	①	②	③	④	⑤
13. 인터넷에서 다운로드 받은 사진, 문서 등이 어디에 위치해 있는지 알며 이를 저장, 관리, 삭제할 수 있다.	①	②	③	④	⑤
14. 나는 네이버 클라우드, 구글 드라이브와 같은 클라우드컴퓨팅 시스템으로 자료를 저장하고 관리할 수 있다.	①	②	③	④	⑤

내용	전혀 그렇지 않다	그렇지 않다	보통 이다	그렇다	매우 그렇다
15. 나는 인터넷으로 재학증명서 및 성적증명서 발급과 같은 민원행정 서비스를 이용할 수 있다.	①	②	③	④	⑤
16. 나는 학교에서 웹 또는 소셜네트워크로 공지하는 각종 안내를 확인하고 참여할 수 있다.	①	②	③	④	⑤
17. 나는 학습활동을 위해 온라인 강좌 서비스를 이용할 수 있다.	①	②	③	④	⑤
18. 나는 워드, 엑셀, 파워포인트와 같은 응용프로그램을 이용하여 보고서를 작성할 수 있다.	①	②	③	④	⑤
19. 나는 스마트폰으로 촬영한 사진 또는 동영상을 자료에 삽입하기 위해 파일변환을 할 수 있다.	①	②	③	④	⑤
20. 나는 다양한 디지털 콘텐츠(텍스트, 이미지, 동영상 등)파일을 제작하여 소셜네트워크로 공유할 수 있다.	①	②	③	④	⑤
21. 내가 작성한 보고서에 디지털서명 또는 기관 로고를 워터마크로 삽입할 수 있다.	①	②	③	④	⑤
22. 나는 백신프로그램을 설치하여 악성코드(바이러스, 스파이웨어 등)의 검사와 치료를 할 수 있다.	①	②	③	④	⑤
23. 나는 카카오톡 그룹채팅, 네이버 밴드 등을 이용하여 프로젝트 과제를 협업 활동으로 수행할 수 있다.	①	②	③	④	⑤
24. 나는 네이버오피스, 구글문서 도구와 같은 웹기반 문서저작 도구를 이용하여 자료를 제작할 수 있다.	①	②	③	④	⑤
25. 나는 네이버 폼 또는 구글설문조사 도구를 이용하여 온라인설문을 실시하고 그 결과를 요약 제시할 수 있다.	①	②	③	④	⑤
26. 나는 소셜미디어(블로그, 포스트, 페이스북 등)을 생성하고 운영할 수 있다.	①	②	③	④	⑤
27. 나는 저작권법에 의하여 보호받는 저작물이 무엇인지 알 수 있다.	①	②	③	④	⑤
28. 나는 인터넷에 게시된 글, 사진, 동영상 등을 무단으로 배포한 적이 있다(R).	①	②	③	④	⑤
29. 나는 유료소프트웨어 또는 콘텐츠를 불법으로 다운로드 받은 적이 있다(R).	①	②	③	④	⑤
30. 나는 학습 및 프로젝트 수행시 디지털 저작물의 출처를 명시하고 작업한다.	①	②	③	④	⑤

내용	전혀 그렇지 않다	그렇지 않다	보통이다	그렇다	매우 그렇다
31. 나는 디지털 콘텐츠 이용시 원저작물에 표기된 CCL(저작물이용허락표시)의 의미를 파악할 수 있다.	①	②	③	④	⑤
32. 나는 작성한 보고서를 표절검사 도구로 검증한 후 제출할 수 있다.	①	②	③	④	⑤
33. 나는 익명이라 하더라도 온라인에 접하는 사람들을 존중하며, 악성 댓글과 같이 네티켓에 어긋나는 행동은 하지 않는다.	①	②	③	④	⑤
34. 나는 온라인상에서 타인의 개인정보를 유출하여 프라이버시나 명예를 훼손시키는 행위를 하지 않는다.	①	②	③	④	⑤
35. 나는 개인정보 또는 중요한 문서의 보안유지를 위해 암호를 설정할 수 있다.	①	②	③	④	⑤
36. 나는 비밀번호를 주기적으로 변경하고 사이트별로 비밀번호를 관리하고 있다.	①	②	③	④	⑤
37. 나는 스팸, 스미싱 및 보이스피싱 등 사이버 범죄에 대처하는 방법을 알고 있다.	①	②	③	④	⑤

* (R)은 역채점 문항(예: 5는 1점, 1은 5점).

2. 핵심역량

핵심역량은 특정한 과제 수행을 위해서 요구되는 인지적이고 비인지적 능력, 탁월한 학습이나 개인성공과 경쟁우위를 확보하기 위한 특성이나 능력, 학습자가 보유하고 있는 차별화되고 독특한 능력이기보다는 교육을 통해 누구나가 길러야 할 기본적이고 보편적이며 공통적인 능력(박성미, 2011, p. 330)이라고 할 수 있다.

OECD에서는 1997년부터 7년간 DeSeCo프로젝트를 진행하면서, 12개 국가의 정치, 사회, 경제, 교육 등 여러 분야의 전문가들의 의견을 수렴하였다. 이 프로젝트는 '성공적인 삶과 올바로 기능하는 사회를 위해 필요한 핵심 역량은 무엇인가?'라는 물음에서 출발하였다(조윤동, 윤용식, 2014). OECD(2005)는 이 프로젝트를 통해 역량의 중요성을 다시 한 번 더 강조하게 되었으며, 미래의 성공적인 삶과 지속적인 사회발전을 위해 모든 인간은 지식을 창조하고 활용하는 고차원적인 능력을 갖춰야 하며, 이러한 성공적인 삶을 살아가기 위해 필요한 능력이 바로 핵심역량이라고 정의를 내렸다. OECD에서는 핵심역량을 세 가지 영역으로 범주화하였다. 첫째, 사회적으로 이질적인 집단에서의 상호작용 역량(인간관계 역량, 협업역량, 갈등관리 및 해결 역량), 둘째, 자율적인 행동 역량(전체 조직 내에서 협력적 자율적으로 행동할 수 있는 역량, 자신의 인생계획 프로젝트를 구상 실행하는 역량, 자신의 권리, 필요 등을 옹호 주장하는 역량), 셋째, 여러 도구를 상호작용적으로 활용하는 역량(언어 상징 텍스트 등 다양한 소통 도구 활용 역량, 지식과 정보를 상호작용적으로 활용하는 역량, 새로운 기술 활용 역량)이다. OECD가 제시한 핵심역량은 인지적・비인지적 능력을 모두 포함하는 삶의 다양한 측면을 모두 고려되어 있음을 알 수 있다(강명희 외, 2013).

국내에서도 핵심역량에 대하여 다양한 하위범주를 제안하고 있다. 진미석, 손유미, 주휘정(2009)은 인지적 역량으로 의사소통 역량, 자원정보기술의 활용역량, 종합적 사고역량, 글로벌 역량이, 비인지적 역량으로 자기관리 역량, 대인협력관계역량 등을 제시했다. 또한 백평구(2013)는 대학생의 핵심역량은 대학교육의 결과로 기대되는 전공

지식, 논리적 사고력, 의사소통능력, 자기주도 학습능력, 리더십, 문제해결능력, 협동능력 또는 분석적 사고능력, 문제해결능력, 의사소통능력, 팀 일원으로 활동하는 능력 등으로 제시했다. 김안나, 이병식(2003)은 대학생의 핵심능력을 전공분야에 대한 지식, 사고력, 의사소통능력, 자기주도적 학습능력, 리더십, 문제해결력, 협동능력 등으로 보았다.

핵심역량은 영역-일반(domain-general)의 특성을 지닌 것으로 학습에 의한 전이가능성(transferability by learning)을 내포하고 있다. Adams(2013)는 3R's와 같은 기본 지식이나 전공지식 등 하드스킬(hard skills)은 문제해결력, 책임감, 창의성 같은 소프트스킬(soft skills)과 연계될 때 전이가능성이 높아진다고 하였다. Billing(2007)도 비인지적 역량은 인지적 학습 스킬과 연계되어 전이가능성을 촉진한다고 보았다. 그런데 전이가능성은 학습자 개인의 인지적, 정서적, 사회적 특성에 의해 결정되는 경향이 높다(Schunk, 2006). Garner(2010)는 정서적 역량은 학습자 개인의 인지적 학습 역량과 밀접한 관련이 있고 학습결과와도 강한 상관을 보인다고 하였다. 따라서 핵심역량은 학습자의 특성에 의해 그 계발 정도가 결정된다고 할 것이다.

<핵심역량 조사지>

- 김연희, 정재삼, 이종경, 이유진(2010)의 대학생 핵심역량 조사지
  - 의사소통/대인관계(1-7), 전문지식(8-11), 창의성(12-13), 자기주도성(14-18), 직무/직업소양(19-22), 국제감각(23-25), 문제해결/사고력(26-28)

문항	전혀 그렇치 않다	그렇치 않다	보통 이다	그렇다	매우 그렇다
1. 타인의 의견을 경청하고 존중한다.					
2. 상대방이 나의 의견을 이해하는지 확인할 수 있다.					
3. 상호 의견교환 시 자신의 의견만을 내세우지 않는다.					
4. 팀 내에 갈등 발생 시 중재자로서 대립되는 의견을 치우침 없이 수렴한다.					
5. 조직 내에서 자신의 역할과 위치를 파악한다.					
6. 조직의 구성원들과 협력하여 과업을 효과적으로 달성한다.					
7. 다른 사람의 상황과 마음을 이해하려 관심을 갖는다.					
8. 학교 수업 중 전문 지식 축적을 위해 관련 학과 공부에 최선을 다한다.					
9. 자신이 가지고 있는 전문적인 지식을 타인에게 설명할 수 있을 만큼의 실력을 가지고 있다.					
10. 자신의 관심분야에 대한 심도 있는 자료들을 확보하고 있다.					
11. 전문지식을 문제상황에 맞게 전략적으로 적용하여 해결할 수 있다.					
12. 다양한 방식으로 사고한다.					
13. 상황을 다각도로 바라보고 분석할 수 있다.					
14. 스스로 학습목표를 설정할 수 있다.					
15. 학습목표 달성을 위한 일정을 계획한다.					
16. 스스로 동기부여를 할 수 있다.					
17. 학습목표 달성을 위해 중간중간에 점검하여 수정한다.					
18. 자신이 해야 할 일을 명확히 알고 있다.					
19. 직업에 대한 명확한 생각을 버리고 실제 그 직업에 필요한 실무능력이 무엇인지 조사한다.					

문항	전혀 그렇치 않다	그렇치 않다	보통이다	그렇다	매우 그렇다
20. 관련 분야에 대한 인턴쉽 제도 등을 통해 직업에 대한 경력 및 능력을 축척한다.					
21. 내가 원하는 직업을 가지기 위해 필요한 역량에 대해 생각해 본 적이 있다.					
22. 주어진 직무에 필요한 능력으 파악하고 이를 계발한다.					
23. 다른 나라의 언어를 구사할 수 있다.					
24. 외국인과의 원할한 의사소통을 위해 그 나라의 언어를 배우고 있거나 배운 적이 있다.					
25. 관심 분야의 세계적인 동향을 파악하고 수시로 확인한다.					
26. 주어진 문제의 해결방안을 다각도로 분석할 수 있다.					
27. 문제해결 과정에서 그 해결과정에 적합한 정보를 이끌어낸다.					
28. 해결책 적용 이후를 예상하여 적합한 해결책을 선택, 적용한다.					

3. 직업기초능력

직업기초능력은 직종이나 직위에 관계없이 대부분의 직종에서 직무를 성공적으로 수행하는데 공통적으로 필요한 지식, 기술, 태도, 경험 등을 포함하는 능력이다. 직업기초능력은 의사소통능력, 수리능력, 문제해결능력, 자기개발능력, 자원관리능력, 대인관계능력, 정보능력, 기술능력, 조직이해능력, 직업윤리 등으로 구성되어 있다. 또한 미래 직업세계에서 성공적인 직무수행과 경쟁우위를 확보 여부를 확인하는 직업기초능력 진단도구들도 개발 활용되고 있다(김선연, 유호정, 2013; 박동렬, 2006).

<직업기초능력 조사지>

- 김선희, 권영심, 신지숙(2012). 전문대학 재학생의 직업기초능력 증진을 위한 운영 방안 연구. 기업경영연구, 42, 57-77.
  - 문제해결능력(1-6), 기술(정보)활용 능력(7-11), 대인관계능력(12-18), 의사소통능력(19-25), 직업윤리(26-29), 자기개발(30-35)

문항	전혀 그렇치 않다	그렇치 않다	보통이다	그렇다	매우 그렇다
1. 문제가 발생했을 때 원인을 모색한다.					
2. 문제해결을 위해 참신하고 독특한 아이디어를 제시한다.					
3. 문제를 해결하기 위한 실현가능한 목표나 방향을 설정한다.					
4. 어떤 문제라도 해결할 수 있다는 긍정적인 태도를 보인다.					
5. 문제해결을 위해 자신의 활동을 수시로 모니터링 한다.					
6. 문제해결을 하는데 필요한 단계들이 있을 때 우선순위를 설정한다.					
7. 업무 수행 시 필요한 컴퓨터 활용 능력(예: 소프트웨어나 인터넷 활용)을 가지고 있다.					
8. 기자재(도구나 장비)를 특성에 맞게 선택하여 활용한다.					
9. 업무와 관련된 정보를 적극적으로 수집한다.					
10. 업무 수행 시 항상 기록하는 습관을 가지고 있다.					
11. 수집한 정보를 적극적으로 활용한다.					
12. 실습기관에서 다양한 배경을 가진 사람들과 잘 어울린다.					
13. 다른 사람에게 피해가 가지 않도록 배려한다.					
14. 필요하다면 다른 사람에게 도움을 요청하기도 하고 도움을 주기도 한다.					
15. 혼자 일하기보다 사람들과 일하는 것을 좋아하며 타인과 유대관계를 형성한다.					
16. 업무 추진을 위해 팀 구성원들과 협력한다.					
17. 업무를 달성하기 위해 타인을 리드하고 다른 사람에게 의견이나 방향을 제시한다.					
18. 팀 작업시 타인의 의견이나 행동에 적절한 반응을 보인다.					

문항	전혀 그렇치 않다	그렇치 않다	보통 이다	그렇다	매우 그렇다
19. 대화할 때 자신의 의사를 상대방이 이해할 수 있도록 조리 있게 말한다.					
20. 보고서를 작성할 때 본인이 전달하고자 하는 내용을 명확하게 작성한다.					
21. 적절한 프레젠테이션 능력을 가지고 있다(목소리 톤, 억양, 적절한 어휘구사, 눈 맞춤 등).					
22. 상사나 동료의 의견을 잘 청취하고 정확하게 이해한다.					
23. 공문이나 보고서 등의 문서 내용을 정확하게 이해한다.					
24. 제스처 등의 비언어적 표현능력을 이해한다.					
25. 대상자 수준에 맞는 대화 능력을 가지고 있다.					
26. 직업생활에 필요한 근무태도와 자질을 갖추고 있다.					
27. 직업에서 요구되는 건전한 윤리의식(도덕성)을 가지고 있다.					
28. 자신의 직업에 대한 자부심을 가지고 있다.					
29. 일에 대한 소명의식을 가지고 있다.					
30. 자신의 능력에 있어서 장단점을 정확하게 파악하고 있다.					
31. 업무와 관련된 새로운 지식이나 기술을 배우려는 태도를 가지고 있다.					
32. 자신이 알고 있는 지식과 기술을 업무에 창의적으로 활용한다.					
33. 자신의 부족한 점을 알고 보완하기 위해 노력한다.					
34. 실습 담당자를 멘토로 활용한다.					
35. 진로에 대한 뚜렷한 비전을 가지고 있다.					

4. 고용가능성

고용가능성은 사전적으로 개인의 고용을 가능하게 하는 능력을 말한다. 김성남, 정철영(2010)은 “노동 시장 및 직업 세계의 변화에 유연하게 대응하면서 고용을 획득하고 지속적으로 유지하며, 이를 통해 자신의 직업적 성공이 가능할 수 있도록 개인에게 요구되는 역량”으로 정의하였다. 김재현(2011)도 “개인이 노동시장의 변화에 대처하기 위해 전 생애에 걸쳐 고용을 획득하고 지속적으로 유지시키기 위한 역량”으로 정의하였다. 고용가능성은 구직준비도(구직목표 설정, 구직정보탐색, 구직기술습득, 구직경력 준비)와 고용적합능력(의사소통능력, 자원활용능력, 문제해결능력, 대인관계능력, 변화대처능력)의 두 가지 요인으로 구성된다고 보았다(김성남, 정철영, 2010). 구직준비도는 대학 졸업 후 노동시장 진입을 위해 구직목표를 설정하고, 이에 대한 정보를 탐색하며, 이를 바탕으로 구직을 위한 전략을 수립하고 실행한 정도를 말한다. 고용적합능력은 고용환경 전반에 적합한 능력으로서의 고용의 획득, 유지, 발전 및 적응에 공통적으로 요구되는 것을 말한다.

<대학생 고용가능성 진단 도구>

- 김성남(2009). 대학생의 고용가능성 진단 도구 개발. 박사학위논문, 서울대학교.
  - 구직준비도: 구직목표(1-9), 구직정보(10-21), 구직기술(22-34), 구직경력(35-42)
  - 고용적합능력: 의사소통(43-50), 자원활용(51-56), 문제해결(57-61), 대인관계(62-71), 변화대처(72-77)

문항	전혀 그렇치 않다	그렇치 않다	보통 이다	그렇다	매우 그렇다
1. 나는 구직을 위한 목표로 설정하기 위해 내가 갖고 있는 흥미 분야에 대해 충분히 탐색해 보았다.					
2. 나는 구직을 위한 목표를 달성하기 위해 내가 다른 사람들에 비해 잘하는 분야가 어떤 것인지를 충분히 탐색해 보았다.					
3. 나는 구직을 위한 목표를 설정하기 위해 내가 갖고 있는 성격적 특성이 어떠한지를 충분히 검토해 보았다.					
4. 나는 구직에 있어서 내가 가지고 있는 강점 및 약점이 무엇인지를 구체적으로 분석해 보았다.					
5. 나는 구직목표를 설정하기 위해 산업 및 경제 상황의 변화에 대해 꾸준히 관심을 유지하고 있다.					
6. 나는 구직 목표를 설정하기 위해 우리나라 채용시장의 흐름에 대해 꾸준히 관심을 유지하고 있다.					
7. 나는 내가 갖고 있는 특성들에 근거하여 선택 가능한 직업적 대안들을 충분히 검토하였다.					
8. 나는 졸업 후 구직을 위해 현실적이고 실행 가능한 단기 목표들을 가지고 있다.					
9. 나는 실행하는데 필요한 시간과 비용을 충분히 고려하여 구직을 위한 목표들을 설정하였다.					
10. 나는 조업 후 진출을 고려하고 있는 직업분야에서 요구하는 지식과 기술에 대해 구체적으로 알고 있다.					
11. 나는 졸업 후 진출을 고려하고 있는 직업 분야에서 요구하는 성격 및 자질에 대해 구체적으로 알고 있다.					
12. 나는 졸업 후 진출을 고려하고 있는 직업분야에서 이루어지는 주요 직무 활동에 대해 구체적으로 알고 있다.					

문항	전혀 그렇치 않다	그렇치 않다	보통 이다	그렇다	매우 그렇다
13. 나는 졸업 후 진출을 고려하고 있는 직업 분야의 전반적인 직무환경에 대해 구체적으로 알고 있다.					
14. 나는 졸업 후 진출을 고려하고 있는 직업 분야에서 어떠한 방식으로 필요한 인력을 선발하고 있는지 구체적으로 알고 있다.					
15. 나는 졸업 후 진출을 고려하고 있는 직업 분야에서 요구되는 자격요건에 대해 정확하게 알고 있다.					
16. 나는 졸업 후 진출을 고려하고 있는 직업 분야의 최근 고용현황과 흐름을 구체적으로 파악하고 있다.					
17. 나는 졸업 후 진출을 고려하고 있는 직업 분야의 임금 수준에 대해 정확하게 알고 있다.					
18. 나는 졸업 후 진출을 고려하고 있는 직업 분야의 향후 일자리 전망에 대해 객관적으로 판단하고 있다.					
19. 나는 나의 구직목표와 관련하여 보다 구체적인 정보를 얻는데 도움을 줄 수 있는 살마들과 정기적으로 연락하고 있다.					
20. 나는 나의 구직목표와 관련하여 유용한 정보를 얻을 수 있는 기관들과 정기적으로 접촉 한다.					
21. 나는 나의 구직목표와 관련하여 유용한 정보를 얻을 수 있는 사이트들에 정기적으로 접속하여 정보를 탐색한다.					
22. 나는 이력서 작성 시, 채용공고에 맞는 자격요건 사항 위주로 나의 직무능력을 제시하는 방법을 잘 알고 있다.					
23. 나는 이력서 작성 시, 나의 강점이 잘 드러나도록 나의 경력을 객관적인 성과위주로 작성하는 방법을 잘 알고 있다.					
24. 나는 지원한 기업이 원하는 인재상을 정확히 파악하고, 이를 고려하여 자기소개서를 작성하는 방법을 잘 알고 있다.					
25. 나는 자기소개서 작성 시, 직무와 관련된 구체적인 경험과 결력을 강조하는 방법을 잘 알고 있다.					
26. 나는 자기소개서 작성 시, 참신한 문구를 활용하여 내가 가지고 있는 강점과 능력을 효과적으로 전달하는 방법을 잘 알고 있다.					
27. 나는 모범적인 자기소개서들을 검토하여 이를 토대로 나만의 자기소개서 작성요령을 갖고 있다.					

문항	전혀 그렇지 않다	그렇지 않다	보통 이다	그렇다	매우 그렇다
28. 나는 자기소개서 작성에 유용하게 활용할 수 있는 자료들(예: 연설문, 기사, 명언 등)을 지속적으로 수집한다.					
29. 나는 면접에서 자주 제시되는 질문들을 파악하고, 그에 대해 나름대로의 답변을 준비한다.					
30. 나는 면접에 대비하여 질문자의 의도를 명확하게 파악하고, 그에 따라 적절히 답변하는 스킬을 익히고 있다.					
31. 나는 면접에 유용한 화법의 형태를 확실하게 몸에 익히고 있다.					
32. 나는 면접 상황에서 돌발적인 상황이 발생하더라도 순발력 있게 대처한다.					
33. 나는 주어진 주제의 핵심을 명확히 파악하고 제한된 시간 내에 프리젠테이션을 실행한다.					
34. 나는 프리젠테이션 내용을 효과적으로 전달하기 위해 다양한 매체(파워포인트, OHP 등)를 활용하여 자료를 작성한다.					
35. 우리 대학은 내가 졸업 후 진출을 고려하고 있는 분야에서 충분한 경쟁력을 가지고 있다.					
36. 내 전공은 내가 졸업 후 진출을 고려하고 있는 분야에서 충분한 경쟁력을 가지고 있다.					
37. 나는 졸업 후 진출을 고려하고 있는 분야에서 요구하는 직무 관련 지식과 기술을 습득하기 위해 끊임없이 학습한다.					
38. 나는 졸업 후 진출을 고려하고 있는 분야에 도움이 되는 자격증을 충분히 취득하였다.					
39. 나는 구직에 도움이 되는 공모전에 꾸준히 관심을 가지고 참여한다.					
40. 나는 구직에 도움이 되는 인턴십 프로그램에 꾸준히 관심을 가지고 참여한다.					
41. 나는 구직에 도움이 되는 동아리나 동호회 활동에 꾸준히 관심을 가지고 참여한다.					
42. 나는 구직에 도움이 되는 사회봉사 활동에 꾸준히 관심을 가지고 참여한다.					
43. 나는 다름 사람들의 말을 들을 때 상대방의 의도를 끊임없이 파악한다.					

문항	전혀 그렇치 않다	그렇치 않다	보통 이다	그렇다	매우 그렇다
44. 나는 다름 사람들과 이야기할 때, 상대방의 감정 상태에 주의를 기울인다.					
45. 나는 다름 사람들과 이야기할 때, 눈맞춤, 끄덕임 등을 보이며 적절하게 반응한다.					
46. 나는 내가 의도하는 바를 잘 전달할 수 있도록 체계적으로 목차를 구성하여 문서를 작성한다.					
47. 나는 전문적이고 설득력을 요구하는 글을 논리적인 흐름에 맞게 작성한다.					
48. 나는 과제 수행에 필요한 전문적인 자료를 읽고, 필요한 내용을 빠르게 추출하여 분석한다.					
49. 나는 과제 수행에 필요한 전문적인 자료의 내용을 이해하고, 자료의 질을 평가한다.					
50. 나는 듣는 사람의 특성을 감안하여 적절한 발표기법을 선정함으로서 말하고자 하는 바를 명확히 전달한다.					
51. 나는 어떤 일을 할 때, 그 일을 진행하기 위한 철저한 시간 계획을 세운다.					
52. 나는 어떤 일을 할 때, 그 일을 진행하는데 소요되는 비용에 대한 예산안을 작성한다.					
53. 나는 어떤 일을 할 때, 그 일을 성공적으로 수행하는데 필요한 물적 자원(예: 정보, 자료, 도구, 기술 등)들이 어떤 것인지를 우선적으로 확인하고 수집한다.					
54. 나는 어떤 일을 할 때, 그 일을 하는데 도움을 받을 수 있는 사람들이 누구인지를 우선적으로 확인하고 도움을 요청한다.					
55. 나는 어떤 일을 할 때, 계획된 예산안에 맞추어 비용을 지출한다.					
56. 나는 어떤 일을 할 때, 그 일을 하는데 도움이 되는 사람들의 협력을 최대한 활용한다.					
57. 나는 문제해결을 위해 도출된 대안들의 결과를 예측해보고, 이들을 서로 비교 분석한다.					
58. 나는 문제해결을 위해 도출된 다양한 대안들에 대해 명확한 기준을 가지고 우선 순위를 부여한다.					
59. 나는 대안들을 검토하여 실현 가능한 최적의 대안을 선택한다.					

문항	전혀 그렇치 않다	그렇치 않다	보통 이다	그렇다	매우 그렇다
60. 나는 문제를 해결하고 난 후, 어떤 것이 잘 됐고 어떤 것이 그렇지 않았는가를 분석한다.					
61. 나는 과거의 문제해결 과정을 스스로 평가해보고, 그 결과를 다음 문제해결 과정에 반영한다.					
62. 나는 나와 다른 사람의 차이점을 존중하고, 타인을 정중하게 대한다.					
63. 나는 친밀도 향상을 위해서 다른 사람의 사적인 관심사를 이해하고 함께 대화하거나 즐긴다.					
64. 나는 내가 하는 일에 영향을 미칠 수 있는 사람들을 미리 파악하고, 이들과 다양한 채널을 통해 관계를 유지한다.					
65. 나는 팀워크의 중요성을 인식하고, 팀원들의 자질과 능력을 활용하여 시너지를 창출한다.					
66. 나는 팀 과제 수행 시, 팀 내 자기 역할을 이해하고 타인과 상호보완적으로 협력한다.					
67. 나는 팀 과제 수행 시, 팀원들 간의 다양한 의견을 조율하여 합의된 결론을 이끌어 낸다.					
68. 나는 다름 사람과의 갈등이 발생할 가능성을 미리 파악하고 불필요한 갈등을 미연에 방지한다.					
69. 나는 다른 사람과 갈등 상황이 발생했을 때, 갈등의 원인을 파악하고 갈등을 미연에 방지한다.					
70. 나는 여러 사람들의 목표가 상충될 때 사람들 간의 의견 차이를 최소화하여 합의된 결론을 도출하도록 한다.					
71. 나는 협상이나 중재가 필요한 상황이 발생하면 회유와 강경책을 균형 있게 사용한다.					
72. 나는 예기치 못한 변화가 발생하였을 때, 당황하지 않고 이에 유연하게 대처한다.					
73. 나는 앞으로 다가올 변화를 미리 예측하고, 이에 대한 대응 방안을 수립한다.					
74. 나는 변화의 방향과 필요성을 인식하며, 이에 대한 대응 반응을 수립한다.					
75. 나는 뭔가 어려운 일을 맡게 되면, 새로운 학습의 기회로 생각한다.					

문항	전혀 그렇치 않다	그렇치 않다	보통 이다	그렇다	매우 그렇다
76. 나는 내 자신과 내가 하는 일에 대해 높은 수준의 기준을 스스로 설정하고 그것을 달성하려고 한다.					
77. 나는 익숙한 것보다는 새로운 것을 배울 수 있는 기회가 되는 활동을 선호한다.					

5. 문제해결능력

문제해결능력(problem solving ability)이란 문제해결자의 현재 상태와 도달해야 하는 목표 상태의 차이를 인식하고 그 차이를 유발시키는 장애물을 신속하고 효과적으로 해소시킬 수 있는 지적·창의적 능력이다. 현대 사회에서 개인들은 [그림 9-1]에서 제시된 것과 같이 학습이나 직무 수행과정에서 여러 문제를 직면하고 그 원인과 대안을 탐색할 수 있는 문제해결절차와 사고를 배양할 필요가 있다.

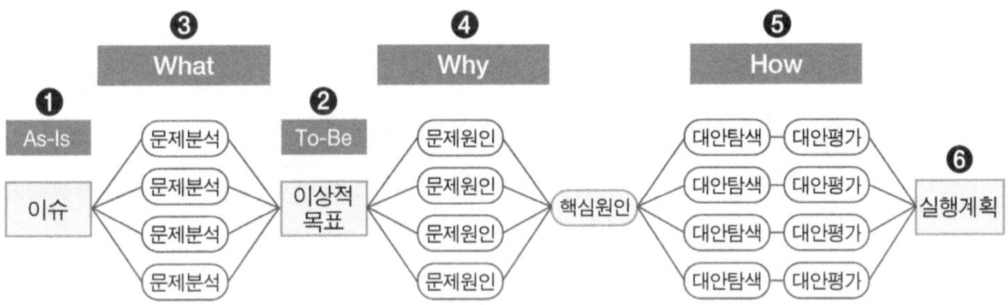

[그림 9-1] 문제해결과정 절차모형

1) 과제 인지 단계[As-Is]

조직 내에 존재하고 있는 문제를 인지하는 단계로 바람직하지 못하여 기획을 통해 해결·개선해야 하는 현재의 상황, 기획을 통해 달성할 수 있는, 아직 실현되지 않은 가치나 욕구 또는 개선기회를 의미한다.

2) 목표 설정 단계[To-Be]

목표는 기획을 통하여 달성하고자 하는 바람직한 미래 상태로 진술하고, 바람직한 목표와 현재 상태간의 차이를 파악하고 줄이는 방안을 강구한다.

3) 정보수집 및 문제탐색단계[WHAT 트리]

문제를 진단하는 단계로 의사결정이 필요한 문제와 기회를 찾고 정보를 수집하는 활동이다. 문제의 특성을 분석하고 문제의 우선순위를 고려하여 해결해야 하는 문제를 결정하고 문제를 정의한다.

4) 문제의 원인 분석단계[WHY 트리]

상황분석(목표와 연관된 정보와 자료, 통계 등 수집)을 하는 단계이다. 상황분석은 목표가 설정된 후 현재 및 미래의 상황을 파악하여 목표를 달성하는데 예상되는 장애요인과 문제점(기존의 문제점과 예상되는 문제점)과 목표달성 관련 요인들을 규명하는 것이다. 상황의 분석과 판단을 위해서 목표와 관련된 정보자료를 수집・분석하고 이를 바탕으로 장래의 가능한 상태를 예측한다. 이때, 정보는 각종 통계와 간행물, 연구 논문 등에 제시된 과거의 추이와 현황, 미래전망에 관한 제반지식과 통계, 연구결과 등 모두 포함한다.

5) 대안 탐색 및 선택 단계[HOW 트리]

목표달성을 위하여 필요한 모든 대안을 모색하는 단계이다. 설정된 목표를 달성할 수 있는 가능한 복수의 대안을 찾아내고 분석하는 과정으로 대안을 개발한다는 것은 대안을 찾는 것과 대안을 설계하는 것 두 가지를 의미한다. 대안을 찾는 것은 이미 존재하는 대안들 중에서 좋은 대안을 찾는다는 의미이고, 이와 반대로 대안을 설계하는 것은 존재하는 대안을 찾는 것이 아니라 새로 만든다는 의미이다. 최선의 방안을 선택하고 결정(대안들의 장단점, 문제점을 분석, 대안을 비교 검토 후 가장 바람직한 대안 선택결정)하는 단계이다. 복수의 대안들을 탐색하고 결과를 예측하며 각 대안의 결과 비교・평가하고, 목표를 가장 잘 충족시킬 최적의 대안 선택할 수 있다.

<문제해결대안 탐색 및 선택 기준>

- 효과성: 달성된 목표/설정된 목표
- 능률성: 산출/투입
- 창의성: 참신하고 독창적임
- 형평성: 대안의 시행결과로 인해 자원이나 가치 등이 사회집단 간에 얼마나 공정하고 정당하게 배분되는가
- 대응성: 어떤 정책이 특정 집단의 요구, 선호, 가치를 얼마나 만족시켜 주느냐의 정도
- 적합성: 목표 달성을 위한 수단이 타당한가
- 합법성: 법령에 적합한가, 위법한가. 능률성, 효과성을 담보하여도 합법적이지 못하면 수용 불가. 이를 위해서는 법령, 규칙 등 개정요함
- 실현가능성: 예산 확보여부, 기술적 가능성, 소요인력과 자재 확보 등의 현실적인 실현 가능성

6) 실행 계획 단계

선택된 최선안을 중심으로 효과적인 집행을 위하여 세부계획을 수립하고 집행을 준비하는 단계이다. 실행 계획이 효율적으로 집행되려면 언제, 누가, 어디서, 무엇을, 어떻게 수행할 지에 관한 상세한 실천계획(구체적 일정을 포함한 세부목표와 주관부서 명시)과 부수적 행정조치(관계법령 정비, 인원배정, 재정지원・예산조치 등 포함)이 마련되어야 한다.

<문제해결능력 조사지>

- 이석재, 장유경, 이헌남, 박광엽(2003)이 개발한 문제해결능력 척도임.
  - 문제해결능력: 문제인식(1-5), 정보수집(6-10), 분석능력(11-15), 확산적사고(16-20), 의사결정(21-25), 기획력(26-30), 실행과 모험감수(31-35), 평가(36-40), 피드백(41-45)

문항	매우 드물게	드물게	보통	자주	매우 자주
1. 내가 원하는 상태와 현재 상태간의 차이가 무엇인지를 생각한다.					
2. 문제가 해결되지 않았을 때, 나타날 결과를 미리 예측한다.					
3. 당면한 문제가 다른 사람에게 어떠한 영향을 미칠 것인지를 생각한다.					
4. 내가 해결해야 할 문제의 핵심이 무엇인지를 먼저 확인한다.					
5. 해결할 문제가 나에게 얼마나 가치 있는 것인지를 객관적인 입장에서 평가해본다.					
6. 내가 갖고 있는 문제에 대해서 다른 사람들은 뭐라고 말하는지 알아본다.					
7. 해결해야 할 문제와 관련이 있다고 판단되는 정보만 수집한다.					
8. 내가 선호하는 방식으로만 문제해결에 도움이 되는 정보를 찾는다.					
9. 내 나름대로 문제답안을 생각하고 문제해결에 도움이 된다고 생각하는 정보만을 찾는다.					
10. 나에게 친숙한 방법으로만 문제해결에 도움이 되는 정보를 찾는다.					
11. 여러 가지 자료를 조사했을 때, 자료의 출처가 어느 정도 믿을 수 있는지 서로 비교해본다.					
12. 어떤 문제에도 결정적인 원인이 있다고 생각하고 그 원인을 찾는다.					
13. 문제가 생기면, 내가 이전에 경험해본 적이 있는 문제의 원인들을 가장 먼저 연관지어본다.					
14. 수집된 정보들에 대해서 서로 유사점과 차이점을 비교해본다.					
15. 문제 상황에 대해서 내가 아는 것과 모르는 것을 구분하여 정리해본다.					
16. 다른 사람의 의견이 내 의견과 다르더라도 긍정적으로 생각하고 수용한다.					
17. 일상생활에서 일어나는 여러 가지 다른 일들과 나의 문제를 연관시켜본다.					

문항	매우 드물게	드물게	보통	자주	매우 자주
18. 지금까지 생각해 본 관점과 전혀 다른 관점에서 당면한 문제를 살펴본다.					
19. 문제를 해결하는 데 전혀 관련이 없을 것 같은 생각들도 중요하게 다룬다.					
20. 평소와는 달리 갑자기 떠오르는 엉뚱한 생각대로 문제를 풀어 본다.					
21. 여러 문제해결 방법들 중에서 어떤 방법을 택할 것인지 기준을 정한다.					
22. 생각한 방법들이 새롭고, 문제를 해결하기에 적절한 것인지를 알아본다.					
23. 여러 문제해결방법들 중에서 더 중요하다고 생각되는 우선순위를 정한다.					
24. 지금 당장 해결해야 할 것이 무엇인지를 생각하며 해결방법을 결정한다.					
25. 생각한 문제해결 방법별로 문제해결에 필요한 비용과 편익을 비교한다.					
29. 일정대로 계획을 추진하다 곤란을 당하는 경우를 생각하여 대비책을 마련한다.					
30. 당면한 문제해결을 위해서 먼저 해야 할 것과 나중에 해도 되는 것을 구분한다.					
31. 어떠한 어려움이 닥쳐도 하기로 정한 것은 끝까지 한다.					
32. 이전의 경험이나 해오던 방식과 다르더라도 모험을 시도한다.					
33. 실패도 성공만큼 중요하게 여기며 문제를 해결한다.					
34. 결과가 어떠할지 정확하게 알 수 없지만, 성공할 가능성이 있으면 실제로 해본다.					
35. 지금 당장은 실패 할 수 있지만, 앞으로 얻는 것이 있다면 문제해결을 시도한다.					
36. 지금은 결과가 좋지 않더라도 나중에 좀 더 잘 할 수 있는 방안을 찾는다.					
37. 다른 사람들이 내가 한일에 대해서 어떻게 평가해 주느냐를 중요하게 여긴다.					
38. 문제를 해결하고 나서 정말 잘 한 것인지 못한 것인지를 객관적으로 따져본다.					

문항	매우 드물게	드물게	보통	자주	매우 자주
39. 자신의 문제를 해결한 것에 대해서 다른 사람들은 어떻게 생각하고 있는지 들어본다.					
40. 처음 해결하려고 한 문제가 해결되었는지의 여부를 확인해 본다.					
41. 문제를 해결하지 못하면, 실망하기보다 더 잘 할 수 있는 방법을 적극적으로 찾아본다.					
42. 문제를 좀 더 잘 해결할 수 있는 방안이 무엇인지를 다른 사람과 토의한다.					
43. 앞으로 문제를 잘 해결할 수 있다면, 다른 사람의 비판이나 조언도 수용한다.					
44. 나중에 문제를 해결할 때, 다른 사람의 제언에 따라서 나의 행동을 바꾼다.					
45. 나에게 부정적인 평가라도 해줄 수 있는 사람을 찾아서 피드백을 부탁한다.					

6. 의사소통

의사소통은 사람들 간에 생각이나 감정 및 정보 등을 언어, 표정, 메시지, 신호 등을 언어적, 비언어적 기호를 통해 전달하는 것을 말한다. 의사소통능력이란 개인차원에서만 이루어지는 것이 아니라 사회적 차원에서도 이루어지는 것이다. 의사소통은 그 행위가 일어나는 물리적 맥락, 문화적 맥락, 사회 심리적 맥락, 시간적 맥락에 의해서 영향을 받는다. 의사소통을 측정하는 요인은 정보수집, 경청, 고정관념적 사고극복, 창의적 의사소통/개방적 의사소통, 자기 드러내기, 자기 주도적 의사소통, 타인 관점 이해 등이다(이석재, 장유경, 이헌남, 박광엽, 2003).

<의사소통능력 조사지>

- 이석재, 장유경, 이헌남, 박광엽(2003)의 의사소통능력 척도
  - 의사소통능력: 정보수집(1-7), 경청(8-14), 고정 관념적 사고극복(15-21), 창의적 의사소통/개방적 의사소통(22-28), 자기 드러내기(29-35), 자기 주도적 의사소통(36-42), 타인 관점 이해(43-49)

문항	매우 드물게	드물게	보통	자주	매우 자주
1. 상대방과 의견이 다를 때, 내 의견과 다른 점이 무엇인지를 파악한다.					
2. 상대방이 말하는 의도가 무엇인지를 알기 위해 잘 듣는다.					
3. 상대방과 이견을 보이는 주제가 아닌 것은 귀담아 듣지 않는다.(R)					
4. 내가 듣고 싶은 말만 골라서 듣고 나머지는 무시한다.(R)					
5. 상대방이 말하는 요점을 알기위해 이야기 하나하나에 귀를 기울인다.					
6. 상대방이 무슨 말을 하는지 내 나름대로 결론을 내리고 이를 확인하는 방식으로 대화한다.					
7. 상대방의 얼굴표정이나 몸짓을 보고 상대방의 기분을 이해하기도 한다.					
8. 내가 상대방의 기분이나 감정 상태를 어떻게 이해하고 있는지를 말해준다.					
9. 상대방이 말을 할 때, 찬성 또는 반대하는 의사를 분명하게 드러내지 않고 듣는다.					
10. 내가 상대방의 말을 들은 대로 상대방에게 되풀이 한다.					
11. 상대방의 질문이 분명하지 않으면, 질문의 구체적인 내용이 무엇인지를 다시 물어 본다.					
12. 상대방이 말하고자 하는 주요 내용을 요약하여 확인해보고 나서 내가 하고 싶은 말을 한다.					
13. 상대방의 말을 들으면서 고개를 끄덕이거나 이해하고 있다는 얼굴 표정을 한다.					
14. 상대방의 말에 대해 내가 경험한 것을 바탕으로 재해석하여 다른 관점에서 말해준다.					
15. 똑같은 이야기라도 상대방이 이성인지 동성인지에 따라서 다른 표현방식으로 말한다.(R)					
16. 어느 지역 출신인가에 따라서 차별하며 이야기를 한다.(R)					

문항	매우 드물게	드물게	보통	자주	매우 자주
17. 장애인과 대화하는 기회가 있으면 가능한 한 말을 적게 한다.(R)					
18. 대부분 내 생각이 옳기 때문에 다른 사람의 생각은 흘려듣는다.(R)					
19. 어른의 말씀은 대개 옳기 때문에 대화를 할 때 무조건 그렇다고 동의를 한다.(R)					
20. 학벌이 좋고 전문직에 종사하는 사람은 냉철하기 때문에 조심스럽게 대화를 한다.(R)					
21. 외모가 잘 생긴 이성에 대해서는 친절하고 우호적으로 말을 한다.(R)					
22. 나와 친하지 않은 사람일수록 이야기하고 싶지 않아서 자리를 피한다.(R)					
23. 윗사람과 대화를 할 때는 반드시 예의바르게 행동해야 한다고 생각하며 말한다.(R)					
24. 내가 생각하는 것과 전혀 다른 생각을 하는 사람의 의견도 잘 듣는다.					
25. 권위가 있는 사람이 말하는 것이면, 옳다고 생각하며 받아들인다.(R)					
26. 여러 관점에서 이야기 주제를 생각하기보다 하나의 관점에서만 생각한다.(R)					
27. 집단토의를 할 때, 상대방의 주장을 비판하기 보다는 이해하려고 한다.					
28. 나와는 다른 가치관을 가지고 있더라도 상대방의 주의주장을 귀담아 듣는다.					
29. 내가 생각하는 바를 있는 그대로 상대방에게 이야기 한다.					
30. 잘 모르는 것에 대해서는 사실대로 "나는 모르겠는 데"라고 분명히 말한다.					
31. 나의 개인적인 약점을 숨기기보다는 상대방의 조언을 들으려고 한다.					
32. 친한 친구이지만, 내가 싫어하는 것과 좋아하는 것에 대해서 분명하게 말해준다.					
33. 평소에 나를 어떻게 대해 주었으면 좋겠다고 부모님께 털어 놓는다.					
34. 내가 싫어하는 사람의 성격이 어떠한지를 친구들에게 이야기 한다.					
35. 상대방이 자신의 속마음을 드러내는 만큼만 나도 상대방에게 나의 속을 드러낸다.					

문항	매우 드물게	드물게	보통	자주	매우 자주
36. 내가 다른 사람에게 말할 것이 있을 때는 주저하지 않고 바로 이야기 한다.					
37. 모임에서 내가 잘 모르는 사람을 만나도 피하기보다 적극적으로 나를 소개한다.					
38. 내가 하고 싶은 말을 미리 생각하여 두었다가 기회가 되면 말한다.					
39. 내가 원래 말하고자 하는 것을 상대방에게 전달하기 위하여 말뿐만 아니라 표정이나 몸짓도 적극적으로 사용한다.					
40. 다른 사람으로부터 질문을 받으면, 조리 있고 분명하게 나의 의견을 말한다.					
41. 토론시간에 다른 사람들에게 내가 준비한 보고서의 내용을 망설이지 않고 발표한다.					
42. 교육시간에 궁금하였던 것은 정확한 답을 알 때까지 몇 번이고 교수님께 질문한다.					
43. 상대방의 감정을 배려하고 있음을 말이나 몸짓으로 드러내 보인다.					
44. 대화를 할 때, 상대방의 입장이 되어본다.					
45. 상대방이 생각하는 것과 말을 하는 것이 서로 다르다는 것을 안다.					
46. 내가 한 말에 대해서 상대방이 어떻게 느꼈는지를 물어 본다.					
47. 내가 한 말을 상대방이 어떻게 받아들일지를 생각하면서 대화한다.					
48. 친구한테 짜증스럽게 말하면 그 친구가 어떤 기분일까를 생각하며 말한다.					
49. 상대방이 내 말을 어떻게 이해하고 있는지를 물어보면서 내가 하고 싶은 말을 한다.					

* (R)은 역채점 문항임.

7. 창의성

창의성은 확산적 사고라고도 불려진다. 확산적 사고란 상상력을 동원하여 다양하면서도 많은 해결책을 만들어내는 사고로써 주요인으로는 많은 답을 산출하도록 하는 유창성, 다양한 범주의 답을 산출하도록 하는 융통성, 남과 다른 독특한 해결책을 제시하는 독창성이다.

민감성	주변의 환경에 대해 예민한 관심을 보이고 이를 통해 새로운 탐색 영역을 넓히는 능력
유창성	특정한 문제 상황에서 가능한 한 많은 양의 아이디어를 산출하는 능력
독창성	기존의 것에서 탈피하여 참신하고 독특한 아이디어를 산출하는 능력
정교성	다듬어지지 않은 기존의 아이디어를 보다 치밀한 것으로 발전시키는 능력
융통성	고정적인 사고방식이나 시각 자체를 변환시켜 다양한 해결책을 찾아내는 능력

[그림 9-2] 창의적 사고의 기능

Gardner(1983)는 다중지능의 개념으로 창의성을 설명한다. 다중지능은 문화적으로 가치 있는 물건을 창조해내거나 문제해결을 하는 문화적인 장면에서 정보를 처리하는 생물·심리학적인 잠재력이며, 그 유형은 다음 [그림 9-3]과 같다.

◆ 언어적지능
읽기, 말하기, 듣기, 쓰기 등에서 어휘를 효과적으로 사용하는 능력

◆ 논리수학적지능
논리적 사고와 추리력, 수학적 사고력과 숫자를 효과적으로 활용하는 능력

◆ 자연탐구지능
자신의 환경에서 생존하고 적응할 수 있는 능력

◆ 공간적지능
삼차원 상의 형태와 이미지를 정확하게 지각하고 이해하는 능력

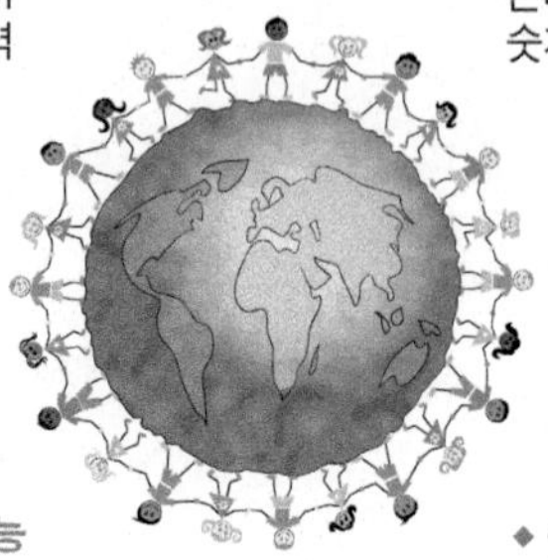

◆ 개인이해지능
자신에 대한 이해를 토대로 적극적인 행동을 할 수 있는 능력

◆ 신체운동학적지능
신체 전체나 부분을 완벽하게 통제하고 사용하며 물체를 솜씨 있게 다루는 능력

◆ 대인관계지능
타인을 이해하고 인간관계를 맺는 능력

◆ 음악적지능
음악적 형식의 자극을 이해하고 변별하며 표현하고 변환시키는 능력

[그림 9-3] 다중지능의 유형

출처: 구글 검색 자료.

▌창의적 사고의 특징

- 창의적 사고는 발산적(확산적) 사고로서, 아이디어가 많고, 다양하고, 독특한 것을 의미한다.
- 창의적 사고는 새롭고 유용한 아이디어를 생산해 내는 정신적인 과정이다.
- 창의적 사고는 통상적인 것이 아니라 기발하거나, 신기하며 독창적인 것이다.
- 창의적 사고는 유용하고 적절하며, 가치가 있어야 한다.
- 창의적 사고는 기존의 정보(지식, 상상, 개념 등)들을 특정한 요구조건에 맞거나 유용하도록 새롭게 조합시킨 것이다.
- 창의적 사고는 후천적 노력에 의해 개발이 가능하다.
- 창의적 사고를 하는데 어느 정도의 전문 지식은 필요하지만 너무나 많은 지식은 오히려 창의력을 저해할 수 있다.
- 창의적으로 문제를 해결하기 위해서는 문제의 원인이 무엇인가를 분석하는 논리력이 매우 뛰어나야 한다.
- 어떤 사람이 자신의 일을 하는데 요구되는 지능수준을 가지고 있다면 그는 그 분야에서 어느 누구 못지않게 창의적일 수 있다.
- 사람이 상대로부터 신뢰를 받게 된다면 더욱 더 창의적이 된다.
- 창의적 사고를 하기 위해서는 고정관념을 버리고, 문제의식을 가져야 한다.

<창의성 검사 도구>

- 정은이(2002)
  - 언어지능(1-8), 논리수학지능(9-13), 공간지능(14-18), 자연지능(19-24), 음악지능(25-30), 신체운동지능(31-33) 대인관계지능(36-36)

번호	문항질문	전혀 그렇지 않다	그렇지 않다	보통 이다	그렇다	매우 그렇다
1	나는 한 가지 일을 여러 가지 각도에 생각 보고 실행한다.					
2	tv 토론 프로그램을 볼 때 그와 관련된 여러 가지 생각이 떠오른다.					
3	일상생활에서 흔히 볼 수 있는 것들을 사용해 특별한 것을 만든다.					
4	처음 보는 새로운 기능과 디자인의 제품을 보면 사고 싶어진다.					
5	내가 좋아하는 일은 시간 가는 줄 모르고 한다.					
6	나는 남에게 얽매이는 것을 싫어한다.					
7	나는 가까운 주변 사람들에게 즐거움을 줄 때가 있다.					
8	언젠가는 내가 하고 싶은 일을 할 수 있을 것이다.					
9	해결하기 어려운 일에 닥쳤을 때 여러 가지 대안을 생각해본다.					
10	사소한 것이라도 나만의 방법으로 참신하게 변화시킨다.					
11	나는 남들이 당연하다고 생각하는 것에 의문을 갖는다.					
12	나는 간섭이나 구속받는 것을 싫어한다.					
13	다른 사람들이 나에 대해 알게 되는 것이 싫다.(R)					
14	친구들은 나에게 도움을 청할 때가 있다.					
15	나 자신의 잠재력에 대한 믿음이 강한 편이다.					
16	나는 하나의 지식을 얻으면 응용하여 다른 데 적용해 보곤한다.					
17	나는 똑같은 재료를 가지고도 여러 가지 다양한 형식으로 표현하려고 노력한다.					
18	나는 전혀 어울릴 것 같지 않은 것들을 결합해 뭔가를 만들곤 한다.					
19	직접 무언가 일상생활에 도움이 되는 것들을 만들어보는 걸 좋아한다.					
20	흥미있는 일은 다른 일을 제쳐두고라도 꼭 해내고야 만다.					

번호	문항질문	전혀 그렇지 않다	그렇지 않다	보통 이다	그렇다	매우 그렇다
21	나는 자유롭게 여행을 하거나 혼자만의 시간을 갖는 것이 두렵다.(R)					
22	나는 여러 가지 다양한 경험을 해보려고 노력한다.					
23	나로 인해 다른 사람들이 행복하게 되는 것을 삶의 큰 기쁨으로 여긴다.					
24	나는 틀에 얽매이지 않고 자유스럽게 사고한다.					
25	나는 살면서 새로운 시도를 많이한다.					
26	나는 남들가 똑같은 방식과 행동을 싫어한다.(R)					
27	나와 다른 생각과 가치관을 가진 사람들과는 잘 어울리지 못한다.(R)					
28	나는 이 세상에서 꼭 필요한 사람이라고 생각한다.					
29	나는 매사를 긍정적으로 생각하고 받아들이려고 노력한다.					
30	나는 사물을 본래의 용도와 다르게 사용할 수 있는 방법을 찾아보곤 한다.					
31	나는 하나의 사건이나 사물을 보고 여러 가지 상상을 한다.					
32	나는 남들이 생각해 내지 못하는 기발하고 특이한 발상을 할 때가 있다.					
33	내가 좋아하는 행사나 모임이 있으면 적극적으로 참여한다.					
34	나는 자유로운 분위기를 좋아한다.					
35	더 나은 생각과 아이디어라면 내 생각과 다르더라도 받아들인다.					
36	여러 사람이 함께 하는 일이 있을 때 사람들과 어울리고 협조하려고 노력한다.					

* (R)은 역채점 문항임.

8. 긍정심리자본

긍정심리자본은 자기효능감, 희망, 낙관주의, 복원력을 통합해서 만든 개념이다(Luthans, Youssef, Avolio, 2007). 이것은 개개인의 발전을 추구하는 긍정적 심리상태(positive psychological state)를 말한다(Luthans, Avolio, Avey & Norman, 2007; Luthans, Youssef, & Avolio, 2007). 긍정심리자본은 사회적 자본(당신은 누구를 알고 있는가, who you know)와 인적자본(당신은 무엇을 알고 있는가, what you know)을 넘어선 새로운 개념으로 당신은 누구인가(who you are)와 당신은 어떻게 변할 수 있는가(how you change)에 관심을 둔다(Luthans, Luthans, & Luthans, 2004). 긍정심리자본의 측정기준은 다음의 네 가지이다(Luthans, Youssef, & Avolio, 2007). 이들 기준들은 개별적으로 측정되는 것이 아닌 한 척도로서 측정되는 컴포넌트이다.

① **자기효능감(self-efficacy)**: 어떤 결과를 가져올 수 있는 행동을 내가 할 수 있다는 믿음이다. 도전적인 과업을 성공하기 위해서 모든 노력을 쏟는 힘을 말한다. 다시 말해, 자기효능감은 주어진 상황에서 특정한 업무를 성공적으로 실행하고자 할 때 필요한 동기부여와 인지적 자원, 그리고 행동의 방향을 결집할 수 있는 능력에 대한 개개인의 자신감을 말한다.

② **희망(hope)**: 목표를 향하여 인내하고 필요한 순간에는 경로를 재설정하는 목표의식이다. 희망은 경로사고(pathway thinking, 방법, 목표를 세분화하여 달성할 수 있는 경로와 방법을 찾을 수 있는 사고)와 목표를 달성할 수 있는 의지와 동기를 갖도록 한다. “나는 이것을 이루어낼 방법을 찾아낼 것이다”이라는 내적 메시지에 확신을 갖는 것이 희망이다. 높은 희망 수준을 보인 리더는 보다 생산적이고 수익이 높은 부서를 관리하며 부하드의 직무만족과 근속기간을 높이는 경향이 있다.

③ **낙관주의(optimism)**: 현재와 미래의 성공에 대한 긍정적 귀인이다. 긍정적 사건

의 발생 원인이 개인적이고 항구적이며 지배적인 내재적 요인들의 결과로 파악하는 반면, 부정적 사건들에 대해서는 일시적이고 특수한 외재적 상황요인들의 결과로 파악하는 귀인요인이다.

④ **복원력(resilience)**: 부정적 사건이나 문제를 경험했을 때, 실패나 역경에 직면했을 때 원래의 상태로 되돌아오거나 그것을 뛰어넘는 것을 말한다. 조직에서 회복력이 있는 사람은 직면한 난국과 현실을 쿨하게 수용하고, 험난한 시기를 보내는 동안 적극적 의미를 찾아 보내면서 그때그때 일을 능숙하게 헤쳐나가는 특징이 있다.

<긍정심리자본 조사지>

- Luthans, Youssef와 Avolio(2007)에서 제시된 긍정심리자본 척도임.
  - 효능감(1-6번), 희망(7-12번), 회복력(13-18번), 낙관성(19-24번)

문항	매우 동의하지 않는다	동의하지 않는다	어느 정도 동의한다	동의 한다	매우 동의 한다
1. 나는 장기적인 문제를 분석해서 해결책을 찾는 일에 자신이 있다.					
2. 나는 내 분야에서 어려움에 처했을 때 이에 대응할 자신이 있다.					
3. 우리 직장에서 전략을 논의할 때 많은 도움이 될 자신이 있다.					
4. 나는 업무(수업/행정업무)에서 목표설정을 도울 수 있는 자신감이 있다.					
5. 나는 문제를 논의하기 위해 학부모나 지역인사들을 자신 있게 접촉할 수 있다.					
6. 나는 동료들에게 내가 가진 정보를 자신 있게 제공할 수 있다.					
7. 만약 업무(수업/행정업무) 중에 어려움을 스스로 해결해야 한다면, 그러한 문제를 해결해 나갈 다양한 방안을 생각해 낼 수 있다.					
8. 요즘 내 목표를 열정적으로 추구하고 있다.					
9. 어떠한 문제든지 그것을 해결할 수 있는 방법은 다양하다.					
10. 나는 지금 직장에서 상당히 성공했다.					
11. 나는 최근 업무목표에 도달할 수 있는 다양한 방안을 찾을 수 있다.					
12. 요즘, 나 자신을 위해 설정한 업무목표를 잘 충족하고 있다.					
13. 직장에서 좌절할 때 그것을 견뎌내고 회복하기가 어렵다.(R)					
14. 나는 종종 직장에서 겪는 어려움을 다양한 방식으로 잘 관리한다.					

문항	매우 동의하지 않는다	동의하지 않는다	어느 정도 동의한다	동의 한다	매우 동의 한다
15. 나에게 업무가 주어진다면 '그래 내 일이야'하고 생각한다.					
16. 나는 종종 직장에서 스트레스를 받는 일에서도, 긍정적인 부분을 찾는다.					
17. 나는 경험이 있기 때문에 직장에서의 힘든 시간을 잘 극복할 수 있다.					
18. 나는 어려 일을 동시에 수행할 수 있다.					
19. 내가 하는 업무의 결과가 불확실할 때 나는 보통 최선의 결과를 기대한다.					
20. 나의 업무와 관련하여 문제가 생기면 그 일이 잘 안될 것이라고 받아들이는 편이다(R))					
21. 나는 항상 내 직무의 밝은 면을 보려고 한다.					
22. 나는 내가 하는 일의 전망에 대해 낙관적이다.					
23. 내가 맡은 일은 결과 내가 원하는 방식으로 풀리지 않는다(R)					
24. 나는 어두운 부분이 있으면 반드시 밝은 부분도 있다는 믿음으로 업무를 대한다.					

* (R)은 역채점 문항임.

9. 학습동기

학습동기는 학습자가 학업을 수행할 수 있도록 하는 원동력이다(Bandura, 1986). 그것은 학습자가 스스로 학습을 선택하고 노력을 기울이며 어려움이 있어도 끈기를 보이게 하는 기제이다(김아영, 2002). 학습동기는 주의집중(Attention), 적절성(Relevance), 자신감(Confidence), 만족(Satisfaction), 즉 ARCS 모형을 주장한 Keller(2013)에 의해 체계화되었다. 그는 학습동기를 수업에서 학습자들의 주의력을 집중시키고, 학습자들의 흥미를 학습내용으로 연관시켜 적절한 학습활동을 확인하며, 학습을 성공할 수 있다는 자신감을 주고, 학습한 경험과 성취에 대해 만족하도록 하는 것으로 보았다.

학습동기는 내재적 동기(intrinsic motivation)와 외재적 동기(extrinsic motivation)로 나누어지며, 내재적 동기는 학습 활동 자체를 목적으로 하는 동기, 외재적 동기는 학습 활동이 다른 무엇을 위한 수단의 의미로 사용되는 동기이다(Schunk, 2006). 내재적 동기가 높은 사람들은 자기 결정감, 호기심, 과제에 대한 몰입, 흥미 등의 요인에 영향을 받는 반면, 외재적 동기가 높은 사람들은 경쟁, 평가, 인정, 금전, 타인의 통제 및 제약 등의 요인에 영향을 받는다.

<학습동기 조사지>

- 김아영(2002)의 학습동기 척도
  - 학업적 자기효능감: 과제수준선호(1-8), 자기조절효능감(9-18), 자신감(19-26,)
  - 학업적 실패내성: 과제수준선호(27-32), 감정(33-38), 행동(39-44)

문항	확실히 아니다	상당히 아니다	약간 아니다	약간 그렇다	상당히 그렇다	확실히 그렇다
1. 나는 쉬운 문제를 여러 개 푸는 것보다 어려운 문제 하나를 푸는 것을 더 좋아한다.						
2. 나는 쉬운 과목보다는 어려운 과목을 좋아한다.						
3. 쉬운 문제보다는 조금 틀리더라도 어려운 문제를 푸는 것이 더 좋다.						
4. 나는 깊이 생각해야 하는 문제보다는 쉽게 풀 수 있는 문제를 더 좋아한다.(R)						
5. 시간이 많이 들더라도 깊이 생각하게 만드는 과목이 더 재미있다.						
6. 나는 복잡하고 어려운 문제에 도전하는 것이 재미있다.						
7. 가능하다면 어려운 과목은 피해가고 싶다.(R)						
8. 학교 공부는 무조건 쉬울수록 좋다.(R)						
9. 나는 수업시간에 배운 내용 중 중요한 것이 무엇인지 잘 파악할 수 있다.						
10. 나는 수업시간 중에 중요한 내용을 잘 기록할 수 있다.						
11. 나는 어떻게 공부하는 것이 효과적인 방법인지를 잘 안다.						
12. 나는 수업시간에 배운 내용 중 내가 무엇을 알고, 무엇을 모르는지 정확히 판단할 수 있다.						
13. 나는 수업시간에 배운 내용을 잘 기억할 수 있다.						
14. 나는 수업시간에 새로 배운 것들을 이미 알고 있는 것과 쉽게 연결시킬 수 있다.						
15. 나는 복잡하고 어려운 내용을 기억하기 쉽게 바꿀 수 있다.						
16. 나는 정해진 시간 안에 주어진 과제를 잘 마칠 수 있다.						
17. 나는 수업시간에 주의집중을 잘 할 수 있다.						

문항	확실히 아니다	상당히 아니다	약간 아니다	약간 그렇다	상당히 그렇다	확실히 그렇다
18. 나는 보통 공부를 시작하기 전에 계획을 세우고 거기에 맞추어 공부한다.						
19. 수업시간에 발표를 할 때 실수를 할 것 같아 불안하다.(R)						
20. 토론을 할 때, 혹시 창피를 당할까봐 내 의견을 제대로 발표하지 못한다.(R)						
21. 선생님과 친구들 앞에서 발표하는 것은 내게 너무 큰 스트레스를 준다.(R)						
22. 수업시간 중에 선생님이 문제를 풀리고 시킬까봐 불안하다.(R)						
23. 선생님이 모두에게 질문을 할 때, 나는 답을 알아도 대답하지 못한다.(R)						
24. 나는 시험 때만 되면 우울해진다.(R)						
25. 시험을 치르기 전에는 시험을 망칠 것 같은 생각이 든다.(R)						
26. 시험이 다가오면 불안해서 잠을 이룰 수가 없다.(R)						
27. 학교 공부 중에서 어려운 것을 좋아한다.						
28. 아주 쉬운 과목보다는 차라리 어려운 과목을 공부하는 것이 더 낫다.						
29. 어렵거나 도전적인 문제를 풀려고 애쓰는 것은 재미있는 일이다.						
30. 생각을 많이 해야 하는 공부가 재미있다.						
31. 좀 틀리더라도 어려운 숙제를 하는 것을 좋아한다.						
32. 시간이 많이 걸리고 생각해야 하는 문제보다는 빨리 끝낼 수 있는 문제를 푸는 것이 낫다.(R)						
33. 학교에서 실수를 하면 기분이 매우 나쁘다.(R)						
34. 학교에서 실수를 많이 하면 매우 우울해지거나 화가 난다.(R)						
35. 나쁜 점수를 받을 때마다 어디론가 숨고 싶어진다.(R)						
36. 선생님 질문에 틀린 답을 하면 매우 기분이 나빠진다.(R)						
37. 학교성적이 나빠지면 매우 슬퍼진다.(R)						
38. 학교공부를 할 때 틀릴까봐 걱정을 많이 한다.(R)						

문항	확실히 아니다	상당히 아니다	약간 아니다	약간 그렇다	상당히 그렇다	확실히 그렇다
39. 학교에서 나쁜 성적을 받으면 틀린 것을 공부해서 다시 풀어본다.						
40. 꼭 해야 하는 것은 아니라도 학교공부 중에서 틀린 것은 다시 공부해 맞춰본다.						
41. 모르는 것이 있으면 선생님께 설명해 달라고 한다.						
42. 학교공부를 하다가 틀리면 계속해서 해보고 또 해본다.						
43. 새로운 학교 과제를 하다가 성공하지 못하면 금방 포기해 버린다.(R)						
44. 나쁜 점수를 받으면 마음을 잡고 열심히 공부하려고 결심하고 한다.						

* (R)은 역채점 문항임.

10. 자기주도학습

자기주도학습은 학습자 스스로가 책임감을 가지고 자신의 학습 전 과정을 주도 하는 것이다(정옥분, 임정하, 정순화, 김리진, 윤정은, 2012). 홍기칠(2014, p. 5)은 자기주도학습을 '개별 학습자가 학습에 주도권을 가지고 자신의 학습요구와 동기를 진단하고, 학습목표를 설정하며, 학습에 필요한 인적, 물적 자원을 확보하고, 인지적, 행동적, 동기적 학습전략을 선택하여 지식을 구성하고, 성취한 학습결과를 스스로 평가하는 과정과 활동'이라고 정의하였다. 이광성(2014, p. 417)은 자기주도학습을 학습자가 학습상황에서 자기 스스로 혹은 학습조력자와의 상호작용을 통해 학습의 계획, 실행, 평가 과정을 주도하고 관리하는 학습이라고 정의하였다.

정옥분 등(2012)은 자기주도학습이 강조되어야 할 중요성을 다음 여섯 가지로 제시하였다. 첫째, 학습과정에서 학습자의 주체적인 해석 과정이 중요하다. 둘째, 학습경험에서 학습자가 주도적으로 참여하는 것이 중요하다. 셋째, 학습과정에서 학습자 자신이 경험하고 깨닫고 발견하는 작업이 중요하다. 넷째, 학습자의 자발적인 의지와 통제력이 중요하다. 다섯째, 학습자의 주도적인 평가능력이 중요하다. 여섯째, 학습의 결과보다 과정이 중요하다.

<자기주도적 학습능력 조사지>

- 이석재, 장유경, 이헌남, 박광엽(2003)
  - 자기주도적 학습능력: 학습욕구진단(1-10), 학습목표설정(11-14), 학습을 위한 자원파악(15-19), 기본적 자기관리능력(20-24), 학습전략의 선택(25-29), 학습실행의 지속성(30-34), 결과에 대한 노력귀인(35-39), 자기성찰(40-44)

문항	매우 드물게	드물게	보통	자주	매우 자주
1. 전에는 몰랐던 것을 알게 되어 즐겁고 재미있게 공부한다.					
2. 누가 시키지 않더라도 내 스스로 책을 사서 읽는다.					
3. 내가 잘 모르는 것이라면, 처음부터 배우는 것을 피한다.(R)					
4. 새로운 것을 배울 때마다 힘들고 피곤하다.(R)					
5. 배우고자 하는 것이 있으면, 아무리 바빠도 그것을 배울 시간을 내어서 배운다.					
6. 내 스스로 학습할 수 있는 능력을 갖고 있다고 믿고 노력한다.					
7. 내가 하고 싶은 공부는 잠을 늦게 자더라도 끝까지 마친다.					
8. 실패를 하더라도 어려운 과제를 풀려고 도전한다.					
9. 좋은 직업을 가질 수 있는 기회를 넓히기 위해서 공부한다.					
10. 모르는 것을 새롭게 알아가는 즐거움 때문에 공부한다.					
11. 학습하거나 과제를 할 때 계획한 일을 언제까지 마쳐야 하는지 날짜나 시간을 미리 결정해둔다.					
12. 매일 해야 할 일의 계획을 세운다.					
13. 내가 세운 계획대로 학습을 진행한다.					
14. 학습을 할 때 먼저 무엇부터 할까 스스로 계획을 세운다.					
15. 학습을 할 때는 주 교재나 노트필기 외에도 다양한 참고문헌을 가지고 한다.					
16. 모르는 것이 있으면 다른 사람에게 잘 질문 한다.					
17. 내가 배우고 싶은 것이 있으면 관심 있는 친구나 동료들을 모아서 함께 공부하든지, 가르쳐 줄 수 있는 선배나 전문가를 찾아서 꼭 배운다.					
18. 내가 배우고 싶은 것이 있으면 모든 방법을 동원해서 알아낸다.					

문항	매우 드물게	드물게	보통	자주	매우 자주
19. 다른 사람들에 비해 시험이나 과제수행을 위해 필요한 다양한 자료들을 적극적으로 수집한다.					
20. 공부가 잘 되는 장소로 가서 공부한다.					
21. 깊은 잠을 자다가도 일어나고 싶은 시간에 스스로 일어날 수 있다.					
22. 다른 사람이 재촉하지 않아도 내 일을 스스로 알아서 한다.					
23. 과제를 항상 기한에 맞게 해낸다.					
24. 준비물이나 과제, 교재 등을 잊어버리고 학습장소에 간 적이 있다.(R)					
25. 강의시간에 속도가 느려서 다 못 적은 것이 있으면 강의가 끝나고 꼭 적는다.					
26. 강의 중 강사의 질문에 대답하려고 노력한다.					
27. 공부할 때 중요한 내용이 무엇일까 계속 생각하면서 공부한다.					
28. 강의시간에 강사가 강조하거나 중요하다고 하는 것을 꼭 적어둔다.					
29. 강의가 끝나고 쉬는 시간에 노트에 필기한 것을 다시 읽어본다.					
30. 과제나 해야 할 일은 끝까지 한다.					
31. 과제나 해야 할 일이 많을 때는 누군가 도와주어야 다 끝낼 수 있다.(R)					
32. 무슨 일이든 내가 시작한 일은 끝까지 한다.					
33. 처음엔 좋아서 시작한 일이라도 싫증이 나면 그만둔다.(R)					
34. 한 가지 일을 하다가도 다른 하고 싶은 일이 생기면 하던 일을 그만두고 새로운 일을 다시 시작한다.(R)					
35. 성적이 잘 안나오면 노력이 부족하다고 생각하고 더 열심히 공부한다.					
36. 시험성적이 잘 안나오면 노력이 부족해서 그렇다고 생각하고 포기한다.(R)					
37. 추진한 과제의 결과가 좋게 나온 것은 운이 좋다고 생각하기보다 추진과정을 잘 관리하였기 때문이라고 본다.					
38. 성적이 잘 나오면 노력을 했기 때문이라고 생각하고 더 열심히 준비한다.					
39. 아무리 내가 노력을 해도 성적에는 운이 많이 작용하므로 운이 좋기만 바란다.(R)					

문항	매우 드물게	드물게	보통	자주	매우 자주
40. 성적이나 과제수행 결과가 왜 잘 나왔는지, 혹은 왜 못 나왔는지를 스스로 평가한다.					
41. 나의 공부습관 중 나쁜 습관이 있는지 스스로 생각해 본다.					
42. 내가 한 일의 결과를 보고 계획을 스스로 수정한다.					
43. 내 성적이나 과제수행결과를 다른 사람들의 것과 비교 분석한다.					
44. 이미 끝난 과제라도 다음에 더 잘 할 수 있는 방법을 생각한다.					

* (R)은 역채점 문항임.

11. 학습전략

학습전략은 학습 목표 달성을 위해 필요한 지식과 기능을 긍정적이고 지속적으로 변화되도록 정신적 조작과 정서적 관리 및 자원과 자신을 관리하는 체계적 활동이다(황재규, 2011, p. 1837). 노원경(2008, p. 263)은 학습을 보다 효과적으로 하기 위하여 학습자 자신이 취하는 모든 방법적 사고 또는 행동으로 학습목표를 정하고 그것을 성취해 가는 과정에서 사용하는 여러 가지 학습기술에 대한 총체적인 개념으로 보았다.

김동일(2005)은 학습전략의 구성요인이 인지적 측면(인지와 초인지 등), 정서적 측면(자아효능감, 학습동기 등), 행동적 측면(자원관리 등)으로 구분하였다. 노원경(2008)은 국내외 대학에서 실시하는 학습전략 프로그램을 메타분석하여 학습전략의 요소들을 목표관리, 시간관리, 수업듣기, 교재읽기, 노트필기, 시험관리, 보고서 쓰기, 발표하기 등으로 구분하였다. 박성미(2009)는 자기관리전략, 시험치기전략, 인지전략, 기억전략, 리포트작성전략, 자원활용전략, 노력하기전략, 협동학습전략 등으로 구분하였다. 이렇듯 학습전략의 구성요소는 학자마다 달리 규정되고 있어서 합의되기 어렵다. 하지만 황재규(2011)가 여러 선행연구들을 메타적으로 분석한 결과를 보면 학습전략의 구성요소의 대강을 알 수 있다. 그는 학습전략을 인지적, 정서적, 행동적 수준으로 구분하였다. 인지적 요소는 주의집중, 시연, 정교화, 조직화, 대인불안 등으로, 정서적 요소는 시험불안, 성적불안, 과제불안, 과제불안, 노력관리, 학습환경관리 등으로, 행동적 요소는 학습자료관리, 타인조력관리, 쓰기관리, 시험치기관리, 토론관리 등으로 분류하였다.

<학습전략 조사지>

- 박성미(2009)
  - 자기관리전략(1-14), 시험치기전략(15-27), 인지전략(28-40), 기억전략(41-46), 리포트작성전략(47-52), 자원활용전략(53-57), 노력하기전략(58-64), 협동학습전략(65-68)

문항	전혀 그렇치 않다	그렇치 않다	보통 이다	그렇다	매우 그렇다
1. 매일 규칙적인 학습시간을 정해두고 이를 실천한다.					
2. 정신이 맑을 때 공부할 수 있도록 학습 시간계획을 세운다.					
3. 수면, 식사, 여가 등을 포함시켜 균형 잡힌 학습 시간계획을 세운다.					
4. 평소 학습 시간계획표를 작성하여 체계적으로 학습하려 한다.					
5. 시험 중 답안을 작성하기 전에 시간을 미리 계획한다.					
6. 다른 사람들에 비해 공부에 더 많은 시간을 투자하는 편이다.					
7. 가급적 그날 배운 강의내용을 복습하려 한다.					
8. 각 과목별로 한 주에 적어도 강의시간의 두 배 정도는 공부한다.					
9. 시험공부는 충분히 여유를 가지고 시작한다.					
10. 학습장소에서 학습에 방해가 되는 요소를 파악하여 없앤다.					
11. 학습시간계획을 세울 때는 달성 가능한 현실적인 학습목표를 수립한다.					
12. 강의를 들을 때 신속하고 정확한 노트 필기를 위해 약어나 기호를 사용한다.					
13. 강의를 들을 때 중심개념을 잘 파악하면서 강의를 듣는다.					
14. 시험공부를 할 때는 공부한 내용에 대하여 문제를 출제해 보면서 공부한다.					
15. 시험을 치룰 땐, 문제를 신중하게 읽고 문제의 모든 부분에 주의를 기울인다.					
16. 시험을 치르기 직전의 강의는 가능한 충실하게 참석한다.					
17. 시험답안지를 제출하기 전에 답안을 다시 한번 충분히 검토해 본다.					
18. 시험공부를 할 때는 노트내용과 강의 중 받은 학습 자료를 충분히 활용한다.					

문항	전혀 그렇치 않다	그렇치 않다	보통이다	그렇다	매우 그렇다
19. 학습내용에 대해 이해할 수 없는 부분이 있으면 다른 사람의 도움을 청한다.					
20. 공부를 시작하기 전에 학습에 필요한 자료와 도구를 갖추어둔다.					
21. 공부할 때는 집중이 잘 되는 조용한 장소에서 한다.					
22. 꼭 필요한 경우에는 늦은 밤이나 주말에도 공부한다.					
23. 노트필기에 빠진 부분이 많을 경우에는 친구 혹은 교수에게 물어본다.					
24. 시험 중 사용이 허락되는 도구를 미리 파악해 둔다.					
25. 시험공부를 하다가 시간이 모자라게 되면 중요한 부분만을 찾아서 한다.					
26. 암기한 내용을 머릿속에서 떠올려본다.					
27. 답안을 작성할 때는 교수가 항상 강조하는 아이디어를 중심으로 답안을 조직한다.					
28. 새로운 내용을 배울 때는 그것과 관련된 상황을 상상해보면서 이해한다.					
29. 새로운 개념이나 이론은 이미 알고 있는 것들과 연결지어 이해하려 한다.					
30. 공부할 분량이 많으면 내용이 어떤 구조로 이루어졌는지 적어본다.					
31. 어떤 주제에 대해 학습할 때 나름대로 내 생각을 정리해 본다.					
32. 새로운 개념을 배울 때는 이해하기 쉽도록 구체적인 예를 떠올려본다.					
33. 복잡한 내용을 학습할 때는 그 내용을 도표로 그리거나 요약해본다.					
34. 책을 읽다가 모르는 단어/구절이 나오면 전후맥락을 고려하여 내용을 추측한다.					
35. 지금 공부하고 있는 내용을 출발점으로 내 자신의 아이디어를 발전시켜 본다.					
36. 교재에서 제시된 주장이나 결론에 대해 또 다른 대안은 없는지 검토해본다.					

문항	전혀 그렇치 않다	그렇치 않다	보통 이다	그렇다	매우 그렇다
37. 책을 읽을 때는 내용을 보다 잘 이해하기 위해 제시된 학습보조자료를 활용한다.					
38. 공부하는 도중에 그 내용을 잘 이해하고 있는지 스스로 질문해보곤 한다.					
39. 중요한 개념은 가급적 이해하기 쉬운 말로 풀어 본다.					
40. 공부를 하기 전에 공부할 분량을 미리 정해놓고 시작한다.					
41. 암기한 내용을 자신의 말로 다시 써 본다.					
42. 정확하게 암기하기 위해 어떤 특정한 상황을 연상하면서 암기한다.					
43. 중요한 개념이 잘 상기되도록 핵심어를 기억해 둔다.					
44. 암기해야 하는 중요한 내용을 잘 선정한다.					
45. 무조건 암기하기보다는 원리와 개념을 이해하면서 암기한다.					
46. 교재를 읽으면서 그 내용을 얼마나 잘 이해하고 있는지를 점검하면서 읽는다.					
47. 리포트의 내용을 글로 표현할 때 상황에 맞는 표현, 어휘, 구문을 활용한다.					
48. 리포트의 내용을 글로 표현할 때 글의 문장을 적당한 길이, 어조로 조절한다.					
49. 리포트의 내용을 일단 글로 표현한 후, 불필요한 표현을 없앤다.					
50. 리포트의 내용을 글로 표현할 때, 나만의 의견을 명확하게 표현할 수 있다.					
51. 리포트의 내용을 글로 표현하기 전에 먼저 개요를 작성해본다.					
52. 리포트를 해결하기 위하여 도서관의 자료를 활용하거나 인터넷 검색을 한다.					
53. 학습내용을 명확하게 이해할 수 없을 때 다른 참고문헌을 계속해서 찾아본다.					
54. 정보가 부족하면 다양한 출처들(강의노트, 교재, 학술지 등)을 찾아본다.					
55. 이해하기 힘든 전공용어가 있으면 사전을 찾아본다.					
56. 노트필기가 완벽하지 못할 때는 참고도서를 찾아본다.					

문항	전혀 그렇치 않다	그렇치 않다	보통 이다	그렇다	매우 그렇다
57. 학습내용과 관련된 자료를 찾기 위해 다양한 방법을 활용한다.					
58. 학습할 내용에 흥미가 전혀 없어도 공부하려 한다.					
59. 학습내용이 너무 어렵거나 복잡해도 포기하지 않고 공부한다.					
60. 공부를 하려고 할 때, 무엇부터 공부할 것인지 순서를 정한 후에 시작한다.					
61. 공부를 시작하기 전, 무엇을, 어떻게 공부할지 미리 머리속으로 생각해 본다.					
62. 시험을 잘 치룰 수 있다는 확신감이 들 때까지 공부한다.					
63. 학습하고자 하는 분량을 결정했을 때, 그것을 마치려고 노력한다.					
64. 리포트는 미루지 않고 그때그때 해결하려 한다.					
65. 친구들이 교재내용에 대해 질문하도록 하고, 나 또한 친구들에게 질문해본다.					
66. 내가 잘 이해했는지 확인하기 위해 공부한 내용을 친구들에게 설명해본다.					
67. 토론이나 발표수업인 경우, 적극적으로 참여하려 한다.					
68. 토론이나 발표 중에도 필요하면, 노트해 둔다.					

12. 학습양식

학습스타일이라고도 일컫는 학습양식은 학습자 개인의 생물학적이고 발달적인 특성으로서 자신을 둘러싸고 있는 환경을 지각하고 처리하며, 이러한 과정에서 나타나는 독특하고 지속적인 개인의 학습 특성이다(고영남, 2013). Gregorc (1982)은 학습유형은 한 개인이 어떻게 학습하고 환경에 적응하는 가를 보여주는 행동들로 구성된다고 하였다. Dunn과 Dunn(1978)은 학습유형이란 개인이 어떠한 정보와 기술에 집중하여 어려운 일을 처리하고 내면화하며 유지시키는가와 관련된 개인적인 선호경향이라고 하였다. 그리고 Kolb(1984)는 학습자가 외부에서 들어오는 정보를 지각하고 처리할 때 선호하는 방법이라고 하였다. 학습양식은 학자마다 여러 가지 이론들로 분류된다. 고영남(2013)은 학습양식에 대한 여러 이론들을 토대로 성격 중심 접근의 학습양식, 정보처리적 접근의 학습양식, 학습 환경 및 수업에서의 사회적 상호작용 접근의 학습양식으로 분류하였다. 성격 중심 접근의 학습양식은 Witkin의 장독립성-장의존성, Kagan의 숙고성-충동성, Briggs와 Myers의 MBTI, Gregorc의 학습양식 등이 있다. 정보처리적 접근의 학습양식은 Kolb의 학습양식, Schmeck의 학습양식, Felderman과 Silverman의 학습양식 등이 있다. 학습 환경 및 수업에서의 사회적 상호작용 접근의 학습양식은 Dunn과 Dunn의 학습양식, Grasha와 Reichmann의 학습양식 등이 있다.

학습양식에 따른 학습자 분류도 여러 방식이 있다(고영남, 2013). 그 예를 들면, Gregorc은 구체적-순차적 학습자, 구체적-임의적 학습자, 추상적-순차적 학습자, 추상적-임의적 학습자로 분류했다. Kolb는 조절적 학습자, 확산적 학습자, 동화적 학습자, 수렴적 학습자 등으로 분류했다. Felderman과 Silverman은 감각적 학습자, 직관적 학습자, 시각적 학습자, 언어적 학습자, 활동적 학습자, 반성적 학습자, 순차적 학습자, 통합적 학습자 등으로 분류하였다. Dunn과 Dunn은 청각적-분석적 학습자, 청각적-통합적 학습자, 시각적-분석적 학습자, 시각적-통합적 학습자, 촉각적-분석적 학습자, 촉각적-통합적 학습자, 운동감각적 학습자 등으로 분류하였다.

<학습양식 조사지>

- Felder man & Silverman 학습양식 척도

1. 나는 ______, 더 잘 이해한다.

   (a) 직접 해보았을 때
   (b) 깊이 생각하였을 때

2. 나는 ______사람으로 불리는 것을 좋아한다.

   (a) 현실적
   (b) 혁명적

3. 어제 일어난 일을 생각한다면, 나는 대체로 ______으로 떠오른다.

   (a) 그림 장면
   (b) 단어 혹은 문장

4. 나는 ______하는 경향이 있다.

   (a) 주제의 세부내용을 이해하지만, 전체 윤곽의 파악을 어려워
   (b) 전체 구조는 잘 파악하지만, 세부내용의 이해를 어려워

5. 내가 새로운 무엇인가를 배울 때, ______ 이 내게 도움이 된다.

   (a) 그것에 대해 말하는 것
   (b) 그것에 대해 생각하는 것

6. 내가 만약 교사라면, 나는 ______과정을 가르치고 싶다.

   (a) 사실과 실제 상황(실험)을 다루는
   (b) 아이디어와 이론 (사고적인)을 다루는

7. 나는 새로운 정보를 얻을 때, ______ 형태를 좋아한다

   (a) 그림, 도표, 그래프 혹은 지도 등
   (b) 지침서 혹은 언어 정보 (말로 설명)

8. 나는 ______.

(a) 모든 부분을 먼저 이해하고, 전체 내용을 파악한다.
(b) 전체 사실을 먼저 파악하고, 부분을 어떻게 적용되는지 이해한다.

9. 스터디 그룹에서 어려운 과제를 다루면, 나는 ______.

(a) 참여하고 아이디어를 제공하는 편이다.
(b) 뒤에 앉아서 듣는 편이다.

10. 나는 ______을 배우는 것이 보다 쉽게 느껴진다.

(a) 사실
(b) 개념

11. 그림이나 도표가 많은 책을 보면, 나는 ______

(a) 그림이나 도표를 주의 깊게 보는 편이다.
(b) 그것을 설명하는 문장에 관심이 가는 편이다.

12. 내가 수리문제를 풀 때, 나는 ______

(a) 보통 바로 답을 얻기 위해서 내 방식대로 풀어본다.
(b) 해답을 먼저 보지만, 답이 얻어지는 과정을 익히려고 노력한다.

13. 학급에서 나는 ______

(a) 보통 가능한 많은 친구들을 사귀려고 하는 편이다.
(b) 거의 많은 친구를 사귀려고 하지 않는 편이다.

14. 비소설류 (nonfiction) 독서에서, 나는 ______ 것을 선호한다.

(a) 새로운 사실이나 그것을 하는 방법을 말해주는
(b) 생각하고 새로운 아이디어를 제공하는

15. 나는 수업시간에 ______ 교사를 좋아한다.

(a) 도표나 그림을 많이 소개하는
(b) 설명하는데 시간을 많이 보내는

16. 이야기나 소설을 분석할 때, 나는 ______

(a) 사건을 생각하고, 주제들을 이해하기 위해서 서로 사건을 연관시키는 편이다.
(b) 책을 읽은 후에 주제가 무엇인지 알고, 다시 되돌아가서 그들을 입증하기 위해서 사건을 찾는다.

17. 나는 숙제를 할 때, 나는 대게 ______

(a) 즉시 문제풀이를 시작하는 편이다.
(b) 먼저 문제를 충분히 이해하려고 노력하는 편이다.

18. 나는 ______ 아이디어를 좋아하는 편이다.

(a) 확실한
(b) 이론적인

19. 나는 ______을 잘 기억한다.

(a) 본 것
(b) 들은 것

20. 나는 ______ 교사가 내가 더 좋다.

(a) 분명하고 연속적인 단계로 재료를 제공해주는
(b) 전체 윤곽과 다른 단원과 관련되는 자료를 제공해주는

21. 나는 ______ 공부하는 것을 좋아한다.

(a) 스터디 그룹에서
(b) 혼자서

22. 나는 ______ 생각하는 것을 좋아하는 편이다.

(a) 과제(나의 일)의 세부사항을 면밀히
(b) 과제를 해결하는 방법을 창의적으로

23. 나는 새로운 장소의 방향을 찾으려 할 때, 나는 ______를 보는 편이다.

(a) 지도
(b) 안내문

24. 나는 ______

(a) 매우 꾸준히 공부하며, 열심히 노력하면 이해할 수 있다고 생각한다.
(b) 중단과 시작을 반복하면서 공부하며, 전체가 혼란스럽기도 하고 갑자기 이해되기도 한다.

25. 나는 ______ 하는 편이다.

(a) 먼저 일을 시작
(b) 일을 어떻게 시작할 것인지에 대해서 먼저 생각

26. 나는 흥밋거리를 읽을 때, 작가가 ______ 하는 것을 좋아한다.

(a) 의미하는 것이 무엇인지 분명하게 말하는
(b) 창의적이고 흥미로운 방법으로 사물을 말하는

27. 교실에서 도표나 스케치를 볼 때, 나는 ______을 더 잘 기억한다.

(a) 그림
(b) 교사가 설명한 것

28. 정보의 실체를 파악할 때, 나는 ______

(a) 세부 사항에 초점을 두고 전체 윤곽을 놓치는 편이다.
(b) 세부 사항에 알기 앞서 전체 윤곽을 이해하려는 편이다.

29. 나는 _______을 잘 기억한다.

(a) 해본 것
(b) 깊이 생각해본 것

30. 나는 일을 수행할 때, 나는 _______ 하는 편이다.

(a) 정해진 방법으로 일을 완수하려고
(b) 그 일을 해결하는 새로운 방법을 찾으려고

31. 나는 다른 사람의 자료를 볼 때, 나는 _______ 을(를) 좋아한다.

(a) 차트나 그래프
(b) 결과를 정리한 요약문

32. 보고서를 쓸 때, 나는 _______작업을 좋아한다.

(a) 보고서의 시작과 전개 (그것에 대한 생각 혹은 쓰기)
(b) 보고서의 차이점과 순서 (그것에 대한 생각 혹은 쓰기)

33. 내가 그룹 프로젝트를 수행할 때, 나는 먼저 _______ 하기를 바라는 편이다.

(a) 누구나 아이디어를 발표하는 "그룹 브레인스토밍"
(b) 개인적으로 머리를 짜내고 그 다음 함께 모여 아이디어를 비교

34. 다른 사람이 나에게 _______ 사람이라고 부르는 것이 가장 높은 칭찬이라고 생각한다.

(a) 현명한
(b) 상상력이 풍부한

35. 모임에서 사람을 만날 때, 나는 _______을 잘 기억하는 편이다.

(a) 그들의 모습
(b) 그들이 한 말

36. 나는 새로운 주제를 공부할 때, 나는 ______ 하는 편이다.

(a) 그 주제에 집중하면서 내가 할 수 있는 힘껏 공부
(b) 주제와 그와 관련된 주제들을 연결지려고

37. 나는 ______ 으로 보이는 편을 더 좋아한다.

(a) 사교적
(b) 내성적

38. 나는 ______를 강조하는 수업을 선호한다.

(a) 구체적인 자료 (사실, 자료)
(b) 추상적인 자료 (개념, 이론)

39. 오락(파티) 대신에, 나는 ______

(a) TV를 보는 편이다.
(b) 독서를 한다.

40. 어떤 교사들은 수업의 개요를 설명하고 강의를 시작한다. 이러한 개요는 ______

(a) 내게 약간 도움이 된다.
(b) 내게 아주 도움이 된다.

41. 그룹으로 과제를 수행하는 데, 전체 그룹에서 1등급을 받으려는 것은

(a) 나에게 관심거리다.
(b) 나에게 관심을 끌지 못한다.

42. 내가 오랫동안 계산하는 일을 할 때, 나는 ______

(a) 모든 단계를 반복하고 주의 깊게 나의 일을 확인하려고 한다.
(b) 나는 꼼꼼하게 나의 일을 확인하고 그렇게 하는 것이 내게 힘을 준다.

43. 내가 가본 장소는 ______ 그림을 그린다.

(a) 쉽게 아주 정확하게
(b) 어렵고 덜 자세하게

44. 그룹에서 문제를 해결할 때, 나는 ______ 에 대해 생각하는 것을 보다 더 좋아한다.

(a) 풀이과정에서 단계
(b) 전 범위에서 가능한 결론 혹은 해답의 적용

점수 계산표

Active/ Reflective (활동적/반성적)			Sensory/intuitive (감각적/직관적)			Visible/ Verbal (시각적/ 언어적)			Sequencial/ Global (순차적/ 전체적)		
Q	a	b	Q	a	b	Q	a	b	Q	a	b
1			2			3			4		
5			6			7			8		
9			10			11			12		
13			14			15			16		
17			18			19			20		
21			22			23			24		
25			26			27			28		
29			30			31			32		
33			34			35			36		
37			38			39			40		
41			42			43			44		
4개의 영역에서 (a), (b)개수의 합을 나타내기											

Active/ Reflective (활동적/반성적)		Sensory/intuitive (감각적/직관적)		Visible/ Verbal (시각적/ 언어적)		Sequencial/ Global (순차적/ 전체적)	
a	b	a	b	a	b	a	b
( )	( )	( )	( )	( )	( )	( )	( )
위 4개의 각 영역에서 (높은 항목 - 낮은 항목): 예)Active/ Reflective영역에서 (a)가 3개이고, (b)가 8개라면 아래의 빈칸에 _____라고 쓰시면 됩니다.							

학습양식		학습양식에 따른 특징
정보처리	활동적	외향적인 특성으로 학습과정 중 토론이나 협동활동 등을 통해 문제를 해결하는 방법을 선호
	반성적	내향적인 특성으로 자기평가, 반성적 학습활동을 통해 문제를 해결하는 방법을 선호
정보지각	감각적	사실, 데이터, 관찰 선호 / 구체적, 실제적, 규칙적, 사실지향적 경향 잘 조직된 순서에 따라서 정보를 인식하는 방법을 선호
	직관적	개념, 원리, 모형 선호 / 상상적, 이론지향적, 의미지향적 경향 기억을 바탕으로 학습자가 자유롭게 정보를 조직하는 방법을 선호
정보입력	시각적	시각적인 정보인 그림, 도표, 사진, 미디어 콘텐츠를 선호
	언어적	언어적 정보인 텍스트나 음성 콘텐츠를 선호
정보이해	순차적	연속적이며 단계적, 구조적 학습방법을 선호
	전체적	전체적이고 포괄적인 관점에서 바라보며 자유로운 이해 방법과 다양한 학습방법을 선호

13. 학업적 자기효능감

학업적 자기효능감은 학습자가 학업적 과제의 수행을 위해 필요한 행위를 조직하고 실행해 나가는 자신의 능력에 대해 내리는 판단이다(김아영, 박인영, 2001, p. 97). 이경희, 김지연(2014, p.36)은 학업적 자기효능감을 자신이 성취하고자 하는 목표를 달성하기 위하여 요구되는 능력이나 활동을 적절하게 수행할 수 있는 능력에 대한 개인의 기대와 예측을 수반하는 주관적 판단으로 보았다. 학업적 자기효능감이 높은 학습자는 높은 학업성취, 도전적 과제 선택, 과제의 성공적 수행을 위한 노력, 끈기 있는 과제 수행, 낮은 불안감, 수업에 대한 집중도와 참여도, 교과에 대한 흥미와 가치, 과제 수행에 대한 인식, 효과적인 학습전략 선택, 높은 자기조절능력, 학교생활적응도, 진로결정수준을 보이는 것으로 알려져 있다(김아영, 박인영, 2001; 이경희, 김지연, 2014).

학업적 자기효능감의 구성요소는 김아영, 박인영(2001)에 의해 체계적으로 제시되었다. 이들은 학업적 자기효능감이 자신감, 자기조절효능감, 과제난이도 선호 등 3개 요인으로 제시하였다. 자신감은 자신의 가치와 능력에 대한 개인의 확신 또는 신념의 정도이다. 자기조절효능감은 개인이 자기관찰, 자기판단, 자기반응과 같은 자기조절적 기제를 잘 수행하는 수 있는가에 대한 효능 기대이다. 과제난이도 선호는 자신이 통제하고 다룰 수 있다고 생각하는 도전적이고 구체적인 목표를 선택하는 과정을 통해 표출되는 것이다.

<학업적 자기효능감 조사지>

- 김아영, 박인영(2001)의 학업적 자기효능감 척도
  - 과제난이도선호(1-10), 자기조절효능감(11-20), 자신감(21-28)

문항	확실히 아니다	상당히 아니다	약간 아니다	약간 그렇다	상당히 그렇다	확실히 그렇다
1. 나는 복잡하고 어려운 문제에 도전하는 것이 재미있다.						
2. 가능하다면 어려운 과목은 피해가고 싶다. (R)						
3. 나는 깊이 생각해야 하는 문제보다는 쉽게 풀수 있는 문제를 더 선호한다. (R)						
4. 비록 실패하더라도 다른 친구들이 풀지 못한 문제에 도전하는 것이 즐겁다.						
5. 시간이 많이 들더라도 깊이 생각하게 만드는 과목이 더 재미있다.						
6. 만약 여러 과목 중 몇 과목만 선택할 수 있다면, 쉬운 과목만을 선택할 것이다. (R)						
7. 학교 공부는 무조건 쉬울수록 좋다. (R)						
8. 쉬운 문제보다는 조금 틀리더라도 어려운 문제를 푸는 것이 더 좋다.						
9. 나는 쉬운 문제를 여러 개 푸는 것보다 어려운 문제 하나를 푸는 것을 더 좋아한다.						
10. 나는 쉬운 과목보다는 어려운 과목을 좋아한다.						
11. 나는 수업시간에 새로 배운 것들을 이미 알고 있는 것과 쉽게 연결시킬 수 있다.						
12. 나는 보통 공부를 시작하기 전에 계획을 세우고, 거기에 맞추어 공부한다.						
13. 나는 수업시간 중에 중요한 내용을 잘 기록할 수 있다.						
14. 내가 싫어하는 수업시간에도 주의집중을 잘 할 수 있다.						
15. 나는 복잡하고 어려운 내용을 기억하기 쉽게 바꿀 수 있다.						
16. 나는 수업시간에 배운 내용을 잘 기억할 수 있다.						
17. 나는 어떻게 공부하는 것이 효과적인 방법인지를 잘 안다.						
18. 나는 정해진 시간 안에 주어진 과제를 잘 마칠 수 있다.						

문항	확실히 아니다	상당히 아니다	약간 아니다	약간 그렇다	상당히 그렇다	확실히 그렇다
19. 나는 수업시간에 배운 내용 중 내가 무엇을 알고, 무엇을 모르는지 정확히 판단할 수 있다.						
20. 나는 수업시간에 배운 내용 중 중요한 것이 무엇인지를 잘 파악할 수 있다.						
21. 선생님과 친구들 앞에서 발표하는 것은 내게 너무 큰 스트레스를 준다. (R)						
22. 시험을 치루기 전에는 시험을 망칠 것 같은 생각이 든다. (R)						
23. 수업시간 중에 선생님이 문제를 풀라고 시킬까봐 불안하다. (R)						
24. 토론을 할 때, 혹시 창피를 당할까봐 내 의견을 제대로 발표하지 못한다. (R)						
25. 수업시간에 발표를 할 때, 실수를 할 것 같아 불안하다. (R)						
26. 선생님이 모두에게 질문을 할 때, 답을 알아도 대답하지 못한다. (R)						
27. 시험이 다가오면 불안해서 잠을 이룰 수가 없다. (R)						
28. 나는 시험 때만 되면 우울해 진다. (R)						

* (R)은 역채점 문항임.

14. 학습몰입

Csikszentmihalyi(2004)는 몰입을 행위에 깊게 빠져 시간의 흐름이나, 공간, 더 나아가서는 자신에 대한 생각까지도 잊어버리게 될 때를 일컫는 심리적 상태로 보았다. 이러한 정의를 적용하여 박성익, 김연경(2006, p. 96)은 학습몰입을 학습과제 해결이나 어떤 학습활동에 완전히 빠져들어 오로지 과제해결을 위하여 모든 정신과정과 활동을 하나로 모으는 최상의 집중경험으로 보았다.

Csikszentmihalyi(2004)는 몰입경험에서 일어나는 아홉가지 특성을 다음과 같이 분류하였다(김아영, 탁하얀, 이채희, 2010; 석임복, 강이철, 2007). 첫째, 몰입상태는 도전과 기술의 상태로 수행자가 어떤 상황에 도전하여 그에 적절한 개인의 기술이나 능력을 사용할 때 도전과 기술 사이의 균형과 조화를 이루게 된다. 둘째, 행동과 지각의 일치 상태는 수행자가 몰입하는 동안 행동에 대한 자신의 지각이 일치하여 수행이 거의 자동적으로 이루어지는 상태이다. 셋째, 몰입은 '명확한 목표'가 있는 상태로 행위자가 완전한 몰입이 가능한 이유는 사전에 명확한 목표를 설정하였기 때문이다. 넷째, 몰입은 '구체적 피드백'이 있는 상태이며, 이것은 수행 중의 활동에 대한 정확하고 신속한 피드백을 의미한다. 다섯째, 몰입상태에서는 수행하고 있는 과제에 대한 '전적인 집중'을 한다. 여섯째, 몰입 상태에 있는 사람은 자신의 행동과 환경에 대한 '통제감'을 가진다. 일곱째, 몰입 중에는 '자의식의 상실'을 경험하는데 이것은 자기 자신의 존재를 인식하지 못할 만큼 활동과 자신이 하나가 되는 것을 말한다. 여덟째, 몰입상태에서는 시간이 평소보다 빠르게 혹은 느리게 왜곡되어 지각되는 '시간의 변형된 느낌'을 갖는다. 아홉째, '자기목적적인 경험(autotelic experience)'으로 미래에 올 수 있는 어떤 이익에 대한 기대가 없는, 행동 그 자체가 보상이 되는 경험을 의미하는 것으로 내재동기의 특징을 공유한다.

학습몰입의 구성요인은 Csikszentmihalyi(2004)가 분류한 9가지 몰입 특성들, 즉 도전과 능력의 조화, 행동과 의식의 통합, 명확한 목표, 구체적인 피드백, 과제에 대한 집중, 통제감, 자의식의 상실, 시간 감각의 왜곡, 자기 목적적 경험 등 아홉 가지로 구분하는 경향이 높다. 그 예는 학습몰입 척도를 개발한 김아영, 탁하얀, 이채희(2010)에서 찾을 수 있다.

<학습몰입 척도>

- 김아영, 탁하얀, 이채희(2010)의 성인용 학습몰입 척도
  - 도전-기술 균형(1-3), 명확한 목표(4-6), 구체적 피드백(7-9), 행동-지각 일치(10-12), 과제집중(13-15), 통제감(16-18), 자의식 상실(19-21), 변형된 시간 감각(22-24), 자기목적적 경험(25-29)

문항	확실히 아니다	상당히 아니다	약간 아니다	약간 그렇다	상당히 그렇다	확실히 그렇다
1. 나의 능력은 새로운 내용을 완전히 이해하기에 충분하다.						
2. 새로운 내용을 공부하는 것이 어렵지만 내 실력이라면 충분히 해낼 수 있다고 믿는다.						
3. 나는 새로운 학습 내용에 도전할만한 능력을 가지고 있다.						
4. 공부를 시작하기 전에 공부할 양을 미리 정한다.						
5. 나는 공부할 때 목표를 분명히 세워둔다.						
6. 나는 공부할 때 내가 해야 할 일이 무엇인지 정확히 알고 있다.						
7. 나는 내가 제대로 공부하고 있다고 느낀다.						
8. 나는 공부하는 동안 얼마나 잘하고 있는지 정확하게 안다.						
9. 나는 내가 공부하고 있는 것을 보면 얼마나 잘하고 있는지 말할 수 있다.						
10. 나는 공부할 때 특별히 생각하지 않아도 저절로 진행된다.						
11. 공부하는 과정이 물 흐르는 것 같이 자연스럽다.						
12. 나는 공부하는 과정이 자동적으로 일어나는 것처럼 느껴진다.						
13. 나는 공부할 때 완전히 빠져 들곤 한다.						
14. 공부를 할 때는 다른 생각을 전혀 하지 않는다.						
15. 나는 공부할 때 완전히 집중한다.						
16. 나는 공부할 때 나 자신을 완전히 장악하고 있다는 느낌이 든다.						
17. 나는 공부할 때 내가 하고자 하는대로 할 수 있다.						
18. 나는 공부를 할 때 모든 절차가 내 자신의 휘하에 있다고 느낀다.						

문항	확실히 아니다	상당히 아니다	약간 아니다	약간 그렇다	상당히 그렇다	확실히 그렇다
19. 나 자신을 잊어버릴 정도로 공부에 몰두하곤 한다.						
20. 공부할 때 너무 집중해서 다른 사람이 말을 해도 못 알아듣곤 한다.						
21. 나는 공부할 때 내 주변에서 무슨 일이 일어나는지 잘 모른다.						
22. 공부에 집중할 때는 시간이 흐르는 속도가 평소와 다르게 느껴진다.						
23. 공부하는 동안에는 시간가는 줄 모른다.						
24. 공부하는 동안은 시간이 매우 빠르게 흐른다.						
25. 나는 결과에 상관없이 공부하는 것 자체를 즐긴다.						
26. 나는 공부를 하는 동안 행복하다고 느낀다.						
27. 공부를 하는 과정 자체가 재미있다.						
28. 나는 공부하는 시간이 즐겁다.						
29. 공부는 나에게 신나는 일이다.						

Chapter 10

평생교육 프로그램 개발 및 평가

사전학습

1. 학습자 중심 수업은 학습자에게 의미 있는 학습경험을 제공하여 진정한 배움을 성취할 수 있도록 하는 것이다. 이들 학습방법으로는 문제중심학습, 프로젝트기반학습, 사례기반학습, 액션러닝, 협동학습, 학습공동체, 플립러닝 등이 있다.
2. 학습자 중심 수업을 위해서 구성주의 학습환경을 고려할 필요가 있다. 이것은 학습자가 학습활동에 자발적이고 주도적으로 참여하여 의미 있는 학습환경을 경험하여 지식을 능동적이며 자발적으로 구성할 수 있도록 조성된 학습환경이다. 이를 위해서는 Jonassen이 제시한 학습환경 설계를 참조할 필요가 있다. Jonassen은 문제/프로젝트, 관련 사례, 정보지원, 인지도구, 대화/협력도구, 사회적/맥락적 지원 등 6개 요소와 모든 학습자의 학습활동을 지원하는 모델링, 코칭, 스캐폴딩 등 3개의 교수학습활동으로 구성될 것을 제시했다.
3. 학습자 중심 교수학습 설계 방법으로 ADDIE 모형과 ASSURE 모형이 있다. ADDIE 모형은 분석, 설계, 개발, 실행, 평가 등 5단계로 이루어지며, ASSURE 모형은 학습자 분석, 목표진술, 교육방법・미디어・교수자료 개발, 미디어와 교수자료 활용, 학습자의 참여요구, 평가와 수정 등 6단계로 이루어진다.
4. Keller가 제시한 학습동기 모형은 ARCS 모형으로 학습자 주의력(Attention), 학습과제와 학습활동이 학습자의 다양한 흥미와 부합되어야 한다는 관련성(Relevance), 학습자의 학습속도와 난이도에 따라 학습전략을 제공하여 학습에 대한 도전을 갖게 하는 자신감(Confidence), 유발한 동기를 지속적으로 유지하도록 긍정적 피드백을 제공하는 만족감(Satisfaction)으로 구성된다.
5. 21세기 디지털 학습환경에서는 학습자 개인에게 필요한 정보와 지식을 탐색하고 분석하여 활용할 수 있는 디지털 테크놀로지 활용이 중요하다. 교수학습 상황에서 언어로 표현하는 것보다 사진이나 그림 및 동영상을 활용하거나 워크숍, 실습 및 체험활동 등을 제공하는 등 여러 활동을 통해 학습을 극대화할 필요가 있다는 Dale의 경험적 원추는 시사점이 크다.
6. 평생교육 프로그램은 평생교육에 대한 교육내용, 교육방법, 교육활동 및 교육매체 등을 총괄적으로 명시한 일련의 학습활동을 망라한 교육계획이다. 평생교육 프로그램 개발은 요구와 관심 분석, 프로그램 우선순위 판단, 프로그램 목표 설정, 프로그램 설계, 프로그램 실행 및 평가 등의 단계로 진행된다.
7. 평생교육 프로그램 평가는 사용자 입장에서 왜에서 시작에서 결국 무엇을 산출했는가를 점검하여 계속적인 변화 촉진과 개선, 지식의 축적 등을 위해 실시된다. 평생교육 프로그램 평가는 목표지향적 모형, 의사결정주심 모형, 결과중심 평가모형 등이 있고, 평가과정 설계, 평가도구 선정 및 개발, 평가자료 수집 및 분석, 평가겨과 보고 및 활용 등의 단계를 거친다.
8. 평생교육기관 평가는 평생교육기관에서 운영하는 프로그램이 설정한 학습목표를 어느 정도 달성했는지, 학습활동이 계획대로 진행되었는지, 그리고 학습자들의 학습과 성장에 어떠한 영향을 주었는가를 확인하는 활동이다. 평생교육기관 평가는 프로그램 서비스 질 평가, 고객만족도 평가 등으로 실시된다.

1. 학습자 중심 프로그램(수업)[1]

1) 학습자 중심 수업의 의미와 유형

학습자 중심 수업은 단순한 활동형 중심 수업을 실행하는 것이 아닌, 학습자에게 의미 있는 학습 경험을 제공하여 진정으로 배움을 성취할 수 있도록 해야 한다는 것을 뜻한다. 학습자활동 중심 교수・학습 방법으로는 기존의 교수・학습 모형을 활용한 문제중심학습, 프로젝트학습, 토의・토론학습, STEAM 교육 등이 있으며 새로운 교수・학습 방법으로 액션러닝, 하브루타, 소셜러닝 등이 있다.

학습자 중심 수업의 실제는 어떨까? 첫째, 질문과 토론을 통해 새로운 지식을 만들어가는 수업일 것이다. 이것은 학습자들이 현존하는 지식을 암기하는 것이 아닌 새로운 지식을 생성할 수 있는 창의력을 키워야 하며, 이러한 창의력은 끊임없이 질문하고 토론하며, 함께 문제를 해결하는 과정에서 길러지기 때문이다.

둘째, 학습의 결과로서 지식을 이해하고 획득하는 것뿐 아니라 학습의 과정에 수반되는 다양한 기능 활동을 충분히 경험하는 수업이다. 이를테면, 탐구학습의 경우, 가설 검증의 '결과'가 무엇인가를 아는 것도 중요하지만, 가설을 검증하기 위해 자료를 수집하고, 수집한 자료를 다각도로 분석하고, 의미 있는 결과를 도출해내는 과정 자체를 충분히 경험할 수 있는 수업이어야 할 것이다. 이를 위해 수업은 '지식을 실제의 삶에 적용할 수 있는 능력을 키우는 것'이라고 할 때는 다양한 기능적 차원의 활동, 이를테면, 분석하기, 추론하기, 분류하기, 예측하기, 성찰하기 등 기능 차원의 활동을 충분히 경험할 수 있도록 구성되어야 할 것이다. 또한 결과를 도출하기까지의 과정을 충분히 경험하여 알게 된 지식이나 개념, 원리는 피상적 수준이 아닌 심층적으로 이해하게 되어, 다른 상황이나 맥락에 전이가 가능해지도록 구성되어야 할 것이다.

---

1) 김규태(2018), 교육학논리와 논술에서의 내용.

학습자 중심 교육

학습자 중심 교육이 강조되고 있는 이유는 지식이 어떻게 형성되고 습득되는가를 다루는 인식론으로 설명할 수 있다. 학습자 중심 교육을 설명하는 가장 대표적인 이론은 구성주의이다. 구성주의의 인식론에 따르면, 지식이란 외부에서 주어진 정보나 상황 등을 개인 학습자의 선지식, 선경험에 근거하여 선택적으로 그리고 자신에게 의미 있는 모습으로 받아들여 재구성한 개별적 이해나 해석이라 보고 있다. 아무리 교사가 체계적으로 구성, 전달하는 지식이라고 해도 그것은 개인 학습자들이 지닌 스키마(이해틀)를 통과하는 과정 중에 개별적 의미와 해석으로 재구성된다. 다만 개별적 의미구성과 이해로서의 지식이 사회 안에서 좀 더 생존력 있게(viable) 통용되고 소통되기 위해서는 또 다른 한 과정을 거치게 되는데, 그것이 바로 다른 사람들과의 상호작용이라는 과정이다. 이런 과정을 통해 최종적으로 도달하는 개별적 의미구성과 해석이라는 지식은 이미 그 안에 반은 개별성, 반은 사회성을 담은 생존력 있는 지식이 된다. 이러한 구성주의 인식론에 근거해볼 때, 모든 학습의 시작은 당연히 개개인 학습자들의 경험, 관심, 이해로부터 이루어져야 하며, 이로 인해 학습자를 중심으로 하는 교육은 실천적 타당성을 얻을 수밖에 없다.

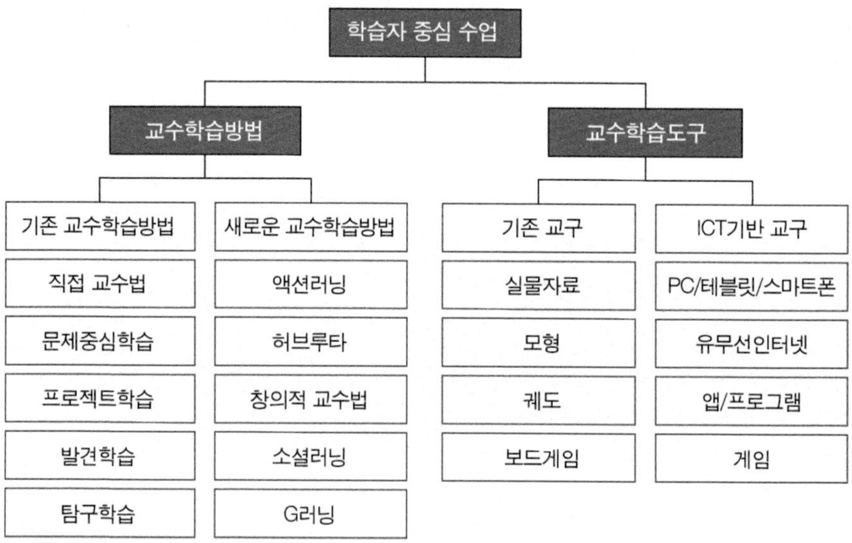

2) 학습자 중심 수업 유형

(1) 프로젝트 기반학습(Project-Based Learning)

프로젝트 기반학습이란 프로젝트에 의한, 프로젝트를 통한 학습을 의미한다. 이것은 학습자가 학습의 전 과정에 주도적으로 참여를 하며, 다양한 탐구활동의 결과에 대해 표현하는 활동을 포함한다. 즉, 학습자 스스로 생각하고 있는 것을 구체적으로 실현하기 위하여 계획을 세우고, 일정한 프로젝트를 수행하고 연구하는 방식의 교수-학습 방법을 말한다.

(2) 사례기반학습(Case-Based Learning)

사례기반학습은 과거의 사건이나 사례의 내용을 학습내용이나 주제에 적합하도록 가공하여 학습을 가능하게 하는 체계적인 방법이다. 이것은 실생활의 상황과 사건에 의존하여 문제를 해결하는 과정을 거친다. 학생들은 사례를 활용하기 위한 분석 과정에서 의사결정과 문제해결을 위한 교육적 경험을 갖게 하는 교수학습방법이다.

(3) 문제중심학습(Problem-based learning, PBL)

문제중심학습은 실제적인 문제를 학습자들이 해결하는 과정에서 학습이 이루어지는 학습자 중심의 학습환경이자 모형이다. 학습자들은 사고 전략과 영역 지식을 함께 배우게 된다. 문제중심학습은 유연한 지식, 효과적인 문제 해결 능력, 자기 주도 학습, 효과적인 협업 능력, 내재적 동기를 학습자들이 계발하도록 돕는 데에 있다. 문제중심학습은 능동적 학습의 한 가지 양식이라고 할 수 있다. 학습자들은 집단 협업을 통해서 이미 알고 있는 것과 알아야 할 것, 문제 해결에 도움이 될 정보가 어디에 있으며 어떻게 접근해야 하는지를 찾아내게 된다. 교수자(문제중심학습에서는 튜터tutor라고 한다)의 역할은 학습 과정을 관찰하고 안내하고 보조함으로써 학습을 촉진하며, 학생들에게 문제에 도전할 수 있는 자신감을 형성하고 격려해 주는 역할을 담당한다.

(4) 액션러닝(Action Learning)

액션러닝은 조직구성원이 팀을 구성하여 동료와 촉진자(facilitator)의 도움을 받아 실제 업무의 문제를 해결함으로써 학습을 하는 훈련방법이다. '행함으로써 배운다'(Learning by Doing)라는 학습원리를 근간으로 4~6명을 한 팀으로 구성, 실천현장에서 발생하는 문제(Real Problems)를 팀 학습(Team Learning)을 통해서 다양한 아이디어를 도출, 실제 적용하는 과정에서 발생하는 교수학습방법이다.

▌문제중심학습과 액션러닝의 공통점과 차이점

문제 중심학습과 액션러닝은 다음과 같은 측면에서 유사하다. 우선, 두 개의 학습법 모두 학습자들의 직접적인 경험을 통한 의미 있는 학습을 강조하며, 실제적 과제해결을 통해 학습이 이루어진다. 둘째, 학생들은 자기 주도적으로 과제를 해결하기 위해 필요한 자료를 수집, 분석, 종합, 적용하게 되며, 이때의 교사는 내용 전달자가 아니라 학습의 조력자 역할을 하게 된다. 셋째, 둘 모두 팀원의 협동을 중요하게 여기며, 협동하는 과정에서 과제해결능력이 향상되며, 과제 활동 후 이루어지는 성찰 시간을 통해 진정한 의미에서의 학습이 이루어진다.

하지만 액션러닝과 문제중심학습은 차이가 있다. 그 차이점은 과제의 실제성, 과제해결 프로세스, 조력자의 역할을 들 수 있다. 과제의 실제성의 경우 액션러닝은 학생들의 삶과 직접적인 관련이 있는 실제적인 과제인 반면, 문제 중심 학습은 학생들의 삶과 간접적으로 연관이 있는 문제를 학습상황에 적용시킨 실제적 과제이다. 교실에서는 학생들에게 실제 과제를 제공하고자 학생들 스스로 학습 문제(학습 과제)를 결정하고, 그 문제(과제)를 해결하기 위하여 개발된 다양한 교수학습활동을 선정하여 운영할 수 있다.

(5) 상황학습(Situated Learning)

상황학습은 학습자가 실제적인 생활 맥락에 참여함으로써 '비활성 지식(inert knowledge)'이 아닌 산지식의 체험을 통해 문제를 해결하기 위한 목적으로 개발된 교수학습방법이다. 상황학습은 지식이 활용되는 상황 맥락을 제시하고 그 맥락 속에서 정보를 찾고 문제를 해결해가면서 지식을 형성해가도록 함으로써 실제적 지식의 습득 및 적용 능력을 향상시키는데 유용한 교수학습방법이다.

(6) 팀 기반 학습(Team-based Learning)

팀 기반 학습은 공동의 목표를 달성하기 위해 팀원이 서로 비전을 공유하고, 효율적인 의사소통 체계를 갖추고, 팀원 간의 활발한 상호작용을 통하여 성과를 달성하는 팀 체계에 바탕을 둔 교수학습방법이다. 이것은 최상의 성과를 산출하는 학습 팀이 되도록 지원하고, 그러한 팀들이 유의미한 학습 과업에 임할 수 있는 기회를 제공한다.

(7) 협동학습(cooperative learning)

협동학습은 구성원이 4~6명인 소집단을 형성하여 구성원 사이에 사회적 상호작용을 하며 학습하게 하는 교수학습방법이다. 학생들의 긍정적 상호의존 관계를 중시하고 집단 구성원 개개인의 책임을 강조하며 동시에 지식과 기술을 습득할 수 있다는 장점이 있다. 협동학습의 유형으로는 능력별 팀학습(STAD), 토너먼트식 학습(TGT), 과제분담학습(Jigsaw), 자율적 협동학습(Co-op Co-op) 등이 있다. 이들 유형의 공통적 특성은 이질집단으로 구성한 팀활동이며, 보상체제도 집단 중심으로 주어진다는 것이다.

(8) 플립드 러닝(flipped learning)

플립드 러닝은 온라인을 통한 선행학습 뒤 오프라인 강의를 통해 교수와 토론식 강의를 진행하는 「역진행 수업 방식」을 말한다. 기존 전통적인 수업 방식과는 정반대로, 수업에 앞서 학생들이 교수가 제공한 강연 영상이나 인쇄자료 등을 집에서 미리 학습하고, 강의실에서는 토론이나 과제 풀이를 진행하는 교수학습방법이다.

(9) 토의 · 토론학습

토의를 통하여 학생들의 창의력을, 토론을 통해 학생들의 논리력을 키우기 위해 사용되어지는 교수학습방법이다. 다시 말해, 토의 · 토론 학습은 토의의 특성을 통해 다양한 아이디어를 얻고, 토론의 특성을 통해 다양한 아이디어 중 가장 효과적이며 효율적인 생각을 논리적으로 판단하도록 도와주는 교수학습방법이라고 할 수 있다. 이것은 다양한 토의·토론 학습을 통하여 학생들에게 의사결정능력을 길러줄 수 있다.

(10) 성찰일지

성찰활동은 자신의 학습에 대하여 스스로 반성을 하는 활동이기도 하며, 또래 친구들과 함께 팀 학습에 대해 반성도 하고 앞으로 더 발전하기 위한 활동이다. 성찰일지 작성은 학습 내용을 스스로 유의미화하는 과정인 동시에 개별화 학습이 가능한 교수학습방법이라고 볼 수 있다.

(11) 인지적 도제학습

초보자가 실제 장면에서 전문가의 과제수행을 직접 관찰, 모방해 지식과 기능을 연마해 가는 것을 강조하는 교수학습방법이다. 인지적 도제학습은 실제 과제의 문제해결 전 과정을 전문가가 시범해 보이는 시연단계(Modeling), 학습자가 과제를 수행하면 교사는 학습자에 피드백을 해 주는 코칭(Coaching), 교수적 도움의 단계(Scaffolding) 및 점진적 제거(Fading, 용암법) 단계, 학습자 스스로 구성한 지식, 기능 실행해 습득한 지식, 기능 등을 종합적 연계하는 명료화(Articulation) 단계, 학습자 자신이 수행하는 문제해결과정을 전문가와 비교해 반성적으로 검토하는 반성적 사고(Reflection) 단계, 학습자는 자신의 지식, 기능, 태도를 자유롭게 사용할 수 있는 전략을 탐색하는 탐구(Exploration) 단계로 이루어진다.

3) 구성주의 학습환경[2)]

구성주의 학습환경은 기본적으로 학습자 중심의 학습환경을 의미한다. 학습자가 학습활동에 자발적이고 주도적으로 참여하여 의미 있는 학습환경을 경험하여 지식을

2) 이일주(2010)의 교육공학 관련 이론(제11장, pp. 160-161)의 내용을 제시한 것이다.

능동적이며 자발적으로 구성할 수 있도록 조성된 학습환경을 의미한다. 구성주의에서 지식은 학습자의 경험 또는 이전 지식과 환경과의 상호작용을 통하여 새롭게 의미를 구성해가는 과정이기 때문에 교수설계는 지식 구성을 촉진시킬 수 있는 풍부한 학습환경을 설계하는 것이 된다. Jonassen는 구성주의 학습환경을 설계하는데 고려해야 할 문제/프로젝트, 관련 사례, 정보지원, 인지도구, 대화/협력도구, 사회적/맥락적 지원 등 6개의 요소들과 모학습자의 학습활동을 지원하는 모델링, 코칭, 스캐폴딩 등 3개의 교수활동으로 구성될 것을 제안하였다.

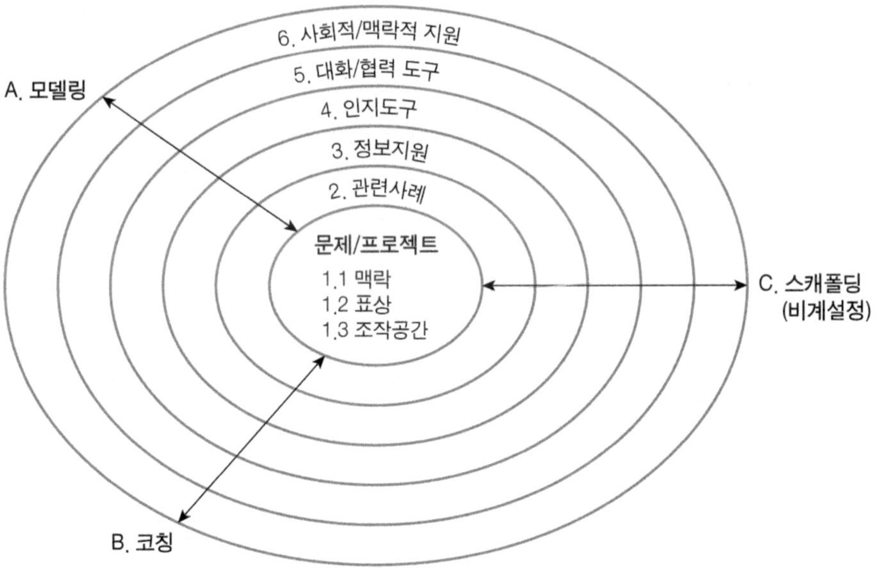

[그림 10-1] 구성주의 학습환경

구성주의 학습환경 설계 모형은 학습자들이 수행하게 되는 학습활동과 이들을 지원하기 위한 지원체제 및 교수자의 교수활동으로 구성되어 있다. 우선, 학습자들이 수행하게 되는 학습활동과 이들을 지원하는 지원체제를 살펴보면, 이 모형은 문제중심학습 또는 프로젝트중심학습 등의 학습환경을 지원하도록 구성하고 있다. 그 주변에는 다양한 해석적 및 지원 지원체제를 가지고 있으며, 학습자의 목표는 문제를 해석하거나 해결, 또는 프로젝트를 완성하는 것이다. 관련된 사례나 정보자원은 문제에 대한 이해를 돕거나 학습자들의 기억을 향상시키기 위한 비계를 설정하여 해결 가능한 방안을 제안한다. 인지도구는 학습자로 하여금 문제의 제 측면에 대한 해석과 조직을 돕고, 대화/협력도구는 학습자 공동체를 중심으로 문제에 대한 의미에 대해 협상, 구성하게 하다. 사회적/맥락적 지원 체제는 학습자가 구성주의적 학습환경을 실행하도록 돕는다.

다음, 구성주의 학습환경에서 교수지원 활동으로 모델링, 코칭, 비계설정을 제시하고 있다. 이 모형에서 모델링은 가장 쉬운 교수전략으로 전문가의 수행 행동에 초점을 맞춘다. 모델링은 외현적 행동에 대한 행동모델링이고 다른 하나는 내재적 인지과정에 대한 인지모델링이다. 행동모델링은 활동구조에서 확인된 활동을 어떻게 수행할지 시연해 주며, 인지모델링은 학습활동을 하는 학습자들이 상요해야 하는 사고(활동 중의 반성적 사고)와 명료화를 유발한다. 마지막으로 비계설정(스캐폴딩)은 학습자가 수행하는 과제에 초점을 두고 학습자의 수행을 체계적으로 지원하는 것이다. 비계설정은 학습과 학습자의 능력을 넘어서는 학습자들의 수행을 지원하기 위한 것이다.

4) 교수학습 설계

(1) ADDIE 모형

ADDIE 모형은 분석(Analysis), 설계(Design), 개발(Development), 실행(Implementation), 평가(Evaluation) 등 5단계로 이루어진 교수설계 모형이다. 분석(Analysis)은 학습관련 요인을 분석하는 단계를 말하며, 학습자의 수준, 특성, 요구 등을 분석하며, 교육환경, 학습과제분석 등을 실시한다. 설계(Design)는 학습목표(행동적 목표)를 설정하고 평가도구를 선정한다. 또한 프로그램의 계열화(내용의 어떤 부분을 선택하고, 묶고, 전할지 순서를 정하는 것)와 학습 촉진을 위한 효과적인 교수전략과 매체를 정한다. 개발

(Development)은 교육 프로그램이나 자료를 실제로 개발하여 형성평가를 통해 수정 보완하는 단계이다. 실행(Implementation)은 개발된 프로그램을 현장에 사용, 설치, 유지, 관리하는 단계이다. 평가(Evaluation)는 프로그램과 매체 등이 적합한지, 효율적인지, 지속해도 되는지, 수정사항은 무엇인지 등 총괄적 평가를 수행하는 단계이다.

(2) ASSURE 모형

교수학습과정에서 교수매체를 선정하고 활용하기 위해 고려할 수 있는 모형이라고 할 수 있다. ASSURE 모형은 학습자 분석(Analyze learners), 목표진술(State Objective), 교육방법, 미디어, 교수자료 선택(Select method, media & materials), 미디어와 교수자료 활용(Utilize a method & materials), 학습자의 참여요구(Require learners participation), 평가와 수정(Evaluate & revise) 단계로 이루어지며, 그 특징은 다음과 같다.

① **학습자 분석(Analyze learners)**: 학습자의 나이와 서전지식, 태도, 학습양식 등 교육프로그램을 참가하는 자로서의 학습자의 특성을 분석하게 된다.

② **목표진술(State Objective)**: 학습자가 프로그램 이수 후에 무엇을 성취 할 수 있는지를 결정하는 단계이다.

③ **교육방법, 미디어, 교수자료 선택(Select method, media & materials)**: 주어진 과제를 적절히 수행하는데 효과적인 방법, 미디어, 자료를 선택하거나, 수정, 보완하여 새로 개발한다.

④ **미디어와 교수자료 활용(Utilize a method & materials)**: 교육프로그램을 효과적으로 운영하기 위해 필요한 미디어와 교수자료를 준비하고 활용하게 된다.

⑤ **학습자의 참여요구(Require learners participation)**: 학습자들이 적극적으로 수업에 참여하도록 다양한 교수기법을 활용하고, 피드백을 제공한다.

⑥ **평가와 수정(Evaluate & revise)**: 학습자의 학습목표 달성정도를 평가하고, 교육방법과 교육프로그램을 수정함으로써 개선을 도모한다.

〈표 10-1〉 교수학습방법의 선정기준

교수-학습 상황	교수 방법
• 학습집단 50명 이상 • 교실이 전통적 • 교육내용의 개념과 원리 학습 • 새로운 지식 습득에 초점	설명적 접근, 강의법, 팀티칭
• 학습집단이 30~40명 • 학습공간이 융통성 있음 • 교육내용의 운동기능, 심체적 영역 • 새로운 지식 습득 및 숙달에 초점	시범, 실습, 동료교수
• 학습집단이 30~40명, 소집단 구성가능 • 학습공간이 융통성 있음 • 교육내용의 인지적 영역 • 새로운 지식의 창출, 탐구, 문제해결	소집단학습, 협동학습, 문제중심학습, 사례연구, 프로젝트기반학습
• 학습집단이 20명 이하 • 학습공간이 전통적임 • 교육내용의 태도, 정의적 영역 • 기존 지식의 이해/적용 강화	모의실험, 게임, 역할극, 토론
• 학습집단이 20명 이하 • 학습공간이 융통성 있음 • 교육내용의 개념 및 원리 학습 • 새로운 지식의 습득, 문제해결	발견적 접근, 탐구학습
• 개별화학습이 가능 • 학습공간이 융통성 있음 • 교육내용이 개념, 원리, 철차학습 • 새로운 지식습득에 초점	개인 교수, 컴퓨터 보조수업, 웹기반 수업

(3) 학습동기모형

Keller가 교수－학습상황에서 학습동기를 유발하고, 유지하기 위해 제시한 동기설계모형이다. 이 모형은 ARCS 모형이라고도 하는데, 이는 주의력(Attention), 관련성(Relevance), 자신감(Confidence), 만족감(Satisfaction)의 첫 글자를 딴 것이며, 그 특징과 전략은 다음과 같다.

① Attention(주의력): 학습동기를 유발시켜주기 위해 우선적으로 학습자 주의력이 유발, 유지되어야 한다. 이를 위해서는 교수자료의 제시기법을 다양하게 하고, 구체적 예를 사용, 특이 상황이나 문제 사태를 제시하거나, 익숙한 경험과 생소한 경험들을 동시에 제공하며, 경험요소들을 비유적 방법으로 제시하는 전략을 사용할 수 있다.

② Relevance(관련성): 학습과제와 학습활동이 학습자의 다양한 흥미에 부합될 때 동기가 유발된다는 것이다. 이를 위해서는 새로운 학습과제를 친숙하게 하거나, 학습자 흥미와 관심사에 기초한 실제 경험 자료를 활용하거나, 학습내용의 미래 지향적 가치를 인식하도록 하는 전략을 사용할 수 있다.

③ Confidence(자신감): 학습목표를 분명히 제시하고, 난이도 수준에 따라 학습과제를 계열화하여 학습자에게 맞는 학습전략를 사용하는 것이다.

④ Satisfaction(만족감): 유발된 동기를 계속 유지하도록 긍정적 피드백을 제공하는 것이며, 수행결과에 대해 다양한 피드백을 제공, 학습한 내용을 일반화해 적용해 보도록 하기나 외재적 보상 보다 내재적 보상을 제공하는 전략을 사용할 수 있다.

5) 디지털 학습 테크놀로지 관리

21세기 디지털 학습 환경에서는 학습자 개인에게 필요한 정보와 지식을 탐색하고 분석하여 활용할 수 있도록 하는 디지털 정보나 테크놀로지의 활용을 강조하는 디지털 리터러시가 요청된다. 디지털 리터러시는 디지털 정보와 자료를 활용하여 문제와 과제를 비판적으로 분석하여 다른 사람과의 협업과 소통을 통해 문제를 해결하고, 효과적인 프레젠테이션으로 사회적 영향력을 갖는 능력을 말한다. 또한, 디지털 기기나 소프트웨어 및 어플리케이션에 대한 이해와 활용을 넘어서 그것에 필요한 의사소통, 의미 있는 참여, 비판적 사고, 창의성, 문제해결력, 정보윤리의식 등에 대한 능력을 말한다. 특히 다양한 디지털 테크놀로지, 어플리케이션, 플랫폼 등이 자주 변화하는 상황에서 학습자는 적극적으로 자신의 삶, 지역사회 및 환경에 영향을 미치는 테크놀로지를 채택, 적용, 고안 및 평가할 수 있는 테크놀로지 리터러시를 갖추는 것이 중요하다.

디지털 학습 테크놀로지 리터러시는 학습자들이 구체적인 학습목표를 성취하도록 돕기 위해 사용할 수 있는 어떤 유형의 기기, 장치 및 도구 등(예: 교과서, 교구, OHP, 궤도, 칠판, 컴퓨터, 전자교과서, 스마트폰, 파워포인트)에 대한 활용 능력을 말한다. David(2011, p. 45)는 "학습자들이 높은 수준의 테크놀로지 리터리시에 도달하고자 한다면 활용할 수 있는 테크놀로지에 대한 기능과 목적을 알아야 하며, 그런 다음 실제적인 상황에서 그것을 활용하고 실행할 수 있어야 한다"고 하였다. 또한, David(2011)은 "테크놀로지를 이해하는 사람들은 테크놀로지로 무엇을 할 수 있는지를 알고, 그것을 능숙하게 활용할 수 있으며, 어떤 테크놀로지를 언제 어떻게 활용할 것인가를 지능적으로 판단할 수 있다"고 하였다.

그렇다면 디지털 학습 테크놀로지를 활용하면 얻을 수 있는 효과는 무엇인가? 그것은 ① 학습내용을 효율적으로 정확하게 전달할 수 있다, ② 학습자의 주의집중을 도와준다, ③ 교수학습과정을 표준화 할 수 있다, ④ 수업에서 활용하는 매체가 다양해져 여러 교수학습방법을 사용할 수 있다 등으로 열거할 수 있다. 또한 교수학습 상황에서는 교사가 언어로 표현된 것을 사용하는 것보다 사진이나 그림, 동영상 등으로 표현할 때 학습자에게 구체적인 경험을 제공하여 보다 쉽게 학습할 수 있도록 할 수 있다. 이것은 고전적 이론인 Edgar Dale의 '경험의 원추'를 통해서도 알 수 있다.

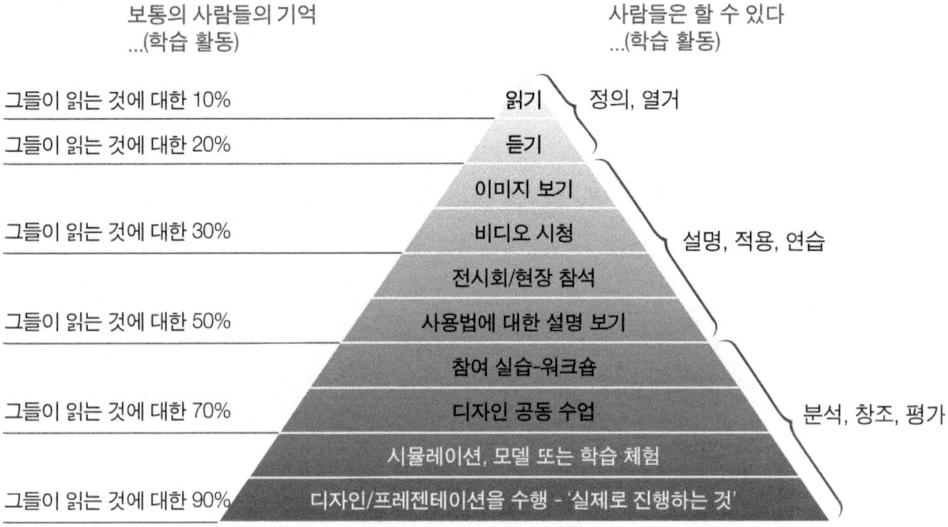

[그림 10-2] 경험의 원추

이렇게 교수학습 과정에서 수업목표를 달성하기 위하여 학습자와 교수자 간에 사용되는 모든 수단을 수업매체라고 할 수 있다. 즉, 시청각기자재와 교재뿐만 아니라 인적자원, 전달하는 메시지 내용, 학습환경, 시설 등을 포함한다. 어떤 유형의 수업매체이든 관계없이 수업매체는 매개적 보조기능, 정보전달 기능, 학습경험 구성기능, 교수기능을 지닌다(강이철, 2011).

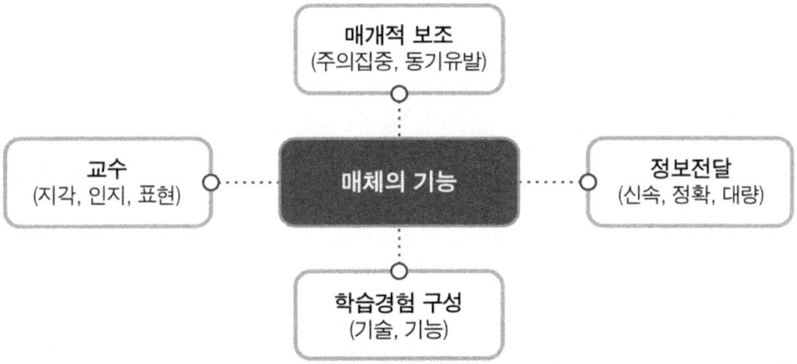

[그림 10-3] 수업매체의 4가지 기능

어떤 수업매체를 활용하느냐에 따라 교수자는 다양한 교수학습방법을 활용할 수 있으며, 그 관계를 제시하면 아래와 같다.

〈표 10-2〉 교수학습방법과 수업매체의 관계

	컴퓨터 SW	비디오	그래픽			오디오	인쇄자료	실물/모형
			시각자료	슬라이드/OHP	게시판			
내용제시		O	O	O	O	O	O	
시범	O	O	O		O			O
토론					O			
협동학습	O		O					O
발견학습	O		O				O	O
문제해결	O	O	O		O		O	
교수게임	O		O				O	
모의	O		O				O	O
반복연습	O						O	
개인교수	O						O	

마지막으로, 학습자들이 디지털원주민(Digital Native)이라는 점에서 이들에게 알맞은 새로운 디지털 학습 지원 도구를 고려해 볼 필요가 있다. 이것들은 하드웨어와 소프트웨어 분야로 나눌 수 있다. 하드웨어는 태블릿, 전자칠판, 강의녹화시스템, 3D프린터 등이 있으며, 모든 것을 다 갖추지 않더라도 교수·학습 방법 및 학교 여건에 따라 적합한 기기를 선택하여 활용하면 된다. 일반적인 수업의 경우 컴퓨터실에 설치된 PC를 활용하는 것으로 충분하다. 소프트웨어는 디지털교과서, 애플리케이션, 웹 도구 등이 있는데 현재 학교마다 컴퓨터가 설치되어 있으므로 가장 손쉽게 활용할 수 있는 도구는 온라인으로 접속하여 활용할 수 있는 웹 도구로서 협업도구, 공유도구, SNS, 클라우드 서비스 등이 있다.

교수 · 학습 활용 웹 · 앱 도구

- **아이디어 발상**: 브레인스토밍 Padlet, BeeCanvas, Linoit
  마인드맵 OKmindmap
  브레인라이팅 외 복합 활동 Wowideas
- **자료수집**: 검색엔진 Google, 네이버 등
  설문 구글설문, Survey monkey 등
  사진/동영상 구글포토, Flickr, YouTube 등
  사이트 공유 Margarin, Pearltree, Delicous 등
- **토론활동**: SNS Edmodo, Classting, 위두랑 등
- **가상 체험**: 구글어스, 지도(구글, 네이버, 다음), 온라인갤러리
- **창작활동**: Glogster(멀티미디어 포스터제작), QR코드, YouTube, 협업보고서(구글문서도구)
- **자료공유**: 클라우드 서비스(구글, 드롭박스, 네이버 칼라우드 등)
- **메모/노트**: Evernote

〈표 10-3〉 교육 테크놀로지의 변천 과정

구분	1세대 전통 매체	2세대 인쇄매체	3세대 대량 전달매체	4세대 정보통신 기술 및 교육자동화	차세대 첨단 IT기술의 융복합화
시각매체	칠판, 융판, 모형, 챠트, 그림, 도표	교과서, 인쇄물 등	슬라이드 OHP	실물화상기, 파워포인트, LCD, 프로젝트	전자칠판, 디지털 카메라
청각매체			녹음기 및 카세트 테이프, 라디오	CD플레이어, 및 CD, AOD	mp3
시청각 매체			TV, 영화, VCR 및 비디오 자료, 케이블 TV	DVD, CD-ROM, 위성 방송	VOD, 인터넷 TV, PMP, PDA
다감각 매체/ 새로운 교육환경				상호작용 비디오디스크, CAI, 양방향 TV	인터넷을 통한 e-learning, 모바일을 통한 m-learning, 블루투스를 통한 u-learning, 인터넷 TV

Q1 좋은 학습 지도안이 갖추어야 할 필수적인 조건은 무엇인가?

교수・학습 과정안은 학습 내용이나 교재의 유형, 학습자의 요구 수준, 학습 환경 등 따라서 각각 그 특성을 고려하고 필요에 따라서는 계획을 변경할 수 있게 작성되어야 합니다. 다시 말해서 형식적이 아닌 실질적인 것이 되어야 한다는 것이다. 좋은 학습 지도안이 갖추어야 할 조건에 대해 제시하면 다음과 같다.

① 수업 결과 도달 목표의 기준이 마련되어야 한다.

② 교재의 핵심이 분명하게 파악되어야 한다.

③ 전시 및 차시 학습과의 관계를 맺어야 한다.

④ 학습 요소의 시간적 배려가 적절하여야 한다.

⑤ 알맞은 학습 과정이 선택되고, 바르게 적용되어야 한다.

⑥ 학생의 활동이 활발히 될 수 있는 형태가 적용되어야 한다.

⑦ 학생의 개인차와 흥미, 선수학습 능력이 고려되어야 한다.

⑧ 적절한 자료가 적절한 시기에, 적절한 방법으로 활용되게 계획되어야 한다.

⑨ 판서 계획이 분절마다 고려되어야 한다.

⑩ 학생의 실태가 제시되어야 한다.

⑪ 단원 전체의 구조와 전개 계획이 명료하게 나타나야 한다.

⑫ 수업을 보지 않고도 수업의 흐름을 파악할 수 있게 짜여져야 한다.

⑬ 목표 달성의 성취도에 대하여 적절한 평가 방법이 준비되어야 한다.

⑭ 본시 수업을 통하여 해결하고자 하는 연구 과제가 제시되어야 한다.

Q2 수업을 계획 할 때 학습과제 분석은 왜 필요한가?

학습과제 분석은 최종 수업 목표를 달성하기 위해 단계별로 여러 개의 작은 능력이나 기능・태도 등을 분석하는 것이다. 학습과제 분석의 이유는 다음과 같다.

① 수업에서 학생들에게 어떠한 행동을 길러야 하는지가 분명해 진다.

② 학생들에게 어떠한 활동이나 연습을 시켜야 하는지가 분명하게 나타난다.

③ 학습 과제를 어떠한 순서로 학습시킬 것인지가 거의 분명하게 나타난다.

④ 무엇을 학습시켜야 하고, 무엇을 생략해야 되는지가 어느 정도 분명해진다.

⑤ 무엇을 언제 평가해야 하는지가 분명해진다.

⑥ 선수 학습 능력이 무엇인가가 밝혀지게 된다.

Q3 수업목표는 어떤 형식으로 진술하는가?

학습목표를 진술할 때는 다음과 같이 하는 것이 일반적이다.

① 구체적이고 행동적인 용어로 진술해야 한다.

② 학생이 학습 후에 나타나는 학습결과로 진술해야 한다.

③ 관찰될 수 있는 행동으로 표현해야 한다.

④ 명시적 동사로 표현되어야 한다. (~을 비교 · 설명 찾아낼 수 있다 등)

• 현미경으로 양파껍질을 관찰한 후 그 생김새를 그림으로 나타낼 수 있다.

• 우리 고장에 있는 공공시설물을 예를 들어 말할 수 있다.

⑤ 두 사람 이상이 보아서 동일한 해석을 내릴 수 있어야 한다.

Q4 수업 중 좋은 발문의 일반적인 방법은 무엇인가?

① 발문은 논리적 계열에 따라 쉬운 것에서 어려운 순으로 발문을 한다.

② 대답을 기다리는 시간은 질문 내용, 과제 수준에 따라 달리한다.

③ 질문하기－기다리기－학생 지명의 순으로 발문한다.

④ 발문은 편중되지 않게 골고루 하며 반복하여 발문하지 않는다.

⑤ 발문은 학급 전체에 대하여 명료하게 하며 사고활동을 요하는 발문을 한다.

⑥ 발문은 학생의 경험과 지식의 범위 안에서 하며 교과서 내용을 그대로 답하는 내용을 피하고 창의성을 자극할 수 있는 발문을 한다.

Q5 학생의 사고를 유발하는 발문의 구체적인 방법은 무엇인가요?

① 근거나 이유를 묻는 '왜'라는 질문과 사고의 과정에 대해서 묻는 "어떻게"라는 것이 잘 조화된 질문이다.

② 학생들이 비교를 하도록 하는 질문이다.

③ 일부러 정답을 구할 수 없는 질문을 하고 학생들로 하여금 왜 그 질문이 성립되지 않는 가를 찾도록 하는 질문이다.

④ 학생들이 가능한 모든 경우를 다 따져봐야만 답을 발견하게 되는 질문이다.

⑤ 학생들이 종합을 하도록 하거나 결론을 내리도록 요구하는 질문이다.

⑥ 한꺼번에 2~3명의 학생에게 답 또는 문제풀이를 시키고 다른 학생들로 하여금 그것의 답이 왜 맞는지 찾도록 하는 질문이다.

⑦ 학생들 각자에게 문제해결 또는 표현 방법을 여러 가지씩 찾도록 하는 질문이다.

Q6 창의적인 사고를 유발하는 발문의 방법은 무엇인가?

창의적인 사고를 유발하는 발문은 근거나 이유를 묻는 '왜'라는 질문과 사고의 과정에 대해서 묻는 "어떻게"질문이 조화된 발문, 학생들이 비교를 하도록 하는 발문, 일부러 정답을 구할 수 없는 질문을 하고 학생들로 하여금 왜 그 질문이 성립되지 않는가를 찾도록 하는 발문, 학생들의 자신감을 부여하는 발문, 확산적 사고를 유발하는 발문, 끝이 열린 개방적 발문, 사고와 활동을 유발할 수 있는 발문, 학생들이 가능한 모든 경우를 다 따져봐야만 답을 발견하게 되는 발문, 학생들이 종합을 하도록 하거나 결론을 내리도록 요구하는 발문 등이다.

Q7 수업 시 모둠학습의 장점은 무엇인가?

수업 시 모둠학습을 활용하면 모든 학생이 학습에 참여하게 되고, 문제해결의 시간과 노력을 줄일 수 있고, 사고의 깊이와 폭을 넓힐 수 있고, 개인차를 정확히 파악하여 능력에 맞는 지도를 할 수 있고, 문제를 해결하거나 의사 결정하는 능력을 길러주며, 학급내의 인간관계를 개선하고 소통과 나눔을 통한 공동체의식을 형성할 수 있고, 긍정적 자아개념과 함께 타인에게 배려하는 태도를 형성할 수 있고, 학생들의 숨어있는 다양한 재능을 개발하고 격려해 줄 수 있으며, 교사에게 다양한 수업전략을 제공해 준다.

Q8 판서의 기능은 무엇이가요?

판서는 학습의 내용을 구조화하여 학습효과를 높이고자하는 것이며, 그 기능은 다음과 같다.

① 판서는 학습 내용을 요점 정리한다.

② 판서는 학습 내용을 구조화하여 제시할 수 있다.

③ 추상적인 내용을 도식화하여 이해하기 쉽다.

④ 학습의 순서와 방법을 이해하며 수업의 진행 과정을 알 수 있다.

⑤ 오랜 시간 동안 제시되어 학습내용의 핵심을 기억하는데 도움을 준다.

이것을 다시 정리하면 정착의 기능, 공통화의 기능, 추상화의 기능이 있다고 할 수 있다.

2. 평생교육 프로그램 개발[3)]

교육 프로그램은 문제제기 단계부터 적용하기까지 계속 왜(why)로부터 접근한다. 단순히 피상적인 '왜'가 아니라 교육 목적을 위한 '왜' 이다. 따라서 평생교육 프로그램 역시 왜 필요하고 무엇을 할 것인가 하는 문제의 속에 교육기관 혹은 개인이 진행할 교육활동의 지침서 혹은 계획서다.

평생교육 프로그램은 교육효과를 위해 전략적 의사결정과 행동의 방향, 시급한 교육문제의 해결, 교육 조직에서의 니즈(needs) 파악, 구성원의 상호작용을 원활히 하는 휴먼네트워크 구성 등 총체적 교육의 당면한 문제 및 학습내용들을 재구성・관리하는데 있다. 조직 내 매니저들과 전략적 소통, 교육콘텐츠 개발, 구체적 문제해결 주제를 밝혀내고 이에 대응한 프로그램을 만들어 다양한 니즈를 충족시켜 나가는 것이다.

평생교육 프로그램 개발은 평생교육현장 및 정책결정자의 특별한 필요에 맞춰 조직차원의 적시성, 능력, 그리고 대안제시 등의 보편 타당성을 유지하며 학습효과를 높이기 위한 지식 생산 활동이다. 따라서 평생교육 프로그램은 평생교육, 교육내용, 교육방법, 교육활동 및 교육매체 등을 총괄적으로 명시한 일련의 학습활동을 망라한 교육계획이다. 평생교육 프로그램은 지속적이고 빠른 변화를 경험하고 있는 사회에 능동적으로 대처하고 생존능력을 배양할 기회가 되어야 한다.

평생교육 프로그램은 요구와 관심분석, 프로그램의 우선순위 판단, 프로그램 목표 설정, 프로그램 설계, 프로그램 실행, 평가와 피드백 등의 단계로 진행된다. 이러한 계획들이 잘 실행되고 평가될 때 학습문화는 물론 교육계가 발전할 수 있다. 평생교육 프로그램을 통해 구성원들에 대한 지속적인 교육 및 학습체계로 발전시키고 나아가 학습조직들에 대한 혁신, 물자, 인력, 시설분야에서의 지원체계가 새롭게 확립될 수 있다.

---

3) 김진숙, 김규태, 서인호, 조정선(2018). 평생교육경영론(2018, 양성원)의 제9장과 10장의 내용을 재구성한 것임

평생교육 프로그램을 토대로 학습현장의 문제해결 및 '의사결정'에 기여할 수 있는 새로운 아이디어, 문제해결 시뮬레이션 실험을 통해 학습사회 구성원들의 지적 변화(intellectual change)를 확립해야 한다. 사실 지적 변화가 없으면 행동의 규범, 교리, 조직 및 지도자의 실질적 변화도 기대할 수 없다. 더구나 평생교육 프로그램은 학자들의 관심 영역에 따라 다르겠지만, 환경 적응을 통한 조직 목표와 조직 규칙이 결정되고, 누적적 경험 효과를 통해 조직 구성원들의 생산 활동이 이루어지며, 조직원들의 인지적, 신념적, 그리고 새로운 발견과 아이디어에 의해서 조직의 발전이 촉진된다.

따라서 이런 요소들이 성공하기 위한 프로그램 작성에서는 다음을 고려해야 한다.

- 목적의식적 학습계획 제목의 설정
- 문제파악, 분석설계, 분석진행, 작성범위, 보고시기 및 보고서 형태, 가치판단, 영향력
- 기존 계획서 자료의 평가 적합성, 타당성 검토 판단
- 부족한 자료, 추가 필요한 자료, 특수자료 발굴 등 정보시장 조사
- 작성과정에서 조직 내 의견교환, 관련 보고서 비교, 사용자 욕구 충족 가능성

평생교육 프로그램의 목표(program objective)는 요구분석과 요구의 우선순위 결정 결과를 바탕으로 프로그램 잠재 참여자의 현재 상태에서 지식, 기술, 태도의 부족한 부분을 충족시켜줄 내용이 포함되어야 한다. 나아가 프로그램 목표는 프로그램 개발의 구체적 지침으로 시간과 비용이 허용되는 범위에서 구체적으로 기술되어 프로그램 개발과 실행 과정에 참여하는 직원들에게 정체성을 확립할 근거를 제공해야 한다. 이때의 프로그램에 포함될 내용과 작성 시 포함될 요소는 다음과 같다.

- 교육학습 현장의 환경
- 학습조직의 제도와 법령
- 학습대상 및 참여자 수준

- 새로운 과학기술의 개발과 축적
- 교육자원관리와 축적상태
- 교육과정 및 학습조직의 효율화
- 교육예산편성
- 교육정책수립, 집행 내용 등

평생교육 프로그램은 학습 기관들의 지식 창출, 콘텐츠 개발, 학습 진행의 효율화의 내용이어야 한다. 평생교육 프로그램은 규범적 · 제도적 원리에 근거해서 교육사회에서 나타나는 불확실성을 해소하는 한편, 학습자들이 알고 싶어 하는 지식과 경험을 학습기관들과 교수자들에게 제시하는 내용이다. 그러므로 평생교육 프로그램 개발자는 프로그램 개발을 학문적 객관성을 바탕으로 논리적으로 구성해야 하며, 지역사회와의 상호작용을 통한 효과성을 높일 수 있도록 함은 물론 프로그램 참여자에 대한 교육 참여, 기회의 평등성 등 다양하고 복합적인 요인을 고려해서 작성해야 한다.

평생교육 프로그램은 다양한 자료를 토대로 학습자의 요구와 관심이 어느 정도 정리되고 분석된 후에는 개별 학습자의 요구, 기관의 필요, 그리고 지역사회의 요구 사이에 우선순위를 결정하여 진행한다. 특히, 평생교육 프로그램은 경쟁우위 우선순위 결정을 위하여 다음과 같은 요인들이 포함된다.

- 평생교육기관의 당면목표
- 기관이나 지역사회의 미래 수요에 대한 예측
- 인적 자원, 시간, 공간, 장비 등 가용 지원
- 기초단위 지방자치단체, 국가수준의 관련 규정과 지침
- 평생교육기관이 속해 있는 협회의 입장과 지침
- 확인된 유무와 관심을 반영하고 있는 다른 교육기관의 프로그램 유무 등

프로그램 개발자는 개발과정에서 이러한 다양한 요인들의 해결방법을 제시하고 통합적으로 구성해야 한다. 프로그램의 개발과정의 특징은 프로그램 개발 주체, 목적, 활용, 개발방법, 설계 및 영향력 등에 대한 현장에서의 실천의 전략이자 조정 통제의 방향을 제시하는 것이다.

3. 평생교육 프로그램 평가

1) 평생교육 프로그램 평가의 의미

평생교육 프로그램 평가는 사용자 입장에서 왜(why)에서 시작해 그것이 결국 무엇이냐(so what)라는 평가이다. 여기서 so what란 현재 진행 중인 프로그램 의미가 어떻게 산출됐는가에 대한 평가 작업이다. 다른 교육기관과 전문적인 교육 훈련 내용들과 비교하거나 자체 목적에 따라 어떤 성과가 있었는가를 분석하는 단계이다. 그리고 그 결과에 따라 계속적인 변화 촉진과 개선, 그리고 지식의 축적을 위해 교육의 내용을 개선하며 학습자들에 대한 만족을 향상시키고, 조직의 업무 향상과 효율성을 증대시키는 자료가 된다.

2) 평생교육 프로그램 평가모형

평가는 어떤 것에 대한 가치나 의미를 결정하기 위한 체계적인 과정이다. 평생교육에 있어서 평가는 프로그램의 운명과 기관의 효율적인 경영을 위한 정보를 제공해준다. 따라서 무엇을, 어떤 내용으로, 어떻게, 누가, 언제, 왜 평가하는지에 대한 평가 전략을 수립하는 것이 매우 중요하다. 평생교육 프로그램을 평가하기 위해 사용될 수 있는 여러 가지 접근 모형을 살펴볼 수 있다.

(1) 목표 지향적 평가모형

목표 지향적 평가모형은 교육평가모형을 대표하고 있다. 이 모형은 테일러(R. Tyler)에 의하여 제안되었다. 이 평가모형은 프로그램을 실시하기 이전에 설정해 두었던 프로그램의 의도와 목표를 중심으로, 학습자들이 프로그램 참여를 통해, 어느 정도 도달하였는가를 판단하는 일련의 과정을 말한다. 진행과정은 프로그램 계획단계에서 미리 예상되는 결과, 즉 프로그램 목표를 설정한 후 실행과정을 통해 발생된 결과를 측정하고, 그 결과를 평가의 기준되는 목표와 비교하여 그 가치를 판단하게 된다.

목표 지향적 평가모형은 교육목표가 평가에서 핵심적인 역할을 하고 있으며, 교육목표의 행동적 정의와 진술은 측정 및 평가를 용이하게 하여 평가의 효율성을 증대시킨다. 또한 교육목표를 설정하는 방법과 목표를 측정하는 도구의 개발을 촉진시켰으며, 교수자들이 교육목표 선정과 진술에 보다 관심을 갖도록 유도하여 교육에 대한 책임의식 제고에 기여했다고 볼 수 있다(김용현, 2014). 그리고 평가기준 설정과 평가결과의 해석이 용이하며, 평가에 소요되는 시간이 비교적 짧고, 프로그램 참석자의 성과를 쉽게 수량화할 수 있는 장점이 있다. 그러나 교육목표에서 의도하지 않은 부수적 교육효과를 평가할 수 없으며, 교육목표에만 치중하게 되어 교육 프로그램을 지나치게 단순화시킬 가능성이 있다는 단점이 있다. 또한 행동으로 표출되지 않고 측정하기 어려운 경험이나 태도 변화 같은 학습결과는 평가하기 어렵다는 제한점을 지니고 있다.

(2) 의사결정중심 평가모형

의사결정중심 평가모형 중 널리 활용되는 것은 스티플빔(D. Stullebeam)이 1968년 제안한 CIPP(context-input-process-product) 모형이다. 기존의 평가모형과는 달리 프로그램 개선을 목적으로 의사결정을 보조하기 위한 새로운 평가모형을 발표하였다(배호순, 2008). 의사결정자에게 필요한 정보를 제공하여 의사결정을 돕는 데 초점을 맞춘 모형이다.

의사결정에 필요한 정보 제공을 위하여 다음과 같은 네 가지 형식의 평가틀을 개발하였다.

① **상황평가**

상황평가(context evaluation)는 프로그램 실행 여부 및 프로그램 목적설정과 관련된 평가이며, 조직이나 개인이 직면한 상황이나 배경과 프로그램의 목표 간의 적합성을 평가하는 것이다. 프로그램의 학습목표를 설정하기 위한 타당한 근거를 제공하기 위하여 이루어지는 기본적인 평가단계다. 프로그램의 요구분석과 상황분석을 통해서 학습목표를 설정하고, 학습자들의 요구를 파악하며, 그들의 참여전략을 구체화시키기 위한 근거를 파악해야 한다. 상황평가의 주된 내용은 프로그램을 위한 적절한 환경을 규정하고, 실제적인 환경을 기술하며, 학습자들의 충족되지 않은 욕구와 활용되지 않은 기회를 규정하는 것이다.

② **투입평가**

투입평가(input evaluation)는 설정된 목적 달성을 위해 필요한 수단을 구체화시키는 평가이며, 프로그램의 목표를 달성하기 위하여 자원을 어떻게 활용해야 하는지를 평가하는 것이다. 프로그램 담당자의 역량, 적절한 예산계획과 시간계획, 프로그램 운영을 뒷받침하는 각종 시설 및 기자재, 프로그램 운영기관의 각종 지원 등 다양한 요소를 평가 할 필요가 있다.

평가방법으로는 참고문헌 탐색, 현지방문이나 답사, 사전탐색적 시행 등의 방법을 활용한다. 프로그램 운영의 적절성, 실천가능성, 경제성을 파악하기 위하여 사용 가능한 인적 자원이나 물적 자원, 해결방안이나 절차를 기술하고 분석하는 데 중점을 두고 있다(김용현, 2104).

③ 과정평가

과정평가(process evaluation)는 프로그램 실천단계에서 실천과정이나 절차상의 문제점을 파악하고 프로그램 담당자에게 주기적인 피드백을 제공하는 평가를 말한다. 특히 과정평가에서는 프로그램 운영에 부정적인 영향을 주는 환경상의 장애요인을 사전에 확인하는 것이 중요하다. 프로그램 운영과정에서 실제로 어떠한 일이 일어나는지를 기술하고, 프로그램 담당자들과 지속적으로 접촉하여 운영과정상의 문제점이나 결함을 파악하고, 그것을 의사결정자에게 제공하는 것에 초점을 두고 있다.

④ 산출평가

산출평가(product evaluation)는 프로그램의 실시단계와 종료단계에서 프로그램을 통하여 산출된 결과를 측정하고 해석하기 위하여 이루어지는 평가이다. 산출된 결과를 프로그램의 목표나 상황, 투입 과정과 관련된 정보와 연계시키는 데 중점을 두고 있다.

CIPP 모형은 의사결정자에게 계속적으로 새로운 정보를 제공해 줌으로써 초기 결정에 대한 재검증을 가능하게 해 준다. 또한 평가대상의 폭이 넓고, 프로그램의 여러 상황에 대한 평가가 가능하며, 의사결정과 평가 간의 체계적인 접근이 가능하다는 장점이 있다. 그러나 평가자가 가치판단을 회피하고 주요한 가치판단을 의사결정자에게 위임한다는 약점이 있다. 또한 평가가 너무 복잡하고 완벽하게 실천되기 위해서는 많은 비용이 소용된다는 제한점이 있다.

(3) 결과중심 평가모형

결과중심 평가모형은 커크패트릭(D. Kirkpatrick)의 4가지 모형이 가장 대표적이다. 커크패트릭은 4가지 수준(반응평가, 학습평가, 행동평가, 결과평가)에서 프로그램의 결과를 중심으로 평가할 것을 제시하였다(권대봉, 2008).

① 반응평가

반응평가(reaction evaluation)는 학습자나 교수자 또는 교육 담당자를 대상으로 교육 프로그램에 대한 만족도를 평가하는 것이다. 프로그램 종료 직후 프로그램에 참여한 학습자들이 그 프로그램에 대하여 얼마나 만족하는지를 설문지 형식으로 평가한다. 이를 통해 프로그램의 지속 여부를 결정한다. 반응평가는 학습내용에 대한 학습자들의 만족도 평가만이 아니라 교수자나 교육 담당자를 대상으로 학습자들의 태도나 분위기, 교육시설과 기자재 만족도, 교수자의 자질, 교육기관의 서비스 만족도 등 교육 프로그램 운영 전반을 평가하는 것이 필요하다.

② 학습평가

학습평가(learning evaluation)는 프로그램 참여자가 프로그램을 통하여 무엇을 배웠는지 학습내용에 대한 정도를 평가하는 단계이다. 프로그램에 참여한 결과 얻어진 학습자들의 지식 증진, 태도 변화, 기술 향상의 정도를 평가하는 것이다. 학습자들의 태도 변화나 기술 향상의 정도를 평가하기 위해서는 지필평가방법만이 아니라 실기, 시범, 역할연기, 토론 등을 통한 수행평가를 실시하는 것이 필요하다.

③ 행동평가

행동평가(behavior evaluation)는 프로그램에 참여한 결과 얻어지는 학습자들의 행동 변화를 평가하는 것이다. 프로그램을 통해서 학습한 지식과 기술이 현직에 돌아와서 그들의 실제 직무에 얼마나 기여했는지를 평가하는 것이다. 교육 실시 후 대체로 3개월 정도 시간이 경과한 후에 평가하는 것이 일반적이다. 평가방법은 학습자 자신의 자기보고서와 주변인들을 대상으로 실시하는 다면평가 설문지를 주로 활용하고 있다.

④ 결과평가

결과평가(result evaluation)는 교육 프로그램 운영결과로 발생하는 효과에 대하여 평가하는 단계다. 개인의 지속적인 태도 변화, 조직이나 지역사회의 발전 기여도, 비용절감효과 등에 초점을 두고 있다. 따라서 비용절감, 노동산출 향상, 지각률 감소 등의 조사 자료를 프로그램 실시하기 전과 후를 비교・분석하여 평가한다.

결과중심 평가모형은 평가절차와 정보분석상의 편의성으로 널리 활용되고 있다. 그러나 프로그램의 개발 및 실시과정에 대한 평가를 실시하기 어렵다는 문제점을 지니고 있으며, 결과중심 평가모형 준거(반응-학습-행동-결과) 간의 영향관계가 명확하지 않다는 비판을 받고 있다.

3) 평생교육 프로그램 평가 절차

프로그램이 실행되기 전부터 계획되고 실시되는 계속적인 과정이다. 일반적으로 평가방법 및 절차는 평가과정 설계 → 평가도구 선정 및 개발 → 평가자료 수집 및 분석 → 평가결과 보고 및 활용 등의 단계를 거쳐서 시행된다.

(1) 평가과정 설계

평가과정 설계에는 평가결과를 어떻게 활용할 것인지에 대한 설계가 선행되어야 한다. 배호순(2008)은 평가과정을 설계할 때 고려해야 할 요소로 다음과 같은 여섯 가지를 들고 있다.

- 어떤 목적으로 평가하고자 하는가?
- 평가 요구자와 핵심 관련자는 누구인가?
- 어떤 접근방법으로 평가하고자 하는가?
- 특별히 고려할 점은 무엇인가?

- 중요한 평가준거와 기준은 무엇인가?
- 평가자원은 무엇인가?

평가과정 설계는 평가를 위한 판단근거를 수집하고 설정하는 일을 어떻게 수행하고 전개할 것인가라는 질문에 답변하는 일이라고 할 수 있다. 먼저 거시적인 관점에서 평가의 골격을 정한 다음 미시적으로 구체적인 평가활동을 단계별로 계획하는 것이 필요하다.

(2) 평가방법 선정

평가자료를 수집하고 분석하기 위해서는 먼저 평가방법을 결정해야 한다. 평가자료를 수집하기 위한 평가방법은 여러 가지가 활용될 수 있다. 평가방법은 프로그램의 목표, 학습내용과 수준, 집단의 규모나 시설 여건, 학습자들의 특성, 평가비용 등을 고려하여 선정되어야 한다.

평생교육 프로그램 평가에서 자주 사용되는 다섯 가지 방법을 소개하면 다음과 같다(김용현, 2014).

첫째, 질문지법이다. 가장 일반적으로 활용되는 기법으로 정보를 신속하게 수집하는 객관성 있는 방법이다. 그러나 이 방법은 한계성을 지니고 있으므로 지나치게 의존해서는 안 된다.

둘째, 면접법이다. 면접은 얼굴을 대면하고 서로 개인적인 질문과 대답을 주고 받는 것이다. 면접은 사전에 미리 계획되어서 매우 조직적으로 실시될 수 있고, 완전히 개방적이고 융통성 있게 진행될 수 있다. 면접법은 비교적 시간이 적게 소비되고 소규모 집단에 사용하는 것이 적합하다. 그러나 면접에 응한 응답자의 의견이 프로그램에 대한 의견을 대표한다고 보기 어려운 경우도 있고, 면담결과를 분석하기 곤란한 경우도 있다는 점을 유의해야 한다.

셋째, 관찰법이다. 관찰법은 프로그램의 진행과정을 찬찬히 살펴보는 데 유용한 방법이다. 학습자들의 행동을 체계적으로 관찰하고 기록하며, 수행되는 과정에 강조점을 두고 있다. 관찰자는 훈련이 잘 되어 있어야 하고, 관찰을 기록하기 위하여 체계적인 절차가 활용되어야 한다. 이 방법은 교수자의 행동이나 기술수준을 확인하는데도 매우 유용한 방법이다.

넷째, 논평(comment)이다. 논평은 공식적이거나 비공식적인 기록이다. 프로그램에 참여한 학습자들에게 프로그램 전반에 대하여 자신들의 소감을 기록하도록 하는 것이다. 논평은 사람들의 예기치 않은 반응을 알아보는 데 매우 유용한 방법이다. 그러나 논평은 분석하기 어렵고 대표성이 없는 평가자료를 만들어 낼 가능성도 있다.

다섯째, 녹음과 녹화이다. 녹음기나 비디오를 활용하여 녹음이나 녹화하는 것은 프로그램 진행과정이나 학습자들의 태도를 영구적으로 기록할 수 있는 방법으로 교수자의 질적 수준을 평가하는 방법으로 활용될 수 있다.

(3) 평가자료 수집 및 분석

① 자료수집 시기 및 장소

- 프로그램이 시작되기 전에는 출발점에서 학습자들의 수준을 알아보기 위해서 그들의 지식이나 기술, 태도에 관한 기초 자료를 수집하는 것이다. 관찰이나 보고서 검토, 질문지 조사가 활용된다.
- 프로그램이 진행되는 도중에는 교육이 실시되는 현장에서 평가자료가 수집된다. 학습자와 교수자의 반응을 평가하기 위해 질문지나 면접, 테스트가 활용된다.
- 프로그램이 끝난 직후에는 교육현장에서 학습자들의 만족도나 반응을 질문지, 면접 등을 통해서 자료를 수집한다. 프로그램 시작되기 전에 평가한 자료와 비교하여 학습자들의 수준 향상 정도와 개선사항을 밝히는 데 활용된다.
- 프로그램이 종료되고 시일이 경과한 후에는 추후평가를 통하여 참여자들의 지식수준, 수행능력, 가치와 태도 변화 등을 알아본다. 관찰이나 면접, 기록검토, 참가자 주변인을 대상으로 한다면 평가와 직무수행 평가 등을 통하여 자료가 수집된다.

② 자료분석

평가자료가 수집되면 자료는 양적인 자료와 질적인 자료로 구분된다. 양적인 자료는 정확한 수량을 나타내는 반면, 질적인 자료는 풍부한 기술적 자료를 제공한다(김용현, 2014).

- 질문지에 대한 분석은 통계적 기법이 이용되기도 한다. 응답의 빈도나 평균치에 의한 기법이 적절하다. 때로는 문항 간 혹은 특정 문항과 다른 문항 사이의 상관관계가 유용하다.
- 면접결과에 대한 분석은 범주별로 응답을 기술하는 것으로 구성된다. 면접이 구조적일 경우 범주가 미리 결정되고 필요 시 수정될 수 있다. 비구조적일 경우 응답을 검토한 후 범주가 만들어지며, 범주별로 응답의 빈도에 따라서 결과가 요약된다.
- 관찰에 대한 분석은 행위나 특성에 대한 체크리스트(checklist), 평정척도(rating scale)를 활용하여 행해진다. 즉, 체크리스트의 항목에 대한 체크나 평점의 빈도를 측정하여 이루어진다.
- 논평에 대한 분석은 면접과 유사한 방법이다. 각 범주별로 진술의 빈도를 측정하여 응답이 법주화되고 평가결과로 요약된다.
- 녹음과 녹화에 분석은 관찰과 유사한 방법으로 분석한다. 일정한 간격으로 시간의 흐름에 따른 표집으로 할 수 있다. 이러한 기법은 학습과정이나 분위기에 대한 보다 많은 대표표집을 산출해 낸다.

4) 평가결과 보고 및 활용

평가자료의 분석이 끝나면 평가결과를 어떻게 보고하고 활용할 것인가를 결정해야 한다. 평가결과는 프로그램을 개선하거나 프로그램을 홍보하는 데 활용될 수 있기 때문에 중요하다. 평가결과 보고 및 활용 단계에서 평가자는 보고의 목적을 설정하는 일, 보고서의 내용과 형태를 결정하는 일, 보고서 배포시기를 결정하며 보고서를 제출하고 배포할 대상자를 선정하는 일, 보고서를 활용하여 관련자 모두가 읽고 그를 활용하도록 권장하는 일, 보고서에 대한 반응을 파악하는 일을 준비해야 한다. 나아가서 평가결과를 활용하고 난 뒤에 예상되는 변화를 지속적으로 파악하고 결과 활용의 정도와 반응을 추적하고 조사하는 등의 계획을 수립할 필요가 있다(배호순, 2008).

보고서 활용방안은 평가보고 대상자로 하여금 평가결과에 대한 의견을 제시할 기회를 주고 반응할 수 있도록 하기 위한 구체적인 방법도 제시할 필요가 있다. 특히 평가결과보고서를 필히 읽도록 권장하고 그것을 충분히 이해했는가, 어떤 점을 의문시하는가, 어떤 점을 필히 이해해야 하는가, 소감이나 건의할 점은 무엇이며, 특히 지적할 만한 문제점은 무엇인가를 자유롭게 표현할 수 있도록 구체적인 방법 및 절차를 제시해 주어야 한다.

평가결과 보고에 접한 후에 프로그램 관련자들의 근무 태도 및 행동상에 어떤 변화가 생기고 있는가, 평가결과를 자신의 업무 수행에 적용하고 있는가, 프로그램에 대한 관심에 어떤 변화가 생기고 있는가 등을 지속적으로 파악하고 조사하여 활용하면 프로그램 개선과 평가활동의 개선에 실질적인 도움을 줄 수 있다(김용현, 2014).

4. 평생교육기관 평가

1) 평생교육기관의 평가

평생교육기관의 평가란 평생교육기관에서 운영하는 프로그램이 설정한 학습목표를 어느 정도 달성했는지, 학습활동이 계획대로 진행되었는지, 그리고 학습자들의 학습과 성장에 어떤 영향을 주었는가를 확인하고 가치를 판단하는 과정이다. 학습자의 학업성취도를 평가할 뿐만 아니라 학습자가 직면한 여러 가지 문제를 진단하고 교육효과를 평가하여 평생교육 정책이나 프로그램 개발에 반영하는 데 목적이 있다.

평생교육기관의 평가는 경영과정의 마지막 단계이다. 경영목표달성 정도의 점검과 조직성과를 평가한다. 평생교육의 질 관리의 핵심 요소로 경영 전 과정에 대한 평가와 피드백이 필수적이다. 교수-학습, 행정활동의 평가를 통한 관계자에 대한 피드백은 조직원의 역량강화의 초석이 된다.

평생교육에서는 끊임없이 다양하게 변하는 상황을 확인하고 판단하는 일련의 과정이 평가라고 할 수 있다. 평가는 양적으로 표현되는 측정에만 의존하여서는 안 되며, 평가의 자료나 증거는 질적인 것도 포함할 뿐 아니라 인간의 심리적 과정이나 행동, 표현, 그리고 이들을 야기하는 환경이나 상황 등 측정하기 어렵거나 수량화할 수 없는 것, 즉 질적인 것까지 포함되어야 한다.

2) 평생교육 기획단계 평가

평가를 기획하고, 실행하고, 해석하고 활용하는 능력은 전략적 기획과 효과적 리더십에서 중요한 기술이다. 잘 기획된 평가는 환경조사과정 중에도 중요한 데이터를 제공한다. 평가는 평생교육경영에 관련하여 더 바람직한 의사결정을 내리는 데 필요한 일종의 자료를 모을 수 있도록 계획될 수 있다.

평생교육기획의 평가는 기관의 내부 요소와 외부 환경의 평가로 구분할 수 있다, 기관 내부의 평가는 기관의 구조, 시스템, 전략 등이 평가될 수 있다. 대부분 구조의 평가는 평생교육기관의 부서 또는 모기관의 조직표를 검토하면서 시작된다. 기관의 투입요소는 사람, 장비, 재료, 금전일 수 있으며, 산출은 재화와 용역, 비용 등일 수 있다. 평생교육기관의 내부자원요소로는 프로그램, 사람, 고객, 시설, 재정 등이 평가될 수 있다.

평생교육경영자는 평가에서 가장 먼저 기관의 사명을 분석하고 확인해야 한다. 평생교육경영자는 문화적 평가로부터 획득된 새로운 자료와 기관의 기존 지식을 합쳐서 미래의 비전을 설정해야 하며 이를 실현하기 위한 전략을 전개해야 한다.

평생교육기관경영에 있어서 선행평가(proactive evaluation)는 기관의 문제를 미리 예측하고 예방할 수 있다. 이는 평생교육의 기획단계에서 이루어지는 전략평가이다. 즉 프로그램, 인력, 고객, 시설, 재정 등의 요소에 대하여 조직의 환경요소인 외부 조건, 기관적 조건, 구조적 조건, 문화적 조건을 평가하는 기획평가 또는 전략적 기획의 평가다. 평생교육 기획단계에서의 평가는 평생교육기관의 의사결정과 전략적 기회에 대하여 논리적이고 신뢰할 만한 토대를 제공한다(권인탁, 2011).

3) 교육프로그램 서비스 질 평가

서비스란 고객에게 만족을 주는 무형의 활동으로 소유권 이전을 수반하지 않고 제공되며, 일반적으로 저장하거나 운반할 수 없고, 주로 사람에 의해 결정되는 것이다(홍금순, 2005). 이와 같은 서비스의 개념을 전제로 하였을 때, 평생교육기관에서의 교육 프로그램 서비스란 교강사, 교직원 등 공급자인 기관측이 수요자인 프로그램 참가자(학습자)에게 교육적 목적 달성에 관련된 유형 · 무형의 서비스를 제공함으로써 참가자(학습자)에게 물질적 · 정신적 만족을 실현시켜주는 일체의 활동이라고 할 수 있다.

일반적으로 서비스 품질은 학습자에 의해 주관적으로 인식되는 품질이며 객관적인 품질과 구분하기 위해 이러한 주관적 품질을 '지각된 서비스 품질'이라고 정의한다. 다음은 여러 연구결과를 토대로 하여 만들어진 6개의 교육서비스 품질측정의 차원들에 대한 설명이다(박주성 외, 2003).

(1) 유형성

유형성(tangibles)은 물리적 시설, 장비 등의 외형적으로 형태가 있는 서비스의 요인으로 정의된다. 이 모든 것은 고객, 특히 신규고객이 품질을 평가할 때 사용하는 서비스의 물리적 표현과 이미지를 제공한다.

(2) 신뢰성

신뢰성(reliability)은 약속한 서비스를 정확히 제공하는 능력으로 정의된다. 교육기관이 서비스 제공, 문제해결 등에서 직접적으로 한 약속이나 교육기관의 목표 및 이념이나 정책을 직·간접적으로 한 약속을 제대로 제공하는 것이다.

수요자인 학습자들은 약속을 지키는 교육기관과 관계 맺기를 원하며, 특히 핵심서비스와 관련된 약속일 경우 더욱 그러하다. 고객이 기억하는 문제의 대다수는 핵심서비스 시스템의 실패와 이를 해결하려는 후속조치의 미비 등을 들 수 있는데, 특히 규범성을 강조하는 교육기관은 신뢰성 확보가 중요하다.

(3) 응답성

응답성(responsiveness)이란 고객을 도와주려는 의지와 신속히 서비스를 제공하고자 하는 의지이다. 이 차원은 고객의 요구, 질문, 불만, 문제 등을 처리하려는 배려와 신속성을 강조한다. 응답성은 도움, 질문에 대한 대답 및 문제해결을 하는 데 기다리는 시간 등으로 고객에게 전달된다. 또한 응답성은 유연성과 고객의 욕구에 서비스를 맞추는 고객화란 개념을 포함한다.

(4) 확신성

확신성(assurance)은 교육기관 당국과 학습자의 지식, 정중함, 믿음직함을 느끼게 하는 능력으로 정의된다. 이 차원은 고객에 의해 위험이 높다고 지각되는 서비스나 은행, 보험, 증권업, 의료, 법률 서비스 등의 서비스와 같이 결과를 평가할 능력에 대해 자신이 없을 때 중요하다. 믿음과 확신은 증권 중개인, 보험대리인, 변호사, 컨설턴트 등과 같이 고객에게 회사의 서비스를 연결하는 사람에게서 구현된다. 이러한 서비스의 경우 회사는 핵심접촉 인물과 고객 사이의 믿음과 애호가 형성되기 때문이다.

(5) 공감성

공감성(empathy)은 교육기관이 학습자 개개인에게 제공하는 주의와 보살핌으로 정의된다. 공감성의 핵심은 개인화되고, 주문화된 서비스로 고객이 독특하고 특별하다는 것을 전달하는 것이다. 고객은 서비스를 제공하는 대학이 자신을 이해하고 중요하게 느끼길 원한다. 평생교육기관의 교직원들은 학습자들의 욕구성향을 알고, 학습자들의 개별적인 욕구와 기호까지 알아 이를 감안한 관계를 구축해야 할 필요가 있다.

(6) 결과의 질

결과의 질(quality of consequence)은 평생교육기관의 교육서비스에 대한 학습자들의 욕구 충족도와 만족도, 그리고 과정 이수 후 진로 및 취업의 용이성으로 정의된다.

평생교육서비스 품질 평가는 유형성, 신뢰성, 응답성, 확신성, 공감성, 결과의 질의 요소를 파악하는 것이다.

4) 고객만족도 조사

고객만족(customer satisfaction)은 '고객의 요구와 기대에 부응하여 그 결과로써 상품, 서비스상의 재구입이 이루어지고 아울러 고객의 신뢰감이 연속되는 상태'라고 이해되고 있다. 그러면, 여기서 '고객'이란 누구인가를 규명하는 것이 우선적으로 필요하다고 본다. 평생교육기관의 입장에서 보면 고객은 곧 평생교육기관의 '이해관계자'를 의미한다. 여기서 이해관계자란 넓은 의미로는 '조직의 안팎에서 나(우리 기관)의 일의 결과를 사용하는 사람'을 말한다. 이렇게 보면, 나의 고객은 조직 내에서는 직장 상사, 동료, 그리고 부하 직원일 수 있고, 조직 외에서는 관련 업체의 직원들이라든가 우리 기관이 제공하는 프로그램이나 서비스의 '소비자'를 일컫는 말이다. 평생교육기관이 제공하는 교육 프로그램의 소비자는 곧 학습자이기 때문에, 교육기관에서의 '학습자는 소비자인 동시에 고객이고, 고객인 동시에 배우고 가르치는 자'인 것으로 이해된다.

흔히 기업체에서의 고객만족은 제품, 서비스, 이미지의 3가지가 많이 언급되곤 하는데, 이를 평생교육기관에 대비하여 보면 평생교육기관에서의 고객만족은 유형적인 교육 프로그램 만족, 무형적인 교육서비스 만족과 기관이미지 만족의 3가지로 구분할 수 있다(계도원, 2013). 말하자면, '고객은 무엇으로 만족하는가?'에 대한 답이 바로 이들 요소에 달려 있다는 것이다. 곧, 평생교육기관에 있어서 고객 만족은 직접적인 요소인 교육 프로그램과 서비스, 그리고 간접적인 요소인 평생교육기관 이미지의 총합에 의해 결정된다. 여기서 교육 프로그램 만족과 교육서비스 만족은 고객만족의 직접적인 요소이지만, 기관의 이미지는 간접적인 요소이기도 하다. 교육 프로그램 만족은 교육 프로그램의 하드웨어적 가치와 소프트적 가치를 말하는데, 하드웨어적 가치는 프로그램의 내용 등 소위 유형적인 가치를 말하고, 소프트적 가치는 간소한 등록절차, 친절한 상담, 행정절차의 편의성 등 무형적인 가치를 말한다. 이러한 교육활동 및 교육서비스에 대한 만족은 학습자들의 지속적인 등록은 물론 좋은 구전효과를 초래할 수 있는 반면, 불만족한 고객은 곧바로 등록을 중단하거나 중도탈락하게 될 뿐만 아니라 좋지 못한 구전을 통하여 기관에 학습자들이 유입되는 것을 가로막아 기관 발전의 저해요소로 작용하게 된다.

고객이 어느 상품을 구입했을 때 구입한 상품과 서비스에 어느 정도 만족하고 있는

가를 중요시하는 마케팅 수법, 상품에 대한 고객의 만족도, 또는 소비자만족도라고 한다. 상품의 품질과 성능만이 아니라 점원의 서비스, 애프터서비스 등도 포함된다. 종합적인 의미로는 상품의 공급부터 고객이 기대한 만족도, 실제로 느낀 만족이 어느 정도 높은가 하는 것이다.

고객만족도조사설문지란 회사의 제품이나 고객의 만족 정도를 파악하기 위해 작성하는 설문지를 말하며, 고객이 구매한 제품 또는 서비스에 대한 평가를 기재하도록 한다. 고객만족도조사설문지를 작성할 때는 조사 일자, 평가 내용, 품질, 평가, 점수, 고객 의견 등으로 구분하여 각 항목에 정확한 내용을 기재하도록 한다. 고객만족도조사설문지는 일반적으로 무기명으로 작성하나 설문지의 성격에 따라 구매한 교육 프로그램 또는 서비스를 포함하여 설문지 작성자의 성명을 기재하기도 한다. 고객만족도조사설문지를 작성함으로써 평생교육기관에서는 교육 프로그램 또는 서비스에 대한 고객의 평가를 확인할 수 있으며, 이를 통해 교육 프로그램 또는 서비스를 개선하여 고객 만족도를 높일 수 있으며, 평생교육기관의 경쟁력을 높이기 위한 참고 자료로 활용할 수 있다.

Chapter

11

평생학습을 위한 창업과 기획

사전학습

1. 창업학은 기회를 포착하여 새로운 사업아이디어를 개발하고 필요자원의 조달과 조직의 관리를 통해 실제로 사업을 수행하는 활동에 대한 학문으로, 창업과 기업가정신, 창업 아이디어와 설계, 창업환경, 창업 비즈니스 유형, 창업을 위한 경영, 창업 관련 법규 및 프로그램 등을 다룬다.
2. 창업은 새로운 아이디어를 포착하여 고객의 가치를 실현하기 위한 사업목표를 설정하고 이에 필요한 자원을 확보하여 제품이나 서비스를 제공하여 수익을 창출하려는 사업을 시작하는 것으로, 창조와 모험, 높은 위험의 수반, 불확실성 하의 의사결정, 새로운 도전과 기회 제공을 특징으로 한다.
3. 기업가정신은 미래의 불확실성과 높은 위험에도 불구하고 주도적으로 기회를 포착하고 도전하며, 혁신활동을 통해 개인적, 사회적으로 새로운 가치를 창조하는 실천적 역량으로, 리더십, 도전정신, 혁신성, 가치지향, 창조성, 불확실성 등을 특징으로 한다. 창업가로서 갖추어야 할 역량으로 창조력, 창의성, 위험감수 및 도전의식, 인내, 자기신념, 자율, 성취욕구, 유연성 및 적응력, 시장기회 포착력 등이다.
4. 사업계획서는 창업을 통해 사업을 개시 하기 전에 사업에 관해 세우는 모든 계획으로, 창업할 사업의 내용, 경영방침, 기술문제, 시장성, 수익성, 소요자금의 조달 및 운영 계획, 인력 문제 등을 일목요연하게 정리한 사업 설계도이다. 정부 및 공공분야들은 창업지원을 위해 활용하는 PSST(program-solution-scale up-team) 사업계획서를 요구한다.
5. 평생교육 분야 창업을 위한 기획은 평생학습 창업 아이템을 발굴 선정하고, 창업 관련 기회와 위험요인을 탐색하며, 창업의 지속가능성을 확보하기 위한 체계적인 환경분석과 경영 전략을 도출하는 것이다. 창업 아이템을 발굴 선정하는 기법으로는 명목집단법과 멀티보팅, 창업아이템 정의서, 창업아이템 콘셉 보드, 창업 아이템 평가와 검증 기법 등이 있다. 또한, 창업 관련 경영환경과 경쟁사 관련 외부환경분석과 창업사 내부 역량을 분석하는 내부환경분석 기법으로는 STP, 3C, PEST, SWOT, 7S 등이 있다. 또한, 창업 기획으로 비즈니스 모델 캔버스와 창업을 위한 사업타당성 기법도 알고 있어야 한다.
   1) 명목집단법: 참가자 각자가 다른 사람과 이야기하지 않고 토의주제에 대한 자신의 생각을 정리할 수 있도록 일정한 시간을 부여하는 방법
   2) 멀티보팅: 일정 시간 동안 창업 관련 아이디어나 의견 등을 작성하도록 한 후, 그 작성된 포스트잇의 내용들을 읽어가며 좋은 아이디어나 의견에 스티커 등을 붙이며 아이디어나 의견을 추려가는 활동을 한다.
   3) 창업아이템 정의서: 명목집단법을 통해 창업 아이템이 도출된 후에는 창업 아이템이 무엇이며, 주요 고객은 누구이며, 주요 창업 프로그램과 그 차별화된 특징에 대해 정의해 보는 것
   4) 창업아이템 콘셉 보드: 창업아이템에 대한 고객요구 적합성과 차별화된 독특한 가치를 점검한

후 서비스(프로그램)의 두드러진 특징, 차별적인 우위성, 고객에 제공되는 가치나 혜택을 쉽게 파악할 수 있도록 시각적으로 개념화, 구체화하는 비쥬얼 자료(인쇄물 또는 이미지 등)을 제작하는 것

5) 창업 아이템 평가와 검증은 창업 아이템이 구체화 되었을 때 그 아이템이 시장과 고객에 수용되어 성공할 수 있지를 평가하는 것이다. 이를 위한 평가 접근으로는 창업자의 적성과 아이템 개발의 자원확보가 가능한지를 검증하고 시장 수요 확보를 검증하는 Inside-Out 접근과 시장 수요 확보를 검증한 후 창업자의 적성과 아이템 개발 자원 여부를 검증하는 Outside-in 접근이 있다.

6) 창업을 위한 외부환경분석은 사업에 영향을 주거나 방해되는 요인 파악과 기회 탐색을 통해 창업의 리스크를 최소화하기 위해 실시되며, PEST, STP, 3C, SWOT 분석이 주로 활용된다.

① PEST 분석은 창업에 영향을 미치는 정치적(Political), 경제적(Economic), 사회문화적(Social-cultural), 기술적(Technical) 요인들을 탐색하는 방법이다

② STP는 시장을 세분화(Segmentation)하여 목표고객을 설정하고(Targeting) 고객에 대해 창업 아이템의 특성과 강점을 각인시키도록 포지셔닝(Positioning)을 하는 방법이다.

③ 3C 분석은 고객/시장(Customer), 자사(Company), 경쟁사(Competitor)의 세 차원에서 창업 아이템의 성공가능성을 탐색하는 방법이다.

④ SWOT 분석은 외부적 요소인 거시환경에 대한 분석과 기업 내부 및 외부 환경 분석을 함께 고려하는 기법이라 할 수 있다. 환경요인들의 변화를 통해 창출할 수 있는 기회를 도출하고 환경기회와 부합되는 자원과 능력을 갖춘 기관들이 갖추어야 할 차별적 우위를 확보하기 위한 전략을 도출하는 것이다.

7) 내부환경은 학원이 보유하고 있는 내부 역량과 가치 창출을 위한 능력과 환경을 말한다. 7S 분석은 맥킨지에서 개발한 기법으로 전략, 조직구조, 시스템으로 구성된 하드웨어 분야와 스타일, 능력, 직원, 공유가치로 구성된 소프트웨어 분야로 구분하여 실시된다.

8) 비즈니스 모델링은 학원 창업 아이템이 시장에서 성공하기 위해 필요한 핵심요소들을 정리해 놓은 설계 도면이다. 그 핵심은 "어떤 고객을 대상으로 어떠한 가치를 담은 프로그램이나 서비스를 어떠한 자원을 가지고 만들고 제공하여 수익을 창출할 것인가?"이다. 이러한 핵심을 한 장으로 시각화한 것이 비즈니스모델 캔버스인데, 이것은 조직이 어떻게 가치를 포착하고, 창조하고, 전파하는지에 관한 비즈니스 모델을 분석하고 디자인하는 핵심도구로이며, 한 장으로 시작화하기 위한 프레임이라 할 수 있다. 비즈니스 모델 캔버스는 고객, 가치제공, 채널, 고객관계, 수익, 핵심자원, 핵심활동, 핵심파트너, 비용 등 9가지 요소로 구성되어 있다.

9) 사업타당성 평가는 학원 창업 아이템을 개발하고 그 시행 여부를 객관적으로 판단 해 보는 활동이라 할 수 있다. 사업타당성 평가는 일반적으로 시장성 분석, 기술적 분석, 수익성 및 경제성 분석, 자금수지 및 성장성 분석 등으로 실시된다.

1. 평생학습을 위한 창업과 기업가 정신

1) 창업학

창업학은 기회를 포착하여 새로운 사업아이디어를 개발하고 필요자원의 조달과 조직의 관리를 통해 실제로 사업을 수행하는 활동에 대한 학문이라 할 수 있다. 창업학의 주요 영역과 주제는 여러 학자들이 다양하게 제시되고 있지만, <표 11-1>과 같이 창업과 창업자, 창업 아이디어 및 설계, 창업환경, 창업유형, 창업경영, 창업 제도와 정책 등을 다루고 있다. 창업과 창업자는 창업의 개념과 요인, 기업가정신, 창업자의 특성, 능력, 책임과 윤리, 창업혁신 등을 다룬다. 창업 아이디어와 설계는 창업 아이템에 대한 아이디어와 실행계획서 등을 다룬다. 창업환경은 사업타당성(시장분석, 기술분석, 경제성 분석 등), 창업기회, 창업결정요인, 창업 성공 및 실패 요인 등을 다룬다. 창업유형은 벤처, 소호, e-biz, 프랜차이즈, 기업가족 등을 다룬다. 창업경영은 창업경영전략, 인사 및 조직 관리, 재무 및 세무 관리, 고객 및 마케팅 관리 등을 다룬다. 창업 제도 및 정책은 창업보육센터, 창업 관련 법규, 창업 정책 및 지원 프로그램 등을 다룬다.

〈표 11-1〉 창업학의 주요 영역과 주제

영역	하위영역
창업과 기업가정신	• 창업의 개념과 요인 • 기업가정신 • 창업자의 특성, 리더십, 책임 등
창업 아이디어와 설계	• 창업 아이디어 개발 • 창업 계획서
창업환경	• 사업 타당성 • 창업기회 • 창업 성공 및 실패 요인

영역	하위영역
창업 비즈니스 유형	• 벤처, 소호, e-Business, 프랜차이즈, 가족회사 등
창업을 위한 경영	• 경영전략 • 인사 및 조직관리 • 재무 조달 및 관리 • 마케팅 관리
창업 관련 법규 및 프로그램	• 창업 보육 센터 • 창업 관련 법규 • 창업 지원 프로그램 등

출처: 김규태(2019). 국내 대학생 창업에 대한 연구 동향.

2) 창업의 개념과 특성

창업은 일반적으로 새로운 사업을 개시(start-up)하는 것을 의미한다. 학자들은 창업을 다음과 같이 정의하고 있다.

- 창업은 창업가가 남들이 보지 못한 기회를 찾아 사업목표를 정하고, 그 기회를 토대로 충분치 않은 자원으로 불확실성과 위험을 감수하면서 각종 자원을 투여하여 새로운 가치가 담긴 상품을 생산하고, 소비자를 만족시킴으로써 수익을 창출하려는 사업을 시작하는 것이다(유성은, 2018, p. 9).
- 창업은 사업능력을 갖춘 자가 사업 아이디어를 포착하여 사업목표를 설정하고, 이에 필요한 자금, 인원, 설비 등 경영자원을 확보하여 제품이나 서비스를 생산하는 사업체를 설립하는 것이다(금진호, 김만석, 김명희, 2017, p. 11)
- 창업은 기회를 포착하여 새로운 사업 아이디어를 개발하고 필요 자원의 조달과 조직의 관리를 통해 실제로 사업을 수행하는 기업가적 과정이다(이장우, 장수덕, 이병열, 2017, p. 25).
- 창업은 창업자가 특정한 창업 아이디어를 가지고 자금을 동원하여 특정한 고객의 욕구를 만족시키기 위하여 제품이나 서비스를 만드는 사업을 시작하는 것이다(한국벤처창업학회, 2012, p. 4).

이상에서 제시된 창업에 대한 의미를 종합해 보면, 창업이란 '새로운 아이디어를 포착하여 고객의 가치를 실현하기 위한 사업목표를 설정하고 이에 필요한 자원을 확보하여 제품이나 서비스를 제공하여 수익을 창출하려는 사업을 시작하는 것'으로 볼 수 있다. 하지만 창업은 사업과 경영과 연관되지만 구별되는 개념이다. 창업이 새로운 아이디어로 사업을 시작하는 것이다. 사업은 어떤 일을 목적과 계획을 가지고 지속적으로 경영하는 것이다(한국벤처창업학회, 2012, p. 4). 경영은 이미 만들어진 사업체를 성공적으로 유지, 성장, 발전시켜 나가는 활동이다(금진호, 김만석, 김명희, 2017, p. 11).

창업은 새로운 기회를 포착하여 사업을 시작하는 것임으로 사업에 대한 불확실성과 높은 위험을 감수해야 하는 도전과 의사결정을 수반하는 특성을 지니고 있다. 금진호, 김만석, 김명희(2017)은 창업의 특성으로 창조적이고 모험적인 특성, 높은 위험의 수반, 불확실성 하의 의사결정, 새로운 도전과 기회의 제공 등 네 가지를 제시했다. 아래에서는 이들이 제시한 네 가지 특성에 대해 살펴본다.

① **창조와 모험**: 창업은 내가 가지고 있는 사업아이템, 자금, 경영능력, 기술 등 모든 자원을 동원하여 자기주도로 새로운 사업영역을 개척하는 일이기 때문에 창조적이고 모험적이다.

② **높은 위험의 수반**: 창업은 새로운 사업에 대한 자본과 인적 및 물적 자원의 투입을 전제로 하고 있어 많은 위험이 따를 수 있다. 완벽한 창업 준비에도 예상하지 못한 변화와 상황을 발생하여 기대보다 적은 수익이나 창업 실패를 가져올 수 있는 위험을 감수해야 할 필요가 있다.

③ **불확실성 하의 의사결정**: 창업은 끊임없이 변화하는 경영환경 속에서 미래를 정확히 예측하고 신속히 판단하여 적절한 의사결정을 하여야 하는데, 경영 환경의 불확실성으로 인해 사업의 과정과 결과를 전망하여 창업에 대한 의사결정을 하는데 어려움을 줄 수 있다.

④ **새로운 도전과 기회 제공**: 창업은 여러 가지 불확실성에서도 좋은 사업아이템을 통해 성공할 경우 자아성취, 인정과 명예, 일 그 자체에 대한 만족과 보다 많은 수입으로 윤택한 삶을 추구할 수 있는 새로운 도전과 기회를 제공한다.

3) 기업가정신의 개념과 특성

창업에 있어서 중요한 것은 새로운 기회를 포착하고 새로운 사업아이템을 개발하여 새로운 사업을 도전하는 창업가일 것이다. 창업가(entrepreneur)은 일반적으로 기회를 인지하고 기회를 추구할 조직을 구성하는 사람이다. 유성은(2018)에 의하면 창업가는 변화를 탐구하고 대응하며 변화를 기회로 이용하는 사람으로, 위험을 감수하며 사업기회를 발굴하고 새로운 가치를 창출하는 혁신을 촉진하는 사람을 말한다. 창업가는 지속적인 혁신을 통하여 사업을 주도하는 변화촉진자로서, 그들에게는 조직과 시간관리능력, 인내력, 풍부한 창의성, 도덕성, 목표설정 능력, 적절한 모험심, 유머감각, 정보를 다루는 능력, 문제해결을 위한 대안구상 능력, 새로운 아이디어를 내는 창조성, 의사결정 능력, 도전정신 등 다양한 능력이 요구된다.

〈표 11-2〉 창업가의 정의

학자	정의
Joseph A. Schumpeter	새로운 제품과 서비스를 창출, 새로운 생산방법의 도입, 새로운 조직형태의 창조, 새로운 원재료의 활용으로 기존 경제 질서를 파괴하며 혁신을 좇는 사람
Peter Drucker	변화를 탐구하고, 변화에 대응하며, 변화를 기회로 이용하는 사람
Karl Vesper	다른 사람이 발견하지 못한 기회를 찾아 상식이나 권위에 사로잡히지 않고 새로운 사업을 추진할 수 있는 사람
Howard Stevenson	현재 통제가능한 한정된 자원 이상의 기회를 추구하는 사람
Kuratko & Hodgetts	시장에서 기회포착으로 보상을 추구하는 혁신자

출처: 유성은(2018). 스토리창업 & 창업가정신. 고양: 피앤씨미디어. p. 230

기업가정신은 프랑스 경제학자 Jean-Baptiste Say(장바티스트 세이)가 1800년경 어떤 것을 시작하다, 착수하다, 수행하다라는 의미의 앙트르프르뇌르(entreperneur)에 접미사 십(ship)을 접목해 사용하기 시작한 용어이다(유성은, 2018). 기업가정신은 미래의 불확실성과 높은 위험에도 주도적으로 기회를 포착하고, 도전하며 혁신 활동을 통해 새로운 가치를 창조하는 실천적 역량이다(김종하, 2018, p. 21). 또한, 기업가정신은 자원의 현실적 제약을 창의적이고 혁신적인 방법을 극복하고 새로운 기회를 포착하여 이를 실현하려는 의지이다(이장우, 장수덕, 이병렬, 2017, p. 14). 유성은(2018)은 기업가정신을 미래의 불확실성과 높은 위험에도 불구하고 주도적으로 기회를 포착하고 도전하며, 혁신활동을 통해 개인적, 사회적으로 새로운 가치를 창조하는 실천적 역량으로 정의하였다. 그는 이 정의를 구성하는 요소들은 도전정신, 리더십, 혁신성, 가치지향, 창조성, 불확실성 등으로 보았으며, 이를 육하원칙으로 제시하였다.

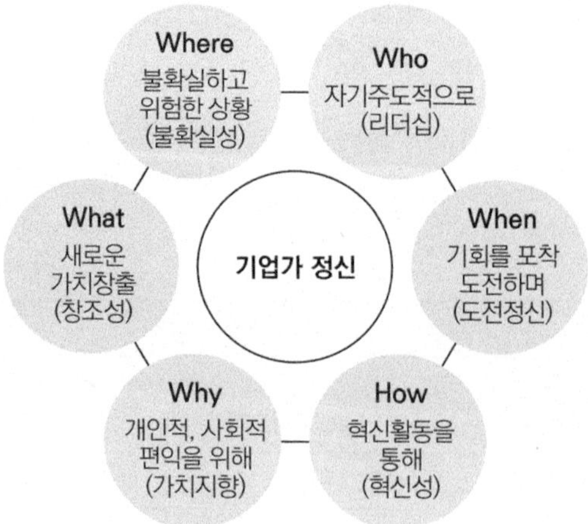

[그림 11-1] 기업가 정신의 구성요소

출처: 유성은(2018). 스토리창업 & 창업가정신. p.239를 토대로 재구성

〈표 11-3〉 기업가정신의 정의

학자	정의
Joseph A. Schumpeter	기업가의 혁신행위, 기존질서를 파괴하고, 위험을 감수하면서 창조적 파괴를 이루려는 기업가의 노력이나 의지
Peter Drucker	변화를 탐구하고 대응하며 변화를 기회로 이용하는 것 위험을 무릅쓰고 기회를 사업화하려는 모험과 도전정신
Wikipedia	외부환경 변화에 민감하게 대응하면서 항상 기회를 추구하고 그 기회를 잡기 위해 혁신적 사고와 행동을 하고 그로 인해 시장에 새로운 가치를 창조하는 행동과정이다.
김종하(2018)	미래의 불확실성과 높은 위험에도 주도적으로 기회를 포착하고, 도전하며 혁신 활동을 통해 새로운 가치를 창조하는 실천적 역량
이장우, 장수덕, 이병렬(2017)	자원의 현실적 제약을 창의적이고 혁신적인 방법을 극복하고 새로운 기회를 포착하여 이를 실현하려는 의지
유성은(2018)	미래의 불확실성과 높은 위험에도 불구하고 주도적으로 기회를 포착하고 도전하며, 혁신활동을 통해 개인적, 사회적으로 새로운 가치를 창조하는 실천적 역량

출처: 유성은(2018). 스토리창업 & 창업가정신. 고양: 피앤씨미디어. p. 236의 내용을 수정보완함

4) 창업가 역량

창업가는 창업에 필요한 능력을 갖출 필요가 있다. 한국청년기업가정신재단에서는 다음의 <표 11-4>와 같이 창업가로서 갖추어야 할 역량으로 창조력, 창의성, 위험감수 및 모험 도전, 인내, 자기신념, 자율, 성취욕구, 유연성 및 적응력, 시장기회 포착력 등으로 구분 제시하였다(이형곤, 유진혁, 2018).

〈표 11-4〉 기업가적 역량

구분	내용
창조력(creativeness)	이질적 분야 간 창조적 결합 및 융합 시도를 통한 새로운 결과 산출
창의성(creativity)	창의적이고 혁신지향적임
위험감수(risk-taking) 및 모험도전(challenge)	계산된 위험을 감수하면서 도전함
인내(endurance)	참을성을 가지고 끝까지 밀고 나감

구분	내용
자기신념(self-belief)	자기 자신에 대한 믿음을 가짐
자율(need for autonomy)	타인으로부터 통제받지 않고 자기 통제 하에 일을 하고자 함
성취욕구(need for achievement)	높은 수준의 성취동기를 가짐
유연성(flexibility) 및 적응력(adaptability)	유연하여 적응력이 뛰어남
시장 기회 포착력(market awareness)	시장 기회를 감각적으로 알아차림

출처: 이형곤, 유진혁(2018). 기업가정신과 창업실무. 파주: 양성원. p. 65

중소기업청(2009)은 창업가 개인이 지녀야 할 역량으로 성취욕구, 자기통제능력, 위험감수성, 창의력, 자기효능감을 제시하였다.

- **성취욕구(1-9)**: 장애를 극복하고 자신의 능력을 발휘하여 곤란한 일을 해결해 목표를 달성하려는 욕구 또는 도전적이고 어려운 과업을 훌륭히 성취하여 만족을 얻으려고 하는 내적 의욕으로, 목표지향성(달성하고자 하는 명확하고 구체적인 목표수립 및 의지), 미래지향성(과거보다는 미래를 지향하는 긍정적이고 도전적인 성향), 적극적, 혁신적 활동(정력적이고 적극적인 활동, 문제해결 의지 여부) 등 세 가지 변수로 구성
- **자기통제능력(10-16)**: 주의에서 일어나는 여러 가지 일과 사건들에 대해 스스로 통제하고 조절할 수 있는 신념의 정도를 말하며, 자신의 삶과 운명을 스스로 결정해 나갈 수 있다고 믿는 자기확신의 개념으로, 긍정적 사고(긍정적으로 사고하고 행동하는 정도), 자기신념(결정 또는 결과에 대한 자기확신), 자기조절능력(스스로에 대한 자아 조절능력) 등 세 가지 변수로 구성
- **위험감수성(17-26)**: 불확실한 결과가 예상됨에도 불구하고 과감히 도전하려는 의지의 정도로서 위험에 맞서 적극적으로 기회를 모색하고 추구하고자 하는 의욕을 말하는 것으로, 도전의식(새로운 분야에 대한 적극적인 행동이나 의지), 결단력(불확실한 상황에 대한 빠른 판단과 결심), 목표의식(추구하고자 하는 명확한

목표에 대한 의지) 등 세 가지 변수로 구성

- **창의력(27-37)**: 주어진 문제나 감지된 문제로부터 통찰력을 동원하여 새롭고, 독창적인 산출물을 만들어내는 능력, 또는 새롭고 유용한 결과물을 생산해 내는 행동 또는 정신과정으로, 확산적 사고(과정관념을 벗어나 다양하게 사고하는 능력), 참신성(기존의 것을 결합 또는 독창적인 개발), 진취성(적극적으로 새로운 기회를 포착하고자 하는 특성) 등 세 가지 변수로 구성
- **자기효능감(38-46)**: 주어진 과업이나 역할을 성공적으로 수행할 수 있다고 믿는 개인적인 신념의 강도로 다양한 도전과 위험에 능숙하게 대처하며 새로운 기회를 추구할 수 있다는 자신감을 말하는 것으로, 자기확신(자신의 능력에 대한 자기 확신감의 정도), 자아존중감(스스로에 대한 긍정적인 사고와 태도), 사회적 네트워킹(주위 사람들과의 관계에 대한 지각 및 태도) 등 세 가지로 구성

중소기업청의 기업가정신 역량 평가

성취욕구(1-9), 자기통제능력(10-16), 위험감수성(17-26), 창의력(27-37), 자기효능감(38-46)

아래의 문항은 제시된 평가 문항들을 토대로 저자가 재구성한 것임

문항	전혀 그렇지 않다	그렇지 않다	보통이다	그렇다	매우 그렇다
1. 원하는 일은 계획을 세우고 반드시 달성하려고 한다.	①	②	③	④	⑤
2. 내가 맡은 일은 최고의 결과는 내는 것이 중요하다.	①	②	③	④	⑤
3. 성공에 도전하는 것도 돈을 버는 것만큼 중요하다.	①	②	③	④	⑤
4. 나는 적극적으로 해야 할 일을 계획하고 사고하는 사람이다.	①	②	③	④	⑤
5. 사람들이 많이 도전하지 않는 새로운 분야에 뛰어들어보고 싶다.	①	②	③	④	⑤
6. 오랜 시간 일을 추진할 수 있는 열정과 에너지를 가지고 있다.	①	②	③	④	⑤
7. 어려운 일에 부딪힐수록 혼신의 힘을 다하여 해결하고자 한다.	①	②	③	④	⑤
8. 나는 다른 사람들에게 비교적 열정적이라는 평가를 받는다.	①	②	③	④	⑤
9. 문제를 해결할 수 있는 다양한 생각을 가능한 많이 해보려고 한다.	①	②	③	④	⑤
10. 일이 실패하는 이유는 노력이 부족하기 때문이라 생각한다.	①	②	③	④	⑤
11. 모든 일에는 경쟁이 있을 수 있지만 노력하는 사람은 극복할 수 있다.	①	②	③	④	⑤
12. 내 인생의 성공은 기회가 좋아서라기보다는 나의 능력에 의한 것이다.	①	②	③	④	⑤
13. 열심히 노력하는 것 이외에 운이 따라줘야 성공할 수 있다고 생각한다.	①	②	③	④	⑤
14. 내 인생을 의도대로 진행시키기 위해서 적극적으로 계획을 수립한다.	①	②	③	④	⑤
15. 본인의 노력에 따라 얼마든지 인생을 바꿀 수 있다고 생각한다.	①	②	③	④	⑤
16. 내 자신의 비즈니스 결과는 스스로 통제하고 조절할 수 있다고 생각한다.	①	②	③	④	⑤
17. 나는 위험이 따르더라도 새로운 일에 도전하는 편이다.	①	②	③	④	⑤
18. 경쟁업체를 이기려면 위험을 감수해야 할 때도 있다.	①	②	③	④	⑤
19. 원하는 일이라면 성공확률이 50%일지라도 위험을 감수하고 도전할 것이다.	①	②	③	④	⑤
20. 좀 더 사업을 성장하려면 때로는 위험을 감수해야 한다.	①	②	③	④	⑤

문항	전혀 그렇지 않다	그렇지 않다	보통 이다	그렇다	매우 그렇다
21. 자금을 차용하는 것도 비즈니스에 꼭 필요한 결정이다.	①	②	③	④	⑤
22. 내 비즈니스가 성공할 것인지 또는 실패할 것인지는 확신할 수 없다.	①	②	③	④	⑤
23. 불확실하고 애매한 상황을 불안하지 않게 잘 극복해 나가는 편이다.	①	②	③	④	⑤
24. 내 사업을 위해 개인적으로 재무적인 목표를 희생할 수 있다.	①	②	③	④	⑤
25. 도전에 부딪힐 때 실패보다는 성공의 결과를 더 많이 생각하려고 한다.	①	②	③	④	⑤
26. 시간이나 돈이 충분치 않더라도 흥미 있는 일은 시작해서 성공할 수 있다.	①	②	③	④	⑤
27. 나는 주어진 문제를 때로는 특이한 방식으로 해석한다는 평가를 받기도 한다.	①	②	③	④	⑤
28. 경쟁력 있는 기업가는 항상 변화하고 도전해야 한다.	①	②	③	④	⑤
29. 호기심이 많은 편이라 궁금한 것은 반드시 이해하고 넘어가는 편이다.	①	②	③	④	⑤
30. 내 사업이 정착된다면 다시 새로운 아이디어의 사업을 추구하고 싶다.	①	②	③	④	⑤
31. 스스로 어떤 일을 처음 시도하기를 바라며 결과에 대해서도 책임을 진다.	①	②	③	④	⑤
32. 나는 일을 처리하는 절차를 시스템하려고 노력한다.	①	②	③	④	⑤
33. 다소 현실적이지 못하더라도 상상력이 풍부한 사람을 더 좋아한다.	①	②	③	④	⑤
34. 나는 경쟁자를 능가하는 새로운 아이디어를 계속 시도한다.	①	②	③	④	⑤
35. 경영자로서 장기적인 목표에 보다 집중하고 몰입하고 있다.	①	②	③	④	⑤
36. 복잡하고 해결되지 않는 문제일수록 끈기를 가지고 시도해 나가는 편이다.	①	②	③	④	⑤
37. 쉽게 할 수 있는 일보다 내 능력을 더 올릴 수 있는 도전을 좋아한다.	①	②	③	④	⑤
38. 나는 비즈니스 운영에 대한 충분한 지식과 경험을 가지고 있다.	①	②	③	④	⑤
39. 나는 나의 사업에 부합되는 유능한 팀을 구성할 수 있다.	①	②	③	④	⑤
40. 스스로 세운 목표를 달성할 수 있는 내적인 능력이 있다고 믿는다.	①	②	③	④	⑤
41. 나는 누구보다 가치 있고 역량 있는 사람이라고 생각한다.	①	②	③	④	⑤
42. 나는 나 자신에 대해서 대체적으로 만족한다.	①	②	③	④	⑤

문항	전혀 그렇지 않다	그렇지 않다	보통 이다	그렇다	매우 그렇다
43. 새로운 임무부여 시 목표를 달성할 수 있는 나의 능력을 믿는다.	①	②	③	④	⑤
44. 상대방을 고무시키고 격려할 수 있는 자신감이 있다.	①	②	③	④	⑤
45. 만나고 싶은 사람이 있으면 기다리기보다는 내가 먼저 가는 편이다.	①	②	③	④	⑤
46. 새로운 사람을 만나는 것은 항상 즐거운 일이다.	①	②	③	④	⑤

출처: 중소기업청(2009). 기업가정신 역량 평가지표 개발.

창업가 역량기업가정신에 대한 자기진단을 위해서는 Timmons의 설문지를 활용할 수 있다. Timmons의 설문지는 개인적 특성 14문항과 업무역량 8문항으로 구성되어 있다.

Timmons의 기업가정신 진단문항

개인적인 특성(1-14번), 업무역량(15-22번)

문항	전혀 그렇지 않다	그렇지 않다	보통 이다	그렇다	매우 그렇다
1. 나는 오랜 시간 일을 추진할 수 있는 열정과 에너지를 가지고 있다.	①	②	③	④	⑤
2. 나는 스스로 세운 목표를 달성할 수 있는 자신감이 있다.	①	②	③	④	⑤
3. 나는 일시적이 아니라 장기적으로 특정 사업에 참여하고 있다.	①	②	③	④	⑤
4. 나는 금전을 평가의 척도로 사용한다.	①	②	③	④	⑤
5. 나는 문제해결에 끈기를 가지고 임한다.	①	②	③	④	⑤
6. 나는 명확한 목표를 설정할 수 있는 능력과 결단력이 있다.	①	②	③	④	⑤
7. 나는 나의 노력으로 성공 가능성을 높일 수 있는 모험심을 가지고 있다.	①	②	③	④	⑤
8. 나는 실패할 경우 실망하지 않고 문제점을 밝혀내고 배우려고 노력한다.	①	②	③	④	⑤
9. 나는 피드백을 활용하여 개선하여할 문제를 파악하고, 수정 보완한다.	①	②	③	④	⑤

문항	전혀 그렇지 않다	그렇지 않다	보통 이다	그렇다	매우 그렇다
10. 나는 독립심이 강하고 책임감을 갖고 있다.	①	②	③	④	⑤
11. 나는 주변 자원의 활용을 위해 다양한 사람이나 조직을 적절히 이용할 수 있다.	①	②	③	④	⑤
12. 나는 내가 세운 목표와 경쟁을 한다.	①	②	③	④	⑤
13. 나는 운명을 외적 용인으로 보지 않으며 개척할 수 있는 자신감을 가지고 있다.	①	②	③	④	⑤
14. 나는 불확실성에 대한 불안을 극복할 수 있다.	①	②	③	④	⑤
15. 나는 일과 가정을 잘 조화시킬 수 있다.	①	②	③	④	⑤
16. 나는 창업을 내 인생의 모든 것으로 본다.	①	②	③	④	⑤
17. 나는 기업가로서의 창의성과 기술/서비스 혁신능력을 지니고 있다.	①	②	③	④	⑤
18. 나는 창업할 분야에 대한 전문적인 지식을 갖추고 있다.	①	②	③	④	⑤
19. 나는 경영 팀을 구성할 능력을 가지고 있다.	①	②	③	④	⑤
20. 나는 기업가의 자유 경제 체제에 대한 경제관이 확실하다.	①	②	③	④	⑤
21. 나는 기업 윤리관이 확실하다.	①	②	③	④	⑤
22. 나는 종합력을 갖추고 있으며 타인으로부터 신뢰를 얻고 있다.	①	②	③	④	⑤

출처: 중소기업청(2009). 기업가정신 역량 평가지표 개발.

2. 평생학습 창업을 위한 사업계획서

1) 사업계획서의 의미와 유용성

사업계획서(business plan)이란 창업을 통해 사업을 개시 하기 전에 사업에 관해 세우는 모든 계획을 말한다. 즉 창업할 사업의 내용, 경영방침, 기술문제, 시장성, 수익성, 소요자금의 조달 및 운영 계획, 인력 문제 등을 일목요연하게 정리한 사업에 대한 설계 서류이다.

잘 쓰여진 사업계획서는 우선, 창업에 대한 내외적 요인과 미래의 운영계획을 파악하는데 유용하다. 둘째, 체계적인 사업타당성(실현가능성) 분석을 통해 작성되어 객관적인 창업 환경과 기회 등을 파악하는데 유용하다. 셋째, 선정한 아이템에 대한 상권 분석, 자금규모, 조달방법 및 위기관리에 대한 체계적 이해를 갖는데 유용하다. 넷째, 사업 수행을 위한 조직, 인사, 홍보 등에 대한 실행가능한 대안을 모색하는데 유용하다. 다섯째, 계획적인 창업을 가능하게 하여 창업기간을 단축하여 주고, 발생 가능한 불확실성에 효율적으로 대처할 수 있게 하여 창업성공률을 제고하는 전략을 수립하는데 도움을 준다.

사업계획서는 연구계획서가 아니다. 무엇을 어떻게 개발하겠다는 것이 아니라, 무엇을 어떻게 개발, 생산(서비스), 판매(제공)하여 이익을 실현할 것인가를 다루어야 한다. 또한, 실현가능성(정치적, 행정적, 사회적, 경제적, 기술적 타당성 등)뿐만 아니라 이 아이디어가 시장에서 얼마나 받아 들여질 수 있는가를 구체적으로 분석하여 설명해야 실천적 계획서이다. 사업계획서는 계획서를 읽고 심사하는 외부투자자나 창업지원 심사자 입장에서 사업에서 달성해야 할 목표와 수행해야 할 업무를 설계하고, 객관적으로 사업타당성을 검토할 수 있게 작성해야 한다.

사업계획서는 미래 정해져 있는 사업계획서 형식에 맞추어 작성하는 고정형 사업계획서(창업투자회사, 금융기관, 정부기관 등에서 정한 형식에 따라 작성하는 사업계획서)와 자유형 사업계획서(작성자가 임의로 결정한 형식에 따라 작성한 사업계획서)으로 구분된다. 또한, 내용적으로 사업계획의 내용을 모두 포함하지 않고, 요점만 간단히 정리한 간이 사업계획서와 사업계획의 모든 내용을 상세하게 작성하는 완전 사업계획서로 구분된다. 사업계획서의 종류는 다음과 같은 것들이 있다.

- 창업을 성공으로 이끌기 위한 명확하고 철저한 사업계획서
- 신규사업(사업다각화)(나 사업확장(시설투자)을 위한 심층적인 사업계획서
- 벤처기업 확인을 위한 핵심역량과 기술력을 정확히 표시하는 사업계획서
- 투자 유치를 위한 사업내용을 정확히 전달하는 사업계획서

- 경영개선과 리스크 최소화를 위한 사업계획서
- 정책자금을 지원 받기 위한 사업계획서
- 연구기술개발을 위한 전문적인 사업계획서
- 사업전환이나 M & A를 위한 타당성을 확인하는 사업계획서

사업계획서에는 제품과 서비스, 고객, 서비스 가격과 비용, 손익분기점, 시장분석 및 경쟁사, 경영 전략 등이 제시되며, 그 핵심 내용들을 제시하면 다음과 같다.

- 제공할 제품과 서비스는 무엇인가?
- 누구 고객인가 즉 누구를 대상으로 서비스를 제공할 것인가?
- 누가 제품이나 서비스를 팔 것인가?
- 실제로 얼마나 많은 사람들이 이 서비스를 이용할 것인가?
- 서비스를 제공하는데 얼마의 자본이 필요하며, 어떻게 확보할 것인가?
- 서비스 가격과 비용은 어떻게 설정하는가?
- 언제 손익분기점(Break-Even Point)에 도달할 수 있는가?
- 시장조사, 경쟁업체, 타켓집단과 시장, 마케팅 전략, 자금조달, 환경분석(SWOT 분석)은?

사업계획서는 창업을 위한 청사진이며, 창업 후 경영은 종합예술이다. 사업계획서를 잘 작성하기 위해서는 창업에 필요한 회사의 사업방향과 추진전략에 대한 명확한 이해와 함께 지식정보처리 능력, 회계 및 세무지식, 논리력과 기획력 등을 필요로 한다. 사업계획서는 누가 보던지 그 내용에 대한 신뢰성을 주어야 하며, 창업자의 발전가능성을 제시 및 설득할 수 있어야 하며, 기존 사업과의 차별성을 부각할 수 있어야 한다. 사업계획서는 계획하는 사업에 대해 간결하고 명확하고 구체적으로 제시하고, 사회적 기여와 공익이 무엇인지를 고려하고, 전문적인 용어도 중요하지만 독자의 이해 편의성을 고려하여 평이하게 작성해야 하며, 사업계획에 대해 평이하고 구체적이고 실현가능성을 제시할 필요가 있다.

2) PSST 사업계획서

창업을 지원하는 정부 및 공공기관들은 창업 지원을 위한 사업계획서 공모에 있어 PSST(Problem-Solution-Scale up-Team) 사업계획서를 요구하고 있다. PSST방식이란 창업기업들이 성장할 수 있는 아이템을 개발/개선할 수 있는 방법으로 창업자 및 팀원들이 지원하는 아이템 개발/개선을 위해서 무엇이 필요한지를 인지하고, 해결방안을 제시한 후 본 아이템이 개발된 후 성장가능성에 대하여 목표를 설정하며, 이를 실행할 수 있는 팀원이나 파트너들의 보유 역량과 필요 역량에 대하여 계획을 세우는 방식을 말한다.

- Problem : 창업기업이 아이템을 개발하는데 고객기반, 경쟁자기반 차별성 등의 차원에서 인지하고 있는 해결요소가 무엇인지를 파악한 단계
- Solution : 파악한 해결해야할 요소들을 어떻게 해결할 것인지에 대한 방안을 도출하고 해결을 위한 자원과 프로세스를 작성하는 단계
- Scale up : 솔루션을 통해 만들게 된 사업아이템을 통해 예상되는 매출은 얼마인지를 추정하고 이를 실현하기 위해 필요한 소요자금 내역과 자금조달 방안에 대하여 작성하는 단계
- Team : 추정된 매출액을 달성하기 위해서 필요한 인력(팀원과 파트너 등)에 대한 실행계획을 수립하는 단계

항목	세부항목
□ 일반 현황	대표자, 제품(서비스) 등 일반현황 및 제품(서비스) 개요
□ 제품·서비스 개요(요약)	창업제품(서비스) 소개, 차별성, 개발경과, 국내외 목표시장, 창업제품(서비스) 이미지 등을 요약하여 기재

항목	세부항목
1. 문제인식 (Problem)	1-1. 제품・서비스에 대한 해결과제 자사가 개발(보유)하고 있는 제품・서비스에 대해 인지하고 있는 문제점 등
	1-2. 경쟁자 대비 개선과제 경쟁자 등의 제품・서비스 등과 비교 시 개선을 요구하는 문제점 등
	1-3. 고객의 니즈에 대한 개선과제 고객의 니즈 및 해당분야 전문가 등에서 개선을 요구하는 문제점 등
2. 실현가능성 (Solution)	2-1. 제품・서비스의 개발(개선) 방안 자사에서 인지한 제품(서비스)에 대한 문제점 개선(개발) 방안, 현재 구현정도, 제작 소요 기간 및 제작방법(자체, 외주) 등
	2-2. 고객 요구사항에 대한 대응방안 고객 및 해당분야 전문가 등이 요구하는 문제점에 대한 개선 방안 등
	2-3. 시장 경쟁력 확보 및 강화방안 시장・경쟁자 등의 제품・서비스 대비 문제점에 대한 개발(개선) 방안, 우위요소, 차별화 전략 등
3. 성장전략 (Scale-up)	3-1. 자금소요 및 조달계획 자금의 필요성, 금액의 적정성 여부를 판단할 수 있도록 사업비 (정부지원금+대응자금)의 사용계획을 기재
	3-2. 시장진입 및 성과창출 전략 - 내수시장 : 주 소비자층, 시장진출 전략, 그간 실적 등 - 해외시장 : 글로벌 진출 실적, 역량, 수출망 확보계획 등
	3-3. 출구(EXIT) 목표 및 전략 - 투자유치 : 엔젤투자, VC(벤처캐피탈), 크라우드 펀딩 등의 투자처, 향후 투자유치 추진 전략 및 방법 등 - 인수・합병(M&A) : M&A를 통한 사업확장 또는 출구전략에 대한 중・장기 전략 - 기업공개(IPO) : 기업의 경쟁력 강화, 투자자금 회수 등을 위한 IPO 중・장기 전략 - 정부지원금 : R&D, 정책자금 등 정부지원금을 통한 자금 확보 전략
4. 팀 구성 (Team)	4-1. 대표자・직원의 보유역량 대표자 및 직원(업무파트너 포함)이 보유하고 있는 경험, 기술력, 노하우 등 기재
	4-2. 자사의 기술개발 역량 및 기술보호 노력 - 제품・서비스 개발을 위한 자사의 자체 기술개발 역량을 기재 - 개발(한)하는 제품・서비스의 기술보호 및 비밀보호 계획 등 기재
	4-3. 사회적 가치 실천계획 양질의 일자리 창출을 위한 중소기업 성과공유제, 비정규직의 정규직화, 근로시간 단축, 일・생활균형제도 등 사회적 가치 실천계획을 기재

3) 학원 창업 계획서에의 응용

PSST방식의 사업계획서를 기술 및 비즈니스 관련 창업과 관련되어 교육서비스를 제공하는 학원 창업을 위한 사업계획서와는 부합되지 않는 측면이 있다. 학원 창업은 교육서비스로 제공될 프로그램의 내용과 방법, 학원의 고객과 서비스 방식 등에 있어서 일반 기술 및 비즈니스 창업과는 다른 측면이 있다. 이러한 측면에서 학원 창업 계획서에 제시될 사항들을 제시하면 다음과 같다.

항목	세부항목
일반 현황	대표자, 학원 일반현황 및 서비스(교육프로그램) 개요
서비스 개요	학원 서비스(프로그램) 소개, 차별성, 학원 서비스(프로그램) 아이템 컨셉 보드 등 제시
문제인식 (Problem)	학원 서비스 시장 분석, 경쟁자 및 고객 니즈 분석, 경영환경 분석 등 학원 관련 시장 분석 (PEST, 3C, STP 분석 활용)과 차별화 전략 도출(SWOT분석)
실현가능성 (Solution)	학원 서비스(프로그램)의 구체성 및 차별성 학원 프로그램 내용과 방법 등에 대한 구체적 제시
성장전략 (Scale-up)	입지, 시설, 자금소요 및 조달, 고객관리 및 홍보 등 경영 전략 학원 관련 강사, 시설, 재정, 파트너십 구축 등 비즈니스 모델 캔버스 제시
팀 구성 (Team)	학원 대표자, 강사, 파트너, 사회적 가치 등 내부환경 분석 대표자 및 강사(업무파트너 포함)이 보유하고 있는 경험, 기술력, 노하우 등 내부환경분석 및 고객 만족(고객가치) 실현 방안

3. 평생교육분야 창업을 위한 기획과 전략[1]

평생교육 창업을 위한 기획에 있어 중요한 것은 평생교육 창업 아이템을 발굴하여 선정하고, 또한 창업 관련 기회와 위험 요인을 찾아내고 창업의 지속가능성을 확보하기 위한 체계적인 환경분석과 경영 전략을 도출하는 것이다. 창업 아이템을 발굴 선

1) 이 절은 이형곤, 유진혁(2018)의 기업가정신과 창업실무(양성원), 김종하(2018)의 창업과 경영을 궁리하다(양성원), 금진호, 김만석, 김명희(2017)의 창업과 경영 실무 등을 참고로 하여 재구성한 것임을 밝힌다.

정하는 기법으로는 명목집단법과 멀티보팅과 같은 전략이 있다. 또한, 창업 관련 경영 환경과 경쟁사 관련 외부환경분석과 창업될 자사의 내부 역량을 분석하는 내부환경분석을 위한 기법으로는 STP, 3C, PEST, SWOT, 7S 등이 있다. 아래에서는 이들 전략에 대해서 간략하게 제시해 보고자 한다.

1) 창업 아이템 발굴을 위한 기획 전략

(1) 팀빌딩

창업 아이템을 구상하고 발굴하는 것은 창업의 첫 시작이다. 시작이 반이라는 말처럼 창업아이템의 시작도 창업 아이디어를 구상하고 적합한 창업 아이템을 탐색하는 활동이다. 창업 아이템을 생각하고 아이템을 찾는 일은 개인이 할 수 있지만, 창업을 위해 고려해야 하는 요인들이 다양할 때 적합한 팀을 구성하여 협업과 소통을 통해 창업 아이디어를 탐색하는 것도 효과적일 것이다. 특히 대학 등에서 창업 준비 및 학습을 하는 예비창업자들에게는 팀을 통한 공동 창업 아이템 구상 및 개발은 의미 있는 경험일 것이다.

팀구성에 있어서 가장 중요한 것은 구상하는 창업 아이템에 적절한 지식과 스킬들을 지닌 팀원들을 찾는 것이다. 일단 팀구성이 이루어졌으면 팀장과 팀원의 역할을 적절히 분담할 필요가 있다. 이를 위해 팀원들 간 자신의 강점이나 정보들을 함께 공유하고, 팀원 간 원만한 소통과 협력을 위한 팀웍을 갖추는 것은 중요하다. 이를 위해 팀원 간 서로를 알고 개방하는 아이스브래이킹 활동 등을 갖는 것은 의미 있는 활동일 것이다. 또한, 팀활동에 필요한 그라운드 규칙들을 설정하여 팀원의 팀활동에 대한 자발적 참여와 책임감을 강화할 필요가 있다.

Activity 1

전공	최근에 본영화
	읽은 책
이름 ○○○	
	존경하는 사람
학기후 1달 동안...	

Team Beuilding (예)
팀명칭 Love
팀구호 톡톡독톡
Ground Rule
- 7긍정적으로, 자발적 참여하기
- 강의시간 전에 도착하여 서로 웃의며 인사하기
- 비판하지 않고 긍정적 수용하기
- 지각시 간식 사기
- 회의중 핸드폰 사용금지
- 매주...

팀명칭 : 우서조(우리 서로 소중하조) 구호 팀구호: 용용
팀조장 : ○○○
팀원 : ○○○, ○○○, ○○○
Ground Rule:
1. 분위기 험악할 때 용용체 사용하기.
2. 긍정적으로 자발적 참여하기.
3. 강의시간 전에 도착하여 서로 웃으며 인사하기
4. 비판하지 않고 긍정적 수용하기.
5. 결석시 다음수업때 음료 1잔씩

[그림 11-2] 팀구성 및 아이스브리킹 활동 예시

(2) 명목집단법

명목집단법(NGT: Nominal Group Technique)은 참가자 각자가 다른 사람과 이야기하지 않고 토의주제에 대한 자신의 생각을 정리할 수 있도록 일정한 시간을 부여하는 방법이다. 일반적으로 명목집단법은 일정 시간 동안 팀원들이 포스트잇을 가지고 한 장에 한 가지 아이디어를 보기 쉽고 읽기 쉽게 작성하도록 하는 방법으로 이루어진다.

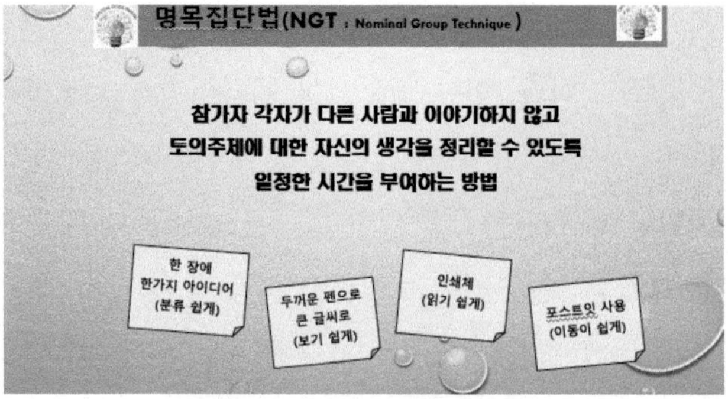

[그림 11-3] 명목집단법 방법

일정 시간 동안 창업 관련 아이디어나 의견 등을 작성하도록 한 후, 그 작성된 포스트잇의 내용들을 읽어가며 좋은 아이디어나 의견에 스티커 등을 붙이며 아이디어나

의견을 추려가는 활동을 한다. 이때 활용하는 방법을 멀티보팅(Multi-Voting)이라고 한다. 멀티보팅은 다양한 의견을 공통된 주제로 분류하고, 가장 좋다고 생각하는 의견에 마크하거나 스티커를 붙여 가장 많은 마크 스티커가 붙여진 순서로 아이디어를 채택하는 방법이다. 이때 체크 또는 스티커를 붙이는 개수는 n/2 - 1 (n=아이디어 개수)로 정한다

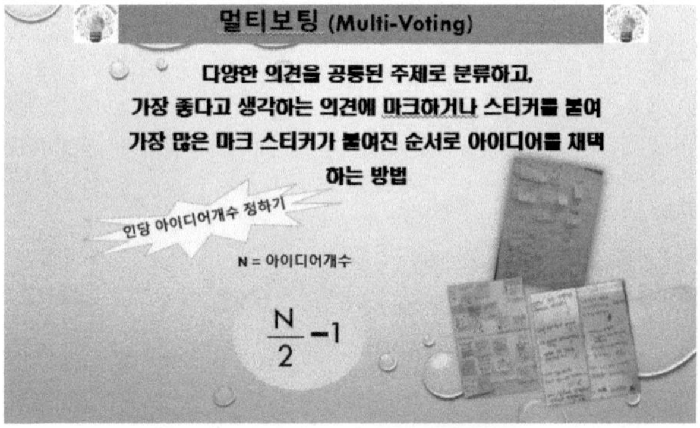

[그림 11-4] 멀티보팅방법

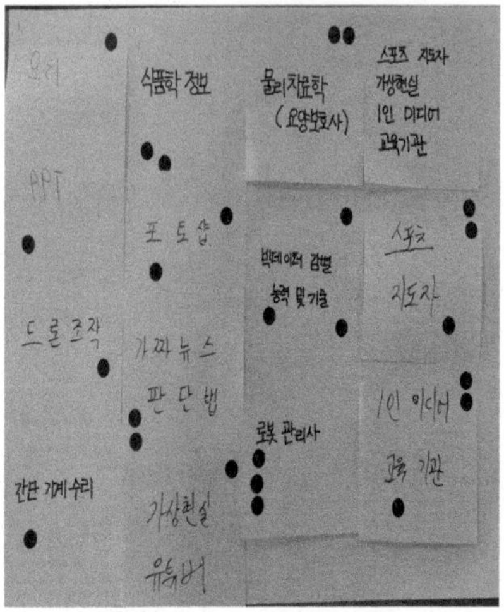

[그림 11-5] 멀티보팅 예시

멀티보팅을 통해 팀원들이 선호하는 의견이나 아이디어를 중요도와 긴급성 또는 실현가능성 등 기준을 설정하여 분류하며 가장 중요하면서도 긴급히 실행해야 하거

나 실현가능성이 높은 아이디어를 탐색해야 한다. 이때 활용되는 기법이 의사결정 그리드를 작성하는 것이다.

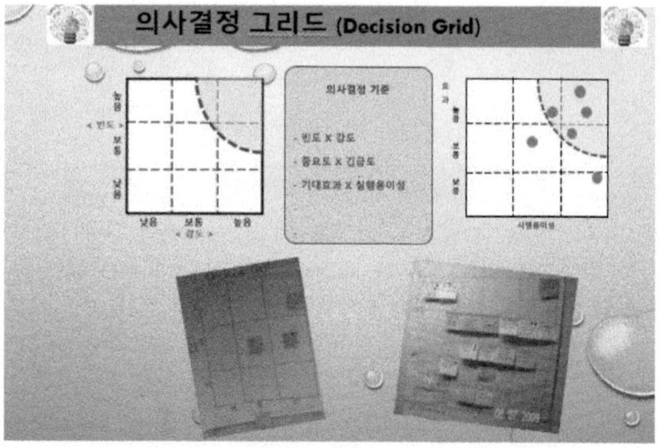

[그림 11-6] 의사결정그리드 예시

(3) 창업아이템 정의서

명목집단법을 통해 창업 아이템이 도출된 후에는 창업 아이템이 무엇이며, 주요 고객은 누구이며, 주요 창업 프로그램과 그 차별화된 특징에 대해 정의해 보는 활동이 요구된다. 창업 아이템 정의서는 창업 아이템에 대한 핵심 정보를 팀원들이나 고객들에게 제공하여 창업 준비를 위한 가이드 역할을 한다는 점에서 개괄적이고 간단 명료하게 작성되어야 한다. 또한, 창업 아이템 정의서는 창업 아이템과 관련된 시장환경 분석, 고객세분화와 포지셔닝, 타사와의 경쟁력 비교, 창업 아이템의 강점과 약점 비교를 통한 전략 탐색 등을 통해 구체화, 체계화될 필요가 있다.

대상고객 (서비스를 받는 고객)	프로그램(서비스) 특징과 차별성	프로그램(서비스) 개요과 일반사항
• 목표고객이나 수혜받을 수 있는 고객 • 페르소나(대표적인 고객의 특성이나 인물 제시)	프로그램의 가치와 특징 차별화(강점) 등 제시	주요 프로그램(서비스) 개요, 강사, 약도, 시설 등 제시

[그림 11-7] 창업아이템 정의서

(4) 창업아이템 콘셉 보드

창업 아이템이 발굴된 이후에는 사업이 실현가능한지를 가늠하기 위해 “고객요구 적합성”과 “경쟁력 있고 차별화된 독특한 가치” 측면에서 검토가 필요하다. 고객요구 적합성과 차별화된 독특한 가치를 점검하는 기준은 다음과 같다.

고객 요구 적합성	차별화된 독특한 가치
• 고객의 요구조건은 무엇인가? • 고객에게 전달하는 가치는 무엇인가? • 목표시장은 활성화되어 있는가?	• 강조하고자 하는 포인트 무엇인가? • 타사와 비교하여 경쟁력과 차별화가 있는가? • 사장의 트랜드와 혁신적인 기술이 적용되어 있는가?

[그림 11-8] 창업아이템 콘셉 보드 기준

이렇게 창업아이템에 대한 고객요구 적합성과 차별화된 독특한 가치를 점검한 후 서비스(프로그램)의 두드러진 특징, 차별적인 우위성, 고객에 제공되는 가치나 혜택을 쉽게 파악할 수 있도록 시각적으로 개념화, 구체화하는 비쥬얼 자료(인쇄물 또는 이미지 등)을 제작할 필요가 있다. 이를 아이템 콘셉 보드라고 한다.

[그림 11-9] 창업아이템 콘셉 보드 예시

아이템 컨셉 보드는 아이템의 모습, 개요 및 메시지를 담아 표현하여 시장이나 고객 등이 보다 객관적, 합리적, 체계적으로 창업 아이템을 이해하도록 비쥬얼화하는 것을 말한다. 아이디어 컨셉 보드에는 아이템 메시지, 아이템 모습(비쥬얼화된 삽화,

그림, 이미지 등)과 아이템 개요로 구성된다. 아이템 컨셉 보드는 고객/시장 입장에서 아이템 내용을 검토할 뿐아니라 창업준비팀도 객관적으로 창업 아이템을 평가할 수 있는 기회를 제공한다.

(5) 창업 아이템 평가와 검증

창업 아이템이 구체화 되었을 때 그 아이템이 시장과 고객에 수용되어 성공할 수 있지를 평가해 보아야 한다. 또한, 어떠한 경쟁사 및 프로그램이 성공하고 실패하고 있는지, 서비스를 제공할 인력과 기술 및 자원은 확보가 가능한가 등 창업아이템의 지속가능성 및 성공가능성을 높이는 조건들을 탐색하고 그에 따라 평가 및 검증을 거쳐야 한다.

창업 아이템은 시장수요 확보할 가능성이 있는지를 점검할 필요가 있다. 왜냐하면 창업 아이템을 최종 평가하고 수용할 사람들은 창업자가 아닌 고객이기 때문이다. 그래서 창업을 위해서는 고객 관점에서 창업하려는 아이템이 수요가 크고 지속적인 유망아이템인지, 일시적인 유행만 타고 지속되지 못하거나 경제, 사회, 기후 등에 따라 수요가 민감하게 영향을 받는 유행아이템인지를 점검해 볼 필요가 있다.

창업 아이템은 무엇보다도 창업자 또는 창업팀의 적성이나 능력에 부합하는지도 파악할 필요가 있다. 전문가들은 일반적으로 자신이 가장 잘하는 분야에서 경영하라, 경쟁이 심하지 않는 곳에서 경영하라, 고객이 많이 있는 곳에서 경영하라 등 창업 및 기업 성공 조건들을 제시한다.

이러한 두 가지 측면, 즉 시장 수요 측면과 창업자의 적성과 능력 측면에서 개발된 창업 아이템의 성패와 지속가능성 여부를 평가하는 접근 방식을 고려해 볼 필요가 있다. 그 첫째는 창업자의 적성과 아이템 개발의 자원확보가 가능한지를 검증하고 시장 수요 확보를 검증하는 Inside-Out 접근이다. 두 번째는 시장 수요 확보를 검증한 후 창업자의 적성과 아이템 개발 자원 여부를 검증하는 Outside-in 접근이다. 창업 아이템을 평가하기 위해서는 이 두 접근을 활용해 볼 필요가 있다.

Outside-In 접근은 시장의 고객을 많이 만나지 않고도 아이템을 평가 및 검증하는 하는 방법으로, 창업자 자신과 고객 입장이 될 수 있는 주변 사람들이 시장 및 고객 관점에서 아이템을 평가해 보고 나서 창업자가 아이템 개발 가능 여부를 결정하는 것이다. 이를 기준으로는 구매효용성, 전략적 가치 책정, 목표 비용 설정, 도입 장애 극복 등을 활용하여 단계적으로 평가한다.

1단계	구매 효용성	새로운 아이템이 고객에게 가치와 효용성을 제공하는가
2단계	전략적 가치 책정	책정된 가격을 고객이 받아들일 수 있는가
3단계	목표 비용 설정	이익을 낼 수 있는 비용목표 달성이 가능한가
4단계	도입 장애 극복	사업화 장애요소는 무엇이고 이것이 중요하게 취급되는가

[그림 11-10] Outside-In **접근**

Inside-Out 접근은 창업자 또는 창업팀의 적성과 개발 자원의 활용 가능성 등 창업자가 이미 잘 알고 있는 창업 기업 내부의 관점에서 아이템을 평가 및 검증하는 것이다. 이 접근은 창업자 적합성, 아이템의 참신성, 자원의 확보가능성, 사업의 성장성 등을 단계적으로 평가 점검한다.

1단계	창업자 적합성	새로운 아이템이 창업자의 적성에 맞는가
2단계	아이템의 참신성	시장과 고객에게 기존에 없는 새로운 가치를 제공하는가
3단계	자원의 확보가능성	아이템 개발을 위한 기술, 인력, 자금 등 내부 및 외부자원을 확보할 수 있는가
4단계	사업의 성장성	아이템 관련 시장에서 성장 가능성은 있는가

[그림 11-11] Inside-Out **접근**

2) 외부 및 내부환경 분석을 통한 기획 전략

창업을 위해서는 창업을 할 서비스와 관련된 환경요인을 분석하여 최적의 아이템을 개발하여 스타트업을 하는 것이 중요하다. 창업을 위해 고려해야 할 환경요인은 외적요인과 내적요인으로 구분된다. 내적요인은 자사의 경영자원과 핵심역량, 즉 기술수준, 근무환경, 프로그램, 강사 등이며, 외적요인은 정치적, 경제적, 사회적, 기술적 요인에 해당된다. 아래에서는 이들 외부, 내부 환경 요인들에 대해 살펴볼 것이다.

(1) 외부환경 분석

창업을 위한 외부환경은 사업에 영향을 주거나 방해되는 요인 파악과 기회 탐색을 통해 창업의 리스크를 최소화하기 위해 실시된다. 외부환경 분석을 위해 활용할 수 있는 기법들이 존재하지만, 여기서는 PEST, STP, 3C, SWOT 분석을 살펴볼 것이다.

① PEST 분석

PEST 분석은 창업에 영향을 미치는 정치적(Political), 경제적(Economic), 사회문화적(Social-cultural), 기술적(Technical) 요인들을 탐색하는 방법이다. 정치적인 요인은 창업과 관련된 정치적, 법률적 규제와 지원 등을 분석하는 것이다. 예를 들면, 청년 일자리 창출을 위해 창업비 지원을 정부가 활성화하고 있는 것에 해당된다. 경제적 요인은 경제상황, 소비, 소득 등을 분석하는 것이다. 예를 들면, 코로나 위기에 따라 대면 소비가 감소함에 따라 비대면 소비를 촉진하는 마케팅을 고려하는 것에 해당된다. 사회적 문화적 요인은 고령화, 맞벌이, 사회적 유행 등 사회문화적 요인에 해당된다. 예를 들면, 서드 에이지(the Third Age), 즉 50대 이후 은퇴함에 따라 노년 생활을 위한 새로운 일자리 준비 요구가 증가되면서 이들에 대한 직업훈련 학원들이 증가하는 것에 해당된다. 기술적 요인은 창업 관련 테크놀로지나 소프트웨어 등을 말한다. 예를 들면, 4차 산업혁명 기술들을 활용하여 경영관리나 고객서비스를 최적화하는 것으로,

빅데이터를 통해 고객 수요를 예측하거나, 챗봇을 통해 실시간 정보제공하는 것에 해당된다.

〈표 11-5〉 PEST 분석

영역	주요 변화 요인	창업에 미치는 영향
정치 및 제도		
경제		
사회문화		
기술		

▌PEST 분석 예시: 하이트 해커 양성 학원

영역	분석
정치/제도 (Politics)	• 대한민국 미래창조과학부에서는 2017년까지 화이트 해커 5000명 양성을 목표로 최정예 정보보호 실무자 양성 과정과 차세대 보안 리더 양성 과정을 마련해 전문 교육을 실시할 것이라고 2013년 6월 11일에 발표함 • 제48조 (정보통신망 침해행위 등의 금지) - 누구든지 정당한 접근 권한 없이 또는 허용된 접근 권한을 초과하여 정보통신망에 침입하여서는 아니 된다.
경제/산업 (Economy)	• 현재 대한민국온 화이트 해커의 양성 분야에서는 타 국가에 비하여 매우 뒤쳐져 있다. 최근 들어서 화이트 해커 양성을 위한 다양한 시도가 이루어지고 있지만, 아직은 초보적인 기술을 배우는 수준에 불과함
사회/문화 (Society)	• 개인 정보의 보안 문제 중요성은 시간이 흐를수록 중요해지고 있는데, 거기에는 인터넷 시스템과 개인 컴퓨터 시스템을 파괴하는 블랙 해커를 대비하는 화이트 해커의 사회적,문화적 필요성이 상승함에 기인함 • 렌섬웨어 해킹이 전 세계적으로 문제가 되었다. • 최근에 배우 하정우도 휴대폰 해킹을 당해 협박을 받았다.
기술/과학 (Technology)	• 정보 보안을 위한 해킹 기술은 전문적이고 공적인 분야에서만 요구되는 것이 아닌, 정보를 누리고 있는 모든 개인들에게도 필요하다고 판단 가능함 • 해킹에 대응하는 기술이 필요하다. • skt에서 해킹을 할 수 없도록 양자 보안 스마트폰을 공개했다.

② STP 분석

STP 분석은 사업을 시작하기 전에 시장 예비조사를 통해 시장의 규모와 수준, 방향 등을 설정하고 시장에 서비스를 제공하고자 할 때 활용하는 방법이다. STP는 시장을 세분화(Segmentation)하여 목표고객을 설정하고(Targeting) 고객에 대해 창업 아이템의 특성과 강점을 각인시키도록 포지셔닝(Positioning)을 하는 것을 말한다.

시장세분화는 서로 다른 니즈를 가진 소비자들이 모여 있는 시장에서 비슷하거나 유사한 니즈를 가진 동질의 소비자들을 분류하는 것을 말한다. 이는 고객의 니즈와 요구를 적절하게 파악하고 마케팅 활동을 통해 고객 유치의 경쟁력을 확보하기 위해 필요한 것이다. 시장세분화는 지리적 변수에 의한 세분화(도시, 주거, 상권 등), 인구통계학적 변수에 따른 세분화(나이, 성별, 가족, 직업 등), 심리분석적 요인에 의한 세분화(사회계층, 라이프스타일, 개성, 유행 등), 행동적 요인에 의한 세분화(고객의 서비스에 대한 정보 수집 방법, 소비 지출 경향 등) 등이 있다.

타겟팅은 세분화된 시장을 몇 가지 기준으로 평가하여 창업할 아이템(학원)의 적합한 시장과 고객을 선택하는 것이다. 포지셔닝은 선택한 목표시장에서 창업 아이템을 각인하는 것, 즉 우리 학원은 이러저런 점에서 다른 학원과 경쟁력이 있다는 점을 부각하는 것이다. 이를 통해 창업을 통한 서비스의 차별화와 홍보의 경쟁우위 및 최적화를 도모할 수 있다.

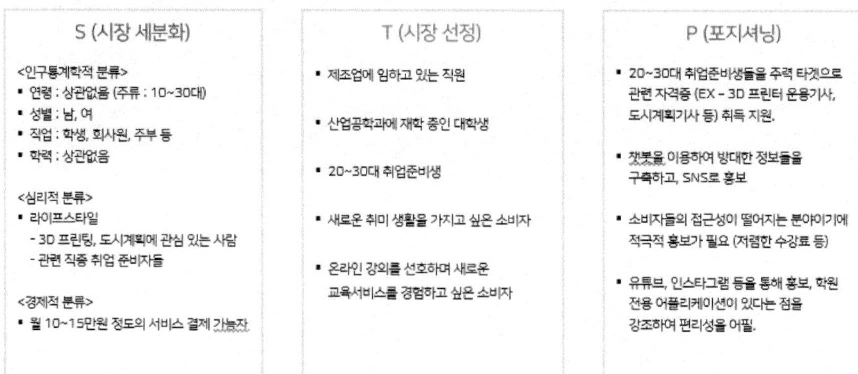

[그림 11-12] STP **예시**

③ 3C **분석**

3C 분석은 고객/시장(Customer), 자사(Company), 경쟁사(Competitor)의 세 차원에서 창업 아이템의 성공가능성을 탐색하는 방법이다. 고객 시장 차원은 시장규모와 성장 가능성을 탐색하는 것이다. 전체 시장규모와 목표 시장 규모는 어떠한지, 목표고객들이 원하는 가치와 요구는 무엇인지, 창업하려는 학원 아이템은 지속적으로 유지가 가능한지 등을 탐색하는 것이다. 자사 차원은 자신이 창업하려는 학원의 프로그램 개발 및 변화, 조직 운영 전략, 강사 채용, 접근성, 홍보 및 고객관리 등을 위한 적절한 전략과 방법에 있어서 타 학원에 비해 경쟁력을 갖추고 있는가를 파악하는 것이다. 경쟁사 차원은 현재 창업을 통해 진입하려는 분야의 다른 학원들의 경쟁력은 어떠한지, 잠재적 경쟁자(후발 진입 학원)는 어느 정도일 것인지, 타 학원가 비교하여 어떤 강점을 서비스화하여 포지셔닝하고 홍보 전략을 수립할 것인지 등을 고려하는 것이다.

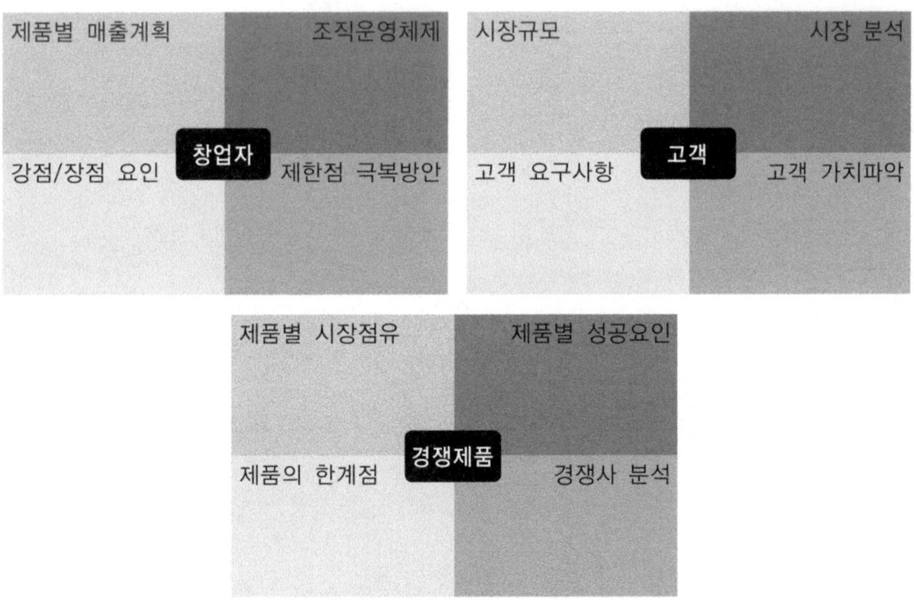

[그림 11-13] 3C **분석**

고객

시장규모

- 도시 계획 사업은 특정한 분야로 고객 시장 규모가 좁은 편.
- 3D 프린팅 시장은 2016년 기준 전년도보다 17.4% 성장한 61억 달러로 집계, 2022년까지 매년 평균 27.6%의 고성장이 이어지면서 262억 달러로 전망.

시장 분석

- 3D 프린팅은 다양한 사업에 이용될 수 있으며 특히, 자동차와 의학 분야에서의 발전 가능성이 상당히 유력.
- 환경 친화적 도시 계획에서 중요 분야 중 하나인 건축에서의 3D 프린팅의 활용은 성장률이 높을 것으로 예상.

고객 요구사항

- 현재 상당히 불안전한 취업시장으로 인해 20~30대 소비자들은 실질적으로 필요한 것을 요구.
- 취미반은 창의력의 증진과 다양한 콘텐츠를 요구.
- 공무원반, 심화반은 취업에 도움이 되는 정보, 기술의 습득을 요구.

고객 가치파악

- 향후 미래 발전 가능성이 높은 분야인 4차 산업혁명 관련 기술에 대해 관심이 높아지고 있음.
- 주 고객층은 4차 산업 기술과 비교적 친숙한 세대(20~30대)일 것이며 관련 직종 취업을 희망하는 취업 준비생들이 대상이 될 것으로 예상.
- 취업만이 아닌 고객 본인의 창업에 도움이 될 수 있을지를 고려.

창업자

제품별 매출계획

- 검증된 강사 3~4명으로 '1 : 다수' 의 수업을 진행. 필요시, '1:1' 로 유동적인 맞춤 강의를 실시.
- 고객의 수준에 맞는 프로그램을 제공
  - 취미반 : 소비자들의 호기심과 접근성을 우선으로 하며 수강료는 낮은 편.
  - 공무원반, 심화반 : 취업과 관련된 수강으로 취미반보다 수강료는 높은 편.

조직운영체계

- 3D 프린팅 전문 강사, 콘텐츠 제작에 필요한 전문 인력.
- 장비 및 물품 관리, 점검을 관리하는 전문 인력.
- 고객 관리 및 홍보를 담당하는 전문 인력.

강점/장점 요인

- 미래지향적 사업으로 향후 사회의 필요성이 높아질 것으로 예상되고 다양한 분야의 산업과 융합도 가능.
- 접근하기 쉬운 유튜브, 학원 전용 어플리케이션을 활용함으로써 전염병 등 얘기치 못한 상황에서도 수업을 진행할 수 있어 접근성이 뛰어남.
- 다양한 교육과정(패턴 인식, 자연어 처리, 시멘틱 웹, 텍스트 마이닝, 상황인식 컴퓨팅 등)을 학습 후 직접 챗봇을 만들어 빅 데이터를 구축.

제한점 극복방안

- 3D 프린트와 도시 계획 분야는 소비자들의 입장에선 접근성과 경쟁성이 떨어진다는 단점이 존재.
  - 적극적인 홍보를 통해 극복. (1일 무료 체험권, 장학 시스템)
  - 취미반에서 심화반으로 수강생의 발전을 이끌어내 인재를 양성하여 소비자들의 흥미를 상승시킴.

경쟁제품

제품별 시장점유

- 3D 프린팅 관련 사업은 이미 다양한 곳(자동차, 의료, 문화 등)에 진행되는 중이지만 도시 개발 분야와 융합한 시장은 아직 존재하지 않음. (유망 분야이기에 향후 경쟁기업의 진입 가능성은 존재)

제품별 성공요인

- 3D 프린팅을 통해 다양한 산업에서의 활용이 가능.
  - 3D 프린팅 성공 사례의 등장 (의료, 건축, 자동차, 제조업 등)
- 머리 속에서만 꿈꾸던 상상력의 구현이 가능.

제품의 한계점

- 개인 물품(학원에서 제공해주는 제품 제외)이 없다면 쉽게 접할 수가 없기에 진입장벽이 높을 수 있음.
- 기술적인 측면에서 발전이 덜 된 부분이 많아 위험가능성이 높음. (특히, 인공지능 구현 부분)

경쟁사 분석

- 경쟁사가 없어 직접적인 비교를 통해 발전하는 것은 불가능하고 리스크가 존재.
  - 자사가 가진 강점을 활용하고 도시, 환경 관련 부처나 단체와의 협력 등을 통한 시장 선점 및 입지를 구축하는 전략이 필요.

[그림 11-14] 3C 작성 예시

④ SWOT 분석

SWOT 분석은 창업을 포함하여 많은 기획서 작성을 위해 쓰이고 있는 대표적인 환경분석 기법이다. SWOT 분석은 외부적 요소인 거시환경에 대한 분석과 기업 내부 및 외부 환경 분석을 함께 고려하는 기법이라 할 수 있다. 환경요인들의 변화를 통해 창출할 수 있는 기회를 도출하고 환경기회와 부합되는 자원과 능력을 갖춘 기관들이 갖추어야 할 차별적 우위를 확보하기 위한 전략을 도출하는 것이다.

내부환경은 경쟁사와 비교하여 자사의 강점과 약점을 탐색하는 것이다. 다시 말해, 경쟁 학원들과 비교하여 자신의 학원이 보유하고 있거나 활용 가능한 기술, 인적 및 물적 자원 등에 대한 강점과 약점을 비교하는 것이다. 강점은 우리 학원이 경쟁우위를 갖는 프로그램과 운영 전략은 무엇인가, 즉 경쟁학원과 비교하여 수요자로부터 강점으로 인식되는 특징은 무엇인가를 말한다. 반면, 약점은 우리 학원의 미흡한 프로그램이나 운영 전략, 즉 경쟁학원과 비교하여 수요자로부터 약점으로 인식되는 특징은 무엇인가를 말한다. 외부환경은 기업 외부의 환경에 따라 기회 요인과 위험 요인을 탐색하는 것이다. 기회는 외부환경에서 우리 학원에 유리한 기회 요인은 무엇인가, 위협은 외부환경에서 우리 학원에 위협 요인은 무엇인가를 탐색한다.

〈표 11-6〉 SWOT 분석 예시

강·약점 내부 역량 \ 기회·위험 외부 역량		기회(opportunity)	위험(thrent)
		• 노인 대상 관련 교육이 없다. • 정부지원을 받을 수 있다.	• 노인들이 필요성을 못느낄 가능성이 있다. • 노인들이 따라오기 힘들수도 있다.
강점 (Strength)	• 고령화 사회이기 때문에 고객들이 많아 질 수 있다. • 다양한 활동들을 선택적으로 할 수 있다.	SO 전략	ST 전략
		고령화 사회인데, 노인 관련 교육이 없을 뿐더러 정부에서 지원금을 받을 수 있다.	다양한 활동들이 있어서 노인들이 선택적인 활동으로 따라오기 쉽게 교육할 수 있다.
약점 (Weakness)	• 주고객이 노인분들이라서 장기적인 고객층을 보유할 수 없다. • 전문적인 감시가 필요하다.	WO 전략	WT 전략
		고령화 고객이 많으므로 전문적인 강사를 고용해서 단기적 수업으로 빠른 교육 이수를 한다.	전문적인 강사가 노인분들이 잘 따라올 수 있도록 한다.

내부환경(강점과 약점)과 외부환경(기회와 위협)을 결합하여 경쟁우위 확보 전략을 도출하는 순서는 ① 기회와 위협 등 외부환경 분석 → ② 강점과 약점 등 내부환경 분석 → ③ 경쟁우위 전략 탐색으로 진행된다. [그림 11-15]에서와 같이 경쟁우위 확보 전략은 다음의 네 가지 측면으로 도출된다.

- SO 전략(강점-기회): 시장의 기회를 활용하기 위해 강점을 사용하는 전략
- ST 전략(강점-위협): 시장의 위협을 회피하기 위해 강점을 사용하는 전략
- WO 전략(약점-기회): 약점을 극복함으로써 시장의 기회를 사용하는 전략
- WT 전략(약점-위협): 시장의 위협을 회피하고 약점을 최소화하는 전략

기회 · 위협 (외부 역량) / 강 · 약점 (내부 역량)		기회(opportunity)	위협(thrent)
		• • • ①	• • •
강점 (Strength)	• • • ②	SO 전략 시장의 기회를 활용하기 위해 강점을 사용하는 전략	ST 전략 시장의 위협를 회피하기 위해 강점을 사용하는 전략
약점 (Weakness)	• • •	③ WO 전략 약점을 극복함으로써 시장의 기회를 활용하는 전략	WT 전략 시장의 위협를 회피하고 약점을 최소화하는 전략

[그림 11-15] SWOT **분석 방법**

(2) 내부환경분석: 7S 분석

내부환경은 학원이 보유하고 있는 내부 역량과 가치 창출을 위한 능력과 환경을 말한다. 7S 분석은 아래의 [그림 11-16]와 같이 맥킨지에서 개발한 기법으로 하드웨어 분야와 소프트웨어 분야로 구분하여 실시된다.

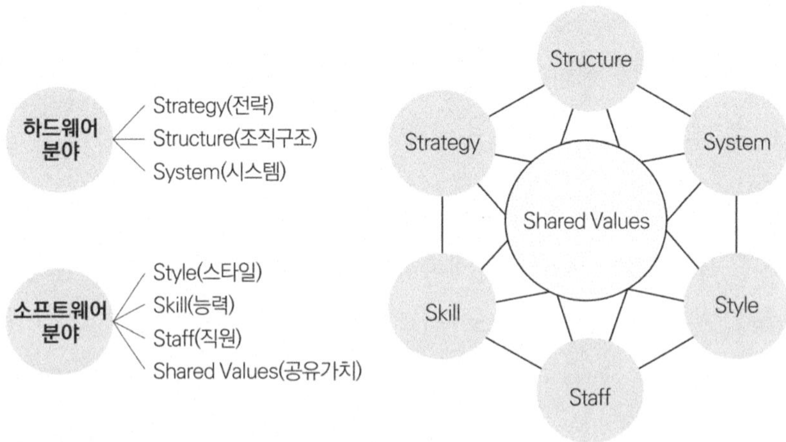

[그림 11-16] 7S **분석**

하드웨어 분야는 전략, 조직구조, 시스템으로 구성된다. 전략은 학원의 경쟁우위를 유지하기 위한 정책이다. 조직구조는 학원이 운영되는 조직 편성과 구조이다. 시스템은 학원의 인사, 재정, 시설 관리 및 운영 기준과 규칙 등이다.

소프트웨어 분야는 스타일, 능력, 직원, 공유가치로 구성된다. 스타일은 조직의 문화나 풍토이다. 능력은 학원의 원장 및 강사의 전문적 직무 능력과 스킬 등이다. 직원은 학원 구성원의 개인 특성과 역량이다. 공유가치는 학원 경영의 비전이나 목표 등 학원의 나아갈 방향과 행동 규정이다.

3) 비즈니스모델 캔버스

비즈니스 모델링은 학원 창업 아이템이 시장에서 성공하기 위해 필요한 핵심요소들을 정리해 놓은 설계 도면이다. 그 핵심은 "어떤 고객을 대상으로 어떠한 가치를 담은 프로그램이나 서비스를 어떠한 자원을 가지고 만들고 제공하여 수익을 창출할 것인가?"이다. 이를 구체적으로 제시하면 다음과 같다.

① 고객의 문제는 무엇이며, 이를 무엇으로 해결해 줄 수 있는가?

② 고객이 왜 우리 학원을 선택해야 하는가?

③ 학원 창업을 위해 어떠한 자원과 활동이 필요한가?

④ 학원 창업으로 인해 얼마의 수익과 비용이 발생할 것인가?

이러한 측면을 한 장으로 시각화한 것이 비즈니스모델 캔버스인데, 이것은 조직이 어떻게 가치를 포착하고, 창조하고, 전파하는지에 관한 비즈니스 모델을 분석하고 디자인하는 핵심도구로이며, 한 장으로 시작화하기 위한 프레임이라 할 수 있다. 비즈니스 모델링 캔버스는 아래의 [그림 11-17]과 같이 9가지 요인들로 구성되어 있으며, 제시된 번호 순서로 분석한다.

<table>
<tr><td colspan="2" rowspan="2">⑧ 핵심파트너
(Key Partners)
외부에 위탁한 특정 활동 및 지원</td><td colspan="2">⑦ 핵심활동
(Key Activities)
가치제공 요소들을 만들고 전달하는데 필요한 실무</td><td colspan="2" rowspan="2">② 가치 제공
(Value Provided)
고객의 문제를 해결 고객의 니즈를 충족</td><td colspan="2">④ 고객관계
(Customer Relationships)
고객과 관계 맺고 유지하는 다양한 방법</td><td colspan="2" rowspan="2">① 고객
(Customers)
기업의 존재이유</td></tr>
<tr><td colspan="2">⑥ 핵심자원
(Key Resources)
가치제공 요소들을 만들고 전달하는데 필요한 자산</td><td colspan="2">③ 채널
(Channels)
기업의 가치에 대해 고객과 소통하고 전달하는 다양한 방식</td></tr>
<tr><td colspan="5">⑨ 비용(Costs)
핵심자원을 구매하거나 핵심활동을 실행하거나 핵심파트너와 일할 때 발생하는 경비</td><td colspan="5">⑤ 수익(Revenue)
기업이 제공한 가치의 대가로 고객이 지불하는 돈</td></tr>
</table>

[그림 11-17] 비즈니스 모델 캔버스

출처 : 이형곤, 유진혁.

<table>
<tr>
<td rowspan="2">8. 핵심 파트너
• VR AR 전문 기업
• 안전관리 협회
- 비용, 기기 자원 및 홍보, 시설제공 등
- 연수 기회 제공</td>
<td>7. 핵심 활동
온라인 이론학습과 기기를 활용한 오프라인 현장체험 학습</td>
<td rowspan="2" colspan="2">2. 가치제안
관련기업과의 협약으로 취업보장</td>
<td>4. 고객관계
지인 추천시 다양한 혜택 제공 기기 제공 등</td>
<td rowspan="2">1. 고객 세그먼트
26~30세 취준생 및 이직준비자</td>
</tr>
<tr>
<td>6. 핵심 자원
VR AR 기기 및 안전관련 & 기기 관련 메뉴얼</td>
<td>3. 채널
유명 게임 유튜버를 통한 자회사 광고</td>
</tr>
<tr>
<td colspan="3">9. 비용 구조
시설, 학습관련(인터넷 사이트, 활동장소...)
홍보료, 인건비, 설비료, 전기・수도세, 임대료, 재료비</td>
<td colspan="3">5. 수입원
• 취업보장, 경험제공 및 미래 산업기술 조기습득 기회 제공.
• 학원 수강료, 기기랜탈 비용</td>
</tr>
</table>

[그림 11-18] 비즈니스 모델 캔버스 예시

4) 사업타당성 평가

사업타당성 평가는 학원 창업 아이템을 개발하고 그 시행 여부를 객관적으로 판단해 보는 활동이라 할 수 있다. 사업타당성 평가는 일반적으로 시장성 분석, 기술적 분석, 수익성 및 경제성 분석, 자금수지 및 성장성 분석 등으로 실시된다. 사업타당성 평가를 위한 항목과 단계는 다음과 같다.

① 기초 자료 조사: 학원 창업 관련 내부 및 외부 환경 요인 관련 자료

② 사업 수행 능력 및 적합성 분석: 학원 창업자의 적성 및 자질, 경영 역량 및 스킬 등

검토할 평가 요소	세부 평가 항목
적성 및 자질(선천적 능력)	모험심, 스케일, 의지력
경험 및 지식(후천적 능력)	창업 관련 경험, 사회적 지위 및 신용, 교제인물의 폭과 깊이
업무수행 능력(경영능력)	창업 멤버 구성 및 통제 능력, 환경 적응 및 경영 분석, 판단 능력, 서비스 및 기술혁신, 가정 경영(협력도 등)

③ 시장성 분석: 학원 프로그램을 제공하는 시장을 찾아 수요를 예측하는 것으로, 학원 프로그램을 어디에서, 누구에게, 몇 명에게 제공할 수 있는가에 초점을 두며, 주로 학원 시장 동향, 시장구조 및 경쟁력, 수요 예측 등을 분석한다.

검토할 평가 요소		세부 평가 항목
시장 조사	소비자 분석	소비자 니즈 분석, 주요 고객, 소비 총액 등
	시장 분석	시장의 특성 및 구조 : 상권/입지 분석, 경쟁 상황 분석, 점포경쟁력 등
수요 예측	수요 예측 분석	시장의 성장 추세 및 전망, 아이템에 대한 미래수요 측정
	시장점유율 추정	수요/공급/경쟁자의 위치와 구성 중인 사업의 판매 계획 등을 고려하여 추정

④ 기술성 분석: 학원 프로그램 제공에 필요한 물적, 기술적 요소를 파악하고 관련 비용을 추정하는 것으로, 타 학원의 프로그램과의 차별성과 경쟁력, 하드 및 소프트웨어, 교육 환경 및 시설의 편리성 등을 분석한다.

⑤ 수익성 및 자금수지 분석: 손익분기점, 투자수익률, 소요자금 조달 능력 등 학원의 경제성과 소요자금 조달 및 운영계획을 평가한다.

검토할 평가 요소	세부 평가 항목
필요/소요자금	• 사업의 수행과 미래의 경영 활동에 소요되는 시설자금, 운전자금 • 향후 현금 흐름을 분석하여 자금부족 방지
경제성 분석	자본 조달 비용, 수익성 추정, 손익분기점 도달 시기
유동성 분석	부채 비율(부채총액/자기자본), 유동 비율(유동자산/유동부채)
활동성 분석	총 자산(사업투자비) 회전율(연간매출/총 자산(사업투자비))

⑥ 위험성 및 성장성 분석: 학원의 성공과 실패에 영향을 미치는 주요 위험요인 분석(학원 규제, 수요 감소/변화 대응, 경쟁 학원 진입 등)과 함께 지속적인 성장 가능성을 분석한다.

부록

평생학습 창업을 위한 법규

학원의 설립 · 운영 및 과외교습에 관한 법률 (약칭: 학원법)

[시행 2017. 3. 21] [법률 제14403호, 2016. 12. 20, 일부개정]
교육부(평생학습정책과) 044-203-6380

제1조(목적) 이 법은 학원의 설립과 운영에 관한 사항을 규정하여 학원의 건전한 발전을 도모함으로써 평생교육 진흥에 이바지함과 아울러 과외교습에 관한 사항을 규정함을 목적으로 한다.

[전문개정 2007. 12. 21.]

제2조(정의) 이 법에서 사용하는 용어의 뜻은 다음과 같다. <개정 2008. 3. 28., 2011. 7. 25., 2016. 1. 19.>

1. "학원"이란 사인(私人)이 대통령령으로 정하는 수 이상의 학습자 또는 불특정다수의 학습자에게 30일 이상의 교습과정(교습과정의 반복으로 교습일수가 30일 이상이 되는 경우를 포함한다. 이하 같다)에 따라 지식 · 기술(기능을 포함한다. 이하 같다) · 예능을 교습(상급학교 진학에 필요한 컨설팅 등 지도를 하는 경우와 정보통신기술 등을 활용하여 원격으로 교습하는 경우를 포함한다. 이하 같다)하거나 30일 이상 학습장소로 제공되는 시설을 말한다. 다만, 다음 각 목의 어느 하나에 해당하는 시설은 제외한다.

가. 「유아교육법」, 「초 · 중등교육법」, 「고등교육법」, 그 밖의 법령에 따른 학교

나. 도서관 · 박물관 및 과학관

다. 사업장 등의 시설로서 소속 직원의 연수를 위한 시설

라. 「평생교육법」에 따라 인가 · 등록 · 신고 또는 보고된 평생교육시설

마. 「근로자직업능력 개발법」에 따른 직업능력개발훈련시설이나 그 밖에 평생교육에 관한 다른 법률에 따라 설치된 시설

바. 「도로교통법」에 따른 자동차운전학원

사. 「주택법」 제2조제3호에 따른 공동주택에 거주하는 자가 공동으로 관리하는 시설로서 같은 법 제43조에 따른 입주자대표회의의 의결을 통하여 영리를 목적으로

하지 아니하고 입주민을 위한 교육을 하기 위하여 설치하거나 사용하는 시설

2. "교습소"란 제4호에 따른 과외교습을 하는 시설로서 학원 및 제1호 각 목의 시설이 아닌 시설을 말한다.
3. "개인과외교습자"란 다음 각 목의 시설에서 교습비등을 받고 과외교습을 하는 자를 말한다.
   가. 학습자의 주거지 또는 교습자의 주거지로서 「건축법」 제2조제2항에 따른 단독주택 또는 공동주택
   나. 제1호사목에 따른 시설
4. "과외교습"이란 초등학교 · 중학교 · 고등학교 또는 이에 준하는 학교의 학생이나 학교 입학 또는 학력 인정에 관한 검정을 위한 시험 준비생에게 지식 · 기술 · 예능을 교습하는 행위를 말한다. 다만, 다음 각 목의 어느 하나에 해당하는 행위는 제외한다.
   가. 제1호가목부터 바목까지의 시설에서 그 설치목적에 따라 행하는 교습행위
   나. 같은 등록기준지 내의 친족이 하는 교습행위
   다. 대통령령으로 정하는 봉사활동에 속하는 교습행위
5. "학습자"란 다음 각 목의 자를 말한다.
   가. 학원이나 교습소에서 교습을 받는 자
   나. 30일 이상 학습장소로 제공되는 시설을 이용하는 자
   다. 개인과외교습자로부터 교습을 받는 자
6. "교습비등"이란 학습자가 다음 각 목의 자에게 교습이나 학습장소 이용의 대가로 납부하는 수강료 · 이용료 또는 교습료 등(이하 "교습비"라 한다)과 그 외에 추가로 납부하는 일체의 경비(이하 "기타경비"라 한다)를 말한다.
   가. 학원을 설립 · 운영하는 자(이하 "학원설립 · 운영자"라 한다)
   나. 교습소를 설립 · 운영하는 자(이하 "교습자"라 한다)
   다. 개인과외교습자

   [전문개정 2007. 12. 21.]

제2조의2(학원의 종류) ① 학원의 종류는 다음 각 호와 같다. <개정 2011. 7. 25.>

1. 학교교과교습학원: 「초 · 중등교육법」 제23조에 따른 학교교육과정을 교습하거나 다음 각 목의 사람을 대상으로 교습하는 학원
   가. 「유아교육법」 제2조제1호에 따른 유아

나. 「장애인 등에 대한 특수교육법」 제15조제1항 각 호의 어느 하나에 해당하는 장애가 있는 사람

다. 「초 · 중등교육법」 제2조에 따른 학교의 학생. 다만, 직업교육을 목적으로 하는 직업기술분야의 학원에서 취업을 위하여 학습하는 경우는 제외한다.

2. 평생직업교육학원: 제1호에 따른 학원 외에 평생교육이나 직업교육을 목적으로 하는 학원

② 제1항에 따른 학원의 종류별 교습과정의 분류는 대통령령으로 정한다.

[전문개정 2007. 12. 21.]

제3조(교원의 과외교습 제한) 「초 · 중등교육법」 제2조, 「고등교육법」 제2조, 그 밖의 법률에 따라 설립된 학교에 소속된 교원(敎員)은 과외교습을 하여서는 아니 된다.

[전문개정 2007. 12. 21.]

제4조(학원설립 · 운영자 등의 책무) ① 학원설립 · 운영자는 자율과 창의로 학원을 운영하며, 학습자에 대한 편의제공, 적정한 교습비등의 징수를 통한 부담경감 및 교육기회의 균등한 제공 등을 위하여 노력하는 등 평생교육 담당자로서의 책무를 다하여야 한다. <개정 2008. 3. 28., 2011. 7. 25.>

② 교습자와 개인과외교습자는 과외교습을 할 때 학습자에 대한 편의제공, 적정한 교습비등의 징수를 통한 부담경감 및 교육기회의 균등한 제공 등을 위하여 노력하는 등 교습을 담당하는 자로서의 책무를 다하여야 한다. <개정 2008. 3. 28., 2011. 7. 25.>

③ 학원설립 · 운영자 및 교습자는 특별시 · 광역시 · 특별자치시 · 도 및 특별자치도(이하 "시 · 도"라 한다)의 조례로 정하는 바에 따라 학원 · 교습소의 운영과 관련하여 학원 · 교습소의 수강생에게 발생한 생명 · 신체상의 손해를 배상할 것을 내용으로 하는 보험이나 공제사업에 가입하는 등 필요한 안전조치를 취하여야 한다. <개정 2016. 12. 20.>

[전문개정 2007. 12. 21.]

제5조(교육환경의 정화 등) ① 학원설립 · 운영자 또는 교습자는 학원이나 교습소의 교육환경과 위생시설을 깨끗하게 유지 · 관리하여야 한다.

② 학교교과교습학원을 설립 · 운영하는 자 또는 교습자는 교육환경을 해칠 우려가 있는 영업소(이하 "유해업소"라 한다)와 동일한 건축물 안에서 학교교과교습학원이나 교습소를 설립 · 운영하여서는 아니 된다. <개정 2011. 7. 25.>

③ 학교교과교습학원이나 교습소와 동일한 건축물 안에 유해업소를 설치하는 경우 그 영

업에 관하여 허가 · 인가 등을 하는 행정기관의 장은 미리 관할 교육감과 협의하여야 한다. <개정 2011. 7. 25.>

④ 제2항 및 제3항에 따른 유해업소의 종류는 「학교보건법」 제6조제1항 각 호의 어느 하나에 해당하는 행위를 하거나 시설(당구장, 만화가게 및 「게임산업진흥에 관한 법률」 제2조제7호에 따른 인터넷컴퓨터게임시설제공업을 하는 영업소는 제외한다)을 갖춘 영업소를 말한다. <개정 2011. 7. 25.>

⑤ 제2항 및 제3항은 연면적 1천650제곱미터 이상의 건축물에 대하여는 다음 각 호의 경우를 제외하고는 적용하지 아니한다. <신설 2011. 7. 25.>

1. 학원이 유해업소로부터 수평거리 20미터 이내의 같은 층에 있는 경우
2. 학원이 유해업소로부터 수평거리 6미터 이내의 바로 위층 또는 바로 아래 층에 있는 경우

[전문개정 2007. 12. 21.]

제6조(학원 설립 · 운영의 등록) ① 학원을 설립 · 운영하려는 자는 제8조에 따른 시설과 설비를 갖추어 대통령령으로 정하는 바에 따라 설립자의 인적사항, 교습과정, 강사명단, 교습비등, 시설 · 설비 등을 학원설립 · 운영등록신청서에 기재하여 교육감에게 등록하여야 한다. 등록한 사항 중 교습과정, 강사명단, 교습비등, 그 밖에 대통령령으로 정하는 사항을 변경하려는 경우에도 또한 같다. <개정 2011. 7. 25.>

② 숙박시설을 갖춘 학교교과교습학원의 등록은 대통령령으로 정하는 범위에서 관할 지역의 교육여건과 수강생의 안전 및 숙박시설의 필요성 등을 고려하여 시 · 도의 조례로 정하는 기준에 맞는 경우에만 할 수 있다.

③ 교육감은 제1항에 따라 등록한 자에게 교육부령으로 정하는 바에 따라 등록증명서를 발급하여야 한다. <신설 2016. 5. 29.>

④ 학원설립 · 운영자는 제3항에 따라 발급받은 등록증명서를 학원에 게시하여야 한다. <신설 2016. 5. 29.>

⑤ 학원설립 · 운영자가 제3항에 따라 발급받은 등록증명서를 잃어버리거나 그 등록증명서가 못 쓰게 된 경우에는 교육부령으로 정하는 바에 따라 교육감에게 재발급을 신청하여야 한다. <신설 2016. 5. 29.>

⑥ 교육감은 다음 각 호의 어느 하나에 해당하는 경우 제1항에 따른 등록을 거부할 수 있다. <신설 2016. 5. 29.>

1. 제17조제1항에 따른 등록말소처분이 있은 날부터 1년 이내에 해당 장소에서 동일한 교습과정을 교습하는 학원의 설립 · 운영을 등록하려는 경우
2. 제17조제1항에 따른 교습정지처분의 정지 기간 내에 해당 장소에서 동일한 교습과정을 교습하는 학원의 설립 · 운영을 등록하려는 경우

[전문개정 2007. 12. 21.]

제7조(조건부 설립등록) ① 교육감은 제6조에 따른 학원 설립 · 운영의 등록을 수리(受理)할 때에 대통령령으로 정하는 기간에 제8조에 따른 시설과 설비를 갖출 것을 조건으로 하여 학원 설립 · 운영의 등록을 수리할 수 있다.

② 교육감은 제1항에 따라 등록을 한 자가 정당한 사유 없이 그 기간에 시설과 설비를 갖추지 아니하면 등록을 말소하여야 한다.

[전문개정 2007. 12. 21.]

제8조(시설기준) 학원에는 교습과정별로 시 · 도의 조례로 정하는 단위시설별 기준에 따라 교습과 학습에 필요한 시설과 설비를 갖추고 유지하여야 한다. 다만, 학원의 소방시설은 소방 관계 법령으로 정하는 바에 따른다.

[전문개정 2007. 12. 21.]

제9조(결격사유 등) ① 다음 각 호의 어느 하나에 해당하는 자는 제6조에 따른 학원 설립 · 운영의 등록을 할 수 없다. <개정 2016. 5. 29.>

1. 금치산자 · 한정치산자
2. 파산선고를 받은 자로서 복권되지 아니한 자
3. 금고 이상의 형을 선고받고 그 집행이 끝나거나 그 집행을 받지 아니하기로 확정된 후 3년이 지나지 아니한 자 또는 그 집행유예기간 중에 있는 자
4. 이 법을 위반하여 벌금형을 선고받은 후 1년이 지나지 아니한 자
5. 법원의 판결에 따라 자격이 정지되거나 상실된 자
6. 제17조제1항에 따라 학원 등록이 말소된 날부터 1년이 지나지 아니한 자(법인의 경우에는 그 대표자를 포함한다)

6의2. 제17조제1항에 따라 교습정지처분을 받은 후 그 정지 기간이 지나지 아니한 자(법인의 경우에는 그 대표자를 포함한다)

7. 법인으로서 그 임원 중에 제1호부터 제6호까지, 제6호의2에 해당하는 자가 있는 경우

② 학원설립 · 운영자가 제1항 각 호의 사유에 해당하게 되면 그 등록은 효력을 잃는다.

다만, 제1항제7호의 경우로서 해당 법인이 그 사유가 발생한 날부터 3개월 이내에 해당 임원을 바꾸어 선임하는 경우에는 그러하지 아니하다.

[전문개정 2007. 12. 21.]

[단순위헌, 2011헌바252, 2014. 1. 28. '학원의 설립 · 운영 및 과외교습에 관한 법률'(2007. 12. 21. 법률 제8711호로 개정된 것) 제9조 제2항 본문 중 제9조 제1항 제4호에 관한 부분은 헌법에 위반된다.]

[단순위헌, 2012헌마653, 2015. 5. 28.'학원의 설립 · 운영 및 과외교습에 관한 법률'(2007. 12. 21. 법률 제8711호로 개정된 것) 제9조 제2항 본문 중 제9조 제1항 제7호 가운데 제9조 제1항 제4호에 관한 부분은 헌법에 위반된다.]

제10조(휴원 및 폐원 등의 신고) 학원설립 · 운영자는 그 학원을 1개월 이상 휴원(休院)하거나 폐원하려면 교육부령으로 정하는 바에 따라 지체 없이 교육감에게 신고하여야 한다. <개정 2008. 2. 29., 2013. 3. 23.>

[전문개정 2007. 12. 21.]

제11조 삭제 <1999. 1. 18.>

제12조(교습과정) 학원의 교습과정은 학원설립 · 운영자가 학습자의 필요와 실용성을 존중하여 정한다.

[전문개정 2007. 12. 21.]

제13조(강사 등) ① 학원에서 교습을 담당하는 강사는 대통령령으로 정하는 자격을 갖춘 자이어야 한다.

② 학원설립 · 운영자는 강사의 연령 · 학력 · 전공과목 및 경력 등에 관한 인적 사항을 교육부령으로 정하는 바에 따라 게시하여야 한다. <개정 2008. 2. 29., 2013. 3. 23.>

③ 삭제 <2016. 12. 20.>

[전문개정 2007. 12. 21.]

제13조의2(외국인강사의 채용) 학원설립 · 운영자는 외국어교습을 담당하게 하기 위하여 외국인강사(대한민국 국민이 아닌 사람으로서 학원에서 교습을 담당하는 강사를 말한다. 이하 같다)를 채용하려는 경우에는 강사가 되고자 하는 사람으로부터 다음 각 호의 서류를 제출받아 그에 대한 검증 후 채용하여야 한다. 다만, 「출입국관리법」 제18조에 따라 취업활동을 할 수 있는 체류자격을 받은 사람 중 회화지도 체류자격을 받은 사람에 대하여는 제1호의 범죄경력조회서를 제출받지 아니할 수 있다. <개정 2016. 12. 20.>

1. 범죄경력조회서
2. 건강진단서(1개월 이내에 받은 것으로서 대마 및 약물 검사 결과를 포함한다)
3. 학력증명서
4. 그 밖에 대통령령으로 정하는 서류

[본조신설 2011. 7. 25.]

제14조(교습소 설립 · 운영의 신고 등) ① 교습소를 설립 · 운영하려는 자는 대통령령으로 정하는 바에 따라 신고자 및 교습자의 인적사항, 교습소의 명칭 및 위치, 교습과목, 교습비등을 교습소설립 · 운영신고서에 기재하여 교육감에게 신고하여야 한다. 신고한 사항 중 교습자의 인적사항, 교습소의 명칭 및 위치, 교습과목, 교습비등, 그 밖에 대통령령으로 정하는 사항을 변경하려는 경우에도 또한 같다. <개정 2011. 7. 25.>

② 교육감은 제1항에 따른 신고를 받으면 교육부령으로 정하는 바에 따라 신고증명서를 발급하여야 한다. <개정 2011. 7. 25., 2013. 3. 23.>

③ 교습자는 제2항에 따라 발급받은 신고증명서를 교습소에 게시하여야 한다. <개정 2011. 7. 25.>

④ 교습자가 제2항에 따라 발급받은 신고증명서를 잃어버리거나 그 신고증명서가 못쓰게 된 경우에는 교육부령으로 정하는 바에 따라 교육감에게 재발급을 신청하여야 한다. <개정 2011. 7. 25., 2013. 3. 23.>

⑤ 교습소는 교습자 1명이 한 장소에서 1과목만을 교습하여야 한다. <개정 2011. 7. 25.>

⑥ 교습자의 자격, 교습소의 장소 · 시설 · 설비, 학습자의 수, 그 밖에 필요한 사항은 대통령령으로 정한다. <신설 2011. 7. 25.>

⑦ 교습자는 교습소를 폐소하거나 1개월 이상 휴소(休所)하려면 교육부령으로 정하는 바에 따라 지체 없이 교육감에게 신고하여야 한다. <신설 2011. 7. 25., 2013. 3. 23.>

⑧ 제17조제2항에 따라 교습소의 폐지처분을 받은 자는 그 처분을 받은 날부터 1년 이내 또는 교습정지처분을 받은 자는 그 정지 기간이 지나지 아니한 경우에는 교육부령으로 정하는 바에 따라 같은 종류의 교습소를 신고할 수 없다. <신설 2011. 7. 25., 2013. 3. 23., 2016. 5. 29.>

[전문개정 2007. 12. 21.]

제14조의2(개인과외교습자의 신고 등) ① 개인과외교습을 하려는 자는 대통령령으로 정하는 바에 따라 주소지 관할 교육감에게 교습자의 인적 사항, 교습과목, 교습장소 및 교습비

등을 신고하여야 한다. 신고한 사항 중 대통령령으로 정하는 사항을 변경하려는 경우에도 또한 같다. 다만, 「고등교육법」 제2조 또는 개별 법률에 따라 설립된 대학(대학원을 포함한다) 및 이에 준하는 학교에 재적(在籍) 중인 학생(휴학생은 제외한다)은 그러하지 아니하다. <개정 2011. 7. 25.>

② 교육감은 제1항에 따른 개인과외교습의 신고를 받으면 교육부령으로 정하는 바에 따라 신고증명서를 발급하여야 한다. <개정 2008. 2. 29., 2013. 3. 23.>

③ 교습장소가 개인과외교습자의 주거지인 경우 개인과외교습자는 신고증명서를 교습장소에 게시하여야 하고, 교습장소가 학습자의 주거지인 경우 학습자 또는 그 학부모가 요청하면 신고증명서를 제시하여야 한다. <개정 2016. 5. 29.>

④ 개인과외교습자가 제2항에 따라 발급받은 신고증명서를 잃어버리거나 그 신고증명서가 못쓰게 된 경우에는 교육부령으로 정하는 바에 따라 교육감에게 재발급을 신청하여야 한다. <개정 2008. 2. 29., 2011. 7. 25., 2013. 3. 23.>

⑤ 개인과외교습자가 과외교습을 하지 아니하면 그 사실을 교육감에게 통보하여야 한다.

⑥ 삭제 <2016. 5. 29.>

⑦ 제1항에 따른 신고나 변경신고를 받은 교육감은 개인과외교습장소가 그 교육감의 관할 지역이 아니면 교습장소를 관할하는 교육감에게 그 사실을 통보하여야 한다.

⑧ 제17조제3항에 따른 과외교습 중지명령을 받은 자는 그 중지기간이 지나지 아니한 경우에는 과외교습을 할 수 없다. <신설 2008. 3. 28., 2016. 5. 29.>

⑨ 개인과외교습자가 그 주거지에서 과외교습하는 경우 교육부령으로 정하는 바에 따라 교습장소 외부에 개인과외교습을 하는 장소임을 알 수 있는 표지를 부착하여야 한다. <신설 2016. 5. 29.>

⑩ 개인과외교습자의 교습장소가 그 주거지인 경우 개인과외교습자를 1명만 신고할 수 있다. 다만, 같은 등록기준지 내의 친족인 경우 추가로 신고할 수 있다. <신설 2016. 5. 29.>

[전문개정 2007. 12. 21.]

제15조(교습비등) ① 학원설립 · 운영자, 교습자 또는 개인과외교습자는 학습자로부터 교습비등을 받을 수 있으며, 교습비등을 받는 경우 교육부령으로 정하는 바에 따른 영수증을 발급하여야 한다. <개정 2011. 7. 25., 2013. 3. 23.>

② 학원설립 · 운영자, 교습자 또는 개인과외교습자는 교습내용과 교습시간 등을 고려하여 교습비를 정하고, 기타경비는 실비로 정한다. <개정 2011. 7. 25.>

③ 학원설립 · 운영자, 교습자 또는 개인과외교습자는 시 · 도의 교육규칙으로 정하는 바에 따라 제1항에 따른 교습비등과 그 반환에 관한 사항을 학습자가 보기 쉬운 장소에 게시하여야 하며, 학습자를 모집할 목적으로 인쇄물 · 인터넷 등을 통하여 광고를 하는 경우에는 교습비등, 등록증명서 또는 신고증명서 내용 중 대통령령으로 정하는 사항을 표시하여야 한다. 이 경우 학습자 또는 학부모의 요구가 있을 때에는 교육부령으로 정하는 바에 따라 게시 또는 표시된 교습비등의 내역을 서면으로 고지하여야 한다. <개정 2011. 7. 25., 2013. 3. 23., 2016. 5. 29.>

④ 학원설립 · 운영자, 교습자 또는 개인과외교습자는 교습비등을 거짓으로 표시 · 게시 · 고지하거나, 표시 · 게시 · 고지한 교습비등 또는 교육감에게 등록 · 신고한 교습비등을 초과한 금액을 징수하여서는 아니 된다. <개정 2011. 7. 25., 2016. 5. 29.>

⑤ 삭제 <2016. 5. 29.>

⑥ 교육감은 제2항에 따라 정한 학교교과교습학원, 교습소 또는 개인과외교습자의 교습비등이 과다하다고 인정하면 대통령령으로 정하는 바에 따라 교습비등의 조정을 명할 수 있다. <신설 2011. 7. 25., 2016. 5. 29.>

[전문개정 2007. 12. 21.]

[제목개정 2011. 7. 25.]

제15조의2(학원 및 교습소의 명칭 표시) ① 학원의 명칭은 고유명칭 다음에 "학원"을 붙여 표시한다.

② 교습소의 명칭은 고유명칭 다음에 교습과목과 "교습소"를 붙여 표시한다.

[본조신설 2016. 12. 20.]

[종전 제15조의2는 제15조의5로 이동 <2016. 12. 20.>]

제15조의3(장부 또는 서류의 비치) 학원설립 · 운영자, 교습자 및 개인과외교습자는 학원 등의 운영 및 교습과 관련한 장부 또는 서류를 교육부령으로 정하는 바에 따라 비치 · 관리하여야 한다.

[본조신설 2016. 12. 20.]

제15조의4(학원설립 · 운영자 등에 대한 연수) 교육감은 학원설립 · 운영자, 강사 및 교습자가 갖추어야 할 사회교육 담당자로서의 자질을 향상시키기 위하여 필요하면 대통령령으로 정하는 바에 따라 이들의 연수에 관한 계획을 수립 · 시행할 수 있다. 이 경우 외국인강사에 대해서는 한국 문화 적응을 지원하고 사회교육 담당자로서의 자질을 향상시

키기 위하여 입국 후 한 번 이상 연수를 실시하여야 한다.

[본조신설 2016. 12. 20.]

제15조의5(정보의 공개) ① 교육감은 국민의 알권리를 보장하고 학원 과 교습소 운영의 투명성을 높이기 위하여 교육감에게 등록 또는 신고한 교습비등을 학원 종류별, 교습과정별, 지역교육청별 또는 시(「제주특별자치도 설치 및 국제자유도시 조성을 위한 특별법」 제10조제2항에 따른 행정시를 포함한다) · 군 · 구별로 분류하여 시 · 도교육청 홈페이지 등에 공개하여야 한다. <개정 2015. 7. 24.>

② 제1항에 따른 정보공개의 범위는 학원 또는 교습소의 명칭, 위치, 교습과정, 교습과목, 정원, 교습기간, 교습시간 및 교습비등에 관한 사항을 포함하여 대통령령으로 정한다.

[본조신설 2011. 7. 25.]

[제15조의2에서 이동 <2016. 12. 20.>]

제16조(지도 · 감독 등) ① 교육감은 학원의 건전한 발전과 교습소 및 개인과외교습자가 하는 과외교습의 건전성을 확보하기 위하여 적절한 지도 · 감독을 하여야 한다.

② 교육감은 학교의 수업과 학생의 건강 등에 미치는 영향을 고려하여 시 · 도의 조례로 정하는 범위에서 학교교과교습학원, 교습소 또는 개인과외교습자의 교습시간을 정할 수 있다. 이 경우 교육감은 학부모 및 관련 단체 등의 의견을 들어야 한다. <개정 2016. 5. 29.>

③ 교육감은 필요하다고 인정하면 학원설립 · 운영자 및 교습자에 대하여 시설 · 설비, 교습비등, 교습에 관한 사항과 「도로교통법」 제53조, 제53조의2 및 제53조의3 준수 여부에 관한 사항 또는 각종 통계자료를 보고하게 하거나 관계 공무원에게 해당 시설에 출입하여 그 시설 · 설비, 장부, 그 밖의 서류를 검사하게 할 수 있으며, 시설 · 설비의 개선명령이나 그 밖에 필요한 명령을 할 수 있다. <개정 2011. 7. 25., 2015. 2. 3.>

④ 교육감은 필요하다고 인정하면 개인과외교습자의 교습비등 각종 신고사항을 확인하거나 그 밖에 필요한 조치를 취할 수 있다. <개정 2011. 7. 25.>

⑤ 제3항에 따라 출입 · 검사를 하는 관계 공무원은 그 권한을 표시하는 증표를 지니고 이를 관계인에게 내보여야 한다.

⑥ 교육감은 미등록 · 미신고 교습, 교습비등 초과 징수, 그 밖에 이 법을 위반한 사항에 대한 신고 접수 및 처리를 위하여 그 소속으로 불법사교육신고센터를 설치 · 운영할 수 있으며, 이러한 위반 사항을 신고한 사람에 대하여 대통령령으로 정하는 바에 따라 포

상금을 지급할 수 있다. <신설 2011. 7. 25.>

[전문개정 2007. 12. 21.]

제17조(행정처분) ① 교육감은 학원이 다음 각 호의 어느 하나에 해당하면 그 등록을 말소하거나 1년 이내의 기간을 정하여 교습과정의 전부 또는 일부에 대한 교습의 정지를 명할 수 있다. 다만, 제1호에 해당하는 경우에는 그 등록을 말소하여야 한다. <개정 2011. 7. 25., 2015. 2. 3., 2016. 5. 29., 2016. 12. 20.>

1. 거짓이나 그 밖의 부정한 방법으로 제6조에 따른 등록을 한 경우
2. 숙박시설을 갖춘 학교교과교습학원이 제6조제2항에 따른 기준에 미달하게 된 경우
3. 제8조에 따른 시설기준에 미달하게 된 경우
4. 정당한 사유 없이 개원(開院) 예정일부터 2개월이 지날 때까지 개원하지 아니한 경우
5. 정당한 사유 없이 계속하여 2개월 이상 휴원한 경우
6. 등록한 사항에 관하여 변경등록을 하지 아니하고 변경하는 등 부정한 방법으로 학원을 운영한 경우
7. 제15조제4항을 위반하여 교습비등을 징수한 경우
8. 제15조제6항에 따른 교습비등의 조정명령을 위반한 경우

8의2. 제15조의2제1항을 위반하여 명칭 표시를 할 경우

9. 학습자를 모집할 때 과대 또는 거짓 광고를 한 경우
10. 그 밖에 이 법 또는 이 법에 따른 명령을 위반한 경우
11. 「도로교통법」 제53조제3항을 위반하여 어린이통학버스(같은 법 제52조에 따른 신고를 하지 아니한 경우를 포함한다)에 보호자를 함께 태우지 아니한 채 어린이통학버스 운행 중 발생한 교통사고로 해당 어린이통학버스에 탑승(승하차를 포함한다)한 어린이가 사망하거나 신체에 교육부령으로 정하는 중상해를 입은 경우
12. 학습자에 대한 「아동복지법」 제3조제7호에 따른 아동학대 행위가 확인된 경우. 다만, 학원설립·운영자가 아동학대 행위를 방지하기 위하여 상당한 주의와 감독을 게을리하지 아니한 경우는 제외한다.

② 교육감은 교습소가 다음 각 호의 어느 하나에 해당하면 그 교습소의 폐지를 명하거나 6개월 이내의 기간을 정하여 교습의 정지를 명할 수 있다. 다만, 제1호에 해당하는 경우에는 그 교습소의 폐지를 명하여야 한다. <개정 2011. 7. 25., 2016. 5. 29., 2016. 12. 20.>

1. 거짓이나 그 밖의 부정한 방법으로 제14조제1항에 따른 신고를 한 경우

2. 신고한 사항에 관하여 변경신고를 하지 아니하고 변경하는 등 부정한 방법으로 교습소를 운영한 경우
3. 제15조제4항을 위반하여 교습비등을 징수한 경우
4. 제15조제6항에 따른 교습비등의 조정명령을 위반한 경우
4의2. 제15조의2제2항을 위반하여 명칭 표시를 할 경우
5. 그 밖에 이 법 또는 이 법에 따른 명령을 위반한 경우
6. 학습자에 대한 「아동복지법」 제3조제7호에 따른 아동학대 행위가 확인된 경우. 다만, 교습자가 아동학대 행위를 방지하기 위하여 상당한 주의와 감독을 게을리하지 아니한 경우는 제외한다.

③ 교육감은 개인과외교습자가 다음 각 호의 어느 하나에 해당하는 경우 1년 이내의 기간을 정하여 과외교습 중지를 명할 수 있다. 다만, 제1호에 해당하는 경우에는 과외교습 중지를 명하여야 한다. <신설 2008. 3. 28., 2011. 7. 25., 2016. 5. 29.>
1. 거짓이나 그 밖의 부정한 방법으로 제14조의2제1항에 따른 신고를 한 경우
2. 신고한 사항에 관하여 변경신고를 하지 아니하고 이를 변경하는 등 부정한 방법으로 과외교습을 한 경우
3. 제15조제4항을 위반하여 교습비등을 징수한 경우
4. 제15조제6항에 따른 교습비등의 조정명령을 위반한 경우
5. 그 밖에 이 법 또는 이 법에 따른 명령을 위반한 경우
6. 학습자에 대한 「아동복지법」 제3조제7호에 따른 아동학대 행위를 한 경우

④ 제1항부터 제3항까지에 따른 행정처분의 기준과 그 밖에 필요한 사항은 조례로 정한다. <신설 2016. 5. 29.>

[전문개정 2007. 12. 21.]

제18조(교습비등의 반환 등) ① 학원설립 · 운영자, 교습자 및 개인과외교습자는 학습자가 수강을 계속할 수 없는 경우 또는 학원의 등록말소, 교습소 폐지 등으로 교습을 계속할 수 없는 경우에는 학습자로부터 받은 교습비등을 반환하는 등 학습자를 보호하기 위하여 필요한 조치를 하여야 한다. <개정 2011. 7. 25.>

② 제1항에 따른 교습비등의 반환사유, 반환금액, 그 밖에 필요한 사항은 대통령령으로 정한다. <개정 2011. 7. 25.>

[전문개정 2007. 12. 21.]

[제목개정 2011. 7. 25.]

제19조(학원 등에 대한 조치) ① 교육감은 제6조 또는 제14조에 따른 등록이나 신고를 하지 아니하고 학원이나 교습소를 설립 · 운영하거나 제17조에 따라 학원의 등록말소 또는 교습소 폐지의 처분을 받거나 교습의 정지처분을 받은 학원설립 · 운영자 또는 교습자가 계속하여 교습하거나 학습장소를 제공하는 경우에는 그 학원이나 교습소를 폐쇄하거나 교습 등을 중지시키기 위한 다음 각 호의 조치를 할 수 있다.

1. 해당 학원이나 교습소의 간판이나 그 밖의 표지물을 제거하거나 학습자의 출입을 제한하기 위한 시설물의 설치
2. 해당 학원이나 교습소가 등록 또는 신고를 하지 아니한 시설이거나 제17조에 따른 행정처분을 받은 시설임을 알리는 게시문의 부착

② 삭제 <2008. 3. 28.>

③ 제1항에 따른 조치는 그 목적을 달성하기 위하여 필요한 최소한의 범위에서 하여야 한다.

④ 제1항에 따른 조치를 하는 관계 공무원은 그 권한을 표시하는 증표를 지니고 이를 관계인에게 내보여야 한다.

[전문개정 2007. 12. 21.]

제20조(청문) 교육감은 다음 각 호의 어느 하나에 해당하는 처분을 하려면 청문을 하여야 한다.

1. 제17조제1항에 따른 학원의 등록말소
2. 제17조제2항에 따른 교습소의 폐지명령

[전문개정 2007. 12. 21.]

제21조(권한의 위임 · 위탁) ① 이 법에 따른 교육감의 권한은 대통령령으로 정하는 바에 따라 그 일부를 교육장에게 위임할 수 있다. <개정 2007. 12. 21.>

② 삭제 <2001. 1. 26.>

③ 교육감은 제15조의4에 따른 학원설립 · 운영자, 강사 및 교습자에 대한 연수계획의 시행에 관한 업무의 일부를 대통령령으로 정하는 바에 따라 학원 및 교습소와 관련된 기관 또는 법인에 위탁할 수 있다. <개정 2007. 12. 21., 2016. 12. 20.>

[제목개정 2007. 12. 21.]

제22조(벌칙) ① 다음 각 호의 어느 하나에 해당하는 자는 1년 이하의 징역 또는 1천만원 이하의 벌금에 처한다. <개정 2008. 3. 28., 2011. 7. 25., 2016. 5. 29.>

1. 제6조에 따른 등록을 하지 아니하고 학원을 설립 · 운영한 자

2. 거짓이나 그 밖의 부정한 방법으로 제6조에 따른 등록을 한 자
3. 제14조제1항에 따른 신고를 하지 아니하고 교습소를 설립 · 운영하거나, 거짓이나 그 밖의 부정한 방법으로 신고하고 교습소를 설립 · 운영한 자
4. 제14조의2제1항에 따른 신고를 하지 아니하거나 거짓이나 그 밖의 부정한 방법으로 신고하고 과외교습을 한 자

② 제3조를 위반하여 과외교습을 한 자는 1년 이하의 금고 또는 1천만원 이하의 벌금에 처한다. <개정 2008. 3. 28., 2016. 5. 29.>

③ 제19조제1항 각 호에 따른 간판이나 그 밖의 표지물의 제거 또는 시설물의 설치를 거부 · 방해 또는 기피하거나 게시문을 허락받지 아니하고 제거하거나 못쓰게 만든 자는 200만원 이하의 벌금에 처한다. <개정 2008. 3. 28.>

[전문개정 2007. 12. 21.]

제23조(과태료) ① 다음 각 호의 어느 하나에 해당하는 자에게는 300만원 이하의 과태료를 부과한다. <개정 2008. 3. 28., 2011. 7. 25., 2016. 5. 29., 2016. 12. 20.>

1. 제4조제3항에 따른 안전조치를 취하지 아니한 자

1의2. 제6조제4항을 위반하여 등록증명서를 게시하지 아니한 자

2. 제10조나 제14조제7항에 따른 신고를 하지 아니한 자
3. 제13조제2항에 따른 강사의 연령 · 학력 · 전공과목 및 경력 등에 관한 인적 사항을 게시하지 아니한 자

3의2. 제13조의2에 따른 검증을 하지 아니하고 외국인강사를 채용한 자

4. 제14조제3항 또는 제14조의2제3항을 위반하여 신고증명서를 게시 또는 제시하지 아니한 자
5. 제14조제4항 또는 제14조의2제4항의 사유가 발생한 날부터 1개월 이내에 신고증명서의 재발급을 신청하지 아니한 자
6. 삭제 <2016. 5. 29.>

6의2. 제15조제1항에 따른 영수증을 발급하지 아니한 자

6의3. 제14조의2제9항에 따른 표지를 부착하지 아니한 자

7. 제15조제3항을 위반하여 교습비등과 그 반환에 관한 사항을 표시 · 게시 · 고지하지 아니하거나 같은 조 제4항을 위반하여 교습비등을 거짓으로 표시 · 게시 · 고지한 자

7의2. 제15조제4항을 위반하여 교습비등을 징수한 자

7의3. 제15조제6항에 따른 교습비등의 조정명령을 위반한 자

7의4. 제15조의3을 위반하여 장부 또는 서류를 비치 · 관리하지 아니한 자

8. 제16조제3항에 따른 보고를 하지 아니하거나 거짓으로 보고를 한 자

9. 제16조제3항에 따른 관계 공무원의 출입 · 검사를 거부 · 방해 또는 기피한 자

10. 제18조에 따른 교습비등을 반환하지 아니한 자

② 제1항에 따른 과태료는 대통령령으로 정하는 바에 따라 교육감이 부과 · 징수한다.

③ 삭제 <2011. 7. 25.>

④ 삭제 <2011. 7. 25.>

⑤ 삭제 <2011. 7. 25.>

[전문개정 2007. 12. 21.]

제24조(적용의 배제) 제2조제1호에 따라 원격으로 교습하는 학원에 대하여는 제4조제3항, 제5조, 제7조, 제8조 및 제16조제2항을 적용하지 아니한다. <개정 2016. 12. 20.>

[본조신설 2011. 7. 25.]

부칙 <제14403호, 2016. 12. 20.>

이 법은 공포 후 3개월이 경과한 날부터 시행한다.

학원의 설립 · 운영 및 과외교습에 관한 법률 시행령 (약칭: 학원법 시행령)

[시행 2019. 1. 1] [대통령령 제29421호, 2018. 12. 24, 타법개정]
교육부(평생학습정책과) 044-203-6380

제1조(목적) 이 영은 「학원의 설립 · 운영 및 과외교습에 관한 법률」에서 위임된 사항과 그 시행에 필요한 사항을 규정함을 목적으로 한다.

[전문개정 2011. 10. 25.]

제2조(정의 등) ① 이 영에서 사용하는 용어의 뜻은 다음과 같다.

1. "계열"이란 서로 유사하거나 관련이 있는 교습과정의 집합을 말한다.
2. "교습과정"이란 학원에서 교습하는 교습과목의 집합을 말한다.
3. "교습과목"이란 교습하는 단위 교과를 말한다.
4. "독서실"이란 학습장소로 제공되는 학원인 시설을 말한다.

② 「학원의 설립 · 운영 및 과외교습에 관한 법률」(이하 "법"이라 한다) 제2조제1호에서 "대통령령으로 정하는 수"란 같은 시간에 교습을 받거나 학습장소로 이용할 수 있는 인원 10명(「장애인 등에 대한 특수교육법」 제15조제1항 각 호의 어느 하나에 해당하는 장애가 있는 사람을 대상으로 하는 경우는 1명)을 말한다.

[전문개정 2011. 10. 25.]

제2조의2(원격교습의 범위) 법 제2조제1호의 "정보통신기술 등을 활용하여 원격으로 교습하는 경우"는 법 제2조의2제1항제1호의 학교교과교습학원에서 교습하는 경우로 한정한다.

[전문개정 2011. 10. 25.]

제3조(과외교습에 해당하지 아니하는 교습행위) ① 법 제2조제4호다목에서 "대통령령으로 정하는 봉사활동에 속하는 교습행위"란 다음 각 호의 어느 하나에 해당하는 교습행위를 말한다. <개정 2013. 3. 23.>

1. 근로청소년에 대한 교습행위
2. 장애인의 재활을 위한 교습행위

3. 그 밖에 교육부령으로 정하는 봉사활동에 속하는 교습행위

[전문개정 2011. 10. 25.]

제3조의2(기타경비의 범위 등) 법 제2조제6호의 "기타경비"의 범위는 별표 1과 같다.

[본조신설 2011. 10. 25.]

[종전 제3조의2는 제3조의3으로 이동 <2011. 10. 25.>]

제3조의3(교습과정의 분류 등) ① 법 제2조의2제2항에 따른 학원의 종류별 교습과정의 분류는 별표 2와 같다.

② 교습과정의 등록은 교습내용이 별표 2에 따른 분류와 가장 유사하거나 그 교습내용을 포함할 수 있는 교습과정으로 하여야 한다.

③ 학원을 설립 · 운영하는 자(이하 "학원설립 · 운영자"라 한다)는 한 학원에서 둘 이상의 교습과정을 등록 · 운영할 수 있다.

[전문개정 2011. 10. 25.]

[제3조의2에서 이동 <2011. 10. 25.>]

제4조(교육환경의 정화 등) 법 제5조제3항에 따라 행정관청의 협의 요청이 있는 경우 교육감은 협의에 앞서 미리 「교육환경 보호에 관한 법률」 제5조제8항에 따른 지역교육환경보호위원회의 심의를 거쳐야 한다. <개정 2017. 2. 3.>

[전문개정 2011. 10. 25.]

제5조(학원 설립 · 운영의 등록) ① 삭제 <1999. 5. 10.>

② 법 제6조에 따른 학원 설립 · 운영의 등록을 하려는 자는 교육부령으로 정하는 학원설립 · 운영등록신청서에 다음 각 호의 사항을 적고, 원칙(院則) 및 교육부령으로 정하는 서류를 첨부하여 교육감에게 제출하여야 한다. <개정 2011. 10. 25., 2013. 3. 23.>

1. 학원설립 · 운영자의 성명, 주민등록번호 및 주소
2. 학원의 명칭과 위치
3. 학원의 종류 및 교습과정
4. 정원
5. 강사명단
6. 교습비등
7. 시설과 설비
8. 개강 예정 연월일

③ 제2항의 원칙에는 다음 각 호의 사항이 포함되어야 한다. <개정 2011. 10. 25.>

1. 학원의 명칭 및 설립목적과 위치에 관한 사항
2. 수강자의 교습과정별 정원에 관한 사항
3. 교습과정 및 교습일시에 관한 사항
4. 과정 수료의 인정에 관한 사항
5. 교습기간 및 휴강일에 관한 사항
6. 교습비등에 관한 사항
7. 그 밖에 학원의 운영에 필요한 사항

④ 교습과정이 이론 교습과목과 실험 · 실습 또는 실기 교습과목으로 구성되는 경우에는 이를 분리하여 학원을 설립할 수 없다. <개정 2011. 10. 25.>

⑤ 교육감은 제2항에 따른 학원 설립 · 운영등록신청의 내용이 시설기준과 교육환경에 적합한 경우에는 등록을 수리(受理)하여야 한다. <개정 2011. 10. 25.>

⑥ 삭제 <2016. 11. 29.>

[제목개정 2011. 10. 25.]

제5조의2(숙박시설을 갖춘 학교교과교습학원의 등록) ① 법 제6조제2항에 따른 숙박시설을 갖춘 학교교과교습학원의 등록요건은 다음 각 호와 같다. <개정 2017. 3. 20.>

1. 별표 2 학원의 교습과정 중 학교교과교습학원의 보통교과계열에 속하는 교습과정을 운영하는 학원일 것
2. 특별시 · 광역시 · 특별자치시 · 도 및 특별자치도(이하 "시 · 도"라 한다)의 조례에서 정하는 유치원, 초등학교, 중학교 및 고등학교 또는 이에 준하는 학교에 재학하는 학생에 대한 교습 제한기준을 충족할 것
3. 숙박시설을 학원의 시설로 하고, 학원과 동일한 건물이나 학원 건물로부터 300미터 이내에 설치하며, 학원 수강생만 이용할 수 있도록 할 것
4. 숙박시설에 급식시설과 수강생의 안전 및 보건 · 위생에 적합한 환경과 시설 · 설비 등을 갖출 것
5. 숙박시설에 「국민영양관리법」 제15조에 따른 영양사 면허를 받은 사람(이하 "영양사"라 한다)과 제12조제2항에 따른 강사 자격기준을 갖춘 생활지도 담당인력을 배치할 것

② 제1항에 따른 숙박시설의 위치, 환경기준, 시설 · 설비기준, 영양사 및 생활지도 담당인

력 배치기준 등에 관한 사항은 지역적 여건과 학원의 규모 등을 고려하여 시 · 도 조례로 정한다.

[전문개정 2011. 10. 25.]

제6조(학원 설립 · 운영의 조건부등록) ① 법 제7조에 따라 학원 설립 · 운영의 조건부등록을 신청하려는 자는 교육부령으로 정하는 학원설립 · 운영등록신청서에 제5조제2항 각 호의 사항을 적고, 원칙 및 교육부령으로 정하는 서류를 첨부하여 교육감에게 제출하여야 한다. <개정 2013. 3. 23.>

② 교육감은 제1항에 따른 조건부등록신청의 내용이 교육환경에 적합하고 시설기준을 갖출 수 있다고 인정하는 경우에는 1년 이내에 시설과 설비를 갖출 것을 조건으로 하여 등록을 수리할 수 있다. 이 경우 교육감은 조건부 기간 내에 시설과 설비를 갖출 수 없는 부득이한 사유가 있다고 인정하는 경우에는 6개월의 범위에서 그 기간을 연장할 수 있다.

③ 학원 설립 · 운영의 조건부등록을 한 자는 제2항에 따른 기간 내에 시설과 설비를 갖추어 개강 예정일 10일 전까지 교육감에게 보고하여야 한다.

④ 교육감은 제3항에 따라 보고를 받았을 때에는 시설과 설비의 확보 여부를 조사 · 확인하고 교육부령으로 정하는 바에 따라 등록증명서를 발급하여야 한다. <개정 2016. 11. 29.>

[전문개정 2011. 10. 25.]

제7조(등록사항의 변경) ① 법 제6조제1항 후단에서 "대통령령으로 정하는 사항"이란 다음 각 호의 사항을 말한다.

1. 학원설립 · 운영자
2. 학원의 위치
3. 시설과 설비

② 학원설립 · 운영자가 제1항에 따라 변경등록하여야 할 사항 외의 사항을 변경한 경우에는 지체 없이 교육감에게 통보하여야 한다.

③ 제1항에 따른 변경등록의 절차에 관하여는 제5조를 준용한다. 이 경우 "등록"은 "변경등록"으로 본다.

[전문개정 2011. 10. 25.]

제7조의2 삭제 <2007. 3. 23.>

제8조 삭제 <2007. 3. 23.>

제9조 삭제 <2007. 3. 23.>

제10조(일시 수용능력 초과 교습의 금지 등) ① 학원설립 · 운영자는 같은 시간에 해당 시설의 일시 수용능력을 초과하여 교습을 하거나 학습장소로 제공해서는 아니 된다. <개정 2011. 10. 25.>

② 삭제 <1999. 5. 10.>

③ 제1항에도 불구하고 실험 · 실습 또는 실기 교습이 필요한 학원에서 같은 교습과목을 같은 시간에 같은 장소에서 교습받을 수 있는 학습자의 수는 시 · 도의 조례로 정한다. <개정 2011. 10. 25.>

[제목개정 2011. 10. 25.]

제11조 삭제 <1999. 5. 10.>

제12조(강사) ① 학원설립 · 운영자는 교습을 담당하는 강사와 학습자의 생활지도에 필요한 인원을 학습자의 학습능률을 극대화할 수 있도록 적정하게 배치하여야 한다.

② 법 제13조제1항에 따른 학원강사의 자격기준은 별표 3과 같다.

[전문개정 2011. 10. 25.]

제12조의2(외국인강사의 채용) ① 법 제13조의2제4호에서 "대통령령으로 정하는 서류"란 다음 각 호의 서류를 말한다.

1. 여권 및 사증(査證) 사본
2. 외국인등록증 사본 또는 외국인등록사실증명

② 법 제13조의2에 따라 학원설립 · 운영자가 검증하여야 하는 서류의 요건 및 검증기준은 교육부령으로 정한다. <개정 2013. 3. 23.>

[본조신설 2011. 10. 25.]

제13조(교습소 설립 · 운영의 신고) ① 법 제14조제1항에 따라 교습소를 설립 · 운영하려는 사람은 교육부령으로 정하는 교습소설립 · 운영신고서에 다음 각 호의 사항을 적고, 교육부령으로 정하는 서류를 첨부하여 교육감에게 제출하여야 한다. <개정 2013. 3. 23.>

1. 교습자의 성명, 주민등록번호, 주소, 학력, 경력 및 직업
2. 교습소의 명칭 및 위치
3. 교습과목
4. 교습비등

② 교육감은 제1항에 따른 신고내용이 제15조 및 제16조에 적합한 경우에는 교육부령으로

정하는 교습소설립 · 운영신고증명서를 발급하여야 한다. <개정 2013. 3. 23.>

[전문개정 2011. 10. 25.]

제14조(교습소 신고사항의 변경) 법 제14조제1항 후단에 따른 변경신고의 절차에 관하여는 제13조를 준용한다. 이 경우 "신고"는 "변경신고"로 본다.

[전문개정 2011. 10. 25.]

제15조(교습자의 자격 등) ① 법 제14조제6항에 따른 교습자의 자격에 관하여는 제12조제2항을 준용한다.

② 교습소에는 강사를 둘 수 없다. 다만, 교습자가 출산 또는 질병 등의 사유로 직접 교습할 수 없는 경우에는 교육감이 정하는 바에 따라 임시교습자를 둘 수 있다.

③ 교습소에는 학습자에 대한 편의제공을 위하여 보조요원 1명을 둘 수 있다.

[전문개정 2011. 10. 25.]

제16조(교습소의 장소 등) 법 제14조제6항에 따른 교습소의 장소 · 시설 · 설비 및 학습자의 수는 다음 각 호와 같다.

1. 교습소에서 같은 시간에 교습 받는 인원은 9명(피아노 교습의 경우에는 5명) 이하일 것
2. 교습소 강의실의 1제곱미터당 수용인원은 0.3명 이하일 것

[전문개정 2011. 10. 25.]

제16조의2(개인과외교습자의 신고 등) ① 법 제14조의2제1항에 따라 개인과외교습을 하려는 사람은 교육부령으로 정하는 개인과외교습자신고서에 다음 각 호의 사항을 적고, 교육부령으로 정하는 서류를 첨부하여 교육감에게 제출하여야 한다. <개정 2013. 3. 23.>

1. 개인과외교습자의 성명, 주민등록번호, 주소, 학력, 전공, 자격 및 경력
2. 교습과목
3. 교습비등
4. 교습장소

② 개인과외교습자는 제1항제1호부터 제4호까지의 사항 중 어느 하나의 사항이 변경된 경우에는 그 사유가 발생한 날부터 15일 이내에 교육부령으로 정하는 변경신고서를 교육감에게 제출하여야 한다. <개정 2013. 3. 23.>

[전문개정 2011. 10. 25.]

제16조의3(광고 표시 사항) 법 제15조제3항 전단에서 "등록증명서 또는 신고증명서 내용 중 대통령령으로 정하는 사항"이란 다음 각 호의 사항을 말한다.

1. 등록 또는 신고 번호
2. 학원 또는 교습소 명칭
3. 교습과정 또는 교습과목
[본조신설 2016. 11. 29.]

제17조(교습비등조정위원회) ① 법 제15조제6항에 따라 교육감은 교습비등의 조정에 관한 사항을 심의하기 위하여 「지방교육자치에 관한 법률」 제34조제1항에 따른 교육지원청별로 교습비등조정위원회(이하 "조정위원회"라 한다)를 설치한다. <개정 2014. 6. 11., 2016. 11. 29.>

② 조정위원회는 위원장 1명을 포함한 7명 이상 11명 이하의 위원으로 구성하며, 위원장은 제3항제1호, 제2호 또는 제5호에 해당하는 위원 중에서 호선(互選)한다. <개정 2012. 9. 5.>

③ 조정위원회의 위원은 다음 각 호의 어느 하나에 해당하는 사람 중에서 교육감이 위촉하거나 임명한다. <개정 2012. 9. 5., 2014. 6. 11., 2016. 1. 22.>

1. 다음 각 목의 어느 하나에 해당하는 사람 1명
   가. 교육지원청이 소재하는 지방자치단체(「제주특별자치도 설치 및 국제자유도시 조성을 위한 특별법」 제10조제2항에 따른 행정시를 포함한다. 이하 나목에서 같다) 소속의 소비자 물가에 관한 업무를 담당하는 공무원
   나. 교육지원청이 소재하는 지방자치단체를 관할하는 세무관서 소속의 세무공무원
2. 교육지원청 소속의 학원 업무를 관장하는 과장급 이상 공무원 1명
3. 학부모 또는 학부모 · 소비자 관련 단체 관계자 2명 이상
4. 학원설립 · 운영자, 교습자 또는 개인과외교습자 2명
5. 다음 각 목의 어느 하나에 해당하는 사람 1명 이상
   가. 공인회계사 또는 세무사
   나. 「고등교육법」 제2조에 따른 대학의 경제학, 경영학, 회계학 또는 교육학 관련 전공 조교수 이상의 교수 또는 해당 전공과 관련된 연구기관의 연구원
   다. 그 밖에 교육에 관한 전문지식과 경험이 풍부하다고 교육감이 인정하는 사람

④ 조정위원회의 회의에 출석한 위원에게는 예산의 범위에서 수당과 여비를 지급할 수 있다. 다만, 공무원인 위원이 그 소관 업무와 직접적으로 관련되어 출석하는 경우에는 그러하지 아니하다.

⑤ 조정위원회는 필요하다고 인정하면 해당 학원설립 · 운영자, 교습자 또는 개인과외교습자를 조정위원회에 출석하게 하여 의견을 들을 수 있다.

⑥ 제1항부터 제5항까지에서 규정한 사항 외에 조정위원회의 구성 · 운영 등에 관한 구체적인 사항은 시 · 도 교육규칙으로 정한다.

[전문개정 2011. 10. 25.]

제17조의2(교습비등의 조정명령) ① 교육감은 법 제15조제6항에 따라 학원설립 · 운영자, 교습자 및 개인과외교습자로부터 다음 각 호의 서류를 제출받아 해당 교육지원청 조정위원회의 심의를 거쳐 교습비등의 조정을 명할 수 있다. <개정 2014. 6. 11., 2016. 11. 29., 2018. 12. 18.>

1. 수입 및 지출 증명자료
2. 수강생대장 및 교습비등 영수증
3. 강사의 연말정산 자료
4. 세금계산서, 거래명세서, 원가계산서 등 기타경비가 실비임을 증명할 수 있는 서류
5. 그 밖에 교습비등의 적정성을 판단하기 위하여 필요한 서류

② 교육감은 조정명령을 하기 위하여 필요하다고 인정하면 해당 교육지원청 조정위원회의 심의를 거쳐 물가인상률, 전년도 대비 교습비등의 상승률, 교습시간, 지역의 특수성 및 학원의 종류 · 규모 · 시설수준 등을 고려한 조정기준을 정할 수 있다. <개정 2014. 6. 11.>

[본조신설 2011. 10. 25.]

제17조의3(연수계획) 교육감이 법 제15조의4에 따라 수립 · 시행하는 연수계획에는 다음 각 호의 사항이 포함되어야 한다.

1. 연수 대상과 인원 등에 관한 사항
2. 연수 과정과 기간 등에 관한 사항
3. 연수와 관련된 지원 등에 관한 사항
4. 그 밖에 연수 운영에 필요한 사항

[본조신설 2017. 3. 20.]

[종전 제17조의3은 제17조의4로 이동 <2017. 3. 20.>]

제17조의4(정보공개의 범위) 법 제15조의5제2항에 따른 정보공개의 범위는 다음 각 호와 같다. <개정 2017. 3. 20.>

1. 학원 또는 교습소의 명칭
2. 학원 또는 교습소의 주소 및 대표 전화번호
3. 교습과정
4. 교습과목별 정원
5. 교습과목별 교습기간 및 총교습시간
6. 교습비 및 별표 1에 따른 항목별 기타경비
7. 학원설립 · 운영자 명단, 강사명단
8. 교습자 명단

[본조신설 2011. 10. 25.]

[제17조의3에서 이동, 종전 제17조의4는 제17조의5로 이동 <2017. 3. 20.>]

제17조의5(포상금의 지급사유 등) ① 법 제16조제6항에 따른 포상금은 다음 각 호의 어느 하나에 해당하는 행위를 신고한 사람에게 예산의 범위에서 지급한다. <개정 2016. 11. 29.>

1. 법 제6조에 따른 등록을 하지 아니하고 한 교습행위(보통교과 또는 외국어 교습행위로 한정한다)
2. 법 제14조제1항에 따른 신고를 하지 아니하고 한 교습행위(보통교과 또는 외국어 교습행위로 한정한다)
3. 법 제14조의2제1항에 따른 신고를 하지 아니하고 한 교습행위
4. 법 제15조제4항을 위반하여 표시 · 게시 · 고지하거나 교육감에게 등록 · 신고한 교습비등을 초과하여 징수(학원설립 · 운영자 또는 교습자인 경우에는 보통교과 또는 외국어 교습비등을 초과하여 징수한 경우로 한정한다)한 행위
5. 삭제 <2016. 11. 29.>
6. 법 제16조제2항에 따라 교육감이 정한 교습시간을 따르지 아니하고 한 교습행위(보통교과 또는 외국어 교습행위로 한정한다)

② 제1항의 신고자가 「청소년 보호법」 제2조제1호의 청소년, 학원 · 교습소 · 개인과외교습자를 지도 · 감독하는 관계 공무원(해당 업무를 보조하는 공무원이 아닌 사람을 포함한다) 및 소비자단체의 임직원인 경우에는 포상금을 지급하지 아니한다. <개정 2012. 9. 14.>

③ 교육감은 포상금 지급에 필요한 예산을 확보하여야 한다.

④ 포상금의 지급기준, 지급절차 등 그 밖에 필요한 사항은 교육부령으로 정한다. <개정

2013. 3. 23.>

[본조신설 2011. 10. 25.]

[제17조의4에서 이동 <2017. 3. 20.>]

제18조(교습비등의 반환 등) ① 삭제 <2011. 10. 25.>

② 법 제18조제2항에 따른 교습비등의 반환사유(이하 "반환사유"라 한다)는 다음 각 호와 같다. <개정 2011. 10. 25.>

1. 법 제17조제1항 및 제2항에 따라 학원의 등록이 말소되거나 교습소가 폐지된 경우 또는 교습의 정지명령을 받은 경우
2. 학원설립 · 운영자, 교습자 또는 개인과외교습자가 교습을 할 수 없거나 교습장소를 제공할 수 없게 된 경우
3. 학습자가 본인의 의사로 수강 또는 학습장소 사용을 포기한 경우

③ 제2항 각 호에 따른 반환사유가 발생한 경우에는 별표 4의 반환기준에 따라 반환사유 발생일부터 5일 이내에 교습비등을 반환하여야 한다. <개정 2011. 10. 25.>

④ 학원설립 · 운영자 또는 교습자는 해당 학원 또는 교습소의 운영에 지장이 없는 범위에서 교습비등을 감면할 수 있다. <개정 2011. 10. 25.>

[제목개정 2011. 10. 25.]

제19조(고유식별정보의 처리) 교육감은 다음 각 호의 사무를 수행하기 위하여 필요한 경우 「개인정보 보호법 시행령」 제19조에 따른 주민등록번호, 여권번호, 운전면허의 면허번호 또는 외국인등록번호가 포함된 자료를 제출받아 처리할 수 있다. <개정 2016. 11. 29.>

1. 법 제6조에 따른 학원 설립 · 운영의 등록 및 변경등록에 관한 사무
2. 법 제7조에 따른 학원의 조건부 설립등록에 관한 사무
3. 법 제10조에 따른 학원의 휴원(休院) 또는 폐원의 신고에 관한 사무
4. 법 제14조에 따른 교습소 설립 · 운영의 신고, 변경신고 및 폐소 · 휴소(休所)의 신고에 관한 사무
5. 법 제14조의2에 따른 개인과외교습자의 신고 및 변경신고에 관한 사무

[본조신설 2011. 10. 25.]

제20조(권한의 위임 · 위탁) ① 교육감은 법 제21조제1항에 따라 다음 각 호의 권한을 교육장에게 위임한다. <개정 2011. 10. 25., 2012. 9. 5., 2016. 11. 29.>

1. 법 제5조제3항에 따른 관계 행정기관의 장과의 협의

2. 법 제6조에 따른 학원 설립 · 운영의 등록 및 변경등록의 수리
3. 법 제7조에 따른 학원 설립 · 운영의 조건부등록의 수리 및 조건부등록의 말소
4. 법 제10조에 따른 휴원 및 폐원에 관한 신고의 수리
5. 법 제14조에 따른 교습소 설립 · 운영에 관한 신고 및 변경신고의 수리
6. 법 제14조제7항에 따른 교습소의 휴소 및 폐소에 관한 신고의 수리
7. 법 제14조의2에 따른 개인과외교습을 하려는 자의 신고의 수리 및 개인과외교습자의 변경신고의 수리 등
8. 법 제15조제6항에 따른 교습비등에 대한 조정명령
9. 법 제16조제1항 · 제3항 및 제4항에 따른 학원, 교습소 및 개인과외교습자에 대한 지도 · 감독
10. 법 제16조제6항에 따른 포상금의 지급
11. 법 제17조에 따른 학원, 교습소 및 개인과외교습자에 대한 행정처분
12. 법 제19조제1항에 따른 학원 또는 교습소의 폐쇄 등을 위한 조치
13. 법 제20조에 따른 청문
14. 법 제23조에 따른 과태료의 부과 · 징수
15. 제7조제2항에 따른 변경통보의 접수
16. 제17조제3항에 따른 조정위원회 위원의 위촉 또는 임명
17. 제17조의2에 따른 교습비등의 조정기준 설정과 조정명령

② 삭제 <2001. 6. 29.>

③ 교육감은 법 제21조제3항에 따라 법 제15조의4에 따른 학원설립 · 운영자, 강사 및 교습자에 대한 연수 및 연수와 관련된 조사 · 연구 등의 업무의 일부를 사단법인 한국학원총연합회 및 교육감이 지정 · 고시하는 연수기관에 위탁한다. 다만, 연수를 위탁할 경우 교육감은 예산의 범위에서 필요한 예산을 지원할 수 있다. <개정 2011. 10. 25., 2017. 3. 20.>

[제목개정 2011. 10. 25.]

제20조의2(규제의 재검토) ①교육부장관은 다음 각 호의 사항에 대하여 다음 각 호의 기준일을 기준으로 3년마다(매 3년이 되는 해의 기준일과 같은 날 전까지를 말한다) 그 타당성을 검토하여 개선 등의 조치를 하여야 한다. <개정 2014. 12. 9.>

1. 제5조에 따른 학원 설립 · 운영의 등록: 2014년 1월 1일

2. 제12조 및 별표 3에 따른 학원강사의 자격기준: 2014년 1월 1일

3. 제16조에 따른 교습소의 장소 등: 2014년 1월 1일

4. 제16조의2에 따른 개인과외교습자의 신고 및 변경신고: 2014년 1월 1일

② 교육부장관은 제17조의4제7호에 따른 학원설립 · 운영자 명단, 강사명단의 정보공개에 대해 2015년 1월 1일을 기준으로 2년마다(매 2년이 되는 해의 1월 1일 전까지를 말한다) 그 타당성을 검토하여 개선 등의 조치를 해야 한다. <개정 2018. 12. 24.>

[본조신설 2013. 12. 30.]

제21조(과태료의 부과기준) 법 제23조에 따른 과태료의 부과기준은 별표 5와 같다.

[전문개정 2011. 10. 25.]

부칙 <제29421호, 2018. 12. 24.>

(규제 재검토기한 설정 등을 위한 57개 법령의 일부개정에 관한 대통령령)

이 영은 2019년 1월 1일부터 시행한다.

[별표 1] <신설 2011.10.25>

기타경비의 범위(제3조의2 관련)

항목	내용
모의고사비	○ 학습자의 실력을 평가하기 위하여 실시하는 시험 비용(학원 또는 교습소에서 자체 제작하거나 프린트하여 실시하는 시험의 비용은 제외)
재료비	○ 학습자의 실험 · 실습을 위하여 필요한 소모성 재료 비용
피복비	○ 유아의 단체복을 제작하거나 구입하는 비용
급식비	○ 유아에게 식사 또는 간식을 제공하는 비용
기숙사비	○ 숙박시설을 갖춘 학교교과교습학원에서 숙식을 제공하는 비용
차량비	○ 학습자의 교통 편의를 위하여 차량을 운행하는 데 드는 비용

[별표 2] <개정 2011.10.25>

학원의 교습과정(제3조의3제1항 관련)

종류	분야	계열	교습과정
학교교과 교습학원	입시·검정 및 보습	보통교과	초등학교·중학교·고등학교의 교육과정에 속하는 교과(예·체능계 및 실업계 고등학교의 전문교과 제외) 및 논술
		진학지도	진학상담·지도
	국제화	외국어	보통교과에 속하지 않는 교과로서 유아 또는 초등학교·중학교·고등학교 학생을 주된 교습대상으로 하는 실용 외국어
	예능	예능	음악, 미술, 무용
	독서실	독서	유아 또는 초등학교·중학교·고등학교 학생을 주된 대상으로 하는 시설
	특수교육	특수교육	특수학교 교육과정에 속하는 교육활동
	기타	기타	그 밖의 교습과정
평생직업 교육학원	직업기술	산업기반기술	기계, 자동차, 금속, 화공 및 세라믹, 전기, 통신, 전자, 조선, 항공, 토목, 건축, 의복, 섬유, 광업자원, 국토개발, 농림, 해양, 에너지, 환경, 공예, 교통, 안전관리, 조경
		산업응용기술	디자인, 이용·미용, 식음료품(바리스타, 소믈리에 등), 포장, 인쇄, 사진, 피아노 조율
		산업서비스	속기, 전산회계, 전자상거래, 직업상담, 사회조사, 컨벤션기획, 소비자전문상담, 텔레마케팅, 카지노 딜러, 도배, 미장, 세탁
		일반서비스	애견미용, 장의, 호스피스, 항공승무원, 병원 코디네이터, 청소
		컴퓨터	컴퓨터(정보처리, 통신기기, 인터넷, 소프트웨어 등), 게임, 로봇
		문화관광	출판, 영상, 음반, 영화, 방송, 캐릭터, 관광
		간호보조기술	간호조무사
		경영·사무관리	금융, 보험, 유통, 부동산, 비서, 경리, 펜글씨, 부기, 주산, 속셈, 속독, 경매
	국제화	국제	성인 대상 어학, 통역, 번역
	인문사회	인문사회	대학 편입, 행정, 경영, 회계, 통계, 성인 고시
	기예	기예	국악, 무용(전통무용, 현대무용 등), 서예, 만화, 모델, 화술, 마술(매직), 실용음악(성악), 바둑, 웅변, 공예(종이접기, 꽃꽂이, 꽃기예 등), 도예, 미술, 댄스(「체육시설의 설치·이용에 관한 법률」에 따른 무도학원업 제외), 연기(연극, 뮤지컬, 오페라 등)
	독서실	독서	학교교과교습학원에 속하지 않는 독서실

[별표 3] <개정 2016.3.25.>

학원강사의 자격기준(제12조제2항 관련)

구분	자격기준
학교교과 교습학원	1. 「초・중등교육법」 제21조에 따른 교원의 자격이 있는 사람 2. 전문대학 졸업자 또는 이와 같은 수준 이상의 학력이 있는 사람 3. 「국가기술자격법」에 따라 교습과목과 같은 종목의 기술사・기능장・기사 및 산업기사의 자격을 취득한 사람 4. 「국가기술자격법」에 따라 교습과목과 같은 종목의 기능사 자격을 취득한 후 3년 이상의 실무경력이 있는 사람 5. 「자격기본법」이나 그 밖의 다른 법령에 따라 면허증 또는 자격증 등을 취득한 사람으로서 제3호 또는 제4호에 상응한다고 교육감이 인정하는 사람 6. 고등학교 졸업자 또는 이와 같은 수준 이상의 학력이 있는 사람으로서 교습하려는 부문에 2년 이상 전임(專任)으로 교습한 경력이 있는 사람 7. 국가 또는 지방자치단체 등 공공기관이 주관하거나 후원하는 전국 규모의 각종 기능경기대회에서 교습하려는 부문에 입상한 실적이 있는 사람 8. 국가무형문화재 보유자(시・도무형문화재 보유자를 포함한다) 등 기능 또는 예능 보유자로서 교육감이 인정하는 사람 9. 대학 졸업 이상의 학력이 있는 외국인으로서 「출입국관리법」 제10조 및 같은 법 시행령 제12조에 따른 해당 체류자격이 있거나 같은 법 제20조 및 같은 법 시행령 제25조에 따라 해당 교습활동에 관한 체류자격 외 활동허가를 받은 사람
평생직업 교육학원	1. 고등학교졸업자 또는 이와 같은 수준 이상의 학력이 있는 사람 2. 학교교과교습학원 강사의 자격기준 중 제3호부터 제5호까지 또는 제7호부터 제9호까지의 어느 하나에 해당하는 사람

[별표 4] <개정 2011.10.25>

교습비등 반환기준(제18조제3항 관련)

구분		반환사유 발생일	반환금액
제18조제2항제1호 및 제2호의 반환사유에 해당하는 경우		교습을 할 수 없거나 교습 장소를 제공할 수 없게 된 날	이미 납부한 교습비등을 일할(日割) 계산한 금액
제18조제2항제3호의 반환사유에 해당하는 경우	교습기간이 1개월 이내인 경우	교습 시작 전	이미 납부한 교습비등의 전액
		총 교습시간의 1/3 경과 전	이미 납부한 교습비등의 2/3에 해당하는 금액
		총 교습시간의 1/2 경과 전	이미 납부한 교습비등의 1/2에 해당하는 금액
		총 교습시간의 1/2 경과 후	반환하지 않음
	교습기간이 1개월을 초과하는 경우	교습 시작 전	이미 납부한 교습비등의 전액
		교습 시작 후	반환사유가 발생한 해당 월의 반환 대상 교습비등(교습기간이 1개월 이내인 경우의 기준에 따라 산출한 금액을 말한다)과 나머지 월의 교습비등의 전액을 합산한 금액

비고

1. 총 교습시간은 교습기간 중의 총 교습시간을 말하며, 반환금액의 산정은 반환사유가 발생한 날까지 경과된 교습시간을 기준으로 한다.
2. 원격교습의 경우 반환금액은 교습내용을 실제 수강한 부분(인터넷으로 수강하거나 학습기기로 저장한 것을 말한다)에 해당하는 금액을 뺀 금액으로 한다.

[별표 5] <개정 2017. 3. 20.>

과태료의 부과기준(제21조 관련)

1. 일반기준

가. 위반행위의 횟수에 따른 과태료의 가중된 부과기준은 최근 1년간 같은 위반행위로 과태료 부과처분을 받은 경우에 적용한다. 이 경우 기간의 계산은 위반행위에 대하여 과태료 부과처분을 받은 날과 그 처분 후 다시 같은 위반행위를 하여 적발된 날을 기준으로 한다.

나. 가목에 따라 가중된 부과처분을 하는 경우 가중처분의 적용 차수는 그 위반행위 전 부과처분 차수(가목에 따른 기간 내에 과태료 부과처분이 둘 이상 있었던 경우에는 높은 차수를 말한다)의 다음 차수로 한다.

다. 교육감은 다음 어느 하나의 경우에는 제2호에 따른 과태료 금액의 2분의 1의 범위에서 그 금액을 줄일 수 있다. 다만, 과태료를 체납하고 있는 위반행위자에 대해서는 그렇지 않다.

1) 위반행위자가 「질서위반행위규제법 시행령」 제2조의2제1항 각 호의 어느 하나에 해당하는 경우
2) 위반행위자가 위법행위로 인한 결과를 시정하거나 해소한 경우
3) 위반행위가 사소한 부주의나 오류 등 과실로 인한 것으로 인정되는 경우
4) 그 밖에 위반행위의 정도, 위반행위의 동기와 그 결과 등을 고려하여 그 금액을 줄일 필요가 있다고 인정되는 경우

라. 교육감은 다음의 어느 하나에 해당하는 경우에는 제2호에 따른 과태료 금액의 2분의 1의 범위에서 그 금액을 늘릴 수 있다. 다만, 늘릴 사유가 여러 개 있는 경우라도 법 제23조제1항에 따른 과태료 금액의 최고한도를 넘을 수 없다.

1) 법 위반 상태에 대해 과태료처분 대상자에게 통지한 후 1개월 이상 지나도 위반행위를 시정하지 않는 경우
2) 위반의 내용·정도가 중대하여 학습자 또는 학부모 등에게 미치는 피해가 크다고 인정되는 경우

2. 개별기준

위반행위	근거 법조문	과태료 금액(만원)		
		1회 위반	2회 위반	3회 이상 위반
가. 법 제4조제3항에 따른 안전조치를 하지 않은 경우	법 제23조제1항제1호			
1) 10일 이하 안전조치를 하지 않은 경우		30		
2) 11일 이상 20일 이하 안전조치를 하지 않은 경우		60		
3) 21일 이상 30일 이하 안전조치를 하지 않은 경우		90		
4) 31일 이상 60일 이하 안전조치를 하지 않은 경우		120		
5) 61일 이상 90일 이하 안전조치를 하지 않은 경우		150		
6) 91일 이상 안전조치를 하지 않은 경우		300		
나. 법 제6조제4항을 위반하여 등록증명서를 게시하지 않은 경우	법 제23조제1항제1호의2	50	100	200
다. 법 제10조에 따른 학원 휴원·폐원 신고를 하지 않은 경우	법 제23조제1항제2호			
1) 1개월 이상 신고를 하지 않은 경우		50		

위반행위	근거 법조문	과태료 금액(만원)		
		1회 위반	2회 위반	3회 이상 위반
2) 2개월 이상 신고를 하지 않은 경우		100		
3) 3개월 이상 신고를 하지 않은 경우		200		
4) 6개월 이상 신고를 하지 않은 경우		300		
라. 법 제13조제2항에 따른 강사의 연령·학력·전공과목 및 경력 등에 관한 인적 사항을 게시하지 않은 경우	법 제23조제1항제3호	50	100	200
마. 법 제13조의2에 따른 검증을 하지 않고 외국인강사를 채용한 경우	법 제23조제1항제3호의2	100	200	300
바. 법 제14조제3항 또는 제14조의2제3항을 위반하여 신고증명서를 게시 또는 제시하지 않은 경우	법 제23조제1항제4호	50	100	200
사. 법 제14조제4항 또는 제14조의2제4항의 사유가 발생한 날부터 1개월 이내에 신고증명서의 재발급을 신청하지 않은 경우	법 제23조제1항제5호	50	100	200
아. 법 제14조제7항에 따른 교습소 휴소·폐소 신고를 하지 않은 경우	법 제23조제1항제2호			
1) 1개월 이상 신고를 하지 않은 경우		50		
2) 2개월 이상 신고를 하지 않은 경우		100		
3) 3개월 이상 신고를 하지 않은 경우		200		
4) 6개월 이상 신고를 하지 않은 경우		300		
자. 법 제14조의2제9항에 따른 표지를 부착하지 않은 경우	법 제23조제1항제6호의3	50	100	200
차. 법 제15조제1항에 따른 영수증을 발급하지 않은 경우	법 제23조제1항제6호의2	100	200	300
카. 법 제15조제3항을 위반하여 표시·게시·고지를 하지 않은 경우	법 제23조제1항제7호	50	100	200
타. 법 제15조제4항을 위반하여 교습비등을 거짓으로 표시·게시·고지한 경우	법 제23조제1항제7호	100	200	300
파. 법 제15조제4항을 위반하여 교습비등을 징수한 경우	법 제23조제1항제7호의2	100	200	300
하. 법 제15조제6항에 따른 교습비등의 조정명령을 위반한 경우	법 제23조제1항제7호의3	100	150	300

위반행위	근거 법조문	과태료 금액(만원)		
		1회 위반	2회 위반	3회 이상 위반
거. 법 제15조의3을 위반하여 장부 또는 서류를 비치·관리하지 않은 경우	법 제23조제1항제7호의4	50	100	200
너. 법 제16조제3항에 따른 보고를 하지 않거나 거짓으로 보고를 한 경우	법 제23조제1항제8호			
1) 보고를 하지 않은 경우		50	100	200
2) 거짓으로 보고를 한 경우		70	150	300
더. 법 제16조제3항에 따른 관계 공무원의 출입·검사를 거부·방해 또는 기피한 경우	법 제23조제1항제9호	100	200	300
러. 법 제18조에 따른 교습비등을 반환하지 않은 경우	법 제23조제1항제10호			
1) 반환할 금액의 일부를 반환하지 않은 경우		50	100	200
2) 반환할 금액의 전부를 반환하지 않은 경우		100	200	300

서울특별시 학원의 설립 · 운영 및 과외교습에 관한 조례

[시행 2018. 1. 4.] [서울특별시조례 제6799호, 2018. 1. 4., 일부개정]
서울특별시교육청 (평생교육과) 02-3999-513

제1조(목적) 이 조례는 「학원의 설립 · 운영 및 과외교습에 관한 법률」과 같은 법률 시행령에서 위임된 사항 및 그 시행에 필요한 사항을 규정하는 것을 목적으로 한다.

제2조(학원설립 · 운영자 등의 책무) ①「학원의 설립 · 운영 및 과외교습에 관한 법률」(이하 "법"이라 한다) 제4조제3항에 따라 학원 · 교습소의 보험가입 또는 공제사업에의 가입 등은 다음 각 호의 기준에 해당하는 금액 이상이어야 한다.

1. 1인당 배상금액 1억원 이상
2. 1사고당 배상금액 10억원 이상(단, 교습소의 경우 5억원 이상)
3. 1인당 의료실비 보상금액 3천만원 이상

② 학원설립 · 운영자와 교습자는 학습자에게 발생한 생명 · 신체상의 손해가 있을 경우 배상받을 수 있도록 노력하여야 한다.

③ 학원 설립 · 운영자 등은 「교육기본법」 제12조에 따라 학생을 포함한 학습자의 기본적 인권이 존중되고 보호되도록 노력해야 한다.

④ 제3항에 따라 학원 등에서 교습 또는 그 밖의 목적을 이유로 학습자의 신체 · 정신상의 자유로운 활동을 강제로 제약하는 행위를 할 수 없으며, 건강유지를 위하여 교습시간을 적절하게 안배하는 등의 노력을 기울여야 한다.

제3조(학원시설) ① 학원은 교육환경과 보건위생상 적합한 장소에 설립하되, 그 목적을 실현함에 필요한 다음 각 호의 시설을 갖추어야 한다.

1. 강의실이나 열람실(「학원의 설립 · 운영 및 과외교습에 관한 법률 시행령」(이하 "영"이라 한다) 제3조의3제1항 별표 2의 특수교육분야 학원의 경우에는 개별실이나 집단실로 대체할 수 있다) 다만, 강의와 실험 · 실습 · 실기 등을 같은 장소에서 동시에 행하는 학원의 경우에는 강의실을 따로 두지 아니할 수 있다.

2. 실험 · 실습 · 실기 등이 필요한 학원에 있어서는 이에 필요한 시설 · 설비 및 교구
3. 학교교과교습학원 중 숙박시설을 갖춘 학원의 경우에는 보건실, 휴게실 및 체육장(체육시설)
4. 화장실 · 급수시설
5. 채광시설, 조명시설, 환기시설, 냉 · 난방시설, 방음시설 및 소방시설
6. 그 밖의 교습과 학습에 필요한 교구와 설비

② 학원에는 학습자의 편의제공 등에 필요한 다음 각 호의 시설을 둘 수 있다.

1. 강당 · 회의실 · 사무실
2. 학습 자료실 · 도서실
3. 상담실
4. 컴퓨터실
5. 방송 · 통신시설
6. 체육시설 · 오락시설 그 밖의 편의시설
7. 보건위생을 위하여 필요한 시설 및 설비

③ 지하실은 학원의 시설로 사용할 수 없다. 다만, 제4조제1항제4호부터 제6호까지의 기준에 적합하고 건물의 한 면 이상이 지상에 완전 노출되어 있고, 유사시 대피 가능한 외부출구가 2개 이상일 경우에는 예외로 한다.

제4조(단위시설의 기준) ① 법 제8조에 따른 단위시설별 기준은 각각 다음 각 호와 같다.

1. 강의실: 강의실의 단위면적은 30제곱미터 이상 135제곱미터(보통교과계열의 교습과정 중 종합반의 경우에는 85제곱미터 이하로 함)이하로 하되, 1제곱미터당 수용인원이 1명 이하가 되도록 하여야 한다. 다만, 교습의 편의를 위하여 칸막이를 사용하는 경우에는 칸막이당 최소 10제곱미터 이상(평생직업교육학원의 성인대상 어학 교습과정은 제외한다)이 되도록 하여야 한다.
2. 열람실: 열람실의 단위면적은 45제곱미터 이상으로 하되, 1제곱미터당 수용인원이 0.8명 이하가 되도록 하고, 남녀별로 좌석이 구분되도록 배열하여야 한다. 다만, 남녀별 좌석 구분 또는 이용자의 편의를 위하여 필요한 경우에는 칸막이를 하여 사용할 수 있다.
3. 실험 · 실습실: 실험 · 실습실의 단위면적은 35제곱미터 이상이어야 한다. 다만, 실습의 편의를 위하여 필요한 경우에는 칸막이를 하여 사용할 수 있다.

4. 급수시설 및 화장실: 급수시설은 상수도를 사용하는 경우를 제외하고는 그 수질이 「먹는물관리법」 제5조제3항에 따른 수질기준에 적합하여야 하며, 화장실의 설치 및 관리기준은 별표 1과 같다.
5. 채광시설 등: 채광·조명·환기·온습도의 조절 기준은 별표 2와 같다.
6. 방음시설 및 소방시설: 「소음·진동관리법」에 따른 생활소음규제기준에 적합한 방음시설과 소방 관계법령에서 정하는 소방시설을 갖추어야 한다.

② 제1항의 시설은 같은 건물 내로 한다.

③ 제2항에도 불구하고, 별표 4에 따른 실험·실습·실기 등이 필요한 교습과정을 운영하는 학원 중 실험·실습·실기실(장)을 따로 설치할 수 있는 학원은 다음 각 호와 같다. 다만, 이러한 경우에는 학습자의 편의 등을 고려하여야 한다.

1. 기계(공조냉동, 용접과정)
2. 자동차
3. 전기
4. 항공
5. 농림
6. 안전관리
7. 디자인(패션디자인)
8. 방송
9. 토목, 건축

제5조(교습과정별 시설기준) ① 법 제8조에 따른 교습과정별 학원의 시설규모는 별표 3과 같다. <개정 2018.1.4.>

② 제3조제1항제1호 단서에 따라 강의실을 따로 두지 아니할 수 있는 교습과정을 교습하는 학원은 원칙상 이론 강의가 실험·실습·실기 등에 비하여 적게 운영되는 학원을 말한다.

③ 제3조제1항제2호에 따른 실험·실습·실기 등이 필요한 학원의 시설·설비 및 교구기준은 별표 4와 같다. 다만, 별표 4에 정하지 아니한 교습과정은 교육지원청 교육장(이하 "교육장"이라 한다)이 신청자가 제출한 설비와 교구가 해당 교습과정 운영에 적합하다고 판단하는 경우에는 이를 별표 4의 기준으로 본다. <개정 2016.12.29.>

제6조(숙박시설을 갖춘 학교교과교습학원의 등록기준) ① 영 제5조의2제1항에 따라 유치원·초등학교·중학교·고등학교 또는 이에 준하는 학교에 재학하는 학생의 교습을 제한한다.

② 영 제5조의2제2항에 따른 숙박시설의 위치, 환경기준, 시설·설비기준, 영양사 및 생활지도 담당인력 배치기준은 다음 각 호와 같다.

1. 숙박시설의 위치는 강의실이 속해 있는 건물이나 강의실이 속해 있는 건물과 같은 경계 내에 위치하여야 한다.
2. 숙박시설의 채광시설, 조명시설, 환기시설 및 냉·난방시설은 보건·위생적으로 적절하여야 하고, 「소음·진동관리법」에 따른 생활소음규제기준에 적합한 방음시설을 갖추어야 한다.
3. 숙박시설의 시설·설비 기준은 별표 5와 같다.
4. 숙박시설에는 소방 관계법령이 정한 소방시설을 갖추어야 한다.
5. 숙박시설의 화장실과 급수시설은 학원의 규모에 따라 적절하여야 하며, 화장실은 남·여별로 구분되어야 하고, 급수시설은 상수도를 사용하는 경우를 제외하고는 그 수질이 「먹는물관리법」에 따른 수질기준에 적합하여야 한다.
6. 급식시설은 「식품위생법」에 따라 관할 지방자치단체장에게 집단급식소로 신고하여야 하며, 영양사를 1명 이상 배치하여야 한다.
7. 숙박시설에는 생활지도 담당인력을 1명 이상 배치하여야 한다. 다만, 남·여 수강생이 있는 경우 생활지도 담당인력을 남·여별로 각각 1명 이상을 배치하여야 한다.

제7조(원격교습학원의 등록) 원격교습학원은 그 사무실이 위치한 지역을 관할하는 교육장에게 등록하여야 한다.

제8조(학교교과교습학원 등의 교습시간) 법 제16조제2항에 따른 학교교과교습학원, 교습소와 개인과외교습자의 교습시간은 05:00부터 22:00까지로 한다. 다만, 독서실은 관할 교육장의 승인을 받아 연장할 수 있다. <개정 2017.5.18.>

제9조(교습과정별 일시 수용능력 인원) 영 제10조제3항에 따라 실험·실습·실기 등이 필요한 학원의 교습과정별 일시 수용능력 인원은 강의실과 실습실의 일시 수용능력 인원수를 각각 합한 인원으로 한다. 다만, 실습실 일시 수용능력 인원수는 1.5제곱미터당 1명 이하로 하되, 중기운전 교습과정은 35제곱미터당 1명 이하로 한다.

제10조(강사 등의 채용과 해임) ① 영 제5조의2제1항제5호와 영 제12조에 따라 강사, 영양사 및 생활지도 담당인력을 채용하였을 때에는 자격을 증명하는 서류를 붙여 15일 이내에 관할 교육장에게 등록하거나 통보하여야 한다.

② 학원에서 강사, 영양사 및 생활지도 담당인력을 해임하였을 때에는 15일 이내에 관할 교육장에게 등록하거나 통보하여야 한다.

제11조(지도·감독 등) ① 교육장이 법 제16조에 따라 지도·감독을 할 때에는 학원설립·운

영자, 교습자 및 개인과외교습자에게 필요한 명령을 하거나 조치 등을 취할 수 있다.

② 제1항에 따른 지도·감독 등에 필요한 사항은 교육규칙으로 정한다.

③ 교육장은 학원 온라인 민원 서비스를 제공하는 경우에 학원설립·운영자와 교습자로부터 각종 신고와 보고 등의 구비서류를 우편 등으로 제출받을 수 있다.

④ 교육장은 학원설립·운영자가 학습자 또는 학습자였던 자의 성명이나 진학 중학교, 고등학교와 대학교의 명칭이 기재된 현수막, 전단, 벽보 등을 학원이 위치한 건물 외벽에 걸거나 불특정다수에게 배포하지 않도록 적절한 지도·감독을 하여야 한다.

제12조(학원자율정화위원회의 구성·운영 등) ① 자율적이고 건전한 학원운영 풍토를 조성하기 위하여 교육감이 정하는 바에 따라 학원자율정화위원회(이하 "정화위원회"라고 한다.)를 15명 이상 20명 이하로 구성·운영할 수 있다.

② 정화위원회의 구성·운영에 관한 사항은 교육규칙으로 정한다.

③ 정화위원회 위원에 대해서는 예산의 범위에서 여비 등 실비를 지급할 수 있다.

제13조(행정처분) ① 법 제17조제4항에 따른 행정처분의 기준은 별표 6과 같다. <개정 2017.5.18.>

② 삭제 <2017.5.18.>

③ 교육장은 행정처분으로 학습자에게 끼치는 영향이 크다고 인정할 경우에는 행정처분의 시기·종류 등을 조정할 수 있다. <개정 2017.5.18.>

④ 제1항에 따른 행정처분의 세부기준과 그 밖에 필요한 사항은 교육규칙으로 정한다. <개정 2017.5.18.>

제14조(우수학원 등의 지정·육성) 교육감은 건전한 학원 및 교습소의 운영을 촉진시키기 위하여 우수 학원과 교습소를 지정하여 지원·육성할 수 있다.

제15조(학원시설을 활용한 평생교육 진흥) 학원설립·운영자는 지역주민의 평생교육에 기여하기 위하여 교육감이 정하는 바에 따라 학원시설을 활용할 수 있다.

제16조(시행규칙) 이 조례 시행과 그 밖에 필요한 사항은 교육규칙으로 정한다.

부칙 <제6799호,2018.1.4.>

이 조례는 공포한 날부터 시행한다.

[별표 1]

화장실의 설치 및 관리기준(제4조제1항제4호 관련)

1. 화장실은 남자용과 여자용으로 구분하여 설치하되, 수강생들이 쉽고 편리하게 이용할 수 있는 곳에 위치할 것
2. 대변기 및 소변기는 수세식으로 할 것(상・하수도시설의 미비 또는 수질오염 등의 이유로 인하여 수세식화장실을 설치하기 어려운 경우에는 제외)
3. 대변기의 칸막이 안에는 소지품을 두거나 옷을 걸 수 있는 설비를 할 것
4. 화장실 안에는 손 씻는 시설과 소독시설 등을 갖출 것
5. 화장실은 항상 청결히 유지되도록 청소하고 위생적으로 관리할 것

[별표 2]

채광・조명・환기・온습도의 조절기준(제4조제1항제5호 관련)

1. 채광(자연조명)
   가. 직사광선을 포함하지 아니하는 천공광에 의한 옥외 수평조도와 실내조도와의 비가 평균 5퍼센트 이상으로 하되, 최소 2퍼센트 미만이 되지 아니하도록 할 것
   나. 최대조도와 최소조도의 비율이 10대1을 넘지 아니하도록 할 것
   다. 강의실 바깥의 반사체로부터 눈부심이 발생되지 아니하도록 할 것

2. 조도(인공조명)
   가. 강의실의 조명도는 책상면을 기준으로 300룩스 이상이 되도록 할 것
   나. 최대 조도와 최소조도의 비율이 3대1을 넘지 아니하도록 할 것
   다. 인공조명에 의한 눈부심이 발생되지 아니하도록 할 것

3. 환기
   가. 환기의 조절기준
      환기용 창 등을 수시로 개방하거나 기계식 환기설비를 수시로 가동하여 충분한 환기량

이 유입되거나 배출되도록 할 것

나. 학원 안으로 들어오는 공기의 분포를 균등하게 하여 실내공기의 순환이 골고루 이루어지도록 할 것

다. 중앙관리방식의 환기설비를 설치할 경우 환기닥트는 공기를 오염시키지 아니하는 재료로 만들 것

4. 실내온도 및 습도

가. 실내온도는 섭씨 18도 이상 28도 이하로 하되, 난방온도는 섭씨 18도 이상 20도 이하, 냉방온도는 섭씨 26도 이상 28도 이하로 할 것

나. 비교습도는 30퍼센트 이상 80퍼센트 이하로 할 것

[별표 3]

학원의 시설규모(제5조제1항 관련)

종류	분 야	계 열	교습과정	강의실, 실습실, 열람실	비고
학교교과교습학원	입시·검정및 보습	보통교과	입 시	660㎡ 이상	
			검정고시	90㎡ 이상	
			보습·논술	70㎡ 이상	
		진학지도	진학상담·지도	70㎡ 이상	
	국제화	외 국 어	보통교과에 속하지 않는 교과로서 유아 또는 초등학교·중학교·고등학교 학생을 주된 교습대상으로 하는 실용 외국어	150㎡ 이상	
	예 능	예 능	음악, 미술, 무용	별표4와 같음	
	독 서 실	독 서	유아 또는 초등학교·중학교·고등학교 학생을 주된 대상으로 하는 시설	120㎡ 이상	
	특수교육	특수교육	특수학교 교육과정에 속하는 교육활동	70㎡ 이상	
	기 타	기 타	그 밖의 교습과정	70㎡ 이상	

종류	분 야	계 열	교습과정	강의실, 실습실, 열람실	비고
평생직업교육학원	직업기술	산업기반기술	기계, 자동차, 금속, 화공 및 세라믹, 전기, 통신, 전자, 조선, 항공, 토목, 건축, 의복, 섬유, 광업자원, 국토개발, 농림, 해양, 에너지, 환경, 공예, 교통, 안전관리, 조경	별표4와 같음	
		산업응용기술	디자인, 이용·미용, 식음료품(바리스타, 소믈리에 등), 포장, 인쇄, 사진, 피아노 조율		
		산업서비스	속기, 전산회계, 전자상거래, 직업상담, 사회조사, 컨벤션기획, 소비자전문상담, 텔레마케팅, 카지노 딜러, 도배, 미장, 세탁		
		일반서비스	애견미용, 장의, 호스피스, 항공승무원, 병원 코디네이터, 청소		
		컴퓨터	컴퓨터(정보처리, 통신기기, 인터넷, 소프트웨어 등), 게임, 로봇		
		문화관광	출판, 영상, 음반, 영화, 방송, 캐릭터, 관광		
		간호보조기술	간호조무사		
		경영·사무관리	금융, 보험, 유통, 부동산, 비서, 경리, 펜글씨, 부기, 주산, 속셈, 속독, 경매	70㎡ 이상	
	국 제 화	국 제	성인대상 어학	150㎡ 이상	
			통역, 번역	70㎡ 이상	
	인문사회	인문사회	행정, 경영, 회계, 통계	70㎡ 이상	
			대학편입, 성인고시	150㎡ 이상	
	기 예	기 예	국악, 무용(전통무용, 현대무용 등), 서예, 만화, 모델, 화술, 마술(매직), 실용음악(성악), 바둑, 웅변, 공예(종이접기, 꽃꽂이, 꽃기예 등), 도예, 미술, 댄스(「체육시설의 설치·이용에 관한 법률」에 따른 무도학원업 제외), 연기(연극, 뮤지컬, 오페라 등)	별표4와 같음	
	독 서 실	독 서	학교교과교습학원 교습과정에 속하지 않는 독서실	120㎡ 이상	

※ 비 고: 보통교과 계열 중 보습은 보통 교과목(예·체능계, 실용 외국어 및 특성화고등학교의 전문교과 제외)의 보완교습을 목적으로 하는 교습과정을 말함.

[별표 4]

실험 · 실습 · 실기 등을 요하는 학원의 시설 · 설비 및 교구(제5조제3항 관련)

교습과정	시설 · 설비 및 교구	비고
1. 기계 (기계공작, 기계정비, 기계설계, 기계제도)	가. 시설 실습실 90㎡ 이상 나. 설비 및 교구 1) 일반, 건설, 기계설계 과정 가) CAD설계용 개인용 PC 10대 이상 (1인 1대) 나) CAD설계용 프로그램 10copy 이상 다) CAD도면 시연슬라이드 스크린 1대 이상 라) CAD도면 시연프로젝터 1대 이상 2) 메카트로닉스 생산자동화 과정 가) 자동화프로그램용 개인PC 5대 이상 나) PLC실습용 판넬 3대 이상 다) PLC구동 콤프레서 1대 이상 라) 자동화 제어용 기기 1대 이상 3) 공조냉동, 용접 과정 가) CO_2용접기 2대 이상 나) 전기용접기 2대 이상 다) Ar용접기 1대 이상 라) 용접용 토치, 가스게이지, 그라인더 각1대 이상 다. 그 밖의 필요한 시설 · 설비 및 교구	
2. 자동차 <2-1. 중기운전>	가. 시 설 1) 운전실습장 350㎡ 이상 2) 기재실 30㎡ 이상 나. 설비 및 교구 1) 중기 가동완제품 2종 이상 2) 엔진체 1대 이상 3) 중장비 기술교육에 필요한 시험기 및 측정기 10대 이상 다. 그 밖의 필요한 시설 · 설비 및 교구	
2. 자동차 <2-2. 자동차정비, 중기>	가. 시 설 1) 강의실 30㎡ 이상 2) 정비실습실 90㎡ 이상 3) 기재실 30㎡ 이상 나. 설비 및 교구 1) 자동차 3대 이상 2) 가솔린기관 3대 이상 3) 디젤기관 1대 이상 4) 변속기 2대 이상	

교습과정	시설·설비 및 교구	비고
	5) 차동기 2대 이상 6) 차량용 리프트 1대 이상 7) 엔진 종합테스터기 1대 8) 휠바란스 1대 9) 휠얼라이먼트 1대 10) 밧데리 테스터기 1대 11) 배기가스 테스터기 1대(CO,HC 겸용) 12) 디젤매연테스터기 1대 13) 헤드라이트 시험기 1대 14) 타이어 탈착기 1대 15) 에어콘 가스주입기 1대 16) 중기의 경우 해당 중기 다. 그 밖의 필요한 시설·설비 및 교구	
3. 금속 (귀금속 가공)	가. 시설 실습실 90㎡ 이상 나. 설비 및 교구 1) 산소용접기 2대 이상 2) 마모기 1대 이상 3) 광택기 1대 이상 4) 모루 일시 수용능력 인원 2인당 1대 이상 5) 압연기(전기로러)1대 이상 6) 실습대(4인용 기준) 10대 이상 다. 그 밖의 필요한 시설·설비 및 교구	
4. 화공 및 세라믹	가. 시설 실습실 90㎡ 이상 나. 설비 및 교구 1) 위험물 분야 과정 가) 위험물 동영상교육용 컴퓨터 5대 이상 나) 위험물 동영상 슬라이드용 스크린 1대 다) 위험물 동영상 교육용 프로젝터 1대 이상 2) 화공, 화학, 세라믹 과정 화공계측, 화학실험기, 화공장치 등기기 5종 이상 3) 화약류제조 과정 화약류의 제조, 분석, 시험에 필요한 기기5종 이상 다. 그 밖의 필요한 시설·설비 및 교구	
5. 전기 (전기재료, 전기기기, 전기공사)	가. 시설 1) 실습실 90㎡ 이상 2) 전기실 30㎡ 이상	

교습과정	시설 · 설비 및 교구	비고
	나. 설비 및 교구 1) 전동기 특성 실험장치 5set 2) 수전, 송전, 배전실 가) 특고압용 변압기 150KVA이상 3대 나) 특고압용 인터럽터 스위치 1대 다) COS 6대 라) 특고압용 3상 전력용 콘덴서 10KVA 이상 1대 마) 22.9KV용 피뢰기 3대 바) 22.9KV MOF 1set 사) 큐비클 5대 이상 3) 오실로스코프,역률계,절연저항계,전압계,전류계, 주파수계, 전력계(0.2rmq) 각10대 이상 4) 실험 · 실습대(4-6인용) 5대 이상 5) 전기공사 실습 작업판(1200X1800m) 10대 이상 다. 그 밖의 필요한 시설 · 설비 및 교구	
6. 통신	가. 시설 실습실 90㎡ 이상 나. 과정별 설비 및 교구 1) 정보통신 운용과정 가) 파일 통합장치(Client-server 32port이상) 1대 이상 나) 하드디스크 20GB이상 컴퓨터 1대 이상 다) 프린터 2대 이상 라) 허브(20port이상)1개 이상 2) 정보통신설비과정 가) 모뎀(Modem) 10대 이상 나) 다중송신장치(MUX) 1대 이상 다) 회로시험기 10대 이상 라) 오슬로스코프(20MHz 이상) 5대 이상 마) 주파수발진기(100MHz 이상) 5대 이상 바) 주파수카운터(100MHz 이상) 5대 이상 사) 전계강도측정기 5대 이상 아) 신호감쇠기 5대 이상	
6. 통신	자) 직류전원 공급기(30V, 3A이상) 5대 이상 차) 비트패턴발생기 2대 이상 카) 프로토콜 아날라이저 2대 이상 타) 정보통신 실습용 컴퓨터 10대 이상 3) 무선설비과정 가) 회로시험기 10대 이상 나) 오실로스코프(20MHz이상) 5대 이상	

교습과정	시설 · 설비 및 교구	비고
	다) 주파수발진기(2MHz 이상) 5대 이상 라) 주파수카운터(100MHz 이상) 5대 이상 마) 전계강도측정기 5대 이상 바) 신호감쇠기 5대 이상 사) 직류전원 공급기(30V,3A 이상) 5대 이상 아) 스팩트럼 분석기(1GHz 이상) 1대 이상 자) 벡터스코프 1대 이상 다. 그 밖의 필요한 시설 · 설비 및 교구	
7. 전자	가. 시설 실습실 90㎡ 이상 나. 설비 및 교구 1) 공통기준 가) 회로시험기 10대 이상 나) 신호발진기(2MHz 이상) 5대 이상 다) 오실로스코프(20MHz 이상) 5대 이상 라) 직류전원 공급기(30V,3A이상) 5대 이상 마) 트랜지스터수신기 10대 이상 바) 녹음기 10대 이상 사) 조립 및 수리실습에 필요한 공구 10조 이상 2) 과정별 기준 가) 전파전자과정 (1) "나"목 1)의 공통 설비 및 교구 (2) 텔레비젼, 패턴발생기(NTSC방식) 1대 이상 (3) 텔레비젼 전계강도 측정기 1대 이상 (4) 백터스코프 1대 이상 (5) 고전압계 1대 이상 (6) TV 10대 이상 나) 전자기기과정 (1) "나"목 1)의 공통 설비 및 교구 다) 컴퓨터기기과정 (1) "나"목 1)의 공통 설비 및 교구 (2) 프린터 2대 이상 (3) 보조기억장치 2대 이상 (4) 컴퓨터(PC)기기 10대 이상 라) 영상재생장치과정 (1) "나"목 1)의 공통 설비 및 교구 (2) 전파전자과정의 설비 및 교구 (3) 영상재생장치 10대 이상 다. 그 밖의 필요한 시설 · 설비 및 교구	

교습과정	시설 · 설비 및 교구	비고
8. 조선	가. 시설 1) 실습실 90㎡ 이상 2) 설계실 90㎡ 이상 나. 설비 및 교구 1) 선박기관 및 선체 1대 이상 2) 일반 공구 20set 이상 다. 그 밖의 필요한 시설 · 설비 및 교구	
9. 항공	가. 시설 실습실 120㎡ 이상 나. 설비 및 교구 1) 항공기정비 및 항공기조립 과정	
9. 항공	가) 비행기(4인승이상) 1대 이상 나) 헬리콥터(3인승이상) 1대 이상 다) 항공기용 공랭식 왕복엔진 (1) 수평대향형 4기통 및 6기통 각 1대 이상 (2) 수직 대향형 1대 이상 (3) 성형 1대 이상 라) 항공기용 제트 엔진 (1) 터보-팬 1대 이상 (2) 터보-제트 1대 이상 (3) 터보-샤프트 또는 터보-프롭 1대 이상 마) 리벳건, 드릴링머신 20set 이상 바) 유압, 렌딩기어 등 각 계통 Mock-up 5종 이상 사) 수공구(30종) 20set 이상 다. 그 밖의 필요한 시설 · 설비 및 교구	
10. 토목, 건축	가. 시설 설계실 90㎡ 이상 나. 설비 및 교구 1) 제도판 및 제도대 일시 수용능력 인원 1인당 1조 2) 측량기구 다. 그 밖의 필요한 시설 · 설비 및 교구	
11. 의복, 섬유	가. 시설 실습실 90㎡ 이상 나. 과정별 설비 및 교구 1) 재봉기 자수과정 자수재봉기 일시 수용능력 인원 1인당 1대 2) 수예, 손자수, 인형, 조화과정에 필요한 설비 및 교구 3) 양재 · 한복 과정	

교습과정	시설·설비 및 교구	비고
	가) 미싱 5대 이상 나) 마네킹 3개 이상 다) 오버로크 재봉틀 1대 이상 4) 섬유과정 가) 방사 및 방적기계 설비 2종 이상 나) 정련표백, 염색가공 실습설비 다. 그 밖의 필요한 시설·설비 및 교구	
12. 광업자원	가. 시설 실습실 90㎡ 이상 나. 설비 및 교구 1) 화약류관리 과정 화약 및 발파작업에 사용되는 진동측정기, 주설 전류 측정기, 모의발파기기 등 3종 이상의 실습교구 2) 광산보안, 광해방지, 지하자원개발 과정 광산보안, 광해방지, 지하자원개발 실습에 사용되는 채광, 탐사, 선광실무용 실습기기 3종 이상 다. 그 밖의 과정별로 필요한 시설·설비 및 교구	
13. 국토개발 (조경, 도시계획, 지적)	가. 시설 실습실 70㎡ 이상 나. 설비 및 교구 1) 도면설계용 제도작업대 10개 이상 2) 삼각자, T자 각각 10개 이상 다. 그 밖의 과정별로 필요한 시설·설비 및 교구	
14. 농림 <14-1. 동물>	가. 시설 실습실 90㎡ 이상 나. 과정별 시설·설비 및 교구 1) 사육과정 가) 사육장 300㎡ 이상	
14. 농림 <14-1. 동물>	나) 동물 5종 이상 다) 오·폐수 처리장치 1조 이상 2) 박제과정 가) 박제표본: 어류, 조류, 갑각류 각 5점 이상 나) 박제제작 셋트 일시 수용능력 인원 1인당 1set 3) 모피피혁과정 가) 화학약품처리장: 15㎡ 이상 나) 회전기, 약품침전 탱크전 1대 이상 다. 그 밖의 필요한 시설·설비 및 교구	
14. 농림	가. 시설	

교습과정	시설 · 설비 및 교구	비고
<14-2. 임업, 원예>	실습실 90㎡ 이상 나. 실습지 900㎡ 이상 다. 그 밖의 과정별로 필요한 시설 · 설비 및 교구	
15. 해양	가. 시설 1) 강의실 30㎡ 이상 2) 실습실 90㎡ 이상 나. 설비 및 교구 1) 공통기준 가) 실습선박(30G/T이상) 1척 이상 나) 환등기 1대 이상 2) 과정별 기준 가) 갑판과 (1) 정박계선기구(앙카 2개, 양모기 1개, 비트 1개) (2) 로프 및 와이어로프 100m 각 1개 이상 (3) 나침의 및 청우계 각 1개 이상 (4) 구명대 1대 및 소화기구 종별 각 1개 이상 (5) 수리용 공구 1식 이상 나) 기관과 (1) 디젤기관(30마력 이상) 1대 이상 (2) 기관분해 조립용 공구 1식 이상 (3) 기관수리용 공작기구 1식 이상 (4) 펌프류(원심력, 기아식) 각 1대 이상 다. 그 밖의 필요한 시설 · 설비 및 교구	
16. 에너지	가. 시설 실습실 90㎡ 이상 나. 설비 및 교구 원자로 계측시설, 열관리방사선 실험기기 3종 이상 다. 그 밖의 필요한 시설 · 설비 및 교구	
17. 환경	가. 시설 실습실 90㎡ 이상 나. 설비 및 교구 1) 대기, 수질과정 가) 대기 및 수질오염 측정기 2대 이상 나) 수질 및 대기환경 분야 실험기기 10대 이상 2) 자연환경과정 가) 생태복원 설계 제도기기 10대 이상(1인 1대 기준) 나) 생물분류, 토양환경과정 실습에 필요한 기기 2대 이상 3) 소음진동, 폐기물처리	

교습과정	시설 · 설비 및 교구	비고
	소음진동측정, 폐기물처리 실무에 필요한 기기 2대 이상 다. 그 밖의 필요한 시설 · 설비 및 교구	
18. 공예 (종이접기, 꽃꽂이, 꽃기예 등)	가. 시설 실습실 70㎡ 이상 나. 설비 및 교구 공작대 일시 수용능력 인원 1인당 1대 이상 다. 그 밖의 필요한 시설 · 설비 및 교구	
19. 교통	가. 시설 실습실 70㎡ 이상 나. 설비 및 교구 1) 교통량조사 장비류 2세트 이상 2) 사고분석 및 재현용 기자재류(컴퓨터 및 재현프로그램) 2세트 이상 다. 그 밖의 필요한 시설 · 설비 및 교구	
20. 안전관리	가. 시설 1) 실습실 90㎡ 이상 2) 강의실 30㎡ 이상 나. 설비 및 교구 1) 가스과정 가) 수압시험기 1대 이상 나) 오스타기 10대 이상 다) 파이프렌치, 몽키, 스패너 등 10대 이상 라) 파이프커터기 2대 이상 마) 밴딩머신 1대 이상 바) 바이스 10대 이상 사) 배관 및 용접용 작업대(880X550m/m, 2인용) 5대 이상 아) 가스, 전기용접기 각 2대 이상 2) 건설안전, 산업안전, 산업위생, 소방설비, 인간 공학과정 가) 동영상 슬라이드용 스크린 1대 나) 동영상 교육용 프로젝터 1대 이상 다. 그 밖의 필요한 시설 · 설비 및 교구	
21. 디자인 <21-1. 산업디자인>	가. 시설 실습실 90㎡ 이상 나. 과정별 설비 및 교구 1) 인테리어디자인과정 가) 제도판 일시 수용능력 인원 1인당 1대 나) 실습대(1인용) 일시 수용능력 인원 2인당 1대 이상 다) 실습용 컴퓨터 3대 이상 2) 그래픽디자인과정	

교습과정	시설 · 설비 및 교구	비고
	가) 실습대(1인용) 일시 수용능력 인원 2인당 1대 이상 나) 실습용 컴퓨터 일시 수용능력 인원 2인당 1대 이상 3) 섬유디자인과정. 가) 실습대(1인용) 일시 수용능력 인원 2인당 1대 이상 나) 실습용 컴퓨터 3대 이상 다) 복사 조명대 1대 이상 4) 디스플레이과정. 가) 실습대(1인용) 일시 수용능력 인원 2인당 1대 이상 나) 실습용 쇼윈도우 일시 수용능력 인원 2인당 1대 이상 다) 쇼 윈도우용 마네킹 5대 이상 다. 그 밖의 필요한 시설 · 설비 및 교구	
21. 디자인 <21-2. 패션디자인>	가. 시설 실습실 90㎡ 이상 나. 설비 및 교구 1) 디자인 제도대 일시 수용능력 인원 2인당 1대 2) 시청각 기구 1대 이상 3) 모타 미싱 10대 이상 4) 패턴 실습대 일시 수용능력 인원 4인당 1대 5) 인대(마네킹) 5대 이상 6) 컴퓨터 2대 이상(CAD)수업시 2인당 1대 7) 컴퓨터 미싱 3대 이상 8) 오바로크 2대 이상 9) 아이롱 3대 이상 다. 그 밖의 필요한 시설 · 설비 및 교구	
22. 이 · 미용 <22-1. 이용>	가. 시설 실습실 90㎡ 이상 나. 설비 및 교구 1) 이발의자 10개 2) 증기소독기 2조 이상 3) 건발기 2대 이상 4) 이발기구, 면도, 가위 각 10개 이상 5) 대형거울: 이발 의자수에 상응하는 개수 6) 세면장 및 급수시설 다. 그 밖의 필요한 시설 · 설비 및 교구	
22. 이 · 미용 <22-2. 미용>	가. 시설 실습실 90㎡ 이상 나. 설비 및 교구 1) 헤어과정	

교습과정	시설 · 설비 및 교구	비고
	가) 인두(마네킹) 20개 이상 나) 건발기(드라이) 10조 이상 다) 파마기 20종 라) 미안대(거울) 10조 이상 마) 샴푸대 2대 바) 세면장 및 급수시설 사) 실습대(4인용) 6대 이상 아) 컷트기구 10개 자) 셋팅기구 10개 2) 피부 미용 과정 가) 맛사지 침대 10개 나) 미안대(거울) 10조 이상 다) 세면장 및 급수시설 다. 그 밖의 과정별로 필요한 시설 · 설비 및 교구	
23. 식음료품 (바리스타, 소믈리에 등)	가. 시설 실습실 90㎡ 이상 나. 설비 및 교구 1) 조리 가) 조리대 일시 수용능력 인원 4인당 1대 이상 나) 냉장고(1,000L이상) 1대 이상 다) 오븐기 1대 이상 라) 각 요리별로 조리대 1대당 요리에 필요한 교구 1식 이상 마) 제독시설 2) 제과 · 제빵 가) 빵슬라이서 1대 이상 나) 수직형 믹서(중형) 8대 이상 다) 오븐(용량: 2장) 5대 이상 라) 실습대 8대 이상 마) 발효실(용량: 40장) 1대 이상 바) 저울(5Kg 이상) 10대 이상 사) 비중계, 당도계, PH미터기, 수분측정기 각1대 이상 아) 반죽로라(DOUGH SHERTER) 1대 자) 냉장고(1,000L) 1대 이상 차) 실습실당 싱크대 2대 이상 3) 조주, 소믈리에 가) 진열대 4대 이상 나) 조주대 4대 이상 다) 양주병: 실습용 진열대 1대당 30종 이상 4) 바리스타	

교습과정	시설 · 설비 및 교구	비고
	가) 커피머신 1대 이상 나) 커피그라인더 1대 이상 다) 로스터(로스팅머신) 1대 이상 다. 그 밖의 필요한 시설 · 설비 및 교구	
24. 포장	가. 시설 실습실 70㎡ 이상 나. 그 밖의 필요한 시설 · 설비 및 교구	
25. 인쇄	가. 시설 실습실 70㎡ 이상 나. 설비 및 교구 1) 인쇄기 2종 이상 2) 제판장비 1대 이상 다. 그 밖의 필요한 시설 · 설비 및 교구	
26. 사진	가. 시설 1) 실습실 70㎡ 이상 2) 암실 5㎡ 이상 나. 설비 및 교구 1) 사진기 4종 이상(1,000만 화소 이상 디지털카메라 포함) 2) 확대기 2대 이상 3) 필름스캐너 1대 이상 4) 디지털프린터 1대 이상 다. 그 밖의 필요한 시설 · 설비 및 교구	
27. 피아노조율	가. 시설 실습실 70㎡ 이상 나. 설비 및 교구 1) 정음 작업대 2대 이상 2) 조율 튜우너, 튜링 햄머 각 3대 이상 3) 스테이샤, 스프운밴다, 건반 고르기 자, 다이얼 게이지 각 2대 이상 4) 피아노 3대 이상 다. 그 밖의 필요한 시설 · 설비 및 교구	
28. 속기	가. 시설 실습실 70㎡ 이상 나. 설비 및 교구 속기용 사무기기 또는 컴퓨터 10대 이상(일시 수용능력 인원 1인당 1대) 다. 그 밖의 필요한 시설 · 설비 및 교구	
29. 전산회계	가. 시설 실습실 70㎡ 이상 나. 설비 및 교구	

교습과정	시설 · 설비 및 교구	비고
	1) 전산회계용 사무기기 또는 컴퓨터 10대 이상 2) 주변기기 3) 관련 소프트웨어 1개 이상 다. 그 밖의 필요한 시설 · 설비 및 교구	
30. 직업상담, 사회조사, 컨벤션 기획, 소비자전문상담	가. 시설 실습실 70㎡ 이상 나. 설비 및 교구 교습과정상 필요한 설비 및 교구	
31. 텔레마케팅	가. 시설 실습실 70㎡ 이상 나. 설비 및 교구 1) 전화단말기 1대 이상 2) 헤드셋 10대 이상 다. 그 밖의 필요한 시설 · 설비 및 교구	
32. 카지노딜러	가. 시설 실습실 70㎡ 이상 나. 설비 및 교구 게임용 테이블(바카라, 블랙잭, 룰렛, 다이사이, 포카) 각 1대 이상 다. 그 밖의 필요한 시설 · 설비 및 교구	
33. 도배	가. 시설 실습실 70㎡ 이상 나. 설비 및 교구 1) 주걱 1인당 1개 이상 2) 도배용 솔 1인당 1개 이상 다. 그 밖의 필요한 시설 · 설비 및 교구	
34. 미장	가. 시설 실습실 70㎡ 이상 나. 설비 및 교구 1) 수평대(레이져 수평계) 3개 이상 2) 미장용 흙손 1인당 1개 이상 다. 그 밖의 필요한 시설 · 설비 및 교구	
35. 세탁	가. 시설 실습실 70㎡ 이상 나. 설비 및 교구 1) 드라이크리닝기계 1대 이상 2) 회수건조기 1대 이상 3) 물세탁기 1대 이상 4) 스팀아이롱 1대 이상	

교습과정	시설 · 설비 및 교구	비고
	다 그 밖의 필요한 시설 · 설비 및 교구	
36. 애견미용	가. 시설 실습실 70㎡ 이상 나. 설비 및 교구 1) 애견 미용 전용 테이블 1인용 10대 이상 2) 욕조 2대 이상 3) 드라이어 10대 이상 다. 그 밖의 필요한 시설 · 설비 및 교구	
37. 장의	가. 시설 실습실 70㎡ 이상 나. 설비 및 교구 1) 염습대 10대 이상 2) 수의(남, 여 구분)10세트 3) 관 2대 이상 4) 실습용마네킹 5개 이상 다. 그 밖의 필요한 시설 · 설비 및 교구	
38. 호스피스, 병원 코디네이터	가. 시설 실습실 70㎡ 이상 나. 설비 및 교구 교습과정상 필요한 설비 및 교구	
39. 항공승무원	가. 시설 1) 강의실 30㎡ 이상 2) 실습실 60㎡ 이상 나. 설비 및 교구 1) 기내모형: 실습실 내부에 항공기의 내부모형을 15㎡ 이상 설치 2) 거울을 갖춘 화장대 10조 이상 3) 걸음걸이 연습에 필요한 워킹대(마루판 등)설치 다. 그 밖의 필요한 시설 · 설비 및 교구	
40. 청소	가. 시설 실습실 70㎡ 이상 나. 설비 및 교구 1) 스팀청소기 1대 이상 2) 마루광택기 1대 이상 3) 고압세척기 1대 이상 다. 그 밖의 필요한 시설 · 설비 및 교구	
41. 전자상거래, 컴퓨터 (정보처리, 통신기기, 인터넷, 소프트웨어 등),	가. 시설 실습실 70㎡ 이상 나. 설비 및 교구	

교습과정	시설 · 설비 및 교구	비고
게임, 로봇	1) 컴퓨터 10대 이상 2) 주변기기 1대 이상 다. 그 밖의 필요한 시설 · 설비 및 교구	
42. 출판	가. 시설 실습실 70㎡ 이상 나. 설비 및 교구 컴퓨터 5대 이상 다. 그 밖의 필요한 시설 · 설비 및 교구	
43. 영상	가. 시설 1) 강의실 30㎡ 이상 2) 실습실 60㎡ 이상 나. 설비 및 교구 1) 6mm 디지털 VTR 5대 이상 2) VHS용 VTR 5대 이상 3) 베타켐 VTR 2대 이상 4) 비디오 카메라 또는 캠코더 10종 이상 5) TV 모니터 10대 이상 6) 조명기구 10종 이상 7) 간이 편집 자막기 3종 이상 8) 오디오 더빙용 오디오 set 5종 이상 9) 논리니어 편집기 3대 이상 다. 그 밖의 필요한 시설 · 설비 및 교구	
44. 음반(음반제작)	가. 시설 1) 강의실 30㎡ 이상 2) 실습실 가) 녹음 조정실 30㎡ 나) 녹음 스튜디오 30㎡ 나. 설비 및 교구 1) 음향믹서(32채널 이상) 1대 2) Adat card 1대 이상 3) 앰프 1대 이상 4) 마이크 프리앰프 1대 5) 오디오 컨버터 1대 6) 음향 이펙터 1대 7) 마이크로 폰(녹음용) 1대 8) 모니터 앰프 1대 9) 녹음프로그램 1개 이상 10) 컴퓨터 1대 이상	

교습과정	시설·설비 및 교구	비고
	11) 컴퓨터용 오디오 컨버터 1대 12) Adat & HD Record 1대 이상 다. 그 밖의 필요한 시설·설비 및 교구	
45. 영화, 모델	가. 시설 실습실 90㎡ 이상 나. 설비 및 교구 1) 영화기술과정 가) 현상실 10㎡ 이상 나) 녹음실 15㎡ 이상 다) 촬영기 및 영사기 각 1대 이상 2) 모델과정 무대장치, 조명장치 각 1조 이상 다. 그 밖의 필요한 시설·설비 및 교구	
46. 방송	가. 공통 시설 강의실 30㎡ 이상 나. 기본 시설·설비 및 교구 1) 부조정실 가) 기재실 45㎡ 이상 나) 설비 및 교구 (1) 영상스윗쳐(VIDEO SWITCHER UNIT 12CH 이상) 1대 (2) 영상효과기(S.E.G 12CH 이상) 1대 (3) 음향조정기(AUDIO MIXER UNIT 12CH 이상) 1대 (4) 영상2:1편집기(VIDIO EDIT 2:1EDITOR) 1대 (5) 동기신호발생기(SYNCGENERATOR) 1대 (6) 디지털플레이(DV25급 PLAY DECK) 1대 (7) 디지털녹화기(DV25급 REC DECK) 1대 (8) 베타플레이어(BETACAM PLAYERDECK) 1대 (9) 베타레코더(BETACAM REC DECK) 1대 (10) 문자발생기(COMPUTER GRAPHICS) 1대 (11) 논리니어편집기(NON LINER EDIT) 3대 (12) 파형계측기(WAVEFORM MONITOR) 1대 (13) 위상계측기(VECTOR SCOPE) 1대 (14) 사운드 재생기(CD PLAYER) 1대 (15) MIONOTOR 10대 이상 2) 스튜디오 가) 기재실 30㎡ 이상 나) 설비 및 교구 (1) 베타캄 고화질 카메라(BETACAMCAMERA) 2대 이상 (2) EFP용 카메라(CCU 포함) 2대 이상	

교습과정	시설 · 설비 및 교구	비고
46. 방송	(3) DV25급 CAMERA 2대 이상 (4) 조명기기(LIGHT, 1KW이상) 5대 이상 (5) 영상 오디어모니터 2대 이상 3) 방송실습제작실 가) 편집실 (1) 기재실 30㎡ 이상 (2) 설비 및 교구 (가) LE(liner edit)edit 1:1편집기 2set이상(플레이레코드) (나) S-VHS 또는 DV25급 DECK (다) 논리니어 편집기 2대 이상 (라) 영상스윗쳐(VEDIO SWITCHER UNIT 12CH 이상) 1대 (마) 영상효과기(S.E.G 6CH 이상) 1대 (바) 음향조정기(AUDIO MIXER UNIT 12CH 이상) 1대 (사) 색 보정기((COLOR CORRECTOR) 1대 (아) 디지털 플레이(DV25급 PLAY DECK) 1대 (자) 디지털 녹화기(DV25급 REC DECK) 1대 (차) 모니터 6대 이상 나) 녹음실 (1) 기재실 60㎡ 이상 (가) 녹음조정실 30㎡ 이상 (나) 녹음 스튜디오 30㎡ 이상 (2) 설비 및 교구 (가) 방송용 음향조정기(AUDIO MIXER UNIT 8CH 이상) 1대 (나) 방송용 녹음기(REEL DECK) 1대 이상 (다) 방송용 녹화기(VTR) 1대 이상 (라) 방송용 반향발생기(ECHO) 1대 이상 (마) 방송용 음향증폭기(P.A.AMP) 1대 이상 (바) 필름편집기(FILM EDITOR) 1대 (사) 방송용 스피커 시스템(SPEAKER) 2대 이상 (아) 영상음반기(COMPUTER DISK ELECTRIC GRAPHIC) 1대 (자) MULTI TRACK RECORDER 1대 (차) CASSETTE DECK 1대 (카) CD DECK 1대 (타) 방송용 음반작동기(TURN TABLE) 1대 다) 야외녹화장비 (1) 방송용 취재용 촬영기(ENG/EFP CAMERA) 3대 이상 (2) 방송용 전기용 조명기(쥬피터 LIGHT) 5대 이상 (3) 방송용 휴대용 조명기(SUNGUN) 1대 이상 다. 과정별 시설 · 설비 및 교구	

교습과정	시설 · 설비 및 교구	비고
46. 방송	1) 종합과정 가) "가"목의 공통시설 나) "나"목중 3)의 나)를 제외한 시설 · 설비 및 교구 단, 유선방송인 경우에는 "다"목 11)의 시설 · 설비 및 교구를 갖추어야 함 다) 그 밖의 필요한 시설 · 설비 및 교구 2) 방송 제작과정 가) "가"목의 공통시설 나) "나"목 중 3)의 나)를 제외한 시설 · 설비 및 교구 다) 그 밖의 필요한 시설 · 설비 및 교구 3) 방송기술과정 가) "가"목의 공통시설 나) "나"목 중 3)의 나)를 제외한 시설 · 설비 및 교구 다) 그 밖의 필요한 시설 · 설비 및 교구 4) 아나운싱 · 리포터과정 가) "가"목의 공통시설 나) "나"목 중 3)의 가)를 제외한 시설 · 설비 및 교구 다) 그 밖의 필요한 시설 · 설비 및 교구 5) 무대미술(무대분장 포함)과정 가) "가"목 및 "나"목의 시설 · 설비 및 교구 제외 나) 실습실 90㎡ 이상 다) 그 밖의 필요한 시설 · 설비 및 교구 6) 편집과정 가) "가"목의 공통시설 나) "나"목 1) 및 3)의 가)의 시설 · 설비 및 교구 다) 그 밖의 필요한 시설 · 설비 및 교구 7) 촬영 · 영상과정 가) "가"목의 공통시설 나) "나"목 1), 2) 및 3)의 다)의 시설 · 설비 및 교구 다) 그 밖의 필요한 시설 · 설비 및 교구 8) 조명과정 가) "가"목의 공통시설 나) "나"목 1), 2) 및 3)의 다)의 시설 · 설비 및 교구 다) 그 밖의 필요한 시설 · 설비 및 교구 9) 음향과정 가) "가"목의 공통시설 나) "나"목 1), 2) 및 3)의 나)의 시설 · 설비 및 교구 다) 그 밖의 필요한 시설 · 설비 및 교구 10) 성우과정	

<table>
<tr><th>교습과정</th><th>시설 · 설비 및 교구</th><th>비고</th></tr>
<tr><td></td><td>가) "가"목의 공통시설
나) "나"목 3)의 나)의 시설 · 설비 및 교구
다) 그 밖의 필요한 시설 · 설비 및 교구
11) 유선방송전송기술과정
가) 시설
(1) "가"목의 공통 시설
(2) 기재실 60㎡ 이상
나) 설비 및 교구
(1) 영상 및 음향복조기(DEMODULATOR) 각 3대 이상
(2) 영상 및 음향변조기(MODULATOR) 각 3대 이상
(3) 튜너(COMMUNITY SATELLITE,
BROADCASTING SATELLITE) 각 1대 이상
(4) 복호기(DECORDER) 1대 이상
(5) 영상분배기(VIDEO DIVIDER AMP) 1대
(6) 음향분배기(AUDIOO DIVIDER AMP) 1대
(7) 칼라화면발생기(COLOR PATTERNGENERATOR) 1대
(8) 주파수대변환기(SCRAMBLER) 1대
(9) 레벨메터(신호측정기) 2대 이상
(10) 채널혼합기 1대
(11) 채널변환기(8CH이상) 1대
(12) 가입자수신기(CONVERTER) 3대 이상
(13) 파형계측기(WAVEFORM MONITOR)1대
(14) 위상계측기(VECTOR SCOPE) 1대
다) 그 밖의 필요한 시설 · 설비 및 교구</td><td></td></tr>
<tr><td>47. 캐릭터</td><td>가. 시설
실습실 70㎡ 이상
나. 설비 및 교구
1) 컴퓨터 10대 이상
2) 캐릭터 제작 실습에 필요한 프로그램 3종 이상
다. 그 밖의 필요한 시설 · 설비 및 교구</td><td></td></tr>
<tr><td>48. 관광</td><td>가. 시설
실습실 70㎡ 이상
나. 설비 및 교구
1) 관광도서 10종 이상
2) 한국지도(1/500,000), 세계지도
3) 실습실 당 고적, 명승지 안내도 각 1매 이상
4) 실습실 당 시청각기구 및 카메라 각 1대 이상
다. 그 밖의 필요한 시설 · 설비 및 교구</td><td></td></tr>
</table>

교습과정	시설 · 설비 및 교구	비고
49. 간호조무사	가. 시설 1) 강의실 60㎡ 이상 2) 실습실 45㎡ 이상 나. 설비 및 교구 1) 인체모형 1개 이상 2) 인체해부 및 생리괘도 각 1부 이상 3) 시력 및 색맹표 각 1부 이상 4) 신장 및 체중계 각 1개 이상 5) 주사기 20종 이상 6) 소독기 중형 1개 이상 7) 혈압계, 청진기 각 1개 이상 8) 침대 2개 이상 9) 흡입기(Suction) 1개 이상 10) 휠체어 1개 이상 11) 주사실습용 인체모형 12) 인공배뇨셀 13) 기관절개관(Cannula Kit) 다. 그 밖의 필요한 시설 · 설비 및 교구	
50. 펜글씨	가. 시설 실습실 70㎡ 이상 나. 설비 및 교구 책 · 걸상 또는 실습용 탁자 일시 수용능력 인원 1인당 1조 이상 다. 그 밖의 필요한 시설 · 설비 및 교구	
51. 주산	가. 시설 실습실 70㎡ 이상 나. 설비 및 교구 1) 대형주판 1개 이상 2) 속도측정 초시계 1개 이상 다. 그 밖의 필요한 시설 · 설비 및 교구	
52. 음악, 국악, 실용음악(성악)	가. 시설 실습실 80㎡ 이상 나. 설비 및 교구 1) 악기과정 가) 주요 실습용 악기 10대 이상 나) 그 밖의 교습과목 악기 각 5대 이상 2) 실용음악 과정 가) 피아노, 기타, 드럼, 베이스 등 악기 5대 이상 나) 그 밖의 교습과정상 필요한 교구 · 설비	

교습과정	시설 · 설비 및 교구	비고
	3) 성악과정 가) 현대성악: 악기 1대 이상 나) 고전성악: 악기 1대 이상 다. 그 밖의 필요한 시설 · 설비 및 교구	
53. 미술	가. 시설 실습실 80㎡ 이상 나. 과정별 설비 및 교구 1) 공통기준 화판 및 화판걸이(이젤) 또는 실습용 탁자 일시수용능력 인원 1인당 1개 이상 2) 과정별 기준 소묘, 수채화(서양화), 한국화(동양화), 디자인, 만화, 포트폴리오, 조소과정, 석고, 정물대, 모포 등 교습과정별로 필요한 교구 5종 이상 다. 그 밖의 필요한 시설설비 및 교구	
54. 무용 (전통무용, 현대무용 등)	가. 시설 1) 무용실 70㎡ 이상 2) 탈의실 5㎡ 이상 나. 설비 및 교구 1) 음향기기 1대 이상 2) 대형거울 3) 바(bar) (현대무용) 4) 북 또는 장고 등 악기 1개 이상 (전통무용) 다. 그 밖의 필요한 시설 · 설비 및 교구	
55. 댄스	가. 시설 1) 실습실 70㎡ 이상 2) 탈의실 5㎡ 이상 나. 설비 및 교구 1) 음향기기 1대 이상 2) 대형거울 다. 그 밖의 필요한 시설 · 설비 및 교구	
56. 연기 (연극, 뮤지컬, 오페라 등)	가. 시설 실습실 90㎡ 이상 나. 설비 및 교구 1) 연기과정 가) 무대장치 나) 음향기기 다) 조명장치 다. 그 밖의 필요한 시설 · 설비 및 교구	

교습과정	시설·설비 및 교구	비고
57. 서예	가. 시설 실습실 70㎡ 이상 나. 설비 및 교구 1) 지필묵 10개 이상 2) 서법도서 1권 이상 다. 그 밖의 필요한 시설·설비 및 교구	
58. 도예	가. 시설 실습실 70㎡ 이상 나. 설비 및 교구 실습용 작업대 일시 수용능력 인원 1인당 1조 이상 다. 그 밖의 필요한 시설·설비 및 교구	
59. 만화	가. 시설 실습실 70㎡ 이상 나. 설비 및 교구 라이트박스 일시 수용능력 인원 1인당 1조 이상 다. 그 밖의 필요한 시설·설비 및 교구	
60. 화술, 웅변	가. 시설 실습실 70㎡ 이상 나. 설비 및 교구 1) 마이크 1대 이상 2) 연단 및 녹음기 1대 이상 다. 그 밖의 필요한 시설·설비 및 교구	
61. 마술(매직)	가. 시설 실습실 70㎡ 이상 나. 설비 및 교구 마술 교구 10종 이상 다. 그 밖의 필요한 시설·설비 및 교구	
62. 바둑	가. 시설 실습실 70㎡ 이상 나. 설비 및 교구 1) 바둑판(바둑알 포함) 10조 이상 2) 대형 바둑판 1개 다. 그 밖의 필요한 시설·설비 및 교구	
63. 독서실	가. 시설 열람실 120㎡ 이상 나. 설비 및 교구 열람대 일시 수용능력 인원 1인당 1대 다. 그 밖의 필요한 시설·설비 및 교구	

[별표 5]

숙박시설을 갖춘 학교교과교습학원 시설・설비 기준(제3조의5제2항제3호 관련)

구 분	시설・설비 기준
강의실 등	가. 강의실: 660㎡ 이상 나. 보건실: 33㎡ 이상 다. 휴게실: 66㎡ 이상(남, 여 별로 구분 가능) 라. 체육장(체육시설): 350㎡ 이상[단, 체육장(체육시설)은 타 용도로 사용되지 않는 시설로서 강의실이 속해있는 건물과 동일 경계 내에 위치하여야 하며, 학원 내 실내체육시설이 설치되어 있는 경우 실내체육시설 바닥면적의 2배 면적을 제외할 수 있음)
숙박 시설	가. 시설 1) 기숙사 면적(내측간의 면적): 정원 × 4㎡ 이상 [단, 개별 숙소는 최소 4인실로 설치하되, 세면실 또는 샤워실이 설치되어 있을 경우 5㎡ 이상] 2) 공동 세면실 또는 샤워실 - 개별 숙소에 세면실 또는 샤워실이 설치되어 있지 않을 경우: 정원 x 0.4㎡ 이상(남, 여 구분) 3) 세탁실 1실 이상(남・여 구분) 나. 설비 1) 세탁기 (정원을 고려한 수량) 2) 사물함(옷장) 1인당 1개 3) 급수시설(정원을 고려한 수량) 4) 기타 필요한 시설・설비
급식 시설	가. 조리실 1) 면적

급식 인원수(정원)	면적
50인 이하	14㎡
51인~100인	14㎡+0.14㎡×(급식인원수-50)
101인~150인	21㎡+0.14㎡×(급식인원수-100)
151인~200인	28㎡+0.14㎡×(급식인원수-150)
201인~250인	35㎡+0.14㎡×(급식인원수-200)
251인~300인	42㎡+0.14㎡×(급식인원수-250)
301인~600인	49㎡+0.05㎡×(급식인원수-300)
601인~900인	64㎡+0.04㎡×(급식인원수-600)
901인~1,200인	76㎡+0.04㎡×(급식인원수-900)
1,201인~1,500인	88㎡+0.04㎡×(급식인원수-1,200)
1,501인 이상	100㎡+0.02㎡×(급식인원수-1,500)

구 분	시설 · 설비 기준
	2) 시설 · 설비 기준

구 분	기 준
1. 배수설비	청소하기에 쉽도록 적당한 위치에 상당한 크기의 맨홀 및 덮개를 설치하여야 한다.
2. 가열설비	매연 · 검댕 등의 발생으로 조리에 지장을 주지 아니하며, 화재의 위험이 없도록 하여야 한다.
3. 환기 · 조명설비	위생상 지장이 없도록 적절한 환기시설과 채광시설을 하고, 조명은 220룩스 이상이 되도록 하여야 한다.
4. 세척설비	식품 · 식기류를 씻을 수 있는 위생적인 세척설비와 조리종사자 전용의 위생적인 손씻는 설비를 갖추어야 한다.
5. 방충 · 방서 등 설비	창문 및 출입구등에는 벌레 및 쥐를 막을 수 있는 적절한 설비를 갖추고, 충분한 크기의 덮개가 있는 폐기물용기를 두어야 한다.
6. 기타 시설 · 설비	배선대등 기타 필요한 시설 · 설비를 갖추어야 한다.

3) 기구기준

품목	비고
1. 개수대	조리용과 후처리용으로 구분하여 설치한다.
2. 조리작업대	높이 80cm 내지 90cm로서 급식학생수를 고려한 크기의 것으로 한다.
3. 냉장고	급식인원을 고려한 크기의 것으로 한다.
4. 식기 보관장	급식인원을 고려한 크기의 것으로 한다.
5. 조리용구 보관장	급식인원을 고려한 크기의 것으로 한다.
6. 제반기 또는 밥솥	급식인원을 고려한 크기의 것으로 한다.
7. 국솥	급식인원을 고려한 크기의 것으로 한다.
8. 조리용구	적정수량의 조리에 필요한 각종 용구를 갖춘다.
9. 저울	100kg · 10kg 및 1kg용 각 1대를 갖춘다.
10. 계량컵	1개 이상을 갖춘다.
11. 조리실용 시계 · 조리용온도계 및 온 · 습도계	각 1개씩을 갖춘다.
12. 조리종사자용 위생복 · 위생모 · 위생화 및 마스크	조리종사자별로 각 한벌씩 갖춘다.
13. 식품절단기	권장사항
14. 식품박피기	권장사항
15. 음식물쓰레기 처리설비	권장사항
16. 자동세척기	권장사항
17. 식품운반용 수레	권장사항

구 분	시설 · 설비 기준
	(아래 참조)

품목	비고
18. 세미기	권장사항
19. 식기소독기	권장사항
20. 배식대	급식인원을 고려한 수량만큼 갖춘다.
21. 식판	급식인원을 고려한 수량만큼 갖춘다.
22. 기타 조리 및 배식에 필요한 기구	급식인원을 고려한 수량만큼 갖춘다.

나. 식품보관실

1) 시설 · 설비 기준

품목	비고
1. 식료품보관용 선반 및 깔개	
2. 환기설비	환풍기 등을 설치한다.
3. 방습시설	
4. 방충 · 방서설비	
5. 배수설비	
6. 조명설비	식품식별에 적합한 밝기를 유지하여야 한다.
7. 온 · 습도계	
8. 기타 식료품의 검수 · 계량에 필요한기기	

다. 식당

1) 면적: 정원 x 1/2 x 1㎡

2) 식탁 및 의자: 정원 1/2이 일시 사용 가능한 수량

3) 급수시설

4) 기타 필요한 시설 · 설비

라. 탈의실 또는 휴게실 1실 이상

[별표 6] <신설 2017.5.18.>

행정처분의 기준(제13조 관련)

1. 교육장은 학원이 법 제17조제1항, 교습소가 법 제17조제2항, 개인과외교습자가 법 제17조제3항에 해당하면 이 행정처분 기준에 따라 행정처분을 한다.

2. 행정처분의 기초자료로 활용하기 위한 벌점제를 운영하며, 벌점에 따른 행정처분 기준은 다음과 같다.

벌점 (점)	31~35	36~40	41~45	46~50	51~55	56~60	61~65	66 이상
행정처분	정지 7일	정지 14일	정지 30일	정지 45일	정지 60일	정지 75일	정지 90일	등록 말소

※ "등록말소"는 교습소의 경우 "폐지", 개인과외교습자의 경우 "과외교습 중지 1년" 으로 한다.

※ "정지"는 학원 · 교습소의 경우 "교습정지"를, 독서실의 경우 "학습장소 제공정지"를, 개인과외교습자의 경우 "과외교습중지"를 의미한다.

3. 법률 위반행위의 내용과 그에 따른 벌점은 제13조제4항에 따라 다음의 기준에 의하여 교육규칙으로 정한다.
 가. 법률 위반행위의 내용은 위반사항별로 위반내용 및 정도에 따른 위반행위를 세분하여 정한다.
 나. 벌점은 위반행위의 경중 · 위반정도 및 반복위반 횟수 등을 고려하여 최하 5점부터 최고 66점까지로 한다.

4. 행정처분의 적용례는 다음과 같다.
 가. 위반내용 및 정도에 따른 위반행위가 2개 이상일 경우에는 각 벌점을 합산한다.
 나. 과거 2년 이내에 같은 위반내용 및 정도에 따른 위반행위로 벌점이 부과된 사실이 있는 경우에는 벌점이 부과된 횟수를 확인하여 반복 횟수별 벌점을 부과한다. 과거 2년 이내의 기준은 적발일 2년 전 같은 날의 다음날부터 적발일까지로 한다.
 다. 2년 이내에 같은 위반사항 중 "위반내용 및 정도에 따른 위반행위"를 달리하여 위반하였을 경우에는 벌점이 큰 위반내용 및 정도에 따른 위반행위를 반복 위반한 것으로 본다.

5. 이 행정처분 기준에도 불구하고 학원이 법 제17조제1항제1호에 해당하는 경우 등록을 말소하고, 교습소가 법 제17조제2항제1호에 해당하는 경우 교습소를 폐지하며, 개인과외교습자가 법 제17조제3항제1호에 해당하는 경우 과외교습중지 1년의 행정처분을 하여야 한다.

참고문헌

고영남(2013). 학습양식과 교육. 경기 파주: 교육과학사.

교육부(2020). 평생교육법, 평생교육법시행령, 평생교육법시행규칙, 학원의 설립 운영 및 과외교습에 관한 법률 등. 서울: 교육부.

권두승, 최윤실(2009). 평생교육경영론. 경기: 교육과학사.

권인탁(2011). 평생교육경영론. 서울: 학지사.

권인탁, 임영희(2013). 평생교육경영론. 서울: 학지사.

금진호, 김만석, 김명희(2017). 창업과 경영 실무. 파주: 양성원.

김규태(2018). 평생교육경영론. 경기: 양성원

김규태(2019). 국내 대학생 창업에 대한 연구동향. 한국융합학회논문지, 10(7), 199-211.

김규태(2020). 교사리더십과 학급경영. 경기: 양성원

김규태, 강유정, 강성복(2014). 교육행정 및 교육경영. 경기: 양서원.

김규태, 강유정, 권민석, 최경민(2016). 학습자지원을 위한 현장중심 교육행정 및 교육경영. 경기: 양성원.

김규태, 김영보, 김정란, 변기흠, 안병규, 이재식, 이혜정, 장동만, 최명숙(2013). 현장전문가가 들려주는 교직실무. 경기: 공동체.

김동일(2005). 학업상담을 위한 학습전략 프로그램. 서울: 학지사.

김선연, 유호정(2013). 지방 대학생 직업기초역량 진단도구 개발 및 타당화. HRD연구, 15(4), 71-100.

김선희, 권영심, 신지숙(2012). 전문대학 재학생의 직업기초능력 증진을 위한 운영 방안 연구. 기업경영연구, 42, 57-77.

김성국(2004). 21세기 한국사회의 구조적 변동. 서울: 정보통신정책연구원.

김성남(2009). 대학생의 고용가능성 진단 도구 개발. 박사학위논문, 서울대학교

김성남, 정철영(2010). 대학생의 고용가능성 진단 도구 개발. 농업교육과 인적자원개발, 42(2), 139-161.

김아영(2002). 학업동기 척도 표준화 연구. 교육평가연구, 15(1), 157-184.

김아영, 박인영(2001). 학업적 자기효능감 척도 개발 및 타당화 연구. 교육학연구, 39(1), 95-123.

김아영, 탁하얀, 이채희(2010). 성인용 학습몰입 척도 개발 및 타당화. 교육심리연구, 24(1), 39-59.

김안나, 이병식(2003). 대학생들의 핵심능력 개발에 영향을 미치는 개인 및 환경 요인 분석. 한국교육, 30(4), 37-392.

김연희, 정재삼, 이종경, 이유진(2010). 대학생이 인식하는 핵심역량과 교육요구도 분석. 교육방법연구, 22(4), 1-20.

김용현 외(2011). 평생교육경영론. 경기: 양서원.

김용현 외(2014). 평생교육프로그램개발론. 경기: 양서원.

김용현(2008). 평생교육개론. 경기: 양서원

김재현(2011). 다층모형을 활용한 전문대학 교육서비스와 전문대학생의 고용가능성의 관계. 직업교육연구, 30(1), 203-223.

김정근(2011). 고령화 시대의 노인 1인 가구: 소득변화의 특징과 시사점. 서울: 삼성경제연구소.

김정선(2004). 시각적 의사소통의 이해에 관한 연구. 미술교육논총, 18(3), 29-44.

김종하(2018). 창업과 경영을 궁리하다. 파주: 양성원.

김진숙, 김규태, 서인호, 조정선(2018). 평생교육경영론, 파주: 양성원

김창엽(2012). 평생교육경영: 평생교육기관의 경영과 전략. 서울: 청목출판사.

김환식(2015). 2015년 지역 평생교육활성화 지원 사업. 서울: 한국직업능력개발원.

노규성(2014). 비즈니스 혁신의 10대 경영도구. 서울: 커뮤니케이션북스.

노원경(2008). 학습전략 루브릭의 개발 및 효과 연구: 대학생 학습전략 교육 프로그램을 중심으로. 교육공학연구, 24(4), 259-294.

다니엘 핑크(2011). 새로운 미래가 온다. 서울: 한국경제신문.

박동열(2006). 대학생의 직업기초능력 진단 도구 개발과 타당화 연구. 농업교육과 인적자원개발, 38(2), 225-245.

박동오, 송위진(2008). 지속가능한 기술을 향한 새로운 접근: 전략적 니치관리. 서울: 과학기술정책연구원.

박성미(2009). 전문대학생을 위한 학습전략 진단 도구의 개발. 수산해양교육연구, 21(1), 16-27.

박성익, 김연경(2006). 온라인 학습에서 학습몰입요인, 몰입수준, 학업성취 간의 관련성 탐구. 열린교육연구, 14(1), 93-115.

박성호 외(2014). 국가평생학습체제 구축을 위한 평생교육통계 분석 연구. 서울: 한국교육개발원.

박주희, 임문규, 하정수(2013). 학습하는 조직이 살아남는다. 서울: 이담.

박찬욱(2013). 인문학 융합의 현상진단 및 정책방향 연구. 서울: 한국문화관광연구원.

배호순(2008). 교육프로그램 평가론. 서울: 원미사.

백욱인(2013). 디지털 데이터 · 정보 · 지식. 서울: 커뮤니케이션북스.

백욱인(2013). 정보자본주의. 서울: 커뮤니케이션북스.

백평구(2013). 대학생 핵심역량 수준과 대학생 개인 변인의 관계 및 특성. 교양교육연구, 7(3), 349-387.

법제처(2020). 찾기 쉬운 생활법령정보: 학원의 설립 운영 및 과외교습관련 자료 (http://www.easylaw.go.kr)

석임복, 강이철(2007). Csikszentmihalyi의 몰입 요소에 근거한 학습 몰입 척도 개발 및 타당화 연구. 교육공학연구, 23(1), 121-154.

안정임(2006). 디지털 격차와 디지털 리터러시: 수용자 복지 정책적 함의. 한국언론정보학보, 36, 78-108

오석홍(2011). 조직이론(제7판). 서울: 박영사.

오혁진(2003). 평생교육경영론. 서울: 학지사.

유성은(2018). 스토리창업 & 창업가정신. 고양: 피엔씨미디어.

윤호성, 이기동(2011). 소셜네트워크를 이용한 집단지성 측정연구. 디지털 정책연구, 9(2), 53-63.

이경희, 김지연(2014). 대학생의 학업적 자기효능감, 학습동기, 수업만족도와 학업성취도 간의 관계에 관한 연구. Andragogy Today, 17(4), 33-57.

이광성(2014). 의사소통능력이 자기주도적 학습능력에 미치는 효과 연구. 열린교육연구, 22(1), 413-429.

이명진(2012). 네트워크 사회의 도래와 공공성의 특성 변화: 영역, 경계, 행위자, 배제를 중심으로. 한국사회, 13(1), 63-85.

이석재, 장유경, 이헌남, 박광엽(2003). 생애능력 측정도구 개발연구 : 의사소통능력, 문제해결능력, 자기주도적 학습능력을 중심으로. 서울:한국교육개발원.

이애화(2016). 전문대학생의 디지털역량과 직업기초능력의 관계에서 자기조절할습능력의 매개효과: 학습양식별 다중집단분석의 적용. 박사학위논문, 계명대학교.

이영찬, 임영규, 정혜숙(2010). 현대사회, 탈현대사회. 대구: 계명대학교출판부.

이장우, 장수덕, 이병열(2017). 기업가정신과 창업. 서울: 법문사.

이재열 등(2004). 위험사회와 생태적 · 사회적 안전. 서울: 정보통신정책연구원.

이재현(2013). SNS의 열 가지 얼굴. 서울: 커뮤니케이션북스.

이주화, 김아영(2005). 학업적 성취목표지향성 척도 개발. 교육심리연구, 19(1), 311-325.

이찬영, 태원유, 김정근, 손민중(2011). 인구고령화의 경제적 파장: 성장잠재력, 생산성, 세대 간 일자리 대체를 중심으로. 서울: 삼성경제연구소.

이항우, 이창호, 김종철, 임현경 외(2011). 정보사회의 이해. 서울: 미래인.

이향란(2015). 평생교육경영론. 경기: 공동체.

이형곤, 유진혁,(2018). 기업가정신과 창업실무. 파주: 양성원.

장상필, 김지일(2013). 대학생들의 스마트 리터러시와 스마트폰 중독의 종단관계 연구. 교육종합연구, 11(4), 67-90.

장성원 등(2013). 미래산업을 바꿀 7대 파괴적 혁신기술. 서울: 삼성경제연구소

전경란(2015). 미디어 리터러시의 이해. 서울: 커뮤니케이션북스.

정옥분, 임정하, 정순화, 김리진, 윤정은(2012). 초등학생용 자기주도학습능력 척도개발과 타당화 연구. 인간발달연구, 19(4), 227-245.

정은이(2002). 일상적 창의성과 개별성-관계성 및 심리사회적 적응의 관계. 박사학위논문, 고려대학교.

정정길, 최종원, 이시원, 정준금, 정광호(2012). 정책학원론. 서울: 대명출판사.

정지선(2011). 신가치창출 엔진, 빅데이터의 새로운 가능성과 대응 전략. 서울: 한국정보화진흥원

중소기업청(2009). 기업가정신역량 평가지표 개발. 중소기업청.

중소벤처기업부 창업진흥원(2020). 창업사업화 지원사업 표준사업계획서(PSST; www.k-startup.go.kr).

진미석, 손유미, 주휘정(2011). 대학생 핵심역량 진단체제 구축 방안 연구. 교육행정학연구, 29(4), 461-486.

천경희, 송영명(2012). 의과대학생의 성취목표지향성과 완벽주의가 학업적 자기효능감과 학업성취에 미치는 영향. 교육학연구, 50(4), 107-132.

최은수, 배석영(2008). 평생교육경영론. 경기 파주: 양서원.

최은수, 배석영(2018). 평생교육경영론(개정판). 경기: 양서원.

최항섭(2009). 레비의 집단지성: 대중지성을 넘어 전문가지성의 가능성 모색. 사이버커뮤니케이션학보, 26(3), 287-322.

클라우스 슈밥(2016). 클라우스 슈밥의 제4차 산업혁명. 서울: 새로운 현재.

클라우스 슈밥(2017). 클라우스 슈밥의 제4차 산업혁명 The Next. 서울: 새로운 현재.

하원규, 최남희(2016). 제4차 산업혁명. 서울: 콘텐츠하다.

한국경제연구원(2010). 지식경영: 조직 내 지적 자산의 창출 및 공유 · 확대방안. 서울: 21세기북스.

한국벤처창업학회(2012). 창업론. 서울: 명경사.

한숭희(2009). 평생교육론. 서울: 학지사.

한일영, 한창수, 신형원, 김진성(2011). 인문학이 경영을 바꾼다. 서울: 삼성경제연구소.

홍기칠(2014). 초등학생용 자기주도학습력 검사의 타당화. 사고개발, 10(2), 1-30.

홍성태(2005). 정보위험사회의 도래와 대응에 관한 연구. 서울: 정보통신정책연구원.

황연주(2001). 영상 정보화 시대에 대처하는 미술교육에서의 비주얼 리터러시 교육. 미술교육논총, 12, 137-156.

황재규(2011). 전문대학생용 학습전략 척도개발 및 타당화. 상담학연구, 12(5), 1833-1855.

Adams, C. J. (2013). 'Soft skills' seen as key element for higher ed many teens lack crucial life skills like resiliency, grit, and the ability to communicate and advocate, and that's hurting college-completion rates. *Education Digest, 78*(6), 18-22.

Bass, B. M. (1981). Stogdill's handbook of leadership. New York: Macmillan.

Bess, J. L., & Dee, J. R. (2012). *Understanding college and university organization: Theories for effective policy and practice* (Vol. Ⅰ, Ⅱ). Sterling, VA: Stylus.

Billing, D.(2007). Teaching for transfer of core/key skills in higher education: Cognitive skills. *Higher Education. 53*(4), 483-516.

Cameron, K. S., Dutton, J. E., & Quinn, R. E.(ed). (2003). *Positive organizational scholarship: Foundations of a new discipline.* San Francisco, CA: Berret-Koehler Publications.

Cartelli, A., Dagiene, V., & Futschek, G. (2010). Bebras contest and digital competence assessment: Analysis of frameworks. *International Journal of Digital Literacy and Digital Competence, 1*(1), 24-39.

Castells, M. (2003). 네트워크 사회의 도래 (김묵한, 박행웅, 오은주 역). 서울: 한울아카데미. (원서 2000년 발행)

Csikszentmihalyi, M. (2004). 몰입, 미치도록 행복한 나를 만나다. 서울: 한울림.

Daft, R. L. (2013). 조직이론과 설계 (김광점 등 역). 서울: 한경사. (원서 2009 발행)

Dunn, R., & Dunn, K. (1978). *Teaching students through their individual learning styles*: A practical approach. Reston, VA: Reston Publishing Company, Inc.

European Commission (2007) A European approach to media literacy in the digital environment. Retrieved July 4, 2016 from: http://ec.europa.eu/avpolicy/media_literacy/ docs/com/en.pdf

European Commission (2014). A common European digital competence framework for citizens. Retrieved August 4, 2015 from www.openeducationeuropa.eu/en/news/common-european-digital-competence-framework-citizens+&cd=1&hl=ko&ct=clnk&gl=kr

Ferrari, A. (2012). Digital competence in practice: An analysis of frameworks. Retrieved Jan 26 2015 from http://jiscdesignstudio.pbworks.com/w/file/fetch/55823162/FinalCSReport_PDFPARAWEB.pd.f

Gardner, H. (1983). *Frames of mind: The theory of multiple intelligence*. NY: Basic Books.

Garner, P. W. (2010). Emotional competence and its influences on teaching and learning. *Educational Psychology Review, 22*(3), 297-321.

George, J. M., & Jones, G. R. (2015). 조직행동론(6판). (양동훈 역). 서울: 시그마프레스.

Giddens, A., & Sutton, P. W. (2014). 현대사회학(김미숙 등 공역). 서울: 을유출판사. (원저 2013년 발행)

Gilster, P. (1997). *Digital literacy*. New York: John Wiley & Sons.

Goleman(2002). 감성지능. 서울: 웅진지식하우스.

Gregorc, A. F. (1982). *An adult's guide to styles*. Maynard, MA: Gabriel Systems, Inc.

Hoy, W. K., & Miskel, C. G. (2013). *Educational administration*(9th ed.). New York: McGraw-Hill.

Keller, J. M. (2013). 학습과 수행을 위한 동기설계: ARCS 모형 접근 (조일현, 김찬민, 허희옥, 서순식 역). 파주: 아카데미프레스. (원서 2009년 발행)

Kellner, D. (2004). Technological transformation, multiple literacies, and the re-visioning of education. *E - Learning, 1*(1), 9-37.

Kolb, D. A. (1984). *Experiential learning: Experience as the source of learning and development.* Englewood Cliffs, NJ: Prentice Hall.

Lengrand, P. (1970). *An introduction to lifelong education.* London: The UNESCO Press.

Lėvy, P. (2002). 집단지성: 사이버공간의 인류학을 위하여 (권수경 역). 서울: 문학과 지성사. (원저 1994)

Lunenburg, F. C., & Ornstein, A. C. (2012). *Educational administration: Concepts and practice* (3rd ed.) Belmont, CA: Wadsworth.

Luthans, F., Avolio, B. J., Avey, J. B., & Norman, S. M. (2007). Positive psychological capital: measurement and relationship with performance and satisfaction. *Personnel Psychology, 60*, 541-572.

Luthans, F., Luthans, K. W., & Luthans, B. C. (2004). Postive psychology capital: Beyond human and social capital. *Business Horizons, 47*(1), 45-50.

Luthans, F., Youssef, C. M., & Avolio, B. J. (2007). *Psychological capital: Developing the human competitive edge.* N. Y.: Oxford University Press.

Nelson, D. L., & Cooper, C. L. (2007). *Positive organizational behavior*. London: Sage Publications.

New London Group(1996). A pedagogy of multiliteracies: Designing social futures. Harvard *Educational Review, 66*, 60 - 92.

Robbins, S. P., & Judge, T. A. (2011). 조직행동론(14판). (이덕로, 김태열, 박기찬, 박원우 역). 서울: 피어슨애듀케이션코리아. (원서 2011년 발행)

Robbins, S. P., & Judge, T. A. (2014). *Essentials of organizational behavior* (12th ed.). Harlow, UK: Pearson.

Roco, M. C., & Bainbridge, W. S. (2003). Overview converging technologies for improving human performance. *In Converging technologies for improving human performance* (pp. 1-27). Springer, Dordrecht.

Schunk, D. H. (2006). 교육적 관점에서 본 학습이론 (노석준, 소효정, 오정은, 유병민, 이동훈, 장정아 역). 서울: 아카데미프레스. (원서 2005년 발행)

Seligman, M. E. P. (2011). 플로리시. (우문식, 윤상운 역). 서울: 물푸레. (원서 2011년 발행)

Seligman, M. E. P. (2014). 긍정심리학(김인자 역). 서울: 물푸레. (원서 2004년 발행)

Spector, P. E. (2009). 산업 및 조직심리학(박동건 역). 서울: 학지사. (원서 2008년 발행)

Tapscott, D., & Williams, A. D. (2009). 위키노믹스 (윤미나 역). 서울: 21세기북스. (원저 2006년 발행)

Thompson, J. D. (1967). *Organization in action*. New York: McGraw-Hill.

Toffler, A. (2008). 제3물결. 서울: 한국경제신문. (원저 1980년 발행)

World Economic Forum(2018a). Towards a Reskilling Revolution A Future of Jobs for All.

World Economic Forum(2018b). The Future of Jobs Report.

찾아보기

(ㄴ)

(ㄷ)

(ㅇ)

(ㅈ)

저자 소개

■ **김규태(Ph.D)**

계명대학교 사범대학 교육학과에 재직하고 있으며, The Univsersity of Texas at Austin에서 철학박사를 받았다. 교육부 교직발전기획단, 대학기관평가인증위원, 교원양성기관평가위원 등 현장 발전을 위한 역할을 담당하였으며, 교사리더십과 학급경영(2020), 교육학 논리와 논술(2018), 현장 중심 학습지원을 위한 교육행정 및 교육경영(2017), 학위논문과 통계분석(2016), 최근 교육학의 이해(2016), 교육조직행동 척도(2015) 등 다수의 저서와 논문을 집필하고 있으며, 교육책무성, 교육정책사회학, 긍정교육조직학, 교육조직행동, 교육경영 및 리더십 등에 관심을 갖고 연구 중에 있다.

평생학습을 위한

창업과 기업가 정신

1판 1쇄 인쇄 — 2020년 9월 1일
1판 1쇄 발행 — 2020년 9월 5일

저　　자 - 김규태
발 행 인 - 강철원
발 행 처 - 양성원
주　　소 - 경기도 파주시 검산로 173번길 29-20
전　　화 - 031-946-3861(代)
팩　　스 - 031-946-3864
이 메 일 - tnwpub@naver.com
홈페이지 - tnwpub.co.kr
출판등록 - 2015년 8월 31일 제 2015-000211 호

ISBN 979-11-6126-321-2

정가 22,000원